权威·前沿·原创

皮书系列为
“十二五”国家重点图书出版规划项目

传媒蓝皮书

BLUE BOOK OF CHINA'S MEDIA

中国传媒产业发展报告（2016）

REPORT ON DEVELOPMENT OF CHINA'S MEDIA INDUSTRY (2016)

主　编／崔保国

社会科学文献出版社
SOCIAL SCIENCES ACADEMIC PRESS (CHINA)

图书在版编目(CIP)数据

中国传媒产业发展报告.2016/崔保国主编.—北京：社会科学文献出版社，2016.5

（传媒蓝皮书）

ISBN 978-7-5097-9070-0

Ⅰ.①中… Ⅱ.①崔… Ⅲ.①传播媒介-产业发展-研究报告-中国-2016 Ⅳ.①G219.2

中国版本图书馆CIP数据核字（2016）第079682号

传媒蓝皮书

中国传媒产业发展报告（2016）

主　　编／崔保国

出 版 人／谢寿光

项目统筹／宋月华　范　迎

责任编辑／范　迎

出　　版／社会科学文献出版社·人文分社（010）59367215

地址：北京市北三环中路甲29号院华龙大厦　邮编：100029

网址：www.ssap.com.cn

发　　行／市场营销中心（010）59367081　59367018

印　　装／北京季蜂印刷有限公司

规　　格／开　本：787mm×1092mm　1/16

印　张：28.25　字　数：470千字

版　　次／2016年5月第1版　2016年5月第1次印刷

书　　号／ISBN 978-7-5097-9070-0

定　　价／98.00元

皮书序列号／B-2015-445

2016年中国传媒蓝皮书出品方

中国传媒经济与管理学会
清华大学传媒经济与管理研究中心
清华大学文化产业研究中心
清华—日经传媒研究所
艾瑞咨询集团
中国新闻出版研究院《传媒》杂志社
央视市场研究股份有限公司
央视—索福瑞媒介研究有限公司

2016年中国传媒蓝皮书
课　题　组

课题组组长　崔保国

课题组副组长　杭　敏　赵曙光　何丹嵋　陈媛媛

课题组成员　（排名按姓氏拼音为序）

陈国权　陈媛媛　崔保国　丁以绣　冯晓峰
杭　敏　何丹嵋　侯欣洁　林　杨　刘思言
孟湛东　孙　平　徐　佳　张　琛　张　锐
张　伟　赵曙光　郑维雄

2016年中国传媒蓝皮书
编　委　会

田　珂　北京世纪华文国际传媒咨询有限公司总经理

田　涛　央视市场研究股份有限公司（CTR）副总经理

魏玉山　中国新闻出版研究院研究员、院长、党委副书记

吴信训　上海大学教授、博导、传媒经济研究中心主任

肖东发　北京大学新闻与传播学院教授、博导

熊澄宇　清华大学教授、博导，国家文化产业研究中心主任

杨驰原　《传媒》杂志社主编

姚　林　央视市场研究股份有限公司（CTR）资深研究顾问

尹　鸿　清华大学教授、博导、新闻与传播学院常务副院长

喻国明　长江学者，北京师范大学教授、博导、新闻传播学院执行院长，中国传媒经济与管理学会会长

张惠建　南方广播影视传媒集团总裁

赵曙光　清华大学新闻与传播学院副教授、党委副书记，首都网络文明研究基地主任

赵子忠　中国传媒大学教授、博导、协同创新中心新媒体研究院院长

郑保卫　中国人民大学新闻学院教授、博导、原新闻与社会发展研究中心主任

郑立波　大众报业集团副总编辑，《半岛都市报》社社长

郑维东　央视—索福瑞媒介研究有限公司副总经理

周鸿铎　中国传媒大学教授、博导、传媒经济研究所所长

主编简介

崔保国 清华大学教授、博导，清华大学新闻与传播学院副院长，清华大学传媒经济与管理研究中心主任，中国科技新闻学会科技传播委员会会长，中国传媒经济与管理学会副会长。主要研究方向为传媒理论、传媒经济与管理研究、文化传播研究。

从2004年开始历年担任“传媒蓝皮书”主编；主持国家社科基金重大项目“下一代互联网与我国参与构建世界网络空间新秩序研究”等多项国家级及省部级科研项目；担任过《中国报业》杂志执行主编；担任《全球传媒学刊》编委会副主任。著有《媒介变革与社会发展》《信息社会的理论与模式》《走进日本大报》《传媒经济与管理研究前沿》等专著，发表学术论文近百篇。

摘　要

《中国传媒产业发展报告》2004年立项，由清华大学新闻与传播学院传媒经济与管理研究中心牵头，联合国内外学术界众多专家学者共同编撰。本书在对当年中国传媒各领域发展状况进行分析的同时，也对未来中国传媒产业的走势进行分析与预测。《中国传媒产业发展报告》已经成为研究和分析中国传媒产业的权威工具书，并于2012年起被认证为“中文社会科学引文索引”（CSSCI）来源集刊。

2016年，课题组对《中国传媒产业发展报告（2016）》框架进行了调整，从结构上分为总报告、传媒产业报告、传媒关联产业报告、年度特辑、海外及港台地区传媒产业五大板块，内容上覆盖电视、报刊、图书、广播、互联网、移动媒体、广告等近20个行业。2015年是中国传媒产业结构调整走向深化的一年，传统媒体的自救重生、新生力量的不断涌现引发传媒版图的结构性变动。技术与资本力量在媒体腹地的入侵，互联网巨头（BAT）携资本优势在新媒体和传统媒体领域大肆扩张、掌握优质资源。“互联网+”成为国家战略，传媒业与关联行业的边界进一步模糊。“IP”“泛娱乐”“虚拟现实（VR）”等成为行业发展新热点。人工智能技术蔓延至社会生活领域，云计算成为推动诸多企业创新的引擎。科技将驱动互联网发展新一轮创新浪潮，新兴媒体亦呈现出更多的活力。

本书对传媒产业及关联产业的发展热点、发展趋势所做的解析，对政府主管部门、传媒管理和运营机构都具有重要的参考意义，也会对国家传媒体系的顶层设计、对传媒政策的制定、传媒机构的运营战略等产生重要影响。另外，本书对于从事新闻传播特别是传媒经济与管理教学的高校教师以及研究人员来说是一本很有意义的参考书。

Abstract

Report on Development of China's Media Industry is an annual work edited by the Tsinghua University School of Journalism and Communication. The Center of Media Economy and Management Studies and many domestic and foreign media experts contributed articles. The contributors to the book offer extensive observations on all aspects of the development of the media industry, as well as scientific analyses of media trends. The book has now become one of the authoritative reference books on the study of China's media industry. *Report on Development of China's Media Industry* has been authenticated as a source periodical of China Social Sciences Citation Index (CSSCI) since 2012.

2016, the framework of the *Report on Development of China's Media Industry* has been changed. The report is divided into five parts: General Report, Reports on Media Industry, Reports on Media-related Industries, Special Reports and Media Industries Development Reports of Overseas, Hong Kong and Taiwan. The reports cover nearly 20 segments, including television & film, newspaper & periodical, book, radio, Internet, mobile media and advertising, etc. In 2015, China's Media Industry has undergone deepened market restructuring as a result of the transition of traditional media and the emergence of new mediums. Technology and capital have become more powerful in the media industry, when Internet Giants, such as Baidu, Alibaba and Tencent, are expanding aggressively and occupying high-quality resources in both traditional and new media. The "Internet Plus" has become a national strategy, and the boundaries of the media industry become more blurred. "IP" (Intellectual Property), "Pan-entertainment" (industry chain based on IP) and "VR" (Virtual Reality) were hot words of 2015. Artificial Intelligence technology has penetrated into to the field of social life, and Cloud Computing has become the engine of corporate innovation. A new surge in the development of Internet is driven by technology, which is also giving more vitality to new media industry.

Report on Development of China's Media 2016, with systematic reviews and analyses of the media industry and its sub-sectors, is a useful reference for government designing of media system, for government policymaking, and for setting operational strategy by media enterprises. It is also valuable to researchers, teachers specializing in journalism an communications, especially in media economy and management studies.

目　录

Ⅰ　总报告

Ⅱ　传媒产业发展报告

Ⅲ 传媒关联产业发展报告

Ⅳ 年度特辑

Ⅴ 海外及港台地区传媒产业发展报告

皮书数据库阅读**使用指南**

CONTENTS

I General Report

II China's Media Industry Development Reports

Ⅳ Special Reports

Ⅴ Media Industries Development Reports of Overseas, Hong Kong and Taiwan

总 报 告

General Report

B.1

传媒产业发展与未来媒体趋势

崔保国　邵 鹏*

摘　要： 2015 年是中国传媒产业结构调整和方向扑朔迷离的一年，一方面是传统媒体继续萎缩、疲态尽显，另一方面则是新媒体在各个领域大力拓展、活力四射。本报告从宏观、微观两个不同层面入手，以传统媒体与新媒体两个不同视角，对当前中国传媒产业运行发展的总体环境进行描述和分析，结合最新数据对中国传媒产业中各个行业的现状进行分析和展望，并探讨了传媒的“泛娱乐化”问题，以及未来媒体的发展方向。

关键词： 传媒产业　市场规模　新媒体　产业结构　发展趋势

---

* 崔保国，清华大学教授、博导，新闻与传播学院副院长，传媒经济与管理研究中心主任；邵鹏，浙江工业大学人文学院副教授，清华大学新闻与传播学院博士后。

一 2015年中国传媒产业发展宏观环境

市场、产业、技术环境、政策环境是我们考察传媒产业发展环境的主要视角。2015 年中国宏观经济的放缓并没有阻滞新媒体的高速增长，而宏观政策的扶持也无法改变传统媒体江河日下的窘境。在这一年中，传统媒体面临着市场萎缩和人才流失等诸多问题，尤其是传统报业的发行量与广告量都在经历着两位数的持续下滑，电视媒体也面临增长乏力和马太效应的双重挤压，唯有电影在“口红效应”与消费升级的带动下持续爆发式增长。新媒体在继续保持高速增长的同时，市场格局也在发生着重大变化。互联网巨头企业（BAT）携资本优势在新兴媒体和传统媒体领域大肆扩张、争夺优质资源，媒介融合的态势也正在发生变革。随着 O2O、互联网金融、生态圈等新模式、新思维的出现，新媒体呈现出了更多的活力。

1.“新常态”下传媒产业仍持续增长

2015 年的中国电影市场站上了 440 亿元票房的新高地，增速达到自 2010 年以来最高。综艺娱乐节目也在 2015 年进入井喷式发展阶段，全年共有 215 档综艺节目面世，创中国综艺节目产量新纪录。随着网络视频行业的崛起，2015 年成为“网络自制剧元年”，网络视频产量较 2014 年增长了 7.7 倍。

从中国经济长期保持持续稳定增长的大趋势来看，传媒产业在中国经济发展过程中保持总量的稳定增长是毋庸置疑的，但经济短周期的波动和传媒产业在经济环境影响下的内部调整也是不可避免的。2015 年是中国经济发展进入“新常态”的一年，经济发展基本面良好，但下行压力依然较大，GDP 增速从 2014 年的 7.3% 下降到 2015 年的 6.9%，而有关预测显示 2016 年 GDP 增速可能还有继续下行的风险。经济下行的大环境导致企业经营压力普遍增大，企业在广告投放上变得更加慎重。

2. 媒介技术更迭加速

对于当前的中国传媒产业而言，技术的更迭无疑是最大的变量。在传统媒体时代，技术的迭代周期可能是几十年甚至更长，但在新媒体时代，技术的迭代周期已经被压缩到 10 年左右，甚至未来还有加速的趋势。中国已经成为一个当之无愧的互联网大国，半数中国人已经接入互联网，网民规模增速提升，同时网民个人上网设备进一步向移动智能终端集中。来源于TalkingData的数据显示，截至2015年12月，我国移动智能终端规模达12.8亿台，智能终端设备渗透率已经超过90%。

下一代互联网概念已经随着移动技术的变化而不断被刷新。媒介技术的快速更迭使人们已经很难去预测未来的市场形势。但是，技术的发展必然带来媒介样态的变革与创新，智能硬件、植入式设备、人工智能、VR（虚拟现实）等新技术在未来或许将为我们开启全新的媒介图景。

3. 传媒产业政策新动态

“十三五”规划建议明确提出，到2020年文化产业要成为国民经济支柱性产业。根据该目标，文化产业未来的增加值至少应该达到5万亿元，年均名义增长率至少要保持在13%以上，这也就意味着作为文化产业重要组成部分的传媒产业在“十三五”期间将保持总体上的高速增长。

2015年，国家为了更好地促进传媒产业的健康、高速发展，出台了一系列扶持性、规范性政策。政府在传媒产业领域的政策措施充分考虑了行业长期稳定发展的需要，提供了相应的鼓励性措施和指导性意见，对传媒产业发展起到了积极的推动作用和引导作用。

二　2015年中国传媒产业发展基本情况

2015年，中国传媒产业整体保持增长态势，增幅较2014年略有放缓。面对复杂多变的全球经济环境，我国的经济增速开始放缓，各行各业的投资趋于谨慎，广告行业在2015年受到经济大环境的冲击，全国广告经营额较上一年仅增长5%左右，甚至没有跑赢GDP（6.9%）。在严峻的宏观经济背景下，中国传媒产业在2015年仍然增长了12.3%，整体市场规模达到12750.3亿元（见图1）。

传媒产业整体平稳发展，但结构已经发生了深刻的变化。2015年，中国传媒产业有两个有趣的“超越”：一是报业广告和发行收入双双大幅下滑（见图2），报业市场整体规模在2015年首次被电影票房市场（440亿元）超越；二是电视广告市场发展疲软，下滑趋势明显，2015年电视广告收入首次被网络游戏市场（1411.5亿元）超越，这两个超越让传统媒体感到深深的“寒

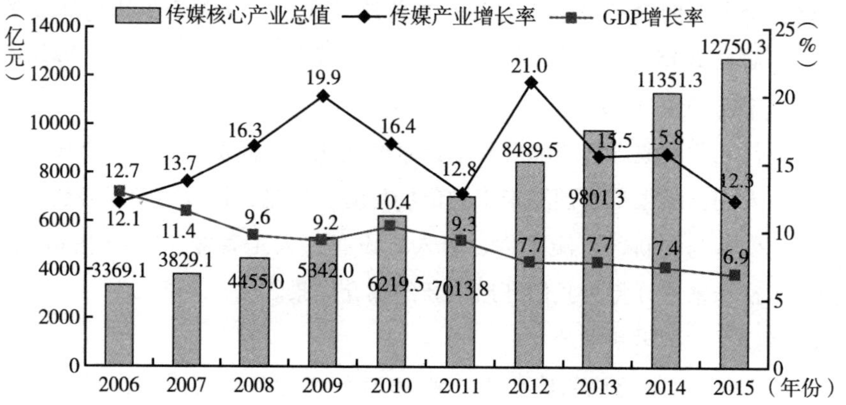

图 1　2006～2015 年中国传媒产业总规模及增长率

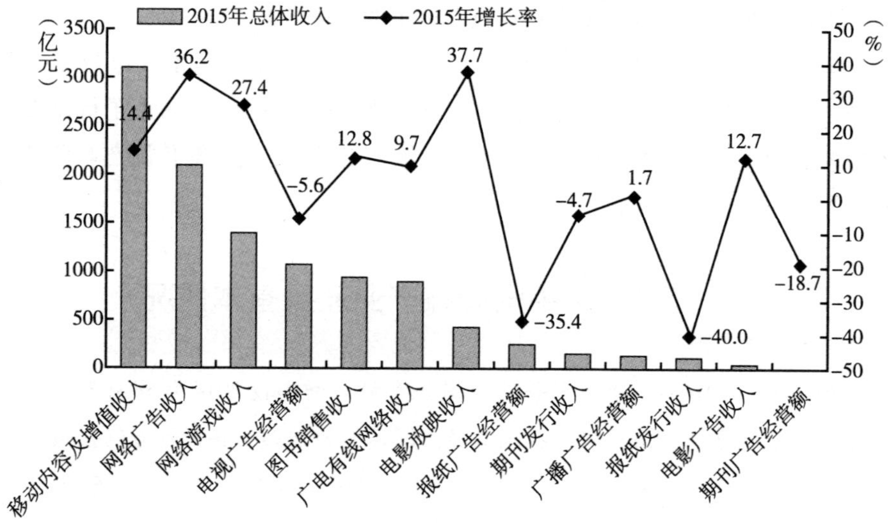

图 2　2015 年中国传媒产业细分行业市场规模及年增长率

意”。2015 年互联网媒体的市场占比由 2014 年的 47.2% 上升到 51.8%，进一步拉大了与传统媒体的规模差距（见图 3），传统媒体影响力和话语权体系都受到了严峻挑战。

2015 年，中国传媒产业的两大亮点仍然是电影和移动媒体：一方面电影行业投资热情依然高涨，电影院和银幕建设持续增长，推动电影票房市场的爆发式增长；另一方面，手机上网人数超过 6 亿，逼近网民总人数（见表 1）。

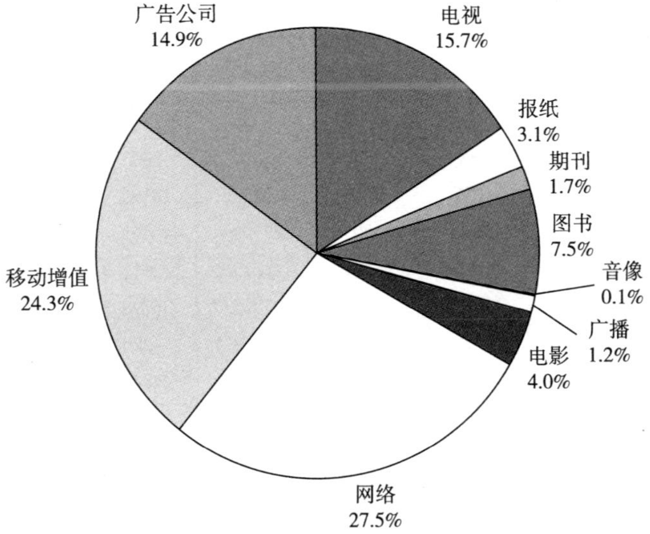

图3　2015年中国传媒产业细分行业占比

电影票房和互联网的发展也体现了中国传媒业的“泛娱乐化”趋势，基于互联网和移动互联网的、以大众娱乐为核心的文化产品与商业市场相互交织，已经构成新的业态模式。从市场层面上看，“泛娱乐化”有助于加快媒体融合发展，打通文化传媒产业不同领域间的通道，推动文化创新发展，因此也受到多数互联网大鳄们的推崇。然而，从社会发展层面看，严肃内容的影响力不断受到压制，过度娱乐的副作用也会对社会的健康发展和可持续发展造成隐患。这将成为政府制度建设的重要课题。

表1　2010～2015年中国传媒产业形态

项目＼年份	2010	2011	2012	2013	2014	2015
报纸种类(种)	1939	1928	1918	1821	1912	—
期刊种类(种)	9884	9849	9867	9941	9966	—
出版社数量(家)	581	580	580	583	583	—
音像制品出版单位(家)	374	369	369	383	371	—
电子出版物出版单位(家)	251	268	268	287	285	—
广播电台数量(家)	227	213	169	153	—	—
电视台数量(家)	247	197	183	166	—	—

续表

项目＼年份	2010	2011	2012	2013	2014	2015
广播电视台数量(家)	2120	2170	2185	2207	—	—
电影院数量(家)	2000	2800	3000	3903	4918	6118
电影银幕数量(块)	6256	9286	13118	18195	23600	31635
广告经营单位数量(家)	243445	296507	377778	445365	543690	671893
手机用户数量(万户)	85900	98625	111215. 5	122911. 3	128609. 3	130573. 8
固定电话用户数(万户)	29438	28179	27815. 3	26698. 5	24943	23099. 6
万维网站点数量(万个)	190. 8	230. 0	268. 1	320. 2	335. 0	422. 9
域名数量(万个)	865. 7	774. 8	1341. 2	1844. 1	2060. 1	3102. 1
网民总人数(万人)	45730	51310	56400	61758	64900	68826
手机上网人数(万人)	30273	35558	41997	50006	55700	61981

三　2015年中国传媒产业发展的特点与亮点

1. 电视：总体形势严峻，马太效应凸显

2015 年电视媒体发展形势不容乐观，电视广告投放量首次下滑。CTR 调研数据显示，2015 年上半年电视广告花费同比减少 3. 4%，时段广告资源量也同比减少一成。新媒体冲击与行业竞争的日趋白热化，使得多数电视台业绩平淡并对整体行业形势产生影响。从收视率来看，央视仍然占据中国电视台行业的“老大”地位，尤其是在新闻报道和重大事件直播等领域，拥有独特的资源优势。而省级卫视内部的“马太效应”在近年变得日趋显著。广告品牌对电视媒体的选择趋于两极化，或集中于央视和一线卫视，或下沉至地面频道。高收视率综艺娱乐节目的广告冠名收入并未受电视行业总体形势影响，依然保持高速增长态势。

2. 报纸：“断崖”仍在继续，报业面临“生死时速”

2015 年传统报业的“断崖式”下跌仍在持续，全国各类报纸的零售总量与 2014 年相比下滑了 41. 14%，其中都市报类下滑幅度最大，已达到 50. 8%。相对稳定的订阅市场在 2015 年也出现了加速下滑的趋势。传统报刊读者数量和广告收入的双下滑使得近年来报刊经营举步维艰，与之相应的停刊和休刊已

成为传统报刊行业的一种“新常态”。据不完全统计，2014 年中国停刊或休刊的知名报纸约为 10 家，而 2015 年这个数字扩大到约 30 家。

3. 电影：爆发式增长，国产电影捷报频传

与其他传统媒体行业所面临的新媒体挑战与业绩下滑不同，中国电影行业正处于爆发式的增长阶段。国家新闻出版广电总局电影局的公布数据显示，2015 年全国电影总票房为 440.69 亿元，较 2014 年增长 48.7%，为近五年来增幅最大的一年。按总人口算，中国民众到影院观影的次数为人均 1.4 次，而美国电影协会（Motion Picture Association of America）的数据显示，2014 年，美国与加拿大合计人均到影院观影次数为 3.7 次，也就是说，中国电影市场在未来还有很大的增长空间。

4. 图书：“互联网 +”助推图书销售持续增长

继 2014 年中国图书零售市场销售总额突破 500 亿元之后，2015 年中国图书零售市场规模保持持续增长态势，总销售额达到 624 亿元。“互联网 +”对中国图书市场的发展起到了重要的推动作用。相较 2014 年实体书店取得 3.26% 的销售增长，2015 年实体书店销售同比增长仅为 0.3%，而网上书店零售市场规模则保持高速增长，同比增长达 33.21%。实体书店在图书零售市场中所占比重也在进一步下滑，互联网无疑已经成为图书零售市场未来发展的最大机遇。

5. 期刊：寒风中出现的“停刊潮”

2015 年底国内著名时尚杂志《瑞丽时尚先锋》宣布停刊，消息一经发布不禁让所有人都感到了来自中国期刊行业的阵阵寒意。瑞丽传媒集团作为中国时尚杂志行业中极具实力和影响力的重要企业，其经营都已经开始收缩，可见其他企业可能也面临类似的困境。在传统纸媒哀鸿遍野的大背景下，坚持下来的期刊企业所面临的往往也是发行、广告双下滑的严峻现实。

6. 广播：移动互联与车载收听依然是主导

2015 年中国广播媒体市场规模出现小幅下滑，央视—索福瑞媒介研究有限公司的调查数据显示，2015 年全国 34 个城市整体收听率较 2014 年同比下降 3.33%。

听众最经常使用的收听工具中车载收音系统、手机占比最高，且车载收听市场仍然在持续增长。这一现象与中国汽车保有量持续增长、智能手机的普

及，以及移动互联技术的发展密不可分。未来车载收听与“广播 + APP”的收听方式将成为广播媒体维持市场规模的主导力量。

四　网络新媒体发展趋势

1. 网络新闻资讯业的转型与移动互联的崛起

网络新闻资讯行业是互联网领域中发展最早且最为成熟的“传统行业”。其中最具代表性的就是伴随着中国互联网技术发展而崛起的四大门户网站——新浪、网易、搜狐、腾讯，也正是这四大门户网站的发展与转型在一定程度上代表了网络新闻资讯行业发展趋势。网络新闻资讯行业近年来不断受到挑战和冲击。冲击首先来自垂直性专业门户网站，该类型新闻资讯网站的深耕细作蚕食了原本属于新闻门户网站的广告收入，尤其是汽车、房产、旅游、IT 设备等广告投放比较大的领域影响最为严重。其次，移动互联网市场的快速崛起更让传统门户网站的转型变得迫在眉睫，腾讯、网易较早展开门户网站的转型，而新浪、搜狐则因为难以适应快速的行业变化而陷入困境。新浪市值从巅峰期近 60 亿美元缩减到不足 30 亿美元，搜狐更是缩减到不足 18 亿美元。2015 年可谓是移动互联网市场爆发式成长的一年，移动新闻资讯行业发展迅猛。TalkingData 公布的数据显示，截至 2015 年底，移动端新闻资讯用户规模达到 9 亿，在移动端渗透率为 70.3%。

综合信息领域是发展最成熟的，但也是竞争最激烈的领域。目前，综合信息领域的行业格局已经初步显现，腾讯新闻在 TalkingData 和艾瑞咨询的调查中都位居榜首，今日头条、网易新闻等紧随其后。一般来说，传统媒体开办的移动客户端用户量普遍偏小，影响力不大，仅有凤凰新闻凭借较高的覆盖率和用户使用率能够进入第一梯队。在新一轮的媒介融合或移动互联的转型中，传统媒体很可能失去机会，再次掉队。

2. 网络视频业在高速发展中渐成格局

2015 年，网络视频行业仍然延续稳定增长的态势。视频网站的付费市场已经逐步完成了从量变到质变的转化过程，未来会员付费将成为视频网站的主要收入来源。

网络视频行业市场集中度正在进一步增强，爱奇艺、优酷土豆、腾讯视频、乐视网的四强格局已经初步形成。网络视频市场的领先地位与互联网巨头们的海量资本投入直接相关，比如阿里巴巴以56亿美元的投入完成对优酷土豆的收购，并开始私有化进程；乐视网2015年定增募资48亿元，成为创业板有史以来额度最大的定增。大投入并不一定会带来大产出，爱奇艺在2015年第三季度亏损1.56亿美元，优酷土豆同期亏损也达到6850万美元。也就是说，当前网络视频行业还处于净投入阶段，自制内容和版权购买耗资巨大，短期内网络视频行业还将持续上演资本运作的大戏。

3. 社交媒体市场巨大但赢利模式仍不清晰

2015年社交媒体市场格局基本稳定，作为行业龙头的微信和QQ依然保持着绝对的优势地位。据移动互联网大数据监测平台Trust Data于2015年底发布的数据，微信、QQ两大社交媒体月度用户覆盖率分别达到86.8%和80%，远超过第三位微博的21.7%。微信团队在2015年也发布白皮书称，其2015年9月微信的日均登录用户达到5.7亿。

与此同时，社交媒体行业在2015年也呈现出了一些新的特点：（1）用户层次开始呈现多元化特点，虽然“90后”和“80后”人群依然占据60%以上的比例，但“70后”“60后”“50后”人群的份额均呈现出不同幅度的增长；（2）社交媒体在地域分布上开始下沉，2015年社交媒体在一线城市的渗透率已经超过90%，增幅开始趋缓，而二线、三线、四线城市的渗透率还在持续增长；（3）相比前几年的用户流失，一些小众社交媒体开始重新发力，如陌陌2015年11月活跃用户数较上一年同期增长21.3%，达到7300万人，全年净营收也比上一年同期大幅增长199%，达到1.34亿美元，净利润为3110万美元；（4）2015年社交媒体的赢利模式依然没有重大突破，微信公众号的增长红利开始面临萎缩，微信广告这种传统的商业模式依然饱受争议。

4. 视频直播业的投资热潮

视频直播行业最早源于视频聊天室中的直播模式，近年来才逐渐发展成为两种不同类型的视频直播网站：（1）演艺秀场类，以美女主播唱歌、跳舞、陪聊为主的直播，如YY、六间房、网易BoBo、爱奇艺奇秀等；（2）游戏直播类，以各种网络游戏对战为主的直播，如斗鱼TV、战旗TV、虎牙TV等。2014年亚马逊以9.7亿美元现金的历史性高价收购游戏视频直播网站Twitch，2015年初Twitter以8600万美元收购视频直播网站Periscope，一时间视频直播行业被全面引爆。从目前来看，还很难对视频直播行业的总体规模进行判断，但该行业的赢利前景已经得到不少上市企业财报数据的支持。百度、网易、新浪等传统互联网企业纷纷涉足该领域，使得当前视频直播领域中豪强林立，但因彼此差异不明显，未来竞争将日趋激烈。

5. 自媒体从小打小闹拐进融资快车道

2015 年对自媒体而言不再是小打小闹的一年，仅下半年就有十余个自媒体品牌获得风投融资，融资规模从几百万元到上千万元不等。其中，著名自媒体品牌“罗辑思维”在 10 月 20 日宣布完成了 B 轮融资，估值达到难以想象的 13.2 亿元。除了融资，还有自媒体企业直接上市的案例。在微博平台拥有“冷笑话精选”“星座密语”“生活小智慧”等众多“草根大号”的互联网自媒体公司飞博共创于 12 月 11 日在新三板挂牌上市，成为“自媒体第一股”。但《自媒体人生存状态调查报告》则呈现出不太乐观的行业现状，超过 60% 的自媒体目前月收入不足 10000 元，只有 50% 的自媒体实现了赢利，近半数自媒体个人月收入不足 5000 元。不可否认，近年来自媒体的产业价值开始不断被发掘，在自媒体的发展浪潮中不仅造就了一批自媒体名人，也造就了一批自媒体品牌。这些已经形成影响力的自媒体人和自媒体品牌大多开始了公司化的运作模式，甚至以上市为目标大笔获取风投。而对于中小自媒体人或自媒体品牌而言，生存无疑是当务之急，而有限的影响力使得他们不得不抱团取暖——结成联盟。但即便如此，当前自媒体行业还不足以挑战互联网巨头们所把持的平台，自媒体与平台之间的协作关系还将长期维系。

五　透视中国传媒的泛娱乐化现象

网络“泛娱乐”与传媒“泛娱乐化”是两个不同的概念，但又是两个有关联的概念。“泛娱乐”是近几年网络媒体界流行的一个关键词，被认为是 2015 年互联网发展的几大趋势之一。

1. 网络“泛娱乐”与“传媒泛娱乐化”

网络“泛娱乐”的概念最早由腾讯公司提出。2015 年 3 月，在 UP2015 腾讯互动娱乐年度发布会上腾讯副总裁程武表示，未来任何的娱乐形式都将不再独立存在，只要粉丝的热情点燃一个 IP，围绕这个 IP 的所有形态的娱乐体验，都将快速跨界连接和融通共生；娱乐思维或将重塑人们的生活方式。

“传媒泛娱乐化”是由网络“泛娱乐”带动和引发的整体社会现象。腾讯提出“泛娱乐”战略之后，小米、华谊、阿里数娱、百度文学、艺动、通耀、360 等互联网和影视企业纷纷将“泛娱乐”作为公司战略大力推进，从而形成整个传媒业的泛娱乐化现象。这种现象也影响和拉动了文化市场的全民娱乐之风。打开新闻网站基本都是娱乐新闻，网络的新闻频道与娱乐频道几乎没什么区别。

2. IP 概念被中国重新定义

2015 年被称为“IP 元年”，IP 相关产品价值不断凸显，IP 产品交易呈现爆发式增长。

IP 的概念在中国被赋予了非常神奇的内涵，从可供改编的网络文学作品、游戏、动漫、网红等，逐渐转变成为一种互联网思潮和全新的商业概念。也就是说，IP 不再被简单的理解为知识产权产品，而是被泛化和抽象化了。IP 的核心特质是知名度和内容，所谓 IP 是具有能够把知名度转化为可消费内容产品的一切东西。它可以是真实的媒介产品，也可以是具体的人，还可以是一句话、一个抽象的理念。“IP 化”已经成为中国互联网和影视媒体发展的战略和方向。

从 2014 年至今，IP 类电视剧可谓称霸屏幕，从《何以笙箫默》到《花千骨》，从《鬼吹灯》到《盗墓笔记》，从《甄嬛传》到《琅琊榜》都是从小说改编而来，也让投资方赚的盆满钵满。据清科研究中心统计，中国市场共产生 IP 相关收购 42 起，其中披露收购金额案例 39 起，合计产生并购金额 209. 59 亿元，被并购企业行业涵盖影视、动漫、游戏、小说、艺人等多个领域，平均单起并购金额为 5. 37 亿元。IP 类企业 2015 年共产生 IP 并购 23 起，涉及并购总额 78. 74 亿元。华谊、奥飞动漫、唐德影视等影视传媒巨头依旧是并购主力军，其中华谊兄弟并购数量最多，共有 5 起，包括游戏 IP、明星 IP、导演 IP 等各个领域，总耗资 37. 36 亿元。

3. 警惕中国传媒的泛娱乐化

面对传媒文化领域的泛娱乐化现象，有识之士早有批评的声音。中国作家协会会员王琪森指出：“从文化与艺术的角度看，传媒“泛娱乐化”现象的升温和膨胀，折射出的是文化原创性的缺失，凸显出的是艺术创造力的匮乏，表现出的是审美感悟力的滞后。”①《文汇报》也有文章指出：“只要低口碑有高票房，泛娱乐生产冲动就会一直存在。”②

现代传媒脱下沉重、刻板、僵硬的外衣，换上轻盈、生动、鲜活的形式，本来无可非议。可是一段时间以来，各种“抗日神剧”“宫廷戏说”“名著改编”等不顾史实乃至常识的胡编乱造，使得文化市场乌烟瘴气。

娱乐产业是美国政府向全世界打出的大招牌。美国政府大张旗鼓推广和支持的传媒业和影视业既不叫传媒产业，也不叫文化产业，而是叫娱乐产业。植根于美国而发展起来的互联网产业带着泛娱乐精神不足为奇。但是，美国大力发展娱乐产业，中国就一定要按照美国的路子也大力发展娱乐产业吗？显然这样的结论是没有逻辑根据的。美国娱乐产业的背后是有强大的美国文化价值体系支撑，娱乐产业并不是美国文化的全部，而只是美国文化构成的一部分。美国这种泛娱乐化路线是否适用于中国，还有待思考。

改革开放三十年后的今天，传媒发展又到了一个转折点，我们是把传媒业当成政治和执政手段的延伸，还是把传媒当作产业规律来发展；我们是把传媒当成精神文化或意识形态的传播平台，还是当成娱乐产业按市场需求任其自由发展，这都是政府和企业需要真实面对的问题。作为传媒研究者，我们郑重地提请国家和社会关注这一现象，也提议传媒领域的领军企业家们担负起企业的社会责任，重新审视和研讨传媒泛娱乐现象，找到有利于企业健康发展又贡献于社会进步的正确发展道路。

六　未来媒体的发展趋势

从受众、市场、技术和资本等不同层面来看，下一代互联网的发展引领着未来媒体的发展方向。移动互联市场经历了前期的爆发式增长后，市场将逐步进入调整和细分阶段。我们认为在未来几年中，未来媒体的发展方向主要有六大趋势：大数据应用、网络视频高度普及、虚拟现实应用、传媒业的“倒融合”、人工智能应用、互联网金融的普及。

---

① 王琪森：《“泛娱乐化”不可取》，《文汇报》2006年5月26日。

② 《只要低口碑有票房　泛娱乐生产冲动就会一直存在》，《文汇报》2016年4月15日。

1. 未来传媒市场的细分趋势

互联网时代网络渗透的越彻底就越能够捕获到那些非主流的长尾需求，技术能够拉近彼此的距离，将广大范围中个性化需求相同的用户聚集到一起，并形成足以赢利的商业模式。长尾的发掘在未来依然具有美好的前景，而垂直化与专业化的细分市场正是网络媒体对长尾市场的追逐。

未来传媒市场继续细分发展的趋势将同过去有所不同，在垂直化与专业化的基础上，“人格化”与“社群化”的细分模式将逐步开启。也就是说受众选择媒介产品的依据将不仅是其功能性与专业性，还有包括产品中所蕴含的“人格属性”，未来的商业模式也将从渠道为王、产品为王、内容为王过渡到人格为王，而“社群化”则是这类细分媒介在传播过程中形成的受众组织形态。

2. 传媒生态圈竞争

未来的企业竞争将不再是传统的价格竞争、品牌竞争或销售渠道竞争等，生态圈之间的竞争将成为决定企业生存的重要因素。在互联网时代，平台的提供商是最关键的生态圈搭建者。譬如，苹果公司建立的 iOS 平台就形成了一个生态圈，所有企业都可以进入这个生态圈，苹果公司制定规则来保证生态圈持续健康发展。生态圈的核心是提供一个平台，使各个成员都能通过这个平台获益，从而吸引更多成员加入，形成生态循环。生态圈的各成员之间有竞争，更有依赖，成员必须共同创造价值，才能实现彼此的利益最大化。

目前，国内的互联网巨头都在积极发展自己的生态圈，阿里巴巴深耕 YunOS 系统长达 5 年，乐视系统也从电视拓展到手机领域，小米的生态系统更是从互联网产业直接拓展到生产制造业。在所有的生态圈中，传媒产业都是不可缺少的重要一环，而传媒企业对于生态圈的选择和生态圈中传媒产业的布局都将成为影响未来传媒产业发展格局的重要因素。

3. 传媒业的倒融合现象

媒介融合一般情况下被认为是传统媒体与网络新媒体之间的融合，融合的过程是传统媒体将其传统优势资源向新兴媒体市场转移。在 2015 年之后，一种由互联网企业发起的针对传统媒体进行收购兼并的“倒融合”开始逐渐成为趋势。阿里巴巴近年来不断在传媒领域拓展，据媒体报道统计，近两年间阿里巴巴已经入股或者收购 25 家传统媒体，其中包括《京华时报》《北京青年报》《第一财经日报》《第一财经周刊》《博客天下》《财经天下》《商业评论》《南华早报》等。

“倒融合”成为媒介融合的一种新现象，其本质是因为互联网企业已经今非昔比。经过多年的发展，阿里巴巴、腾讯、百度这些互联网巨头，无论从资金层面、用户层面、技术层面，抑或是市场数据资源层面，都已经掌握了融合的主动权，传统媒体所能做的无非是尽力配合成为互联网巨头战略布局中的重要一员。

4. 人工智能与机器新闻的想象空间

2016 年谷歌的人工智能系统 AlphaGo，4∶1 战胜了韩国职业围棋棋手李世石，使得人工智能成为关注焦点。

人工智能 + 传媒行业，充满了丰富的想象，而其中最具颠覆性的就是机器人写手可能在未来取代传统记者成为新闻生产的主力军。事实上，2014 年 7 月美联社开始引入 Automated Insights 的 WordSmith 平台自动生产财经报道，不仅显著地提升了新闻生产效率，还大幅降低了新闻生产成本。2015 年 9 月，腾讯也推出了自己的新闻写作机器人 Dreamwriter，11 月新华社也推出了“快笔小新”。未来几年，新闻写作机器人将被国内各大新闻媒体机构普遍应用，机器人新闻报道在整个新闻报道中所占的比例将越来越大。

目前，新闻写作机器人主要应用于财经报道和体育报道领域，完成的报道也主要是那些标准化程度较高的消息、快讯等新闻题材。虽然人工智能在目前还没有办法取代人类的创造力和思辨能力，但人工智能对于数据的处理能力及其处理速度是传统记者无法比拟的。同时，机器新闻可以用来满足受众的个性化阅读需求，人工智能也可以轻松地对每个用户的阅读习惯进行分析，进而生产定制化的新闻产品。

5. 一触即发的 VR（虚拟现实）技术

2015 年 VR（虚拟现实）技术已经开始走向大众消费市场，有近百家企业正在从事 VR 设备的研发和生产工作，市场上销售的 VR 头盔、眼镜等设备的价格从几十元到几十万元不等。虽然 VR 行业目前看似一片繁荣，但实质上还处于初期的野蛮生长阶段，成熟的产品并不多。国内大多数百元左右的 VR 产品，普遍以智能手机为基础，技术含量低、兼容性差、画质乏善可陈。但即便如此，VR 技术在未来几年成为新媒体领域的中流砥柱似乎已成定局。

2015 年底，百度、阿里巴巴、腾讯先后宣布进军 VR 领域。其中，百度视频宣布结合线上线下的方式推广 VR 频道，聚合优质的 VR 内容链接，举办 VR 线下体验活动。阿里巴巴则在 2016 年 2 月投资 VR 研发企业 Magic Leap，并成立自己的 VR 实验室。腾讯也公布了 Tencent VR SDK 及开发者支持计划，并首次系统地阐述了腾讯在虚拟现实领域的规划。中金公司研究报告指出，VR 产业市场规模有望在 3 ~5 年内突破万亿元大关，在硬件设备、娱乐内容、跨界服务三大领域的投资机会将会越来越多。随着硬件技术的日益成熟及内容资源的丰富，2016 年将迎来 VR 产业的“黄金元年”，市场规模有望超过 300 亿美元。

展望未来媒体的发展趋势，不能只把眼光死盯在媒介技术的创新上。表面上看，多年来一直是技术创新推动着传媒发展，实际上是媒介牵着人心走，技术牵着媒介走，媒介跟着资本走，资本跟着全球化走，全球化跟着霸权走，人类将会被引向哪里？未来媒体又会走向何方？

我们需要在传媒突飞猛进的发展后有一个冷静的理性思考，未来媒体的发展不能只追着技术和市场跑，还是要回到人心、回到人类的精神生活，应该以人为本，从人心、技术、产业、市场、社会、政治等多种维度去思考和把握未来媒体的发展方向。

传媒产业发展报告

China's Media Industry Development Reports

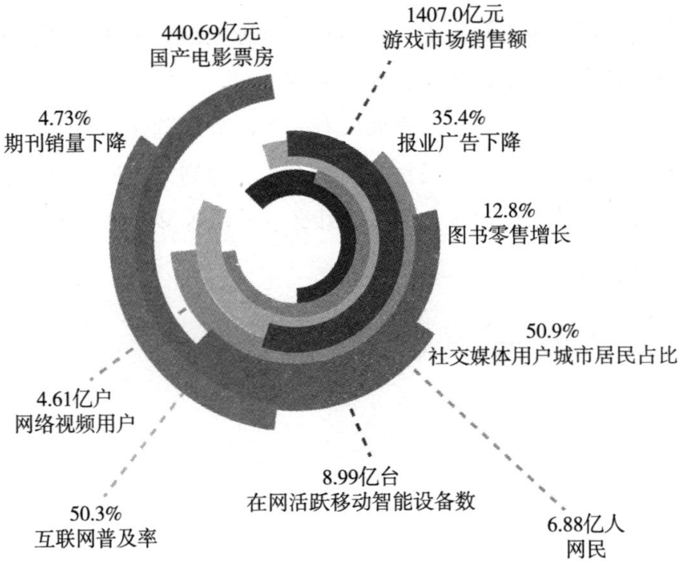

B.2

2015年中国电视产业发展报告*

摘　要：　2015 年传统广电深陷三大困境，影视新业态蓬勃发展，媒体新生态已有雏形，国产电影主导时代来临，IP 剧、纯网综艺节目勃兴，网络视频、社交媒体等新形态已成熟，所有这些都意味着电视产业的新生态开始形成，视听领域的新格局正在构建。

关键词：　电视产业　新生态　新格局

中国电视产业发展综述

胡正荣　李继东　黄　炜**

一　广播影视产业总貌概览：困境、生态再造

1. 传统媒体广告全线下跌，互联网广告持续上升

近五年来虽然广播、电视广告收入总额仍持续增长，但从 2011 年起增幅却持续下滑，从 2011 年的 15.6% 下降到 2015 年的 3.01%①，跌幅近 80%（见图 1）。

---

* 本文没有标记出处的数据均来自国家新闻出版广电总局官方网站、办公厅、规划财务司、传媒司、科技司、电视剧司等的最新统计数据。中国传媒大学传播研究院2015级研究生张珊文做了大量文献梳理和分析工作，在此一并表示感谢。

** 胡正荣，中国传媒大学副校长、教授、博导；李继东，中国传媒大学广播电视研究中心研究员、硕导；黄炜，博士，陕西省文化厅副厅长。

① 《2015 年中国广播电视广告收入与未来市场分析》，http：//info. broadcast. hc360. com/2016/03/090825661034. shtml。

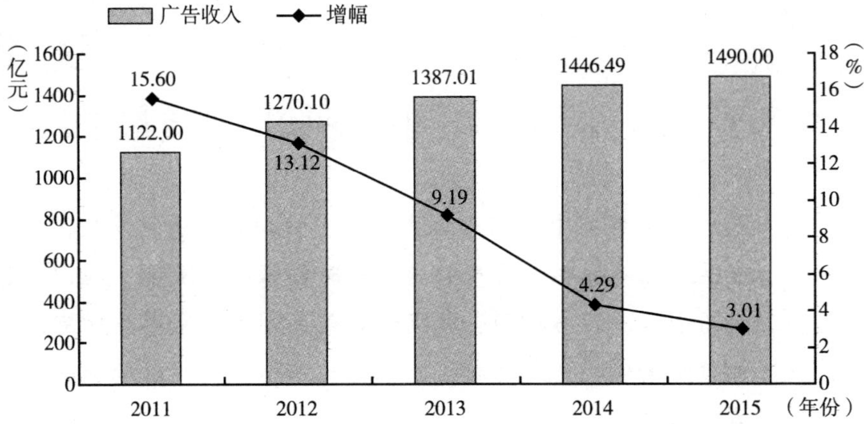

图1　2011～2015年广电广告收入变化

2015年，报纸广告花费跌幅依旧最大，其次是杂志广告，再次是电视广告，随后是广播电台广告和传统户外广告，而影院视频广告、互联网广告和楼宇视频广告则呈现高增长态势。①

2. 传统广电深陷三大困境，新生态呼之欲出

自2014年“818文件”下发以来，媒体融合进程不断加快。广电等传统媒体面临受众流失、广告流失、人才流失三大困境，构建融媒体新生态成为传统广电突围的必由之路。2015年，各大广电集团着力生态革新，湖南广电集团致力于推进从服务观众向服务用户、变内容产品为IP资源、向市场生态转变三大转型，形成全新的生态体系——芒果生态圈。湖南广电集团不仅将电视内容产品拓展到电影、图书领域，还将传统内容业态延伸到手游、动漫产品等新领域，如2015年11月上线的《爸爸去哪儿3》手游目前注册用户已上亿，日活跃用户超过300万。② 而上海文广集团整合百视通和东方明珠，基于流量变现进行业务布局，整体推进互联网化转型。2015年6月上海文广集团和阿里巴巴集团联合宣布达成战略合作，阿里巴巴投资12亿元参股第一财经传媒

① 《中国广告市场2015跌势收年　“移动”和“被动”成投放新趋势》，http：//www.ctrchina.cn/insightView.asp？id＝1780。

② 《吕焕斌详谈湖南广电改革思路——建立未来媒体生态》，http：//www.tvoao.com/a/164336.aspx。

有限公司，合力开拓数据服务领域。①

羊年春晚也是媒体融合新生态的好案例，“摇一摇”“红包”将电视屏与手机、平板电脑等移动端联结在一起，将传统电视产业与移动通信业融通。

二 2015年电视产业发展聚焦：移动、纯网、IP剧

1. 有线数字电视用户比重已达66.5%，移动终端接触率已近六成

近年来，数字电视特别是有线数字电视发展迅猛，从2012年起用户比重超过有线模拟电视。美兰德的统计数据表明，2015年全国数字电视（有线数字电视、直播卫星数字电视、无线微波数字电视、地面数字电视）覆盖用户规模合计达3亿户，占电视用户总量的83%左右。其中，有线数字电视用户规模最大，截至2015年8月底已近2.4亿户，用户比重已达66.5%（见图2）。

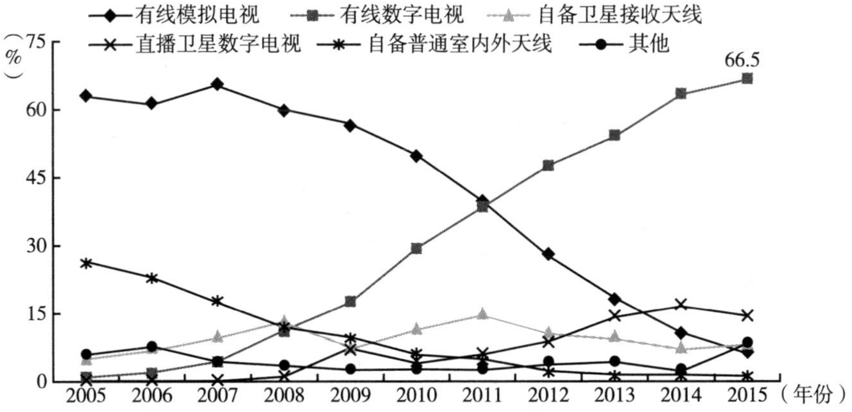

图2 2005～2015年全国居民电视接收方式比较（多选）

数据来源：CMMR。

从2015年终端接触率来看，电视机的接触率仍以98.6%的优势位居首位，但该项数据近年来在不断下降；手机、PAD等移动终端的接触率则保持高增长势头，以56.0%的比重位居第二；随后是PC电脑（44.0%）、户外电视（40.5%）与楼宇电视（38.4%）（见图3）。

---

① 《阿里12亿元入股第一财经 传统媒体掘金大金融数据》，http：//media.people.com.cn/n/2015/0605/c40606-27107006.html。

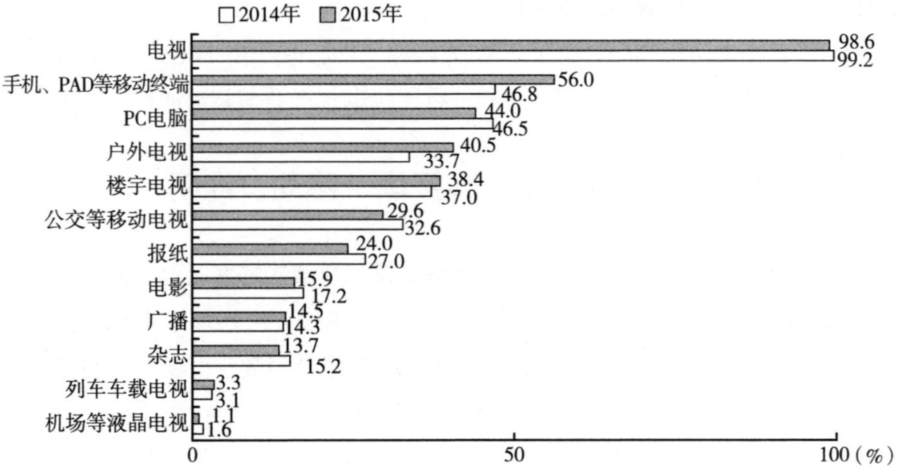

图3　2014～2015 年全国电视人口各类媒体接触率

数据来源：CMMR。

2. 电视剧仍是用户的最爱，IP 剧、纯网综艺节目勃兴

无论是电视观众还是网络视频用户，电视剧仍是他们的最爱，2015 年这两大群体对电视剧类节目的喜爱率分别为 71.7%、60.4%；新闻时事类、综艺娱乐类节目紧随其后，但两大群体对这两类节目的喜好程度有所不同，其中，电视观众更喜欢观看新闻时事类节目，网络视频用户则青睐综艺娱乐类节目（见图 4）。2015 年出现一批类型多样、叫座又叫好的优秀剧作，如《武媚娘传奇》《何以笙箫默》《虎妈猫爸》《花千骨》《盗墓笔记》《琅琊榜》。值得注意的是，“IP”剧已成为电视剧市场的新竞争点和发力点，优质“IP”也成为视频网站的竞争优势。

2015 年 6 月 3 日爱奇艺提出了“纯网综艺”概念，网络综艺节目的发展也越来越火热。例如，腾讯视频推出的真人秀综艺节目《我们 15 个》，播放总量达 1.8 亿次、日均播放量为 760 万次，弹幕总量达 1000 万条、每分钟的弹幕数量为 232 条，总视频长度达 288000 个小时。

3. 网络视频用户达6.25亿人，50%以上的用户每天至少点播网络视频一次

据统计，2015 年中国网络视频用户（近一个月收看过）达 6.25 亿人，比 2014 年（5.91 亿人）增加了 3400 余万人，增幅达 5.75%。约六成以上（61.9%）的用户用手机观看网络视频（见图 5）。视频网站使用人数近 3 亿人

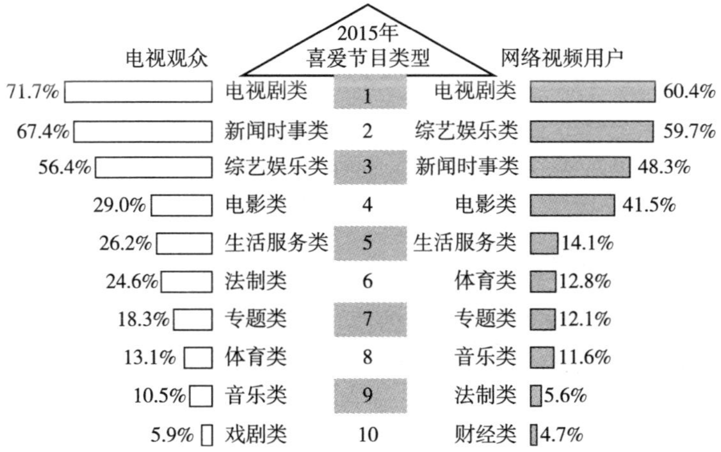

图 4　2015 年电视观众与网络视频用户喜爱节目类型对比

数据来源：CMMR。

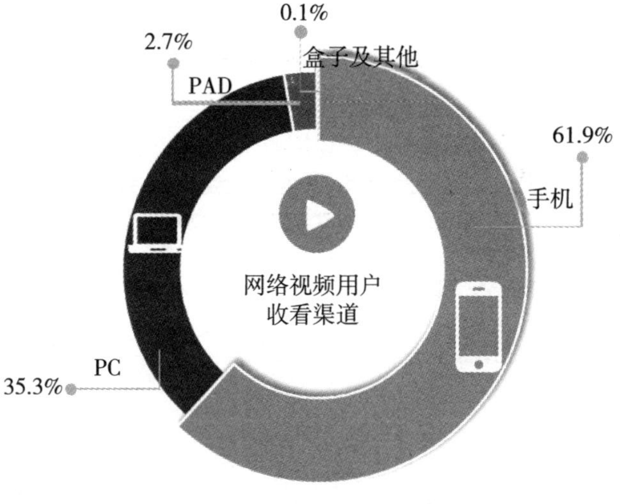

图 5　2015 年中国网络视频观看渠道分布

数据来源：CMMR。

（见图 6）。从用户量和比例来看，优酷土豆（阿里巴巴）、腾讯视频、爱奇艺（百度）三足鼎立的格局已形成（见图 7）。①

① 美兰德：《2015 年中国电视覆盖及收视状况调查》，http：//www. 199it. com/archives/411493. html。

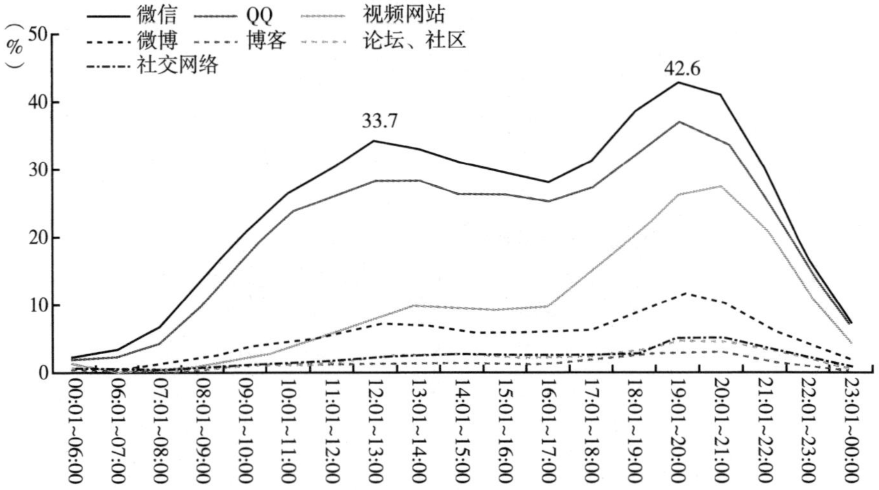

	微信	QQ	视频网站	微博	社交网络	论坛/社区	博客
使用人数（万人）	51239.8	46333.8	29691.4	15462.8	7550.8	6921.1	4635.0
使用比例（%）	90.9	82.2	52.6	27.4	13.4	12.3	8.2

图6　2015 年全国电视人口的社交平台使用人数、比重

数据来源：CMMR。

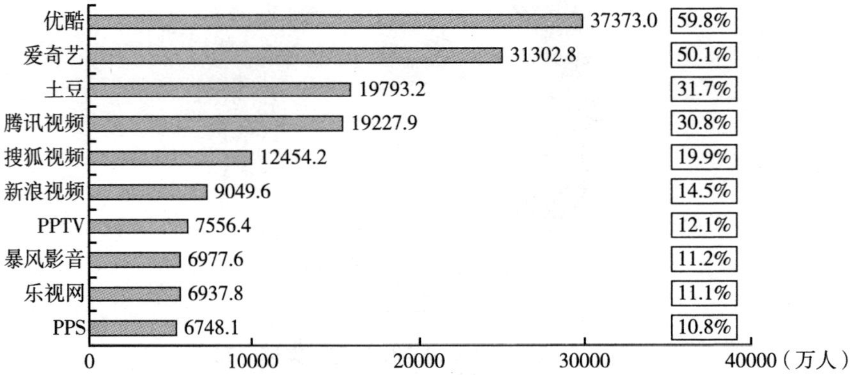

图7　2015 年网络视频用户常用视频网站前十名

据 CSM 媒介研究发现，2011 ~ 2015 年电视观众规模呈逐年下降趋势，2015 年观众的平均到达率由 2011 年的 69.5% 下降至 62.3%，下降了 7.2 个百分点。2015 年电视忠实观众收看电视的时间比 2014 年下降了 1 分钟。

2015 年中国省级卫星频道竞争研究

赵 瑜*

一 收视格局呈现一超多强的格局，一线卫视平台优势日趋稳固

2015 年省级卫视的整体收视格局基本稳定，湖南卫视、浙江卫视、江苏卫视、北京卫视和东方卫视位列前五，其中湖南卫视和浙江卫视的表现最为抢眼（见表 1）。

表 1 2015 年省级卫视收视率排名 TOP10

单位：%

排名	频道	全天		频道	白天 06:00~18:00		频道	晚间 18:00~24:00	
		收视率	市场份额		收视率	市场份额		收视率	市场份额
1	湖南卫视	0.42	3.73	湖南卫视	0.27	3.17	湖南卫视	1.09	4.10
2	浙江卫视	0.31	2.72	浙江卫视	0.26	3.02	浙江卫视	0.67	2.53
3	江苏卫视	0.24	2.14	安徽卫视	0.17	2.02	江苏卫视	0.59	2.23
4	北京卫视	0.22	1.93	江苏卫视	0.17	2.01	东方卫视	0.54	2.05
5	东方卫视	0.21	1.89	北京卫视	0.16	1.87	北京卫视	0.53	2.01
6	山东卫视	0.17	1.52	东方卫视	0.14	1.63	山东卫视	0.40	1.50
7	安徽卫视	0.17	1.50	山东卫视	0.13	1.51	安徽卫视	0.31	1.18
8	天津卫视	0.13	1.17	江西卫视	0.12	1.36	天津卫视	0.30	1.13
9	江西卫视	0.13	1.16	天津卫视	0.11	1.25	江西卫视	0.28	1.04
10	湖北卫视	0.12	1.03	黑龙江卫视	0.10	1.12	湖北卫视	0.27	1.00

数据来源：CSM 71 城市组 4 +。

受到“一剧两星”政策的影响，卫视群体普遍存在 21:20~22:00 时段节目调试的问题，整体收视率有所下滑。逆势上涨较为明显的是湖南卫视和浙江

* 赵瑜，浙江大学传媒与国际文化学院教授，影视艺术与新媒体系副主任。

卫视。湖南卫视除了2012年因“限娱令”有短期的收视波动，这几年凭借独播剧场和周播剧的突破，以及整体综艺节目的平台作战，节目收视率十分稳定，牢牢占据省级卫视全国第一的竞争区位，甚至对央视一套也产生有力的挑战。所以，2015年湖南卫视被称为“超级卫视”，以区别于一般的一线卫视。浙江卫视在2015年凭借季播综艺节目而表现抢眼，而其综艺节目重播、叠播的编排方式，不仅巩固了自身在周五的收视优势，也全面拉高白天时段的整体收视率。

2015年一线卫视中较为值得关注的还有东方卫视。近年来上海文广集团的转型变革战略引人关注，百视通和东方明珠两大上市公司的合并，创造了一个市值超过千亿元的媒体上市公司。东方卫视背靠强大的集团，近年来也频频出手购买全球知名的节目版权。

综艺节目基本是一线卫视的天下，只有云南卫视的《士兵突击之勇者奇兵》、四川卫视的《咱们穿越吧》、湖北卫视的《我为喜剧狂》《如果爱》登上收视率前50名。这表明综艺节目领域的马太效应已经十分明显，特别是大投入的明星真人秀节目拉高了这一节目门类的制作门槛和成本门槛。与此同时，播出渠道的品牌效应和平台效应逐渐显现，弱势频道通过散点突破的方式打开局部市场的难度日益增加。

电视剧市场上的马太效应更为明显。2015年除了“一剧两星”的《芈月传》让东方卫视和北京卫视跻身年度电视剧收视前三强，湖南卫视几乎一家独大，包揽了收视率前15名中的13席。预计2016年，各大卫视多会以周播剧的方式探索非黄金时段，平衡电视剧和季播综艺节目的播出量和投入量。

电视剧市场的门槛日益高涨，“一剧两星”虽然部分缓解电视剧存量积压的问题，但是对二、三线卫视来说，倾全台之力也未必能购买一部高价剧。在2015年的热播剧中，《武媚娘传奇》单集成本超过300万元，《芈月传》的单集成本超过200万元。据报道称《花千骨》的电视剧购买总价超过2亿元。在“一剧四星”时代，电视机构通过多家分摊成本的方式降低自身投入资金量，但是“一剧两星”一方面提高了大制作电视剧的市场风险，使制片方投资更加谨慎；另一方面，市场上大剧好剧的成本居高不下，对买方的资金实力要求更高。在这一政策颁布之前，一线卫视如湖南卫视和江苏卫视已多采取独播战略，所以这一政策实际上对二线卫视影响更大，使得没有制作实力和资金实力的频道基本上不可能入围电视剧收视前50强。2015年的收视情况已经证明了这一观点，湖南卫视、浙江卫视、江苏卫视、东方卫视、北京卫视和山东卫视瓜分了电视剧收视前50强，既往在“一剧四星”时代屡出奇兵的天津卫视、安徽卫视面临被边缘化的危险。

二 IP节目化、节目IP化成为电视机构延展产业链的通行模式

笔者认为，IP（Intellectual Property）这一概念能够获得业界的认可，在于它凸显了优质版权内容的产业链延展性，突破既往以播出渠道区隔的内容运营管理模式，赋予广播电视内容生产和经营管理全新的内涵。

省级卫视的IP经营同样体现在综艺节目和电视剧两大内容上。首先是综艺节目的IP化和全产业链经营。综艺节目已经是继电视剧之后中国大陆制播分离生产方式最为盛行的领域，节目模板、明星资源本身就已IP化，也是整体节目IP的重要构成要素。而对一部分强势节目，如何利用其市场影响力，将受众转化为用户是2015年各卫视的主攻方向。《爸爸去哪儿》《奔跑吧兄弟》《极限挑战》等热播综艺节目都进军了手游市场，拓展了产业链。而自《爸爸去哪儿》大电影成功后，综艺节目大电影成为标配。

2015年网络平台播出了大量网络小说改编剧，在年轻人中颇受追捧。省级卫视也播出了《花千骨》《何以笙箫默》《琅琊榜》《华胥引》等IP改编剧，播出效果和网络热度较好。与此同时，同名网游斩获5000万元月流水、同名手游月收入近2亿元，占据苹果应用商店免费游戏和热门畅销游戏双榜“探花”的位置。

特别值得关注的是，电视渠道和网络视频渠道的播出效果已出现相对明显的区分。总体而言，电视渠道的热播剧在网络平台的表现会高于纯网播出剧，但是两个平台热播排名出现偏差也十分正常。例如，《花千骨》的收视率在省级卫视渠道中虽位列第六，但是网络点播量却高于省级卫视渠道排名第一的《武媚娘传奇》。《琅琊榜》在省级卫视渠道的收视率表现一般，但是在网络上的话题量和影响力却堪称现象级。

IP改编剧热播趋势在2016年将进一步得到延续，《幻城》《寂寞空庭春

欲晚》《三生三世十里桃花》《微微一笑很倾城》《翻译官》等 IP 改编剧未播先红。

三　网台联动深入化，全产业链运营模式给强势频道带来新的增长空间

2015 年的电视媒体与平面媒体相比较为从容，但是媒介影响力下降亦是近忧。根据调查，2015 年中国观众平均电视收视时间为每周 31 小时，上网时间为每周 25.6 小时，两者日趋接近，而 2011 年时，前者为 30 小时，后者仅为 18.7 小时。

电视机构如果仅以线性直播为唯一的运营渠道，那么行业性经营困难再所难免。2015 年卫视群体近 70% 的频道创收下滑，三线卫视已很难达到收支平衡。视听内容的跨频传输，改变了受众的收视习惯，也让原有单纯依靠广告商的商业模式难以为继。

目前省级卫视的破题思路主要集中在两个方面，即战略层面的媒介融合与媒体转型、战术层面的节目联动以筑高平台门槛。

在战略层面动作最大的是湖南卫视和东方卫视。湖南卫视自 2014 年开始实施独播战略，依托集团优秀的节目自制能力将优质内容注入芒果 TV，通过 OTT 平台打通产业链，不仅进军机顶盒硬件生产，“芒果扫货”还联动商城资源，打出 T2O（Television to Online）旗号。2015 年芒果 TV 完成 A 轮融资，根据报道，初期募集资金超过 5 亿元，整体估值超过 70 亿元。从目前的发展态势看，芒果 TV 也许较之爱奇艺、优酷土豆和腾讯视频在资金、流量方面略有不足，但是超越乐视已近在眼前。

东方卫视所属集团在近两年动作频频，完成大小文广合并、百视通和东方明珠合并，从集团结构上理顺业务板块，进一步深化政企分离、制播分离，完善市场主体法人资格、改善治理结构。而微鲸电视的创新，也体现了上海文广集团在进一步加强内容生产的同时着力构建新播出渠道的战略规化。目前微鲸电视已成为一家全产业链布局的 OTT 公司，发展的空间和可能性更为广泛。

媒介融合对各电视机构的重要性毋庸置疑，原有的产业界限已被打破，全面跨界链接、融通共生的电视新生态逐渐成为大势所趋。但对各媒体而言，提

高资源整合能力和组织行为效率绝非易事。而且随着电视竞争中平台效应日益凸显，构建生态型频道、进行全产业链经营逐渐成为强者的专利，二、三线卫视的破局难度越来越大。

从战术角度而言，电视内容活动化打造、线上线下互动化开发，是可行的方案。仍以湖南卫视为例，电视剧、综艺节目甚至新闻节目内容联动，丰富了其内容生态圈。2015 年《花千骨》在播出过程中，主演赵丽颖出现在娱乐节目《快乐大本营》、新闻节目《新闻当事人》、季播节目《偶像来了》、纪录片《我们的偶像》以及数条频道宣传片中。同时，赵丽颖个人的相关微信访谈、微博互动也参与传播，实现了资源和效益的共享。新晋偶像杨洋也在频道多处出现，参与二季度季播活动《花儿与少年》，在《旋风少女》中主演男一号“若白”，参加《快乐大本营》《元宵喜乐会》《好好学吧》《我们都爱笑》《新闻当事人》等多档频道节目。湖南卫视强势周播节目的优势在此显露无遗，而且这样的宣传方式与艺人能产生双赢效果，易于为明星所接受。

总体而言，2015 年的省级卫视竞争基本格局稳定，呈现出一超多强的格局，卫视群体在内容生产、频道编排和媒介融合方面做了多方探索。但是日益严格的规制和不容乐观的经济下行压力，给省级卫视的经营带来诸多变数。大部分卫视面对的是一个内容成本高涨而经营状况恶化的情况，如果没有国家规制的进一步干预，该领域的马太效应将越发明显。

2015 年收视市场优质剧目资源探析

李红玲*

一　生产市场从量到质的格局转变

市场自有其吸纳能力，加上政策的干预调节，自 2013 年以来，电视剧产业从投资热潮中逐步冷静下来，产量逐年紧缩。2015 年全年，全国生产完成并获得《国产电视剧发行许可证》的剧目共计 395 部 1.65 万集，比 2014 年减少了 34 部，增加了 517 集（见表 1）。

表 1　2004～2015 年通过审批发行的电视剧发行及收视概况（历年所有调查城市）

年份	发行总部数（部）	发行总集数（集）	平均每部集数（集）	播出比重（%）	收视比重（%）	资源使用效率（%）
2004	505	12265	24.3	28.3	36.4	29
2005	514	12451	24.2	25.3	36.5	44
2006	502	13888	27.7	25.4	34.6	36
2007	529	14670	27.7	25.0	34.1	36
2008	502	14498	28.9	24.7	32.5	32
2009	402	12910	32.1	26.1	32.2	23
2010	436	14685	33.7	28.4	31.8	12
2011	469	14942	31.9	27.8	31.5	13
2012	506	17703	35.0	26.4	32.1	22
2013	441	15770	35.8	26.6	31.5	18
2014	429	15983	37.3	25.0	31.1	24
2015	395	16500	41.8	26.2	30.0	15

数据来源：国家新闻出版广电总局，CSM 媒介研究。

在趋于理性的投资理念之下，电视剧被当作一个赢利本体来研究、经营。2015 年起拥有热门 IP 概念的电视剧不再只是一播了之，而是被全方位、立体

* 李红玲，CSM 媒介研究，研究经理。

式开发成电影、网游、手游、网络剧、舞台剧、音乐等。同时，电视剧利益最大化成为趋势，越拍越长俨然成为常态。

2015 年，在 CSM 所有调查城市中，电视剧全天播出比重为 26.2%，收视比重为 30%。与 2014 年相比，电视剧播出比重增加了 1.2 个百分点，而收视比重则减少了 1.1 个百分点，资源使用效率下降 9 个百分点。

政府为了推动电视剧行业健康发展，实行了“一剧两星”政策，意图消化电视剧库存，让更多的电视剧有机会播出。2015 年晚间 19:00～21:00 时段，卫视共播出内地剧 447 部（2014 年为 502 部），新剧播出 238 部①，相对于 2014 年（249 部）新剧少了 11 部。2015 年此时段卫视的首播新剧比率是 53.2%（2014 年为 50.4%），二轮剧比率是 46.8%（2014 年为 49.6%）。可见，相对于 2014 年，卫视的首播新剧比率确实有所上升，卫视获取新剧的数量增多，政策有效提振刺激了电视台对新剧的需求。从中我们可以读出这样两个信息：一是电视剧市场总量盘子已经固定，数量上的增量已不可得，今后发展的重心应该从追求数量尽快过渡到追求质量；二是好剧在市场中的价值不言而喻，而探讨好剧的播出与收视规律亦是本文的重心所在。

二　好剧在卫视平台的分布特点

如今的电视剧市场已然发生了深刻的变化，好剧的重要性毋庸置疑，拥有好剧的卖方市场将处于谈判的优势地位。好剧在市场上处于供不应求的状态，而播出好剧也能有效拉动频道的收视价值、提升频道的品牌形象。

暂且将收视率达到并超过 2% 的电视剧称为顶尖剧目，收视率在 1%～2% 的电视剧称为优势剧目，收视率在 0.5%～1% 的电视剧称为中档剧目，而收视率低于 0.5% 的电视剧称为劣势剧目。2015 年晚间首播档剧，卫视顶尖剧目的比重仅占 1.2%，引航市场的现象级大剧基本属于“可遇不可求”；优势剧目占 5%，能强力提升频道竞争力，属于少数派；中档剧目占 17.8%，可以保证频道基本的竞争力；劣势剧目占 76%，属于市场上的“沉默的大多数”（见图 1）。

① 不包括卡通频道新剧。

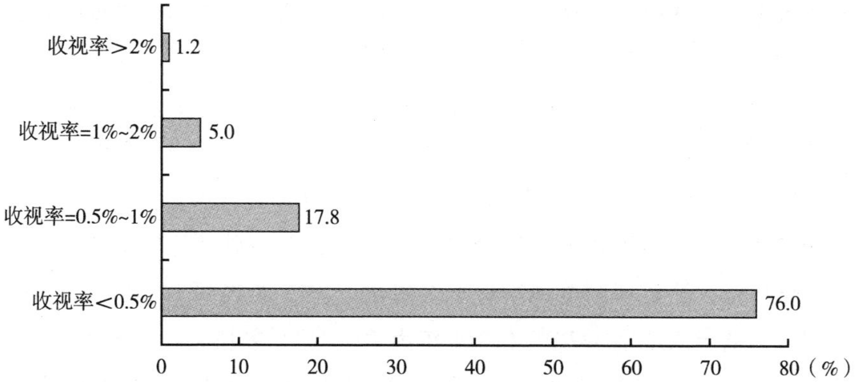

图1　2015年卫视晚间首播档电视剧收视率分布比例（19:30～21:30，100个城市）

数据来源：CSM媒介研究。

2015年晚间19:30～21:30时段，共有47部电视剧平均收视率不低于1%。好剧俨然流向强势平台，呈现出寡头垄断的特点。分析这些强势平台本身的收视达标率，可以看出它们对好剧的控制力有强有弱。湖南卫视2015年首播档剧达标率是100%，说明每部剧竞争力都很强劲，表现出该频道对好剧的掌控力之强（见表2）。

表2　部分卫视及央视频道电视剧平均收视率及在优秀剧中的"达标率"（19:30～21:30）

单位：部，%

卫视名称	2015年卫视电视剧平均收视率	2015年收视率≥1%的剧部数	2015年收视率≥1%的剧占比	收视达标率	
				2014年	2015年
湖南卫视	1.88	15	32	75	100
中央电视台综合频道	1.42	11	23	100	73
山东卫视	0.86	5	11	36	26
江苏卫视	0.83	4	9	40	21
中央台八套	0.73	4	9	14	10
上海东方卫视	0.85	3	6	8	17
浙江卫视	0.85	3	6	23	16
北京卫视	0.79	2	4	21	12
安徽卫视	0.56	—	—	4	—
天津卫视	0.53	—	—	4	—

说明：收视达标率为收视率≥1%的剧占频道内播出部数的比例。

数据来源：CSM媒介研究。

三　好剧的题材类型

随着电视剧市场的大发展，逐渐出现了类型化生产、类型化播出，乃至类型化收视的现象。经过多年高速平稳发展和不断筛选组合，我国的电视剧生产与消费市场已经进入良性循环，表现特征之一是播出与收视结构高度统一、核心题材高度重合。

军事斗争和反特/谍战剧是近年来风头正劲的两类热门题材。2015 年晚间黄金时段，军事斗争、反特/谍战、近代传奇和都市生活构成了播出市场与收视市场共同的核心题材；言情剧在 2015 年表现较为突出，其在 TOP 20 中的收视比重逼近 10%；前几年的一大核心题材——社会伦理剧已逐渐沦为二类题材；小类题材中，在收视好剧中占有一定比重的还有戏说演绎、时代变迁、警匪、历史故事等类型。这些小类题材虽然播出比重不大，但对于推动电视剧市场多元化发展起到了积极作用（见图 2）。

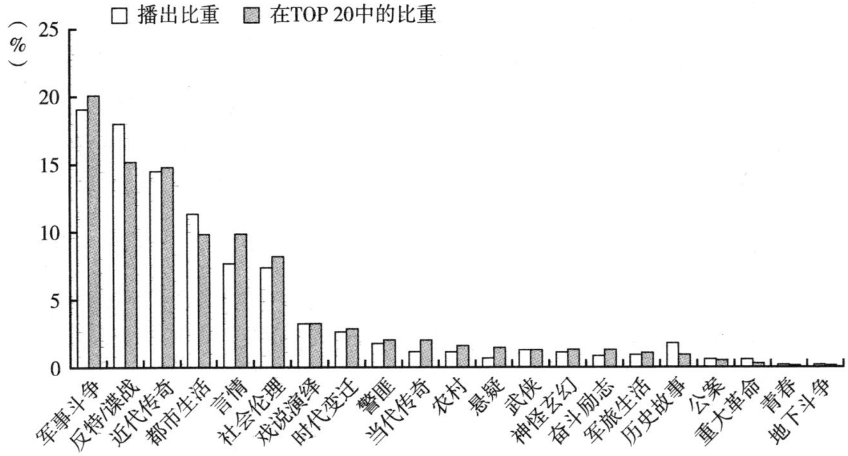

图 2　2015 年内地剧各类题材的播出及收视比重（18：00～24：00，100 个城市）

数据来源：CSM 媒介研究。

四　哪个朝代的故事更好看

根据电视剧内置的主要时代背景，电视剧大体可分为古装剧、年代剧、当代剧和跨越剧。2015 年晚间黄金时段，各时代剧的播出结构和 TOP 20 中的收视结构高度吻合。年代剧地位极为突出，表现非常惹眼。古装剧由于受到政策红线的限制，加之制作成本高，其播出比重不大（见图 3）。

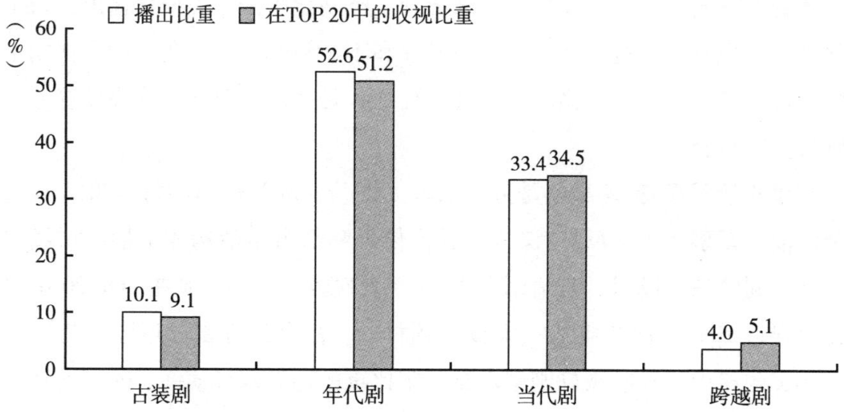

图 3　2015 年不同时代背景的内地剧播出及收视比重（18：00～24：00，100 个城市）

数据来源：CSM 媒介研究。

2015 年晚间时段，古装剧中好剧数量较多的有隋唐五代剧、清（截至鸦片战争前）剧、朝代不明确古装剧、明朝剧、鸦片战争至辛亥革命前的清末剧等，各有 5 部及以上电视剧进入好剧圈。宋辽金、夏商西周、春秋战国秦、东晋南北朝和元朝等时代的剧也各有 1～3 部入围。

年代剧大体分三个断代部分。其中南昌起义至新中国成立前的剧进入 TOP 20 的数量高达 208 部，占比突破 40%。辛亥革命至南昌起义前、鸦片战争至新中国成立前、新中国成立后至改革开放前，都占到好剧总量的 2.9%～3.7%（见表 3）。

表 3　2015 年不同时代背景的内地剧进入 TOP20 的部数及所占比重（18：00～24：00，100 个城市）

单位：部，%

内地剧分类	时代背景	进入 TOP 20 部数	进入 TOP 20 比重
古装剧	隋唐五代	10	1.9
	清（截至鸦片战争前）	9	1.8
	朝代不明确（古代）	8	1.6
	明	6	1.2

续表

内地剧分类	时代背景	进入 TOP 20 部数	进入 TOP 20 比重
古装剧	鸦片战争至辛亥革命前	5	1.0
	宋辽金	3	0.6
	夏商西周	3	0.6
	春秋战国秦	2	0.4
	东晋南北朝	1	0.2
	元	1	0.2
年代剧	南昌起义至新中国成立前	208	40.5
	辛亥革命至南昌起义前	19	3.7
	鸦片战争至新中国成立前	17	3.3
	新中国成立后至改革开放前	15	2.9
当代剧	改革开放至今	181	35.2
跨越剧	从现代到当代	16	3.1
	从近代到现代	6	1.2
	从近代到当代	4	0.8

数据来源：CSM 媒介研究。

进一步细化到具体剧目，笔者选取了进入 TOP 20 频次较高的不同时代背景的内地剧（见表 4）。

表 4　2015 年进入 TOP 20 频次较高的不同时代背景的内地剧（18∶00～24∶00，100 个城市）

时代背景	剧名	题材	进入前 20 名的城市数
夏商西周	《大舜》	历史故事	6
春秋战国秦	《芈月传》	历史故事	26
东晋南北朝	《琅琊榜》	戏说演绎	2
隋唐五代	《武媚娘传奇》	历史故事	43
宋辽金	《神探包青天》	公案	9
元	《忽必烈传奇》	重大历史	3
明	《医馆笑传》	悬疑	3
清(截至鸦片战争前)	《鹿鼎记》	武侠	4
朝代不明确(古代)	《石敢当之雄峙天东》	神怪玄幻	10
鸦片战争至辛亥革命前	《无敌铁桥三》	武侠	2
辛亥革命至南昌起义前	《偏偏喜欢你》	言情	14

续表

时代背景	剧名	题材	进入前20名的城市数
南昌起义至新中国成立前	《锦绣缘华丽冒险》	言情	30
鸦片战争至新中国成立前	《活色生香》	近代传奇	23
新中国成立后至改革开放前	《绝地刀锋》	反特/谍战	12
改革开放至今	《好大一个家》	都市生活	25
从近代到当代	《奶奶再爱我一次》	时代变迁	6
从近代到现代	《大陆小岛》	反特/谍战	4
从现代到当代	《老农民》	农村	11

数据来源：CSM媒介研究。

五　不同平台好剧揭秘

对于卫视而言，笔者采用了收视率是否大于等于1%这个标准，对于地面频道则取各地收视率进入前20名的剧目。中央台晚间黄金时段首播档，在全国100个城市，平均收视率破1%的电视剧共计15部。央视剧目题材涵括面广，注重于弘扬社会主流价值观。反特/谍战剧在央视频道表现优异（见表5）。

表5　2015年中央台较受欢迎的内地剧收视表现（19:00~21:30，100个城市）

单位：%

频道	剧　　名	题材	收视率
CCTV-1	《太行山上》	重大革命	1.61
CCTV-1	《东北抗日联军》	重大革命	1.20
CCTV-1	《别让我看见》	悬疑	1.46
CCTV-1	《空巢姥爷》	社会伦理	1.49
CCTV-1	《怒放》	军事斗争	1.48
CCTV-1	《黄河在咆哮》	军事斗争	1.40
CCTV-8	《决杀》	军事斗争	1.23
CCTV-1	《雪域雄鹰》	军旅生活	1.04
CCTV-8	《青岛往事》	近代传奇	1.08
CCTV-1	《锋刃》	反特/谍战	2.02
CCTV-1	《王大花的革命生涯》	反特/谍战	1.91
CCTV-1	《于无声处》	反特/谍战	1.68
CCTV-8	《最后一战》	反特/谍战	1.17
CCTV-8	《破阵》	反特/谍战	1.04
CCTV-1	《好大一个家》	都市生活	1.94

数据来源：CSM媒介研究。

再看省级卫视晚间时段，平均收视率破1%的电视剧共计33部次（不重复剧有30部），题材风格更为轻松（见表6）。

表6　2015年省级卫视较受欢迎内地剧收视表现（19:30～24:00，100个城市）

单位：%

频道	电视剧名称	题材	收视率%
湖南卫视	《锦绣缘华丽冒险》	言情	2.37
湖南卫视	《妻子的谎言》	言情	2.05
湖南卫视	《神犬小七》	言情	2.01
湖南卫视	《偏偏喜欢你》	言情	1.80
湖南卫视	《美丽的秘密》	言情	1.51
江苏卫视	《何以笙箫默》	言情	1.17
江苏卫视	《加油吧实习生》	言情	1.11
上海东方卫视	《大好时光》	言情	1.01
浙江卫视	《克拉之恋》	言情	1.01
湖南卫视	《神雕侠侣》	武侠	1.06
湖南卫视	《花千骨》	神怪玄幻	2.18
湖南卫视	《新济公活佛》	神怪玄幻	1.11
山东卫视	《石敢当之雄峙天东》	神怪玄幻	1.06
山东卫视	《继父回家》	社会伦理	1.16
山东卫视	《老农民》	农村	1.48
北京卫视	《老农民》	农村	1.26
湖南卫视	《武媚娘传奇》	历史故事	3.15
上海东方卫视	《芈月传》	历史故事	2.42
北京卫视	《芈月传》	历史故事	2.32
浙江卫视	《武媚娘传奇》	历史故事	1.20
山东卫视	《大刀记》	军事斗争	1.04
湖南卫视	《特警力量》	军旅生活	1.70
湖南卫视	《青春集结号》	军旅生活	1.23
湖南卫视	《活色生香》	近代传奇	2.16
江苏卫视	《千金女贼》	近代传奇	1.28
山东卫视	《俺娘田小草》	奋斗励志	1.33
湖南卫视	《伪装者》	反特/谍战	2.08
上海东方卫视	《虎妈猫爸》	都市生活	1.17
湖南卫视	《前夫求爱记》	都市生活	1.12
江苏卫视	《妈妈像花儿一样》	都市生活	1.03
湖南卫视	《冰与火的青春》	当代传奇	1.67
湖南卫视	《家和万事兴之花好月圆》	当代传奇	1.65
湖南卫视	《家和万事兴之兄弟姐妹》	当代传奇	1.27

数据来源：CSM媒介研究。

湖南卫视采取了“时装与古偶”双剧场两手抓的策略，日剧周播与边拍边播并存，将年轻女性作为核心目标观众。上海东方卫视推出“心跳 80 分”剧场，以悬疑推理言情剧《他来了请闭眼》为开端，主打相对高端观众，进行差异化竞争。周播剧题材受到的限制变少，各类小众的古装剧、涉案剧乃至栏目剧，都各展其能，成为热门题材。

相对于卫视频道，地面频道晚间黄金时段的电视剧呈现出“一边倒”的鲜明特色，进入各地 TOP 20 的电视剧，题材高度集中于军事斗争和反特/谍战两类（见表 7）。

表 7　2015 年地面频道的内地剧收视表现（18:00 ~ 24:00，100 个城市）

剧目	题材	进入前 20 名的城市数	总频道数	总城市数
《猎刃》	军事斗争	28	18	69
《嫂子嫂子》	军事斗争	28	20	55
《杀寇决》	反特/谍战	27	43	71
《我是赵传奇》	军事斗争	26	42	55
《枪侠》	反特/谍战	23	14	46
《野山鹰》	军事斗争	23	18	67
《刀光枪影》	近代传奇	23	13	58
《狐影》	反特/谍战	23	14	47
《战魂》	军事斗争	18	21	47
《杀手锏》	军事斗争	18	11	53
《杀出黎明》	反特/谍战	17	28	53
《刺蝶》	反特/谍战	17	39	47
《铁核桃》	反特/谍战	17	28	67
《潜行者》	反特/谍战	17	12	36
《光影》	军事斗争	16	25	53
《冲出月亮岛》	军事斗争	16	29	59
《地雷英雄传》	军事斗争	15	9	38

数据来源：CSM 媒介研究。

六　创作好剧的编、导、演

未来一段时间的电视剧市场，优秀制作团队的价值更加突出。笔者挑选有作品能够进入 100 个城市 18:00 ~ 24:00 时段收视率前 20 名的好剧编剧、导演、演员，以其作品入选部数来划分其收视效果的高低，从中遴选出表现突出的主创人员（见表8）。

表8 2015年内地剧收视率进入TOP 20城市数较多的编、导、演（18：00～24：00，TTV，同版本剧已合并）

编剧			导演			演员		
编剧	进入TOP 20的部数	进入TOP 20的代表作	导演	进入TOP 20的部数	进入TOP 20的代表作	演员	进入TOP 20的部数	进入TOP 20的代表作
赵冬苓	6	《青岛往事》	于立清	8	《我爷爷和奶奶的故事》	于震	12	《枪侠》
赵锐勇	6	《独立连》	黄力加	6	《妯娌的三国时代》	张嘉译	10	《为爱坚守》
申捷	5	《女人不哭第三部》	张汉杰	6	《大陆小岛》	唐嫣	10	《何以笙箫默》
谈韦	5	《养父的花样年华》	谭俏	5	《东江英雄刘黑仔》	刘恺威	9	《抓住彩虹的男人》
余沥卿	5	《我爷爷和奶奶的故事》	吴锦源	5	《抓住彩虹的男人》	林永健	8	《桃花运》
张健	4	《乱世新娘》	黄文利	5	《铁核桃》	贾青	8	《东江英雄刘黑仔》
张佳	4	《因为爱情有奇迹》	刘新	5	《怒放》	于和伟	7	《男人的战争》
由甲	4	《一个鬼子都不留之二上海滩生死较量》	赖水清	4	《菩提树下》	赵亮	7	《一个媳妇两个婆婆》
林和平	4	《草帽警察》	高希希	4	《马上天下》	姚芊羽	7	《暖男的爱情与战争》
海顿	4	《我是赵传奇》	俞钟	4	《邻居也疯狂》	赵毅	7	《福根进城》
聂欣	4	《满仓进城》	高先明	4	《因为爱情有奇迹》	王挺	7	《百里夜刀》
高满堂	4	《老农民》	沈怡	4	《幸福归来》	黄志忠	7	《我的绝密生涯》
简远信	4	《家和万事兴之花好月圆》	陶秋普	4	《烽火英雄传》	刘涛	7	《琅琊榜》
张强	3	《黄河在咆哮》	赵浚凯	4	《大刀记》	贾乃亮	7	《冰与火的青春》

续表

编剧			导演			演员		
编剧	进入 TOP 20 的部数	进入 TOP 20 的代表作	导演	进入 TOP 20 的部数	进入 TOP 20 的代表作	演员	进入 TOP 20 的部数	进入 TOP 20 的代表作
王丽萍	3	《大好时光》	钱雁秋	4	《神探包青天》	蒋欣	7	《二胎》
田然	3	《嫂子嫂子》	周国栋	4	《倾城绝恋》	连奕名	7	《左手劈刀》

数据来源：CSM 媒介研究。

七　能下“金蛋”的制作机构

我国的制片机构目前还停留在缺少航空母舰、多为小舢板的阶段。然而，随着资本的介入，不少制作公司已经上市，通过收购、兼并等运作手段，优势制作资源会进一步集中，未来会出现两类比较有竞争力的制作公司：一类是大型的制作公司，能不断推出大制作精品，建立自己的电视剧制作王国；另一类是专业型制作公司，在某特定题材领域拥有自己的独特竞争优势。

2015 年这一苗头已有所显现。晚间 18：00 ~24：00 时段，有内地剧收视率进入当地 TOP 20 城市数的制片机构是 331 家。海润影视制作有限公司入选的剧目最多，其拍摄的 13 部作品在各地表现都不错（见表 9）。

表 9　2015 年有内地剧收视率进入 TOP 20 城市数较多的制片机构（18：00 ~24：00，TTV，同版本剧已合并）

制片机构	入选 TOP 20 部数
海润影视制作有限公司	13
长城影视股份有限公司	10
浙江华策影视股份有限公司	10
山东电影电视剧制作中心	10
上海新文化传媒集团股份有限公司	8
四川星空影视文化传媒有限公司	7
广东南方电视台	6
凤凰传奇影业有限公司	6
上海辛迪加影视有限公司	6

续表

制片机构	入选 TOP 20 部数
天视卫星传媒股份有限公司	5
山东卫视传媒有限公司	5
浙江金溪影视有限公司	5
吉林电视台	5
湖南广播电视台	5
江苏海润影视制作有限公司	5
中国国际电视总公司	5

说明：只列出入选数量较多的 16 家制作机构。
数据来源：CSM 媒介研究。

类型化生产、建立特定领域的竞争优势，成为诸多影视公司的策略。例如海润影视在铁血硬剧领域有较强的收视优势，13 部作品中有 9 部是军事斗争题材、2 部是反特/谍战题材，形成了自己在行业内的集约化优势领地。上海新文化传媒集团股份有限公司同样在军事斗争和反特/谍战题材领域有部分好剧入围。长城影视股份有限公司入选的剧目集中在军事斗争、戏说演绎和反特/谍战题材领域，“隋唐英雄”系列已形成品牌，在市场上较受观众欢迎。凤凰传奇影业有限公司在近代传奇题材剧、上海辛迪加影视有限公司在言情剧方面，也均有所建树。

有的公司采用多类型全面进军的策略。例如，浙江华策影视股份有限公司在武侠、神怪玄幻、军事斗争、近代传奇、奋斗励志、反特/谍战这 6 个不同题材领域均有作品入围。相对而言，其近代传奇题材剧表现较为突出。值得关注的是山东电影电视剧制作中心，该中心也采取了向多题材领域进军的策略，并在 8 个题材领域都有所斩获。无论是戏说演绎剧《铁将军阿贵》、商战剧《温州两家人》、军事斗争剧《大秧歌》、近代传奇剧《青岛往事》，还是反特/谍战剧《伪装者》、农民题材剧《老农民》，几乎部部是大制作，特别是戏说演绎题材剧《琅琊榜》口碑收视俱佳，成为 2015 年度现象级大剧。

资本正在深刻地影响电视剧制作市场，制作机构逐步出现两极分化。处于第一梯队的龙头企业将凝聚越来越多的资本，吸引更好的团队、剧本资源、播出渠道，在播出平台拥有更强的话语权。

2015 年综艺节目收视分析

赵　晖*

一　综艺节目整体播出与收视状况

1. 综艺节目收视总量较2014年上升，春节和暑期增长明显

2015 年，所有调查城市中观众全年人均综艺节目总收视时长为 6980 分钟，较 2014 年有 9.3% 的增长（见图 1）。从综艺节目分月收视走势来看，春节期间的收视量大幅提升。受“一剧两星”政策的连带影响，2015 年的综艺市场呈现“井喷”状态，几乎所有月份综艺节目的收看时长都比 2014 年有所增长，其中 7 月是春节之外收视时长增长幅度最高的月份（见图 2）。

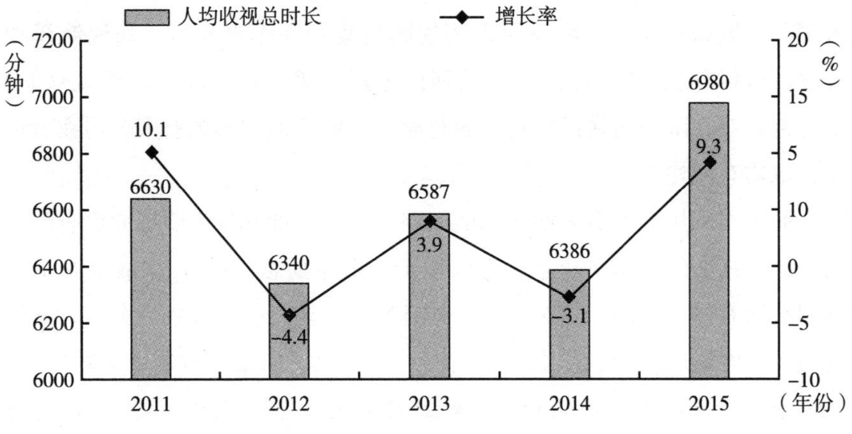

图 1　2011 ~ 2015 年综艺节目的全年人均收视时长及增幅（历年所有调查城市）

数据来源：CSM 媒介研究。

* 赵晖，CSM 媒介研究，研究主管。

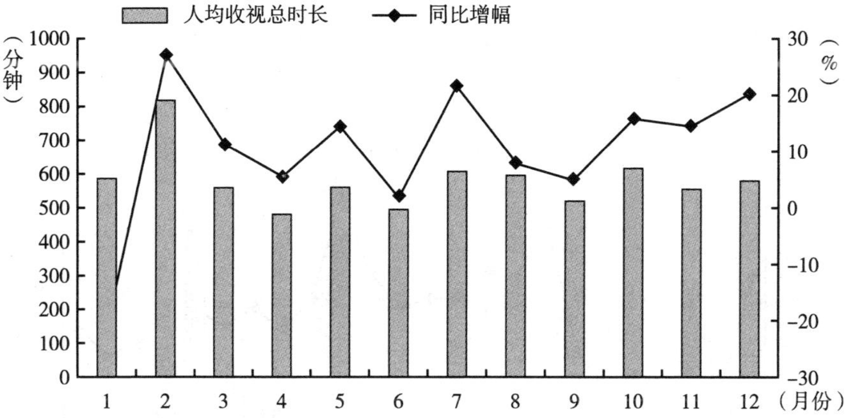

图2　2015年综艺节目分月人均收视时长及增幅（历年所有调查城市）

数据来源：CSM媒介研究。

2. 综艺市场周末竞争激烈，周三增幅最高

由于周末综艺节目市场的竞争越发激烈，有一些卫视选择将自己比较有竞争力的节目放在周间晚间播出。从不同周天收视量来看，2015年除了周二基本与2014年持平，其他周天均有不同程度的增长，其中增长幅度最高的是周三（见图3）。

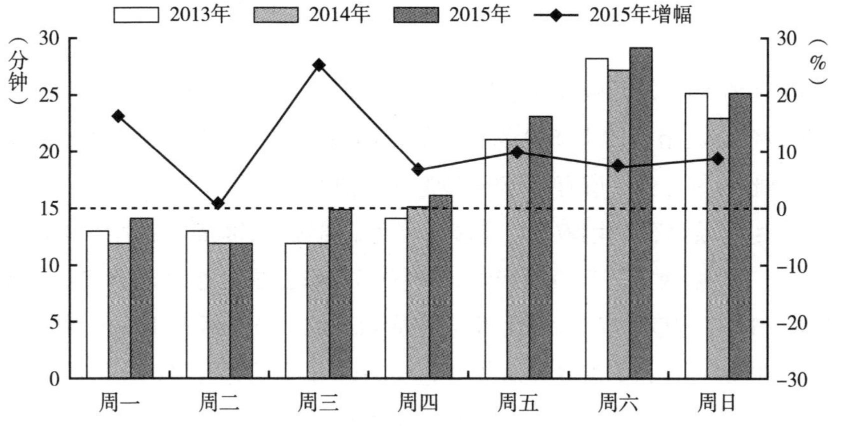

图3　2013～2015年综艺节目分周天收视量比较（历年所有调查城市）

数据来源：CSM媒介研究。

3. 综艺节目白天时段收视时长有所提升

与2014年相比，2015年综艺节目白天时段人均收视分钟数有明显提升，尤其是上午9:00~9:59和下午16:00~16:59提升的幅度较大（见图4）。

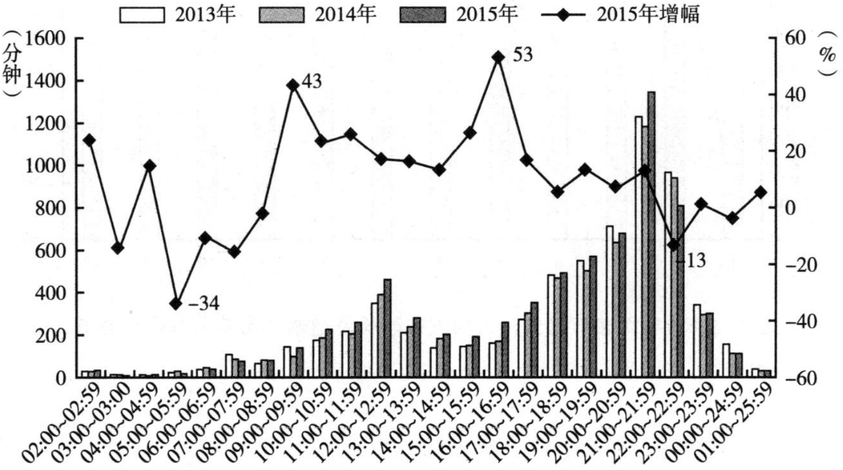

图4 2013~2015年综艺节目全天分时段收视量对比（历年所有调查城市）

数据来源：CSM媒介研究。

二 综艺节目收视竞争格局

1. 各级频道综艺节目收视格局基本稳定，省级上星频道收视贡献有所上升

2015年综艺节目的市场竞争格局没有明显变化。中央级频道和省级上星频道总体收视量占到了所有频道的80%（见图5）。

2. 各级频道综艺节目收播比重基本稳定，省级上星频道收视比重增幅明显

受到“一剧两星”政策的影响，2015年省级上星频道综艺类节目的播出比重比2014年有显著提高；省级非上星频道的综艺节目播出比重较2014年也有一定幅度的增长；中央级频道基本上与2014年持平（见图6）。

3. 强势频道综艺节目形成差异化的受众定位，区隔竞争

从各年龄段观众综艺节目收视总量来看，强势频道综艺节目已形成差异化的受众定位。与2014年相比，2015年各年龄段的观众收看综艺节目的时长均

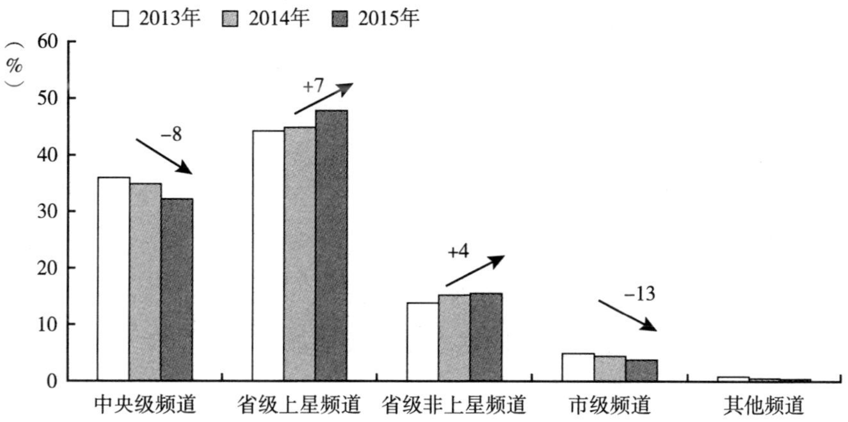

图5 2013~2015年各级频道综艺节目收视贡献（历年所有调查城市）

数据来源：CSM 媒介研究。

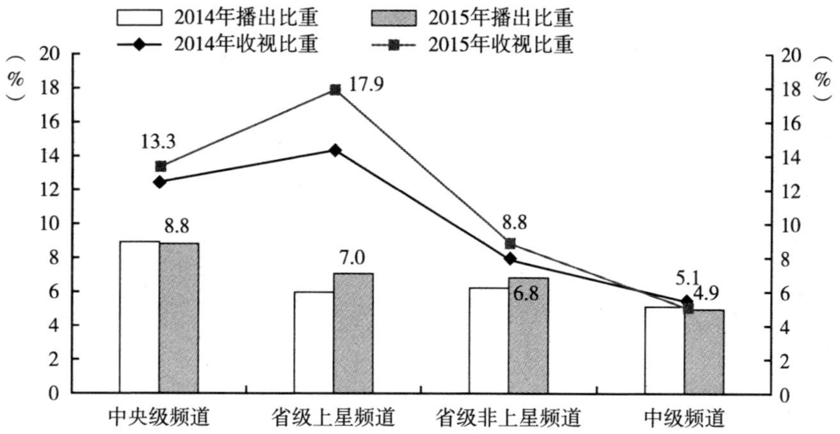

图6 2014~2015年各级频道综艺节目播出及收视比重（历年所有调查城市）

数据来源：CSM 媒介研究。

有不同程度的增长，其中增长幅度最大的是4~14岁年龄段的青少年观众群体；对地面频道而言，相比2014年增长最多的是55~64岁年龄段的中老年群体。

三 上星频道综艺节目新特征

1. "韩式综艺"热播，一线卫视涌现双季播编排

从2015年4月开始，共有超过10档综艺节目陆续开播，其中除了《花儿

与少年2》《奔跑吧兄弟2》《爸爸回来了2》等少数“综二代”外，大都是2015年开设的新节目，其中尤以“韩式综艺”独领风骚，如《真正男子汉》《花样姐姐》《我们相爱吧》等节目。整个二季度可以说是“韩式综艺”的大比拼。从第二、三季度省级卫视新节目的编排来看，湖南、浙江、江苏等一线卫视均采取了真人秀周末双季播的编排方式。

2. 真人秀数量与质量均获提升

2015年有近200档真人秀节目加入拼抢收视率的大军，这一数字是2014年的5倍。2015年的真人秀，其明星阵容也更加强大。

（1）音乐类真人秀。

与2014年同期相比，2015年音乐类真人秀的播出数量有所增加。由于国家新闻出版广电总局的宏观调控，节目播出的时间也不再拘泥于周末的晚间黄金时段。从音乐类真人秀节目的播出情况来看，“综二代”的回归自然是不可或缺的，像《我是歌手》《中国好歌曲》《中国好声音》这些老牌综艺节目迄今为止已经播出了多季，当然一些新晋的声音类选秀节目也加入了周末晚间黄金时段的争夺战中（见图7）。

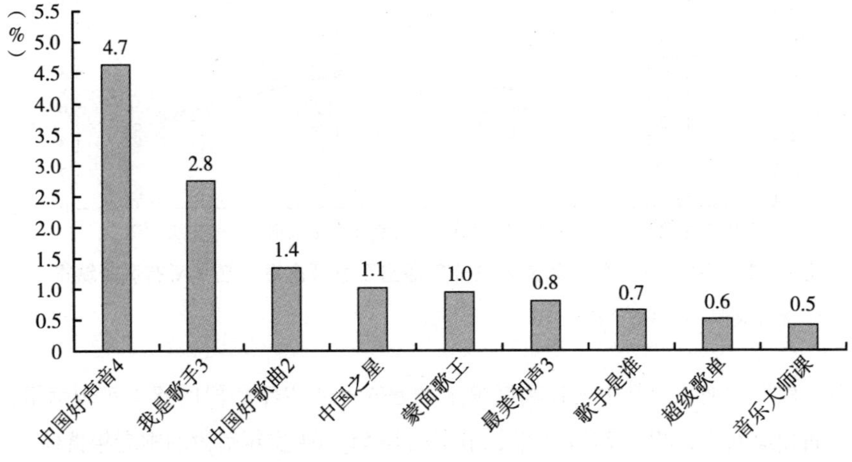

图7　2015年部分收视率较高音乐类选秀节目（71个城市）

数据来源：CSM媒介研究。

（2）明星户外旅游类真人秀。

明星户外旅游类真人秀成为第二季度的主打，其中包括江苏卫视的《前往世界的尽头》、湖南卫视的《花儿与少年 2》以及东方卫视播出的《花样姐姐》等，相比 2014 年以“明星穷游”为主题，2015 年的节目增加了探秘性和探险性内容（见图 8）。

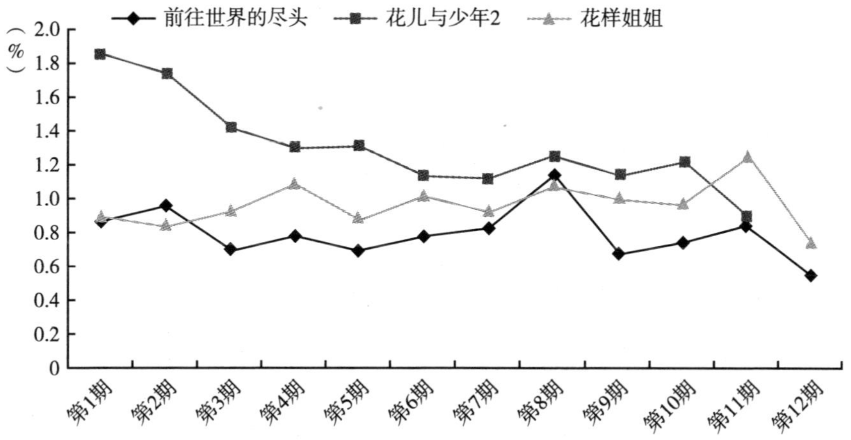

图 8　三档明星户外旅游类真人秀分期收视走势（71 个城市）

数据来源：CSM 媒介研究。

（3）户外冒险竞技类真人秀。

在各大省级卫视 2015 年第四季度节目名单上，户外冒险类或户外游戏竞技类真人秀总共占了五档。

《全员加速中》于 2016 年 1 月 1 日收官，虽然整季只有 9 期，但是每一期独立而精彩的剧情，以及明星们真实的演出，确实称得上是近年来真人秀制作中少有的精品。而开播前备受争议的《跟着贝尔去冒险》，后续的收视表现也得到各界的关注。贝尔加盟东方卫视的真人秀节目，吸引了不少热爱冒险的粉丝的关注，但从收视情况来看，在 71 个城市中的收视率并不十分理想。《极限挑战》是东方卫视 2015 年新推出的一档真人秀节目，12 期节目中，微博平台共计 4100 万人次参与了节目互动。

（4）明星体验类真人秀。

2014 年江苏卫视的《花样年华》《明星到我家》，以及 2015 年的《报告教练》《你好菜鸟》《我去上学啦》《挑战者联盟》《冲上云霄》，艺人们褪去“星光”，体验各种最不可思议的角色。① 各档节目的观众集中度如图9所示。

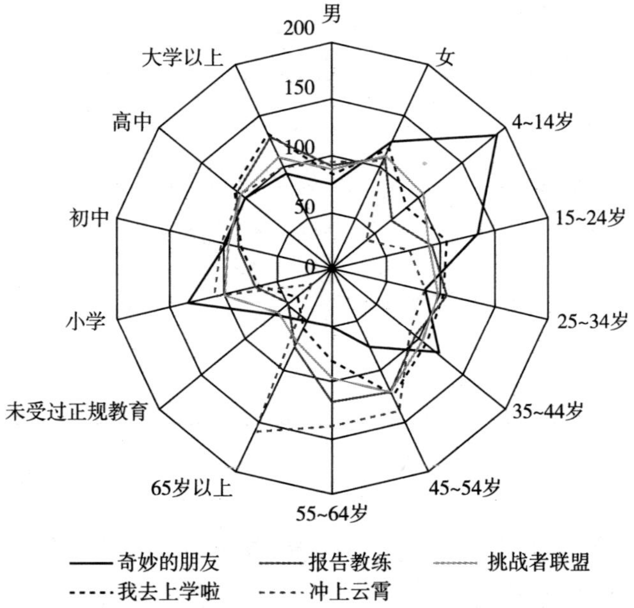

图9　五档明星体验类真人秀观众集中度（71个城市）

数据来源：CSM媒介研究。

（5）明星恋爱类真人秀。

2014年，湖北卫视一档明星恋爱真人秀——《如果爱》，开创了明星恋爱真人秀先河。2015年，江苏卫视也将真人秀的触角伸向了“恋爱”领域，与韩国的MBC电视台合作，联合打造“混血综艺”——《我们相爱吧》。

（6）文化类真人秀。

受政策调控的影响，文化类节目成为电视荧屏上的一股新风，如中央电视台的《中国汉字听写大会》《中国成语大会》《中国谜语大会》，河南卫视的《少林英雄》《汉字英雄》《成语英雄》，浙江卫视的《中华好故事》，安徽卫视的《中华百家姓》，贵州卫视的《最爱是中华》，河北卫视的《中华好诗

① 参见http：//media. people. com. cn/n/2015/0511/c395997 -26980941. html。

词》，四川卫视的《咱们穿越吧》，山东卫视的《我是先生》。

3. 真人秀从“明星”向“素人”过渡

2015 年 7 月 22 日，国家新闻出版广电总局发出《关于加强真人秀节目管理的通知》，指出近年来真人秀节目已成为上星综合频道的重要节目类型，但存在缺乏价值引领等问题。为了抵制真人秀内容过度娱乐化和低俗化，国家新闻出版广电总局提出引导和调控真人秀的五个方向。在政策、市场多重因素作用下，素人节目被看作是未来节目类型和市场突破的一个重要方向。

从 2015 年部分素人真人秀的收视表现可以看出，游戏竞技类和表演选秀类真人秀不仅播出量大，在收视上也较有保障，2015 年收视率较高的几档素人真人秀多集中于这两个类型。旅游探险类真人秀《前往世界的尽头》、谈话演说类真人秀《超级演说家》和亲子成长类真人秀《远方的爸爸》则成为相对小众类型中的突破者（见图 10）。

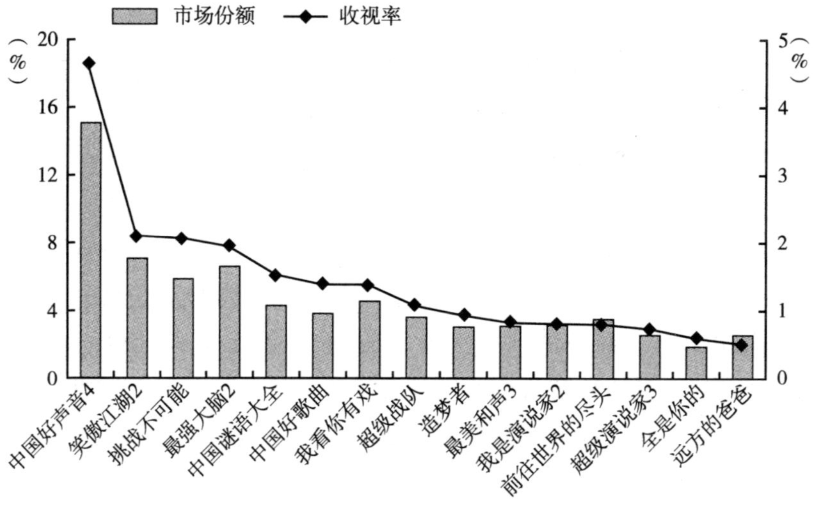

图 10　2015 年上星频道部分素人真人秀收视表现
（71 个城市，20:00～24:00）

数据来源：CSM 媒介研究。

4. 全新“综艺＋商业”模式开启“电视＋”的新玩法

从商业模式上说，《女神新装》是第一档真正实现了收视率直接变

“现”的综艺节目。和以往节目内容与广告内容完全分开，或者被观众不断吐槽的生硬广告植入相比，《女神新装》创新性地将节目内容直接包装成商品。每件“新装”推出后，品牌方都可以通过直观的销量、收藏量、点击量与流量来判断节目带给自己的价值。可以说，该节目一播出，以往广告主们在拍出巨额营销费用时只能“跟着感觉走”的状况就一去不复返了。①

四　地面频道综艺节目新特征

1. 抱团互利，打破覆盖困局

这两年，卫视综艺节目迎来“井喷时代”。在全国各卫视大投入、高产出的环境下，如何整合资源、释放能量，成了地面频道的生存关键。《隐藏的歌手》充分体现了地面频道逆袭的雄心和勇气，该节目独创了全新的“四台一网”播出模式，即联合了“北上广深”四个一线城市的优质地面频道，同时联合强势视频网站爱奇艺，于2015年10月18日起每周日晚黄金档播出，精准投放全国最具影响力的收视群体。

2. 方言竞技，聚拢人心

以口语化、情景化的方式将原本枯燥的新闻稿件娓娓道来，一度是民生新闻的主力表达方式之一。许多地面频道更是将方言元素融入民生综艺节目，推陈出新，制作出方言竞技类节目。如杭州西湖明珠频道的《疯狂杭州话》、山东齐鲁频道的《乡音对对碰》，以及上海电视台娱乐频道的《阿拉乓乓响》，这三档节目可谓是各有特色。节目在丰富受众娱乐选择的同时，也一定程度上满足了受众对于地域接近性和区域认同感的心理需求。②

3. 娱乐购物巧结合，实现双赢

很多地面频道还推出以娱乐互动为核心，以购物奖品为吸引，融入抢购、竞猜等元素的民生综艺节目。早前，河北经济生活频道便推出了一档通过游戏

---

① 参见 http://www.aiweibang.com/yuedu/44497970.html。

② 资料来源：“收视中国”微信公众号文章《方言综艺类节目的本土化狂欢》。

嫁接购物频道，实现实惠购物的节目——《我为购物狂》。节目以价格游戏和互动游戏为主体，结合购物频道的商品资源，通过“娱乐 + 互动 + 购物”的方式产生聚变效应。截至 2015 年 12 月底，《我为购物狂》在河北省频道的平均收视率高达 5.9%，收视高点甚至高达 11.8%。除此以外，节目还在湖北综合、江苏综艺以及重庆七套等多频道实现跨区域跨平台播出，成功地实现内容影响力和产业链发展双线并行。

B.3
2015年中国电影产业发展报告*

尹 鸿 孙俨斌**

摘 要： 在中国电影市场“加速度”增长的同时，中国电影产业格局在互联网的全面渗透下发生着深刻变化。越来越多的小镇青年观众为国产电影带来了刚性需求。在IP改编的推动下，幻想电影、动画电影的爆发使国产电影产品群更加丰富。电影产业的崛起、大量行业外资本的进入，对政府管理水平和能力、企业文化、市场经验、观众素养、产业环境和人才储备提出了新挑战，也带来了新的风险。

关键词： 中国电影产业 发展 电影市场

一 数据解读：加速度的增长奇迹

1. 产量：放映增加、产能过剩

2015年国产故事片产量达686部，同比增加68部（见图1）。其中，动画片51部，产量提升明显。328部国产影片进入影院放映，比上一年增加近80部。院线放映影片为影片生产总量的47.8%，产能过剩现象仍然存在。

2. 票房：直逼全球第一大电影市场

2015年度国产电影总票房为440.69亿元，同比增长48.7%，为近5年来增幅最大的一年，仅次于市场化改革以来增长率达63.9%的2010年（见图

---

* 本文为教育部人文社会科学后期资助项目“中国电影产业的改革与发展”的阶段性成果。

** 尹鸿，清华大学新闻与传播学院教授、博导，常务副院长，中国文艺评论家协会副主席；孙俨斌，北京印刷学院与清华大学新闻与传播学院联合培养博士后。

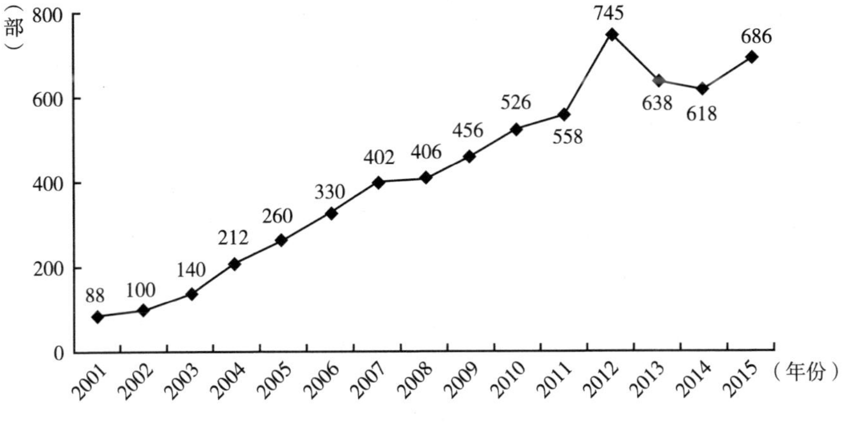

图1　2001～2015年中国内地故事片产量

2）。2015年度，作为全球第一大电影市场的北美，其票房为111亿美元，同比增长7%。而中国电影票房大约为70亿美元，相当于北美市场的63%，预计两三年之后，中国可以达到或超过世界第一大电影市场的票房规模。在中国电影市场票房规模迅速增长的同时，后影院市场、影院外市场的拓展收效不明显。中国电影产业过度依赖影院市场的局面尚未改变。

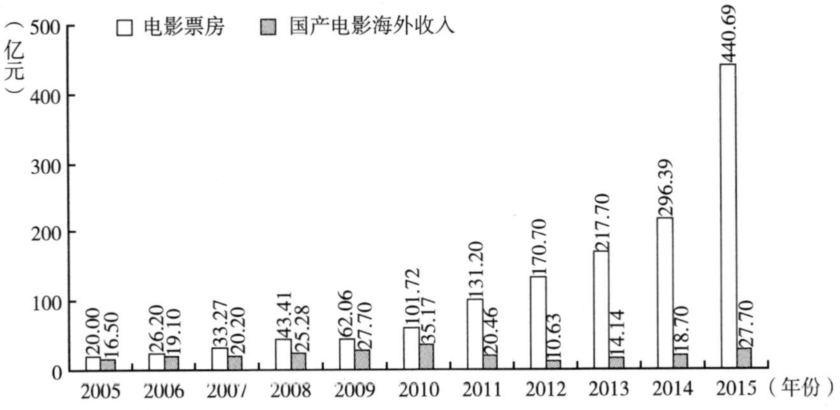

图2　2005～2015年中国电影市场主要收入

3. 份额：国产电影优势明显

2015年虽然是好莱坞电影大年，但在各种有利条件保护下的中国市场，国产电影份额达到61.58%，处于领先地位（见图3）。在电影票房年度排行榜前十名的影片中，国产电影占据七席。《捉妖记》以24.39亿元票房超过《速度与激情7》成为中国市场2015年年度票房冠军，也成为中国市场上历年票房的第一名。

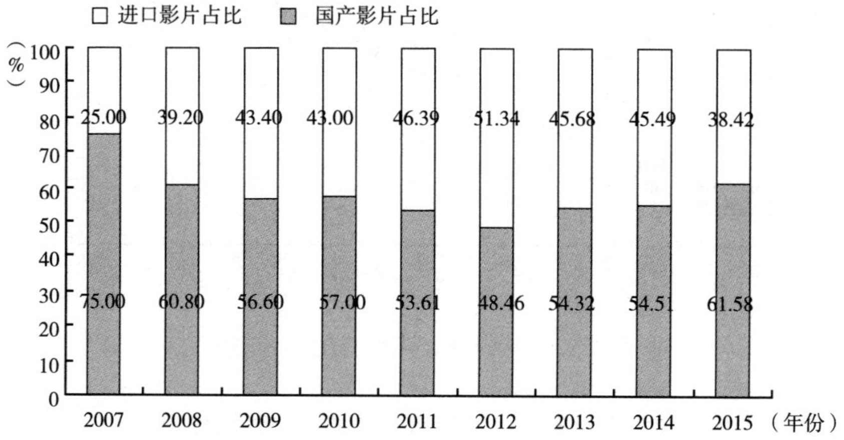

图3　2007～2015年国产电影与进口电影市场份额

4. 观众：观影人次增幅突破50%

2015年全年观影人次达到12.56亿人次，增幅创纪录地达到50.78%，超过票房增长幅度（见图4）。平均每个月有1亿人次购买电影票；以城市人口为基数，人均年观影次数已达1.6次，观众观影习惯初步养成；全年电影平均票价为35元，比上一年降低2元。与美国、韩国、澳大利亚等电影产业成熟国家人均年观影4次左右的数据相比，国内电影消费市场尚有发展空间。

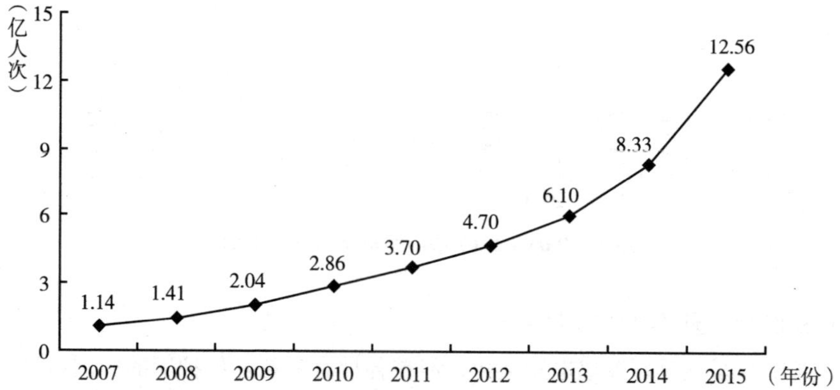

图4　2007～2015年内地电影观影人次增长趋势

5. 银幕：县级影院银幕数量占银幕总数的1/3

2015 年全年新增影院约 1200 家，新增银幕 8035 块，日均新增银幕约 22 块。我国银幕总数已达到 31627 块，但仍与北美市场相差 7000 块。全国共有县级影院 3241 家银幕 12777 块。

纵观 2015 年中国电影的各项数据，可以说中国电影市场在规模庞大的基础上，又获得了爆发式的新增长，增长幅度甚至超出了预期。中国电影市场的消费需求远未饱和，在未来 5 年内，中国保持全球电影增长“最大引擎”的地位，几无悬念。

二　产业格局：互联网重构中国电影

1. 政策：为电影发展继续提供推动力量

中国电影的产业奇迹首先源自中国电影产业的市场化改革政策。电影全产业链向社会开放为中国电影注入了生产力。

2015 年 9 月 1 日，国务院审议通过了《中华人民共和国电影产业促进法（草案）》。该草案对政策扶持、简政放权、降低门槛、加强监管、规范审查等做了规定。虽然该草案的主要内容并没有重大突破，特别是在社会关注的完善和改进电影审查、电影分级制度等方面没有重大举措，但是它却是对十多年来中国电影改革道路的一种法律化肯定。这不仅对于电影政策的稳定具有重要价值，而且为下一步规范电影市场、管理电影产业提供了法律依据。可以说，是用法律的形式为中国电影的可持续发展保驾护航。

2015 年 8 月修订的《国家电影事业发展专项资金征收使用管理办法》，明确将电影专项资金用于奖励优秀国产影片制作、发行和放映，同时将专项资金适用范围扩大至重点制片基地建设和具有文化特色、艺术创新影片的发行和放映。

2015 年 10 月，国家新闻出版广电总局电影局转发《电影院票务系统（软件）管理实施细则》的通知，要求电影院须于每次售票操作完成后的十分钟内将每张电影票的相关原始数据上报至国家数据平台。电影管理部门正在逐渐从管理电影制作向规范电影市场转换。

除了政策层面的支持外，政府对电影的调控变得更加软性和灵活。例如，通过对国产影片和进口影片发行档期的协调，使优秀的国产电影获得更好的收益。《捉妖记》和《西游记之大圣归来》的成就离不开暑期档的档期安排、延长放映周期和密钥。《百团大战》作为纪念抗战胜利的献礼片，其票房成绩更是与发行放映的各种特殊政策息息相关。这些调控方式，显示了政府的导向功能，但是如何适应市场经济公平竞争的原则，引发了激烈地讨论，这也为电影市场的规范化管理提出了新的考验。

2. 资本：并购整合此起彼伏

互联网资本自2014年开始大举进入电影行业。传统电影公司复制好莱坞模式，谋划布局，其电影生产、发行、放映链条受到互联网企业的挑战。雄心勃勃还“不差钱”的互联网公司在这一年的资本市场上更加活跃。

据媒体报道，2015年，电影与娱乐领域的并购事件涉及金额283.3868亿元，在147件PE（私募股权投资）及VC（风险投资）投资事件中，有91件发生在电影娱乐产业领域，其中PE投资金额达98.23亿元，同比增长300%。[①] 互联网企业开始全面贯通电影产业链的制、发、放环节，完成传统电影企业想做但一直未能成功的产业布局。

不仅互联网大企业动作频频，二、三线影视公司也在积极“联姻”，与上市公司进行资产重组。共达电声以41.2亿元收购春天融和100%股权及北京乐华文化100%股权，进军影视娱乐行业；以游戏起家的天神娱乐以13.23亿元收购儒意影业49%的股权，交易完成后进入影视板块；富春通信以8.6亿元收购春秋时代80%的股权；骅威股份以发行股份及支付现金方式购买梦幻星生园100%股份，后者据说已储备了20余部重要的文学IP。[②]

实际上，传统的电影公司也在互联网企业的冲击下寻求突破。华谊兄弟在2015年共发起3起电影娱乐领域的收购案。[③] 光线影业在两年内共投资了13家动漫公司，试图打造“动画片投资发行方面最大的公司”。万达院线则在产业链上继续布局，以收购的方式整合院线，实现在三、四线城市的商业布局。万达院线以10亿元收购世茂院线100%的股权；以总价12亿元全资收购电影

① 参见杨楠《手把手教你如何看懂2015电影资本市场》，1905电影网，2016年1月16日。

② 参见高庆秀《2015娱乐产业资本运作复盘：二次元+体育崛起，44家影视公司上新三板》，《娱乐资本论》2016年1月4日。

③ 参见杨楠《手把手教你如何看懂2015电影资本市场》，1905电影网，2016年1月16日。

数据化公司慕威时尚①；7 月，投资时光网，涉足在线售票领域；继收购美国主要院线之一的 AMC 之后，6 月又以 22.46 亿元收购澳大利亚第二大院线 Hoyts 集团的 52 家影院 424 块银幕②，稳坐全球第一院线管理企业的地位。刚刚跨进 2016 年，万达集团又在北京宣布，将以不超过 35 亿美元（约 226 亿元人民币）的价格收购美国传奇影业公司，该收购创造了中国企业海外文化领域并购新纪录。

除了万达之外，中国其他影视资本也在继续寻求海外合作，扩展市场版图。2015 年 3 月，湖南电广传媒与美国狮门影业达成合作，双方将在未来三年内共同投入 15 亿美元拍摄 14 部大片；完美环球发布 30 亿元定增预案，用于境外影视剧项目投资；8 月，腾讯与红杉资本共同成立了 TangMediaPartners，共同投资 STX 娱乐公司。中国电影的全球化布局、跨国化进程正在紧锣密鼓地进行着。

3. 企业：传统电影企业与互联网企业的竞争和融合

三年以前，中国电影产业的市场格局已经呈现。华谊兄弟、中影集团、保利博纳和光线影业等基本占据中国电影市场的大半壁江山。但随着以乐视为代表的新的互联网企业的进入，中国电影产业的格局再次处于动荡和调整中，新的领导型企业正在形成。

2015 年，中国电影股份有限公司（简称“中影”）主要与社会合作生产电影，酝酿很久的上市日期仍是未知数。上海电影集团联手百联建合资连锁影院投资公司，与浙江时代电影大世界有限公司、江苏幸福蓝海院线、河南奥斯卡院线、四川省电影公司一起组建“四海电影发行联盟”，似乎也在进行产业布局。华夏电影发行有限责任公司是中影之外拥有分账片引进权的另外一家国有电影公司，2015 年的收入来源仍是以发行引进片为主。

长期作为中国电影企业领头羊之一的华谊兄弟，近年来的行业优势略有下降，但其市场业绩仍然突出，无论是国际化扩张还是电影产品都有不少亮点。光线、乐视、博纳地位相对稳定；万达集团依靠万达影业、万达院线，虽然在

---

① 参见王丽新《世茂卖 10 亿影院资产换万达院线股权》，《证券日报》2015 年 6 月 29 日。

② 参见周晨《万达染指南半球 22 亿元完成收购澳洲第二大院线》，腾讯娱乐，2015 年 11 月 3 日。

电影产品上主导性不强，但发展态势越来越清晰。以阿里影业、合一影业、企鹅影业、腾讯影业和爱奇艺影业为代表的 BAT 主导的互联网电影公司则表现活跃。阿里影业在 2015 年启动多项电影项目，布局电影产业链，国际方面，投资合作《碟中谍 5》。2015 年 1 月，百度成立“百度影业”，入股星美，成为《重返 20 岁》独家线上发行平台，后又联合推广《哆啦 A 梦》《捉妖记》《小时代 4》等影片。百度旗下的爱奇艺成立 4 年来发展迅猛，美国独立坞企业狮门公司宣布将向爱奇艺提供与第三方制作的知名影片独家播放权；爱奇艺影业与中国 3D 数码娱乐有限公司（China 3D）也达成战略合作，计划合拍多部影片。腾讯的企鹅影业参投和联合出品了十多部影片。目前，互联网公司大多选择与传统的电影企业合作，但由于其投资能力、发行能力和推广能力的提升，合作中的主导权越来越明显。

在这些新公司影响下，原来相对稳定的电影产业格局变得更具有竞争性和偶然性。大量非电影行业企业和资金进入电影领域，在为电影行业带来新观念、新元素、新模式之外，也会颠覆原来的电影经验、规律，甚至会出现一些资本泡沫和项目泡沫。电影产业的动态格局还需要一段时间重新稳定。互联网资本和互联网商业逻辑也需要一段时间来与电影产业磨合。

三　制作：日益丰富的电影产品群

1. 制作机构：春秋时代

2015 年的中国电影生产出现两大阵营：以中影、华谊、光线、乐视、博纳、万达为代表的传统电影公司和以阿里影业、合一影业、企鹅影业、腾讯影业、爱奇艺影业为代表的 BAT 主导的互联网电影公司，以及众多与他们合作的中小型电影公司。

中国电影股份有限公司主导的影片不多，其出品的 33 部电影，一多半是与其他公司合作的。运作多年的《狼图腾》应该是其在 2015 年度最有影响的产品。上海电影股份有限公司也是以合作的方式推出了《天将雄师》和《山河故人》。国有电影企业市场影响力的减弱，是近年来一直难以遏制的态势。

曾经风光无限的华谊兄弟近年来有些步履蹒跚。2015 年出品或发行《老炮儿》《寻龙诀》《奔跑吧兄弟》《天将雄师》《栀子花开》等 14 部电影，共创造了约41.81亿元票房①，表现抢眼，但大部分影片还是联合制作和发行。光线影业参与出品或发行十多部电影，总票房超出55亿元。乐视影业如今已经由电影行业“闯入者”成功跻身电影制作队伍，它出品和发行了十多部电影，创造约20亿元的票房成绩，观众定位似乎更加年轻化，IP意识也更鲜明。

博纳影业2015年有不少海外电影制作投资案例，如携手好莱坞studio8以及索尼电影公司，投资并参与制作李安导演的新片《比利·林恩：漫长的中场休息》；向TSG娱乐投资2.35亿美元，用于20世纪福克斯出品的《独立日2》《X战警》（续集）以及《猩球崛起》（续集）等5部主流商业大片。在中国内地，博纳影业参与出品或发行了十多部电影，共创造约23亿元的票房。

万达影业参与出品了8部电影，总票房超过50亿元。《夏洛特烦恼》和《煎饼侠》合力贡献26亿元的票房。全年票房超过10亿元的5部国产片中，有3部是万达制作的。

其他民营公司中，安乐影业凭借《捉妖记》拔得头筹；新丽传媒参与出品《夏洛特烦恼》《煎饼侠》《道士下山》《杜拉拉追婚记》等多部热门电影；爱奇艺影业联合出品《冲锋车》《王朝的女人·杨贵妃》《破风》等。腾讯视频、搜狐视频、微影时代、猫眼电影、华策影视、小马奔腾等也参与了众多电影的制作。

从制片方来看，合作出品已经成为大趋势。互联网电影企业还处在探路阶段，传统的电影制作企业仍然主导着电影制作领域。万达影业有后来居上的态势，乐视影业的定位和风格比较具有市场差异性。一批独立的中小制作公司借助于与大电影企业或者互联网企业合作，给电影制作做出了重要贡献。几个老牌的电影企业在品牌性和主导性上似乎面临危机。

2. 制作人：新生代新力量

2015年中国电影业新人辈出，更新换代基本完成。曾支撑中国电影市场的老资历导演仍然在制作一线，陈凯歌的《道士下山》、吴宇森的《太平轮》（下）虽然制作规模不小，但市场反应平平。2015年，80%的高票房电影来自新生代导演（见表1）。

---

① 截至2015年12月31日，《老炮儿》票房4.67亿元，《寻龙诀》票房13.68亿元；截至2016年1月9日，《老炮儿》票房8.09亿元，《寻龙诀》票房16.29亿元。

表1　2015票房排名前十的国产片出品方、发行方

排名	片名	出品方	发行方	票房（亿元）
1	《捉妖记》	蓝色星空影业、安乐影业、北京数字印象文化传播有限公司等	安乐（北京）电影发行有限公司	24.38
2	《港囧》	北京真乐道文化传播有限公司、光线影业、山南光线影业有限公司等	天津猫眼传媒公司	16.13
3	《夏洛特烦恼》	开心麻花、新丽电影、腾讯视频、万达影视	五洲电影发行公司，新丽传媒	14.41
4	《寻龙诀》	万达影业、华谊兄弟、光线影业、亚太未来影视、浙江蓝巨星	万达影视、华谊兄弟、光线传媒	13.71
5	《煎饼侠》	搜狐视频、新丽传媒、万达影业	万达影视、五洲电影发行公司、华夏电影发行公司、大众点评网	11.60
6	《澳门风云2》	博纳影业	博纳影业	9.74
7	《西游记之大圣归来》	横店影视、天空之城、燕城十月、微影时代	聚合影联	9.56
8	《天将雄师》	耀莱文化、华谊兄弟、上海电影集团	上海电影集团	7.44
9	《狼图腾》	中影股份有限公司、紫禁城影业和荷贝拉艺公司(法)	中影股份有限公司、Mars Films	6.99
10	《九层妖塔》	中影股份有限公司、北京环球艺动影业有限公司、梦想者电影、乐视影业	乐视影业	6.82

数据来源：出品和发行方资料来自百度百科、票房排名和数据参考CBO中国票房。

一大批新导演、原来不做导演的导演，甚至根本不是电影人的导演在电影行业风生水起。新生代年龄多为“70后”，而且一大批电影的编剧、导演，甚至策划人、宣发人、技术人员都是年轻人。年青一代的电影观念不是拍摄让自己满意的电影而是拍摄让观众满意的电影。《煎饼侠》的宣传语是“拯救不开心”；《夏洛特烦恼》的文案是“一起哈哈哈”；《万万没想到》的海报语是“哈哈哈哈”。这种观念的改变让电影产品与观众之间的互动增强了，创作者更注重对观众情绪、情感的把握。宁浩、陈思诚、肖央、郭帆、路阳、张一白、薛晓路、张猛、乌尔善、徐峥、管虎、李玉、韩延、董成鹏等青年一代导演的群体性登场，使长期以来由第五代导演领衔的中国电影改变了面貌（见表2）。

表2　2015年新生代导演成绩

导　演	作　品	票房(亿元)	导　演	作　品	票房(亿元)
许诚毅	《捉妖记》	24.3	吴　京	《战狼》	5.4
徐　峥	《港囧》	16.1	苏有朋	《左耳》	4.8
乌尔善	《寻龙诀》	15.7	郭敬明	《小时代4》	4.8
闫　非	《夏洛特烦恼》	14.4	何　炅	《栀子花开》	3.7
董成鹏	《煎饼侠》	11.6	陈玉珊	《我的少女时代》	3.5
田晓鹏	《大圣归来》	9.5	易小星	《万万没想到》	3.2
韩　延	《滚蛋吧！肿瘤君》	8.4	徐静蕾	《有一个地方只有我们知道》	2.8
陈思诚	《唐人街探案》	6.9	田羽生	《前任攻略2》	2.5
陆　川	《九层妖塔》	6.8	彭三源	《失孤》	2.1
邓　超	《恶棍天使》	6.4	丁　晟	《解救吾先生》	1.9

说明：票房数据统计截至2016年1月16日。

3. 产品：风格和类型的多样化

新的电影制作机构涌现，新的电影人人才迭出，新的观众需求旺盛，这些现象使得2015年度中国电影产品的类型、风格、形态丰富化，在众多的题材和类型方面，都出现了票房和口碑、叫好与叫座比较统一的代表性作品。

长期以来，国产电影传统类型以喜剧片、爱情片和动作片为主，三大类型一度占据每年国产电影上映数量的2/3，其他魔幻、奇幻、科幻等“三幻”类型，受制于编剧水平、想象空间和技术能力，一直都是进口片的“主场”。而2015年，受到IP改编的影响，幻想类电影整体爆发，这对于中国电影制作方阵来说，无疑是增添了市场竞争的重武器。

《捉妖记》《寻龙诀》《九层妖塔》《钟馗伏魔》等几部影片虽然制作水平和市场效果有较大差异，但都借助于假定世界，用架空的时空来创造故事，充满想象力和幻想性，而且大多为3D制作，体现了中国电影制作的工艺水准。这些影片的出现，一方面说明中国电影制作水平的快速发展，同时也说明中国电影观众开始接受假定世界观和幻想类型电影。

喜剧片仍然是最“价廉物美”的产品类型。从当年的《泰囧》到如今的

《港囧》，再到2015年度的两匹“票房黑马”《煎饼侠》和《夏洛特烦恼》，都说明好莱坞的工业奇观、超级英雄电影无法替代喜剧电影对本土观众的亲和力与亲近性。好莱坞电影类型经验与中国本土文化的结合，成就了中国喜剧电影的发展。而《恶棍天使》和《横冲直撞好莱坞》等喜剧电影受到舆论批评，也说明观众对喜剧的“恶俗化”已经开始有所排斥。

前几年大行其道的青春爱情片在2015年度也数量众多，如《左耳》《万物生长》《重返二十岁》《我的少女时代》《何以笙箫默》《栀子花开》《小时代》等。但由于这些作品相对同质化，艺术创新空间有限，没有取得特别突出的市场成就。

2015年，充满阳刚豪气的《战狼》，开拓了近年来少见的军事题材动作电影的类型空间；《破风》虽然票房成绩不理想，却成为近年来不多见的国产青年体育类型片；以《爸爸去哪儿》《奔跑吧兄弟》等电视综艺节目为基础的综艺电影，为春节等长假档期的全家观影提供了特殊产品。

除了这些商业类型电影以外，由电影观众规模的扩大和电影观影频次增加带来的选择的多样化，也使2015年度中国电影产品的多样性得以丰富。第六代导演创作的《老炮儿》《闯入者》《师父》等影片显示出将艺术片商业化、商业片艺术化的产品走向；《烈日灼心》《解救吾先生》《我是证人》《十二公民》《心迷宫》等，让传统的警匪、悬疑、法治题材具有了艺术片的独特性；《旋风九日》《喜马拉雅天梯》等票房过千万元的纪录片也说明影院市场具有更广的容纳度；《滚蛋吧！肿瘤君》《失孤》《山河故人》《一个勺子》等文艺片也都各有千秋，在市场上均占有一席之地。

国产电影在满足市场多样化需求方面的进步，超出了人们的预期。这在一定程度上也说明，市场化非但不会消灭电影的多样性，反而会为电影的多样性提供更好的市场基础。众多艺术电影能够获得超过千万元甚至超过亿元的票房成绩，这在五年前、十年前是不可想象的。

4. 动画电影：中国特色动画片的新突破

中国动画电影市场长期以来不温不火，除“喜羊羊与灰太狼”系列之外，长期以来都是好莱坞动画的天下。国产动画片低龄化的定位、低质化的现象在2015年发生了改变。2015年度共制作出品动画影片51部，其中《西游记之大圣归来》以9.56亿元的成绩，超过《功夫熊猫2》（6.17亿元）成为中国动画电影史上的票房冠军。除《西游记之大圣归来》外，《熊出没之雪岭熊风》（2.95亿元）和《十万个冷笑话》（1.19亿元）票房也破亿元。在发行的动画电影中，有20部是系列电影，“兔侠”“桂宝”“黑猫警长”等票房都超过2000万元，这显示出中国动画的品牌影响正在逐渐形成。

《西游记之大圣归来》为动画电影的中国风格、动画电影的全年龄段定位提供了成功案例，预示着中国本土动画电影的黄金时代正在悄然来临。中国动画经过了将近10年的发展，具备了一定的创作和制作基础，10年大浪淘沙后存留下来的企业和储备的人才是动画电影发展的根基。动画电影的观众储备也已经逐渐完成。

动画电影，尤其是全年龄段的或者合家欢类的动画电影将成为中国电影新的爆发点。阿里影业致力于打造IP孵化体系，孵化新一代电影动漫人才；光线传媒号称要打造“动画片投资发行方面最大的公司”，腾讯的泛娱乐战略早已经把动画电影看作是未来发展的重点。

5. 生产方式：IP改编成为趋势

互联网对中国电影的一个重要影响，是电影产品越来越多地来自于对互联网提供的创意知识产权（IP）的改编。网络文学、网络游戏、网络视频、网络事件、网络热点纷纷进入电影领域，IP所具有的文本基础、用户规模、粉丝情感，成为一种可预期价值，被电影投资制作方所认可。

从某种程度上说，2015年是中国IP电影元年。据统计，各类IP改编的电影达到了36部，总票房为85.87亿元，占2015年全年国产电影票房的19.5%①。广义的IP，包括小说、游戏、综艺、舞台剧、网络剧、电视剧、歌曲、动画、广播剧，其共同特点是具有互联网气质和互联网关注度。例如，网络文学改编的电影《九层妖塔》《寻龙诀》《万物生长》《左耳》；网剧衍生的《万万没想到》《煎饼侠》；漫画衍生的《滚蛋吧！肿瘤君》；开心麻花话剧衍生的《夏洛特烦恼》；综艺节目衍生的《奔跑吧兄弟》；网络游戏衍生的《洛克王国4：出发！巨人谷》；电视剧衍生的《咱们结婚吧》；歌曲衍生的《栀子花开2015》等。虽然IP改编的电影艺术品质和产品品质参差不齐，但IP的市场价值却得到了证明。

---

① 参见李京蔚《2015年总票房440亿》，《深圳晚报》，2016年1月2日。

IP 积累了广泛的粉丝基础，同时，网络 IP 的大数据也加强了电影投资制片方的预判性信心。从某种程度上说，IP 也是用户对文本的情感众筹，为电影奠定了坚实的观众基础。在缺乏美国式的《变形金刚》《星球大战》《蜘蛛侠》等系列品牌的情况下，IP 改编几乎是中国电影寻求品牌化、互文性的唯一的选择。

6. 港台合拍片与中外合拍片

内地与香港的合拍片近年来已经越来越难以识别。许多影片都是你中有我、我中有你。《捉妖记》《道士下山》《我是路人甲》《命中注定》等都是内地与香港的合拍片，基本已经融入国产电影的整体中了。2015 年，大陆与台湾电影的合拍片，也有了新突破。《破风》的主体故事发生在台湾，这也是两岸合作的为数不多的商业类型电影。

有媒体指出，中外电影合作呈现出所谓“三多一高”的特点。“三多”指国别多、合拍类型多、合拍数量多，“一高”则是指合拍片的质量越来越高。① 中影股份与法国合作的《狼图腾》是 2015 年度最受关注的合拍片，也代表了 2015 年度合拍片的较高水准。2015 年度中韩合拍片成绩突出，《重返 20 岁》《第三种爱情》《我是证人》《坏蛋必须死》等影片都取得了不俗的票房成绩。《重返 20 岁》与韩版电影《奇怪的她》是同一原创诞生的“孪生姐妹”；《我是证人》由韩国导演执导，也是翻拍韩国原版故事；《第三种爱情》不仅由韩国导演李宰汉执导，主演也由刘亦菲和韩国演员宋承宪共同担当；《坏蛋必须死》是“中国人出点子，韩国人做技术外包”，故事发生在韩国济州岛。

中国已经先后与 13 个国家签署了电影合拍协议，包括加拿大、意大利、澳大利亚、法国、新西兰、新加坡、比利时（法语区）、韩国、西班牙、英国、印度、马耳他以及荷兰。2015 年有超过一百部中外合拍电影予以立项，为历年最多。立项的中美合拍电影项目有 10 部，比过去 3 年加起来的总和还要多，电广传媒与美国狮门影业宣布双方将在未来 3 年合作拍摄 14 部影片，协议总金额高达 15 亿美元；阿里影业已立项的合拍片《长城》，投资 1.5 亿美元，是目前投资规模最大的一部中美合拍电影。

---

① 参见李彦《2015 年中外合拍片呈现“三多一高”》，《中国新闻出版广电报》，2015 年 12 月 16 日。

中国电影市场的高速增长，为电影合拍创造了良好的条件。合拍片进入中国市场的路径越来越宽，但中国电影通过合拍走向国际市场的道路目前仍然不明晰。

总体来看，2015 年中国电影不仅保持了数量规模，更重要的是产品的品种更丰富、类型更多样，可以被市场接受的产品多了，观众和市场的选择余地也大大增加了。除了喜剧、爱情以及“喜剧 + 爱情”这样的“轻类型”产品有所创新之外，类似幻想片、动画片这些依赖高新技术的“重类型”产品也崭露头角。中国电影制作虽然在国际化方面还没有取得实质性的突破，但在本土化方面取得的成就已有目共睹。

四　市场：电影形成大众消费

1. 影院与院线：全面覆盖与爆发增长

2015 年全国影院建设迎来了爆发式增长。全年新增影院占目前全国影院总数的 20%，新增银幕占现有银幕总数的 25%，为电影市场化改革以来增速较快的一年。预计一年之后，中国将成为全球银幕总数最多的电影市场。特别值得注意的是，全国目前县级影院占影院总数一半，县级影院银幕占银幕总数的 35% 以上。这说明中国电影的市场正在继续扩展。电影的大众消费有了坚实的影院终端基础。

目前，全国有各类电影院线 48 条。其中，万达院线以 60 亿元票房收入稳居第一，行业占比 13.64%，远远超出排名第二的中影星美。其单银幕和单影院票房产出也远高于同行，上座率是行业平均值的 1.9 倍，单银幕收入是行业平均值的 2.1 倍。① 目前，万达院线已超过美国 Regal、AMC、CINEMARK 三大院线，成为全球市值第一的院线。紧随其后的中影星美、广东大地、上海联合、中影南方、广州金逸，其票房规模差距不大。广东大地面向三线以下城市，前景可观。中影数字、浙江横店、浙江时代、幸福蓝海则为第三梯队（见图 5）。

① 参见《万达集团 2015 年工作报告》，2016 年 1 月 16 日。

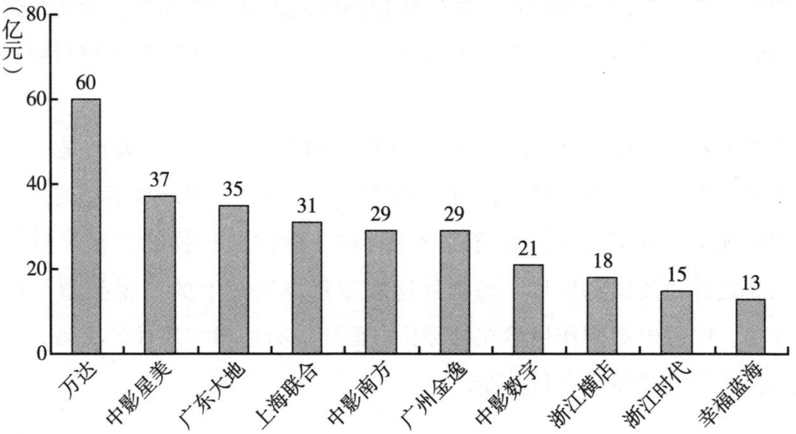

图5　2015年排名前十院线票房

国内前三条院线占国内市场份额的30%左右①，与北美前三条主流院线占据北美60%以上的市场份额相比较，还是相对分散，集中度不高，排在第10名以后的院线市场份额均低于3%。由于地区分割、资产流动性差等原因，中国的院线整合难度较大。这些年，通过合作、协议加盟的国有院线的经营状况日益艰难，由于互联网平台的介入，制片方与影院的关系扁平化，大大影响院线的市场话语权。只有万达这样的垂直化的院线经营，才能创造更大的规模效应。中国的电影院线面临新一轮的深刻变革。

2. 新市场：小镇青年的市场

2015年中国影院在三线以下的市场得到迅速扩展。前三季度79%的新建影院布局在三线及以下城市。艺恩统计数据显示，一线城市的票房份额已经下降到22.2%（见图6）。当年，北京一个城市占全国票房14%份额的纪录已成为历史。三线及以下的城市票房规模已经超过一线城市，而中间地带的二线城市则是电影票房的最大贡献地区。调查显示，所谓“小镇青年”，大多年龄在19~30岁，多数为本专科学历、收入在5000元以下。他们更容易接受接地气、叙事朴实、与自己成长经验相关的作品，更爱看喜剧电影，更偏好国产影片。可以说，“小镇青年”越来越主导电影市场走向和电影趣味，改变了中国电影的市场结构。

① 根据艺恩统计的2015年的院线票房数据整理。

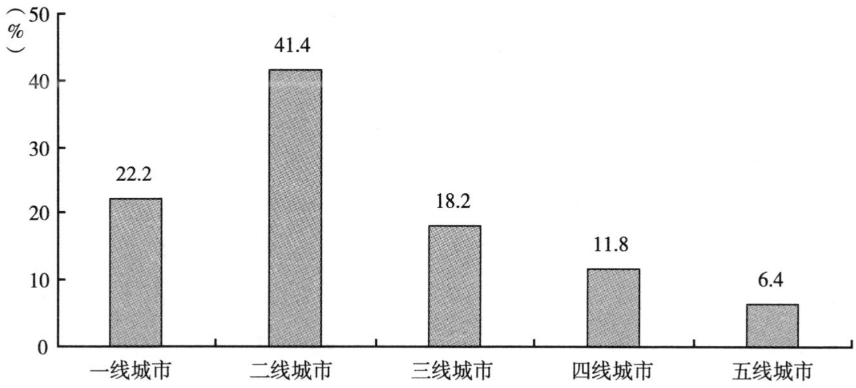

图6　2015 年各级城市票房分布比例

数据统计时间：2014 年 1 月 1 日至 2015 年 9 月 30 日。

3. 影院票房：国产电影保持竞争力

好莱坞一批高影响力的系列电影纷纷投放全球市场，在这种压力下，国产电影在市场上仍有出色表现，票房占比高达 61. 58%。年度票房最高的 4 部电影中国产片占 3 部；《捉妖记》还以 24. 39 亿元成为年度票房冠军，同时也成为目前中国票房最高的影片。

2015 年度，票房过亿元的影片多达 81 部，平均每周约 1. 5 部，并且第一次诞生了 2 部超过 20 亿元票房的影片——《捉妖记》和《速度与激情 7》。国产影片中有 47 部票房过亿元，其中 5 部票房超过 10 亿元，9 部票房超过 5 亿元。这一方面说明，国产片在类型的丰富性、对本土观众消费需求的接近性以及创作和制作水平上都有了长足提升；另一方面也说明大多数刚有机会进入影院观看电影的新观众对好莱坞大片的认知度相对较低。好莱坞大片即便如知名度很高的《007》，在中国市场也只有 5. 39 亿元票房，而在北美票房榜排名靠前的《疯狂外星人》《史努比》《头脑特工队》等动画片的中国市场票房成绩也不如《西游记之大圣归来》《熊出没之雪岭熊风》等国产动画。好莱坞电影的中国观众更多集中在大城市，而中小城市观众对国产电影的认同程度明显更高。

值得一提的是，虽然全年影院投放的中外影片有 300 多部，但是排行前 10 位的电影贡献了近 35% 的票房，排名前 50 的电影，票房占比则高达 80%，

81 部票房过亿元的影片几乎占据市场 90% 的份额。这说明中国电影市场两极分化现象还比较严重，院线和影院仍然存在同质化现象，市场对影片的容纳量还相当有限。

4. 放映档期：观影常态化、暑期最高峰

由于观影行为逐渐常态化，传统的贺岁档期已经不再是特殊的消费高潮期。全年大部分时间的票房收入都保持高位增长，春节、国庆等长假由于家庭观影行为的推动，成为电影消费的集中爆发期；而暑期，由于大量学生人群加入观影者行列，在 7 月出现了明显的观影高峰。市场扩大使得同一个档期能够轻松容纳 2 ~ 3 部重量级影片，暑期档的《捉妖记》《煎饼侠》《西游记之大圣归来》就形成了三足鼎立之势，共同成就了票房奇迹。2015 年度，中国本土市场票房在 2 月以 41.34 亿元、10 月以 42.11 亿元的成绩超过全球第一大市场北美市场的同期票房，票房潜力让全球瞩目。相对而言，1 月、3 月和 11 月，由于缺乏消费刺激，票房表现相对疲软。但整体来说，几年前那种过度依赖贺岁档和特殊节假日的消费局面已经改观。“看电影”已成为文化消费新常态。

5. 类型偏好：喜剧、爱情之外有了“幻想”

2015 年度电影市场上最受观众喜爱的影片类型为幻想、喜剧和爱情。而年度的票房冠军《捉妖记》，则几乎是这三大要素的合成配方。

2015 年度电影市场改变了以“喜剧 + 爱情”的中小成本“轻电影”为主的格局，出现了《捉妖记》《寻龙诀》《九层妖塔》为代表的幻想类大制作电影，并得到观众认可，分别引爆了暑期档、贺岁档和国庆档三大档期。幻想类电影不再是好莱坞专利，中国观众也开始接受“中国制造”的幻想电影。

同时，喜剧电影仍然不负众望。《港囧》（16.2 亿元）、《夏洛特烦恼》（14.39 亿元）、《煎饼侠》（11.59 亿元）、《澳门风云 2》（9.72 亿元），仍然因其明确的类型定位、精良的制作水平和本土化的文化元素，成为国产电影中受欢迎的电影类型。

6. 分层与分众：电影消费的多样化

随着中国电影市场的体量越来越大，消费市场出现了越来越明显的分化。

消费类型有城市级别差异：一、二线城市更喜欢进口片，三、四线城市更接纳国产电影；一、二线城市观众注重视觉和故事，三、四线城市观众更注重轻松和娱乐性。2015 年进口片票房的 67.16% 都来自一、二线城市，而国产片的票房则是二线及以下城市贡献更大。国产片中，《澳门风云 2》《赤道》等“港片”的大票仓几乎清一色是南部沿海城市，而《狼图腾》《智取威虎山》等电影的大票仓几乎都在北方。有记者对北京和上海的票房数据进行比较后发现，北京似乎更爱国产片，上海更爱进口片。《煎饼侠》在北京的票房比上海多出近六成，《夏洛特烦恼》则多出近四成。①

文艺片在一线城市也更容易被接受。这一年众多的文艺片获得了数千万元甚至数亿元的票房收入，这种成绩是过去难以想象的。例如，《老炮儿》②（87832 万元）、《烈日灼心》（30482 万元）、《解救吾先生》（19591 万元）等影片票房过亿元，市场表现强劲；《山河故人》（3220 万元）、《刺客聂隐娘》（6140 万元）、《十二公民》（1396 万元）等影片也创造了千万元级的票房成绩。甚至《喜马拉雅天梯》（1153 万元）、《旋风九日》（1686 万元）等纪录片，也能够在影院突破千万关口。这说明电影市场的蛋糕越大，留给电影的多样性空间也会越大。随着电影观众越来越成熟，观众对电影多样性的需求也会越来越强烈。

7. 营销：电影 + 互联网

互联网不仅用 IP 改编影响着电影的制作，同时也用互联网平台深刻地颠覆着传统的电影营销。传统电影营销往往依靠“覆盖”。营销覆盖大都市相对容易，但由于成本限制，覆盖数量庞大的中小城市就非常困难。而互联网和新媒体企业则通过互联网和移动终端，对三线及以下城市实现了比较充分的营销渗透。

社交媒体，如微信、微博成为观众获取信息的主要方式，人们从接受大众传媒信息，转变为接受定制化、圈子化的人际传播信息。观影行为更加容易受到互联网口碑的影响，大牌导演和演员带来的“粉丝效应”退减，许多所谓高颜值、小鲜肉电影因为负面口碑而失去了市场后劲。“票房黑马”则往往借助于互联网口碑实现逆袭，如《煎饼侠》《夏洛特烦恼》《西游记之大圣归来》的高票房都是口碑带动的结果。互联网创造了一种所谓“自来水”的

① 孟佳：《电影偏好地域分化明显　北京爱国产喜剧上海爱美国大片》，艺恩网，2015 年 10 月 21 日。

② 数据来源：CBO 中国票房，《老炮儿》票房统计时间截至 2016 年 1 月 20 日。

营销现象。

互联网对影院的影响也体现为售票方式的改变。国家电影事业发展专资办的数据显示，以2015年11月为例，全国网络购票比重已超过60%，而在票房排名前十位的省份中，网络售票平均比例已达到72.5%，上海市甚至高达81%。在线售票的普及不仅降低了影院观影的时间成本和经济成本，通过价格优势和在线选座，吸引更多的人走进电影院，更重要的是在线售票中包含了大量影评信息、消费信息，在客观上帮助观众对电影进行评判、选择。互联网的售票功能与电影的营销功能巧妙地融合在一起，甚至互联网售票可以直接影响到影院的排片。

中国电影在线票务市场领先者包括猫眼电影、微票儿、格瓦拉电影、百度糯米、大众点评等，传统的电影企业和互联网企业都意识到在线售票平台的重要性，因为该平台将电影的发行、放映、营销、消费功能结合在一起，可对电影市场带来很大影响。在线票务平台在资本的推动下，不断重组整合，会进一步寡头化。而由于资本影响带来的电影票价格战，也在一定程度上扰乱了影院消费市场，容易导致观众对经过补贴的所谓低票价的依赖。在线票房市场需要一定的市场规则，减少恶性竞争可能带来的负面作用。

8. 港台地区：华语影片继续疲软

与中国内地华语电影的热火朝天不同，在港台地区，好莱坞电影仍然占据市场中心，华语电影相对边缘。香港首轮上映电影332部，增长7.1%；其中香港电影59部，增长13.5%。3部票房为亿港元级别的影片均为好莱坞电影。而华语片的最好成绩则是两部票房超4000万港元的电影《五个孩子的校长》和《我的少女时代》，在香港全年票房中排位第九名和第十名。在所有香港华语片排行前二十位的影片中，除台湾电影《我的少女时代》外几乎都是港片。而未与香港合拍的其他内地电影在香港的票房成绩很不理想。香港观众的华语片口味仍十分本土。

台湾首轮上映电影220部，其中华语片58部，台湾本土电影占47部，占华语片总数的81%。非华语的162部影片中，美国电影66部，占比41%，日本电影29部，占比18%。[①] 商业化运作的《我的少女时代》成为现象级影片，

① 根据时光网数据统计。

在台湾票房为4.9亿元新台币，大陆票房超3亿元人民币，香港票房超1.6亿港元，也是台湾华语片票房冠军。①《刺客聂隐娘》《追婚日记》《红衣小女孩》票房成绩不俗，而《看见台湾》则以1.8亿元新台币成为台湾电影史上最卖座的纪录片。

从总体来看，大陆仍然是华语电影最坚实的根据地。港台电影似乎都在内地寻求市场支撑。然而，港台市场对大陆电影的认知程度和接受程度仍然很低，如何在政策、推广、市场开拓等方面扩大华语电影的三地空间，任重道远。

9. 后影院与海外市场：电影窗口依然狭窄

随着电影全球市场的开放、媒介的日趋多样、人们的消费能力的提高和消费方式的差异变大，电影通过国内市场、国际市场、多窗口市场赢利的策略已经越来越普遍。但由于中国电影的版权保护能力不足、版权价值有限、版权经营水平较低，特别是缺乏国际化和跨媒介化的企业与渠道，在后影院市场的开拓方面一直严重不足。欧美国家的本土电影票房通常只占一部影片平均市场收益的30%左右，但在中国，本国影院票房收益占比几乎超过电影总收入的80%。

2015年度，中国电影海外销售收入为27.7亿元，增长48.13%。但仍然只相当于国产电影国内票房收入的10%②。正如有关方面负责人所总结，国产电影“走出去”还处在“三多三少”阶段：产量多，“走出去”少；参加公益性活动多，进入商业院线少；进入国外艺术院线、华人院线多，进入主流院线少。与此同时，2015年度中国电影企业也加快了国际化步伐，甚至开始全球布局。不仅合作影片数量历史最多，而且参与全球性高概念电影开发、尝试海外资本市场运作，开始享有好莱坞电影的著作权、全球收益分账和衍生品权益。假以时日，中国电影在全球的影响力应该有较大提升。

① 参见《〈少女时代〉将破3亿　陈玉珊台湾电影票房神话》，腾讯娱乐，2015年12月2日。

② 参见《中国影企国际化报告（2015）》，华谊兄弟研究院与北京大学文化产业研究院联合发布，2015年12月30日。

B.4
2015年中国广播产业发展报告

摘　要：　移动互联网电台来势汹汹，剑指中国广播市场，挑战传统广播电台的规则。本报告在“2015 年赛立信在全国 70 个城市进行的收听率调研及新媒体调研”的数据统计基础上，分析 2015 年中国广播收听市场竞争态势。同时，对中国移动电台发展状况进行分析。

关键词：　广播产业　竞争态势　移动电台

2015 年中国广播收听市场竞争态势

黄学平*

一　2015年中国广播拥有高传播价值的听众群

当前传媒发展正处于移动互联网和汽车社会兴起所创造的战略机遇期，全媒体技术的运用给广播节目的创作思维、传播方式带来了颠覆性的改变，广播的“伴随”“移动”“碎片”“互动”特点进一步凸显，从而扩大了其在年轻群体中的影响力。数据显示，2015 年的广播主体听众主要是 25 ~ 44 岁的中青年听众，占比 51.7%，男性居多，超过 85% 的广播听众拥有高中及以上学历。

2015 年广播听众的变化趋势是中老年人增多、收入上行。45 ~ 54 岁的中年听众占比较 2014 年上升了 4.1 个百分点，月收入在 5000 ~ 9999 元和 10000 元以上的听众占比分别上升了 6.47 个百分点和 2.88 个百分点。可见，广播媒体拥有一批高传播价值的听众群（见图 1）。

---

* 黄学平，赛立信研究集团总裁。

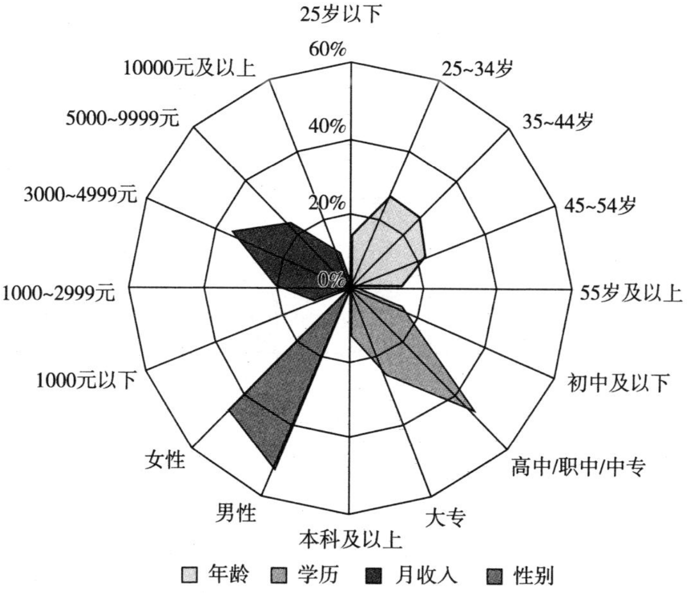

图1　2015 年中国广播听众构成

数据来源：赛立信媒介研究，2015。

二　广播听众收听习惯的特点及变化趋势

1. 车载收听在收听市场中占主导地位

赛立信媒介研究 2013 ~2015 年听众使用的收听工具数据显示，听众最经常使用的收听工具中，车载收音系统、手机和便携式收音机排名前三位。2015 年，车载收音系统以 41. 30% 的使用率位居首位（见图 2）。而根据公安部交管局公布的数据，截至 2015 年底，全国机动车保有量达 2. 79 亿辆，其中汽车 1. 72 亿辆，汽车新注册量和年增量均达历史最高水平，随着汽车保有量增多，车载收听在收听市场中不断发展壮大，占据主导地位。

不同收听工具吸附不同的族群，车载的收听族群与网络有部分交叉，其重叠人群主要是具有中高收入的管理人员、私营业主等，学历多为本科及以上。手机与传统收听工具吸附的听众族群明显不同，手机趋向听众年轻化，而传统收听工具则趋于听众老年化。

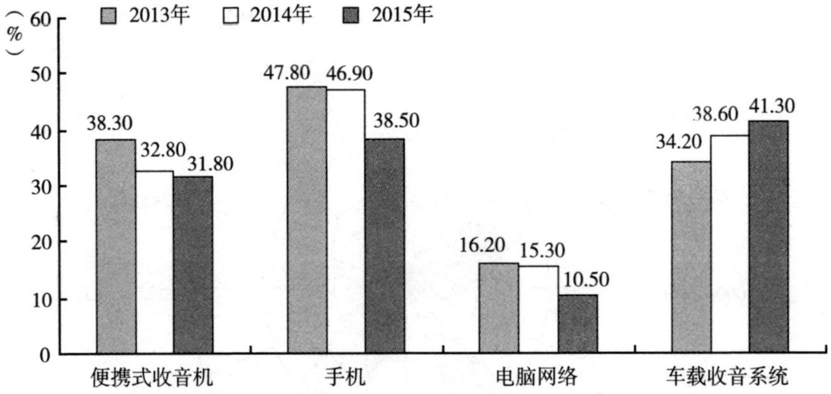

图 2　2013～2015 年听众使用的收听工具

数据来源：赛立信媒介研究，2013～2015。

2. 听众使用电台 APP 收听广播的习惯仍需继续培养

截至 2015 年 12 月，中国手机网民规模达 6.2 亿人，手机已经成为绝对第一的上网终端，移动互联网基本完成了全体网民的整体覆盖。智能手机比以往任何收听终端都更加凸显广播的伴随性和便利性特点，故催生了不少电台/音频类 APP 应用。各个广播电台积极开发各种“广播 + APP”，迎合听众的碎片化收听需求。

2015 年 1 月，中央人民广播电台打造中国广播云平台，实现新闻资源的共享与使用，搭建国家级音频素材库中华音库。北京人民广播电台开发移动客户端“听听 FM”，其网络中心全台战略目前已经转向移动端以及微信公众号的运营上。上海东方广播电台的“阿基米德”手机客户端主打社交概念，专注广播节目，实现全媒体跨地域融合。佛山人民广播电台的“花生 FM”、常州人民广播电视台的“小而美”APP 等也是贴合移动互联网时代的产物。

在 2015 年城市居民媒体习惯调查中，即时通信（QQ/微信等）是最常使用的 APP（92.2%），其次是网络新闻 APP（48.5%）和微博（38.4%）。尽管电台 APP 层出不穷，但只有 8.6% 的手机用户使用电台 APP 听广播，电台 APP 的用户数量与音频类 APP 动辄千万人次甚至过亿人次的用户数相距甚远，所以电台 APP 的运营推广仍任重道远，需要在运营方式、节目制作、内容生产、赢利模式等方面进行更加深层次的探索，培养听众使用电台 APP 收听广播的习惯。

三　2015年全国广播收听市场特点

移动互联网时代，广播听众及其收听喜好的变化，广播节目传播渠道的多样化，都带动了广播收听市场竞争格局的变化。

1. 三级电台的竞争格局

2015年中央级、省级、市县级电台的市场份额分别是10.3%、34.4%、55.3%，市县级电台的市场份额超过50%，与2014年相比增长了1.2个百分点，在非省会城市，市县级电台的市场份额略超70%，可见本地化广播还是较受听众的欢迎，三级电台的竞争格局依然体现着广播区域化的特点。

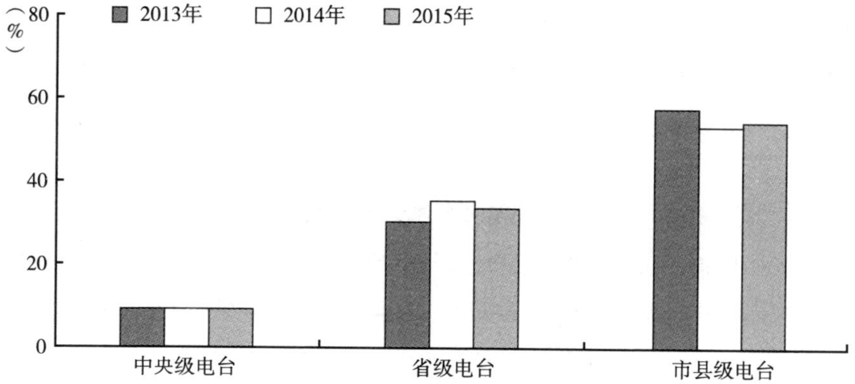

图3　2013～2015年各级电台的市场份额

数据来源：赛立信媒介研究，2013～2015。

对比三级电台在各大片区的市场份额，在东北、华北、华中和西南四个片区，中央及省级电台的市场份额比较大，在华南和华东两个地区，市县级电台的市场份额更大，各地方电台的市场表现都不错。

中央级电台在华北和西北地区的影响力有所增强，市场份额略有上涨趋势，但在华南地区和华东地区则略呈下滑之势，主要是由于这两个地区的地方电台在当地的影响力都较强，影响了中央级电台在这些地区的收听表现。但是，随着中央级电台入驻蜻蜓FM等移动网络平台，中央级电台在全国的影响力有上涨之势，因此，中央级电台2015年在全国的市场份额较2014年上涨了0.3个百分点。移动互联网平台为中央级电台提供了一个更广阔的发展空间。

在东北、华北、华中和西南四个片区，省级电台①的市场份额较大，多在50%以上，说明这些地区的省级电台不仅在当地省会、自治区首府或直辖市影响力很大，在省内其他城市也拥有较多听众。

华东和华南两个片区是经济较为发达的区域，借力于雄厚的经济基础，当地的广播电台发展也较为迅猛，虽然近几年受大经济环境和《广告法》等因素的影响，各地城市电台的发展速度渐缓，但其在当地依然拥有较多的忠实听众，加之近几年各地城市电台在广播节目本地化、娱乐化等方面大做文章，并且获得一定的成效，大大提升了当地听众的黏度。因此这两个片区的市县级电台至今还占据较大的市场份额。但是值得注意的是，随着整个媒体环境的变迁，这两个地区的省级电台发展也不容忽视，以上海东方广播为例，以“内容为王”作为基础，改变以往的经营模式，利用互联网平台进行多媒体广告经营与多渠道传播，广告经营年年攀升，在上海拥有超过85%的市场份额。

2. 交通、新闻、音乐仍是广播收听市场的主角

2015年广播收听市场继续呈现多元化和专业化趋势，交通、新闻和音乐三类依然是中国广播收听市场的主角，三类频率累计市场份额为84.6%，与2014年基本持平，说明各类频率的竞争格局变化不大（见图4）。

交通类频率：随着车载听众在整个广播听众中所占比例的扩大，交通类频率的市场份额将越来越大。截至2014年底，国内私家车广播已经接近50个，在全国占据超过5.0%的市场份额，占交通类频率接近20%的市场份额。

新闻类频率：2015年广告经营进入“寒冬”，但也“因祸得福”，经过医疗广告节目整治、广告绿色化以后，新闻类频率的收听率在逐步增长，2015年的新闻类频率的市场份额上升了0.3个百分点。

音乐类频率：2015年音乐类频率的市场份额略呈下滑之势。音乐类频率要保持其在广播中的特有优势，就必须充分发挥音乐主持人的作用，在音乐

① 省级电台，各省、自治区、直辖市台。

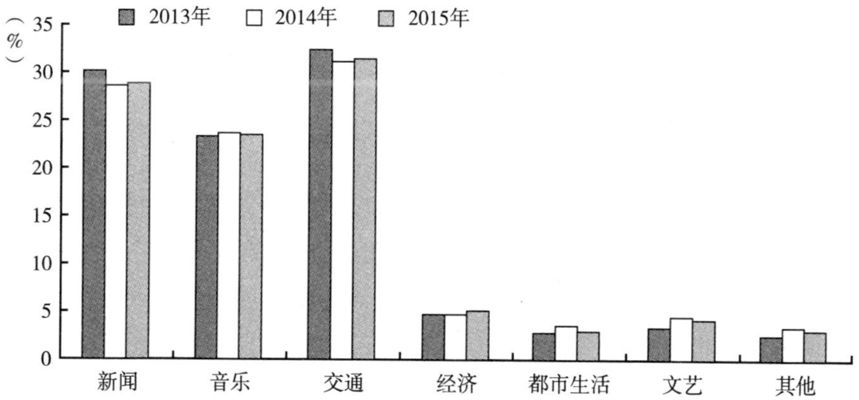

图 4　2013～2015 年各类广播频率的市场份额

数据来源：赛立信媒介研究，2013～2015 年。

选取、资讯性上下功夫，以稳定现有的受众群。以动感 101 为例，连续 3 年创收节节攀升，2015 年广告创收更是突破 3 亿元，其成功经验主要就是在目标人群市场做好品牌营销，并且利用互联网思维，做好用户体验。

经济类频率：2015 年上半年终于走出“阴霾”，但是，随着下半年股票市场重新走向低迷，经济类频率的收听表现又略有下滑。但全年市场份额较 2014 年上涨了 1 个百分点，整体收听表现较 2014 年稍好。

都市生活类频率：该频率一度是广播收听市场的“宠儿”，但随着频率节目同质化趋势加重，以及受众获取信息、服务的渠道越来越多，都市生活类频率在听众市场中呈现萎缩的态势，从 2014 年开始，部分生活广播已经逐步向私家车广播、汽车音乐广播转型，以此求得在收听市场和广告市场的一席之地。

文艺类频率：该种频率深受北方听众青睐。传统的文艺广播节目，如相声、戏曲等在北方还有一定的收听市场，天津相声广播在天津地区的收听率排名一直保持在前三位。南方较多文艺广播已经逐步走向娱乐频率的路线，将更多的娱乐元素加入节目中，虽然吸引了不少年轻的听众，但同时也流失了部分中老年忠实听众。对于文艺类频率来说，这两年也正处于“转型”期，因此，文艺类频率在 2014 年有一定幅度上升后，2015 年又略有回落。

四　主要城市广播收听市场的竞争状况

1. 北京

面对中央级电台、中国国际广播电台的同台竞争，北京级电台凭借本土优势，占据 63% 的市场份额，成为竞争力最强的频率。中央级电台以 28% 的市场份额在北京大本营企稳。2015 年，中国国际广播电台及北京周边的电台频率在北京地区的影响力略有提升，累计市场份额逼近 10%（见图 5）。

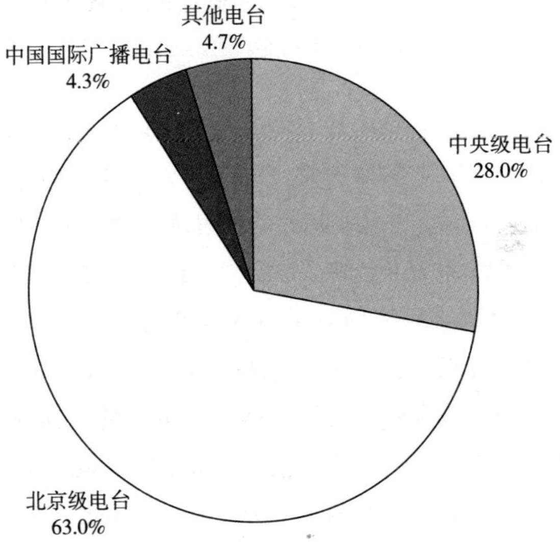

图 5　北京地区主要电台的市场份额

数据来源：赛立信媒介研究，2015。

在北京地区，北京交通台是竞争力最强的频率，市场占有率超过 20%，遥遥领先于其他频率（见表 1）。

2. 上海

上海文广新闻传媒集团（SMG）在上海地区广播收听市场占主导地位，市场占有率接近 90%。中央级电台占 10.59% 的市场份额，上海地区虽然能接收到很多周边其他电台频率，但影响力较弱，几乎可以忽略（见图 6）。

表1　北京地区主要电台频率的平均收听率和市场份额

单位：%

排名	电台名称	平均收听率	市场份额
1	北京交通广播	1.62	21.9
2	北京音乐广播	0.82	11.1
3	北京新闻广播	0.76	10.3
4	北京文艺广播	0.64	8.7
5	中央中国之声	0.62	8.4
6	中央音乐之声	0.35	4.8
7	中央都市之声	0.35	4.7
8	中央经济之声	0.34	4.6
9	北京体育广播	0.32	4.3
10	中央文艺之声	0.22	3.0

数据来源：赛立信媒介研究，2015。

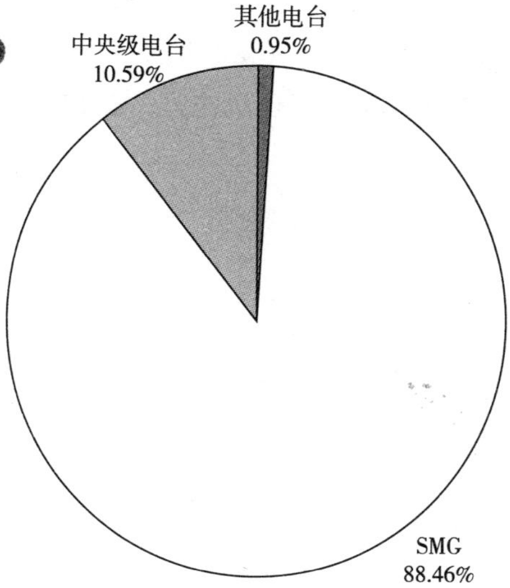

图6　上海地区主要电台的市场份额

数据来源：赛立信媒介研究，2015。

在收听率排名前十位的频率中，除了中央人民广播电台中国之声排名第九，其余九个席位均是SMG旗下频率（见表2）。

表 2　上海地区主要电台频率的平均收听率和市场份额

单位：%

排名	电台名称	平均收听率	市场份额
1	上海流行音乐广播（动感 101）	0.94	14.2
2	上海 990 新闻广播	0.66	10.0
3	上海交通广播	0.62	9.4
4	上海东广新闻资讯广播	0.55	8.3
5	上海第一财经广播	0.54	8.2
6	上海流行音乐广播（LOVE RADIO）	0.50	7.5
7	上海东方都市广播	0.47	7.1
8	上海戏剧曲艺广播	0.44	6.6
9	中央人民广播电台中国之声	0.43	6.5
10	上海经典音乐广播	0.37	5.6

数据来源：赛立信媒介研究，2015。

3. 武汉

从武汉地区的整体广播市场竞争格局来看，武汉地区的市场竞争主要在湖北省级电台与武汉市级电台之间展开（见图 7）。

在武汉地区，湖北楚天交通广播位居榜首，占 13.9% 的市场份额。武汉

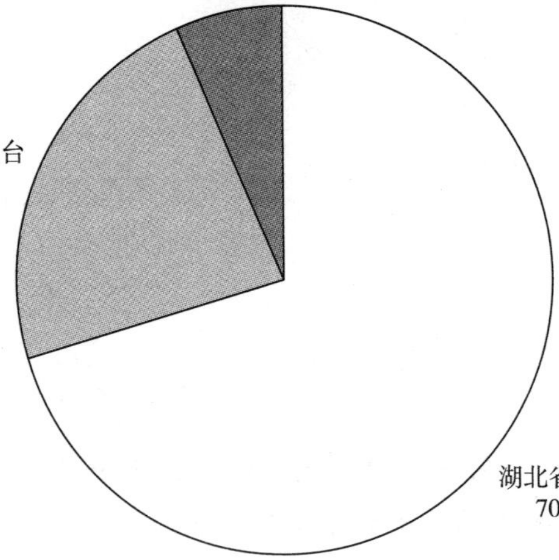

图 7　武汉地区广播电台竞争格局

数据来源：赛立信媒介研究，2015。

地区广播的一个特点是音乐类广播数量众多且表现不错，排名前四的频率中，音乐广播包揽三个席位（见表3）。

表3　武汉地区主要电台频率的平均收听率和市场份额

单位：%

排名	电台名称	平均收听率	市场份额
1	湖北楚天交通广播	0.92	13.9
2	湖北楚天音乐广播	0.77	11.7
3	湖北经典音乐广播	0.51	7.6
4	武汉经典音乐广播	0.49	7.5
5	湖北之声	0.45	6.8
6	湖北生活广播	0.44	6.7
7	武汉交通广播	0.42	6.4
8	湖北妇女儿童广播	0.42	6.3
9	湖北经济广播	0.37	5.6
10	武汉新闻综合广播	0.36	5.5

数据来源：赛立信媒介研究，2015。

4. 广州

从广州地区的整体广播市场竞争格局来看，广东省级电台的市场份额占据半壁江山，继续保持领先地位，广州市级电台以超过三成的市场份额紧随其后（见图8）。

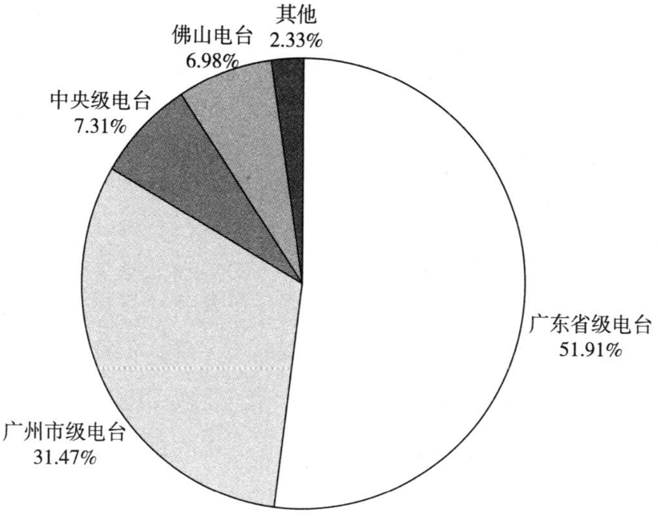

图8　广州地区广播电台竞争格局

数据来源：赛立信媒介研究，2015。

广州地区频率之间的竞争相当激烈，从收听表现来看，音乐、交通、新闻类频率在广州地区广播收听市场中表现抢眼，市场影响力较大（见表4）。

表4 广州地区主要电台频率的平均收听率和市场份额

单位：%

排名	电台名称	平均收听率	市场份额
1	广东羊城交通台	0.84	13.9
2	广东音乐之声	0.72	11.8
3	广州新闻电台	0.61	10.0
4	广东珠江经济台	0.60	9.9
5	广州金曲音乐广播	0.56	9.2
6	广州交通广播	0.53	8.7
7	广东财经927	0.27	4.5
8	中央人民广播电台中国之声	0.26	4.3
9	广东新闻广播	0.25	4.1
10	广州青少年广播(都市88)	0.22	3.6

数据来源：赛立信媒介研究，2015。

5. 重庆

在重庆地区的广播收听市场上，重庆市级电台牢牢抓住本土优势，以87.8%的市场份额占据优势，龙头地位稳固，而中央级电台仅占了11.4%的市场份额（见图9）。

重庆地区的听众收听需求与全国的省会城市相似，交通、音乐、新闻频率呈现三足鼎立的市场竞争态势（见表5）。

6. 长沙

长沙地区的广播市场竞争主要来自湖南省级电台与长沙市级电台。2015年湖南省级电台的市场份额比2014年同期略有下降，但湖南省级电台在长沙地区乃至全省广播市场继续保持主导地位，竞争优势明显。长沙市级电台的市场份额继续保持上升态势，比2014年上升了1.4个百分点，但与湖南省级电台的市场份额差距仍在50%以上（见图10）。

在长沙地区，交通类频率整体强势，排名前四位的都是交通频率，其中湖南交通频道以31.6%的市场份额遥遥领先（见表6）。

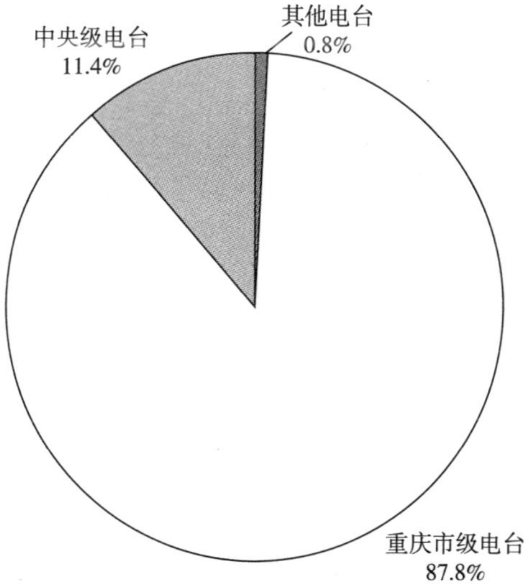

图 9　重庆地区主要电台的市场份额

数据来源：赛立信媒介研究，2015。

表 5　重庆地区主要电台频率的平均收听率和市场占有率

单位：%

排名	电台名称	平均收听率	市场占有率
1	重庆交通广播	1.49	22.9
2	重庆音乐广播	1.45	22.2
3	重庆新闻广播	1.20	18.4
4	重庆都市广播	0.69	10.7
5	重庆经济广播	0.58	8.9
6	中央人民广播电台中国之声	0.39	5.9
7	重庆文艺广播	0.30	4.6
8	中央人民广播电台音乐之声	0.20	3.0
9	中央人民广播电台经济之声	0.16	2.5
10	中国国际电台环球资讯广播	0.06	0.8

数据来源：赛立信媒介研究，2015。

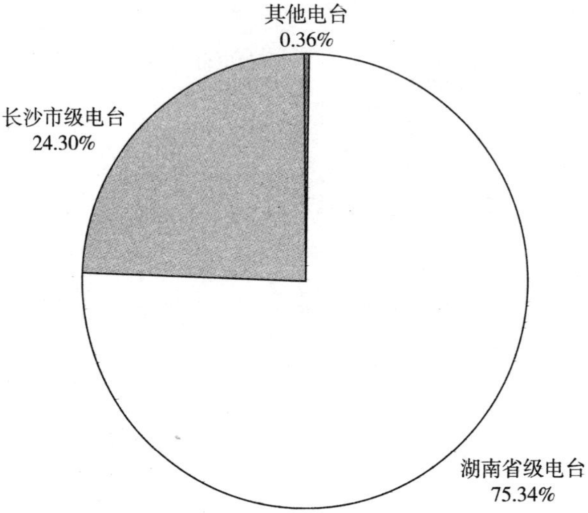

图 10　长沙地区主要电台的市场份额

数据来源：赛立信媒介研究，2015。

表 6　长沙地区主要电台频率的平均收听率和市场占有率

单位：%

排名	电台名称	平均收听率	市场占有率
1	湖南交通频道	1.70	31.6
2	湖南 893 汽车音乐电台	0.67	12.4
3	金鹰 955	0.59	11.0
4	长沙交通电台	0.41	7.5
5	FM105.0 长沙新闻广播	0.36	6.7
6	湖南 NEWS938 潇湘之声	0.36	6.6
7	长沙电台城市之声	0.35	6.5
8	湖南文艺频道摩登音乐台	0.29	5.3
9	Hi886 你好电台	0.19	3.6
10	湖南经济频道	0.18	3.4

数据来源：赛立信媒介研究，2015。

2015 年中国移动电台发展分析

孟湛东*

一　中国移动电台发展概况

移动电台，以平板电脑、手机、可穿戴设备等移动终端为音频载体，包含新闻脱口秀、音乐、评书等多种形式的自制原创音频内容，提供音频收听、音频录制、分享等服务。相比于传统的 FM 电台，移动电台借助于互联网和移动设备，为声音创造了更多的可能性。“喜马拉雅 FM”提出“重新发明电台”的口号，“电台”正在被重新定义。

国内现有的移动电台，按照功能大致可分为三种类型：直播类、点播类和推荐类。直播类电台实质上是传统广播电台节目向互联网的迁移，可借助互联网实时跨地域收听传统广播电台的内容，代表电台如凤凰 FM、酷 FM 等。点播类电台收听的内容以栏目划分，而非以频道划分。这类电台拥有海量内容，听众自主点播收听，以喜马拉雅 FM、蜻蜓 FM、多听 FM 等为代表。推荐类电台最大的功能在于能够根据听众的历史收听记录识别用户的收听兴趣，进行个性化推荐，代表电台如豆瓣 FM。

2015 年中国移动电台竞争日趋白热化，行业内部也开始朝着差异化方向发展（见表 1）。当下主流电台有的注重分享（如喜马拉雅 FM），有的聚合频率（如蜻蜓 FM），有的打造个性化（如卡拉 FM）。

表 1　主流电台的主要运营模式

主流电台	特点
喜马拉雅 FM	提出 PUGC 生态战略，为用户提供“PGC + UGC + 社交”的多维度服务；吸引知名栏目入驻，鼓励草根用户发声
蜻蜓 FM	典型频率聚合型电台，入驻大量传统电台，打破时间地域限制，听众可随时收听国内外的电台节目
荔枝 FM	强调 UGC 生产模式，让每个人都可以通过手机成为主播，通过明星入驻吸引更多年轻人
考拉 FM	旨在打造一款真正意义上的个性化电台，运用大数据分析，将用户与音频内容匹配，主动向用户推送其感兴趣的内容

* 孟湛东，清华大学新闻与传播学院硕士研究生。

二　中国移动电台市场新气象

近年来，在资本市场的推动下，主要移动电台平台均获得千万美元量级的投资。喜马拉雅 FM 先后完成了 A 轮 1150 万美元和 B 轮 5000 万美元的融资，成为中国互联网音频行业史上获得最多资金的融资个案，此后又进行 C 轮融资。移动电台市场的融资额不断提高，说明了这个市场正在被人们重视。移动电台可谓是遇到了难得的发展机遇（见表 2）。

表 2　主要移动电台获得的融资

电台	融资源	电台	融资源
蜻蜓 FM	三轮，1200 万美元以上	考拉 FM	两轮，2 亿元人民币以上
喜马拉雅 FM	三轮，6150 万美元以上	多听 FM	两轮，1000 万美元以上
荔枝 FM	三轮，3000 万美元以上		

数据来源：互联网公开数据。

与市场进展相对应，移动电台用户数量在近几年倍增，2015 年整体呈现稳步增长的态势。2015 年第四季度中国移动电台市场用户规模达 7068.2 万人，较 2015 年第一季度用户数量增长明显（见图 1）。根据易观智库发布的移动电台客户端搜索指数（见图 2），侧面显示中国几大主流移动电台用户规模

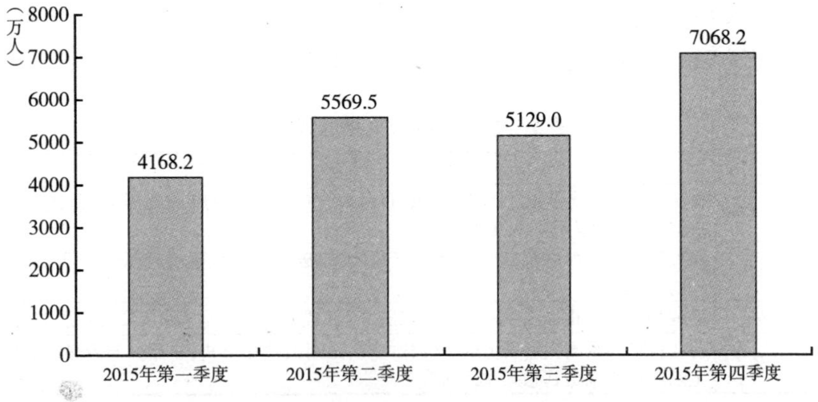

图 1　2015 年中国移动电台市场用户规模

数据来源：Analysys 易观智库。

增速加剧，其中喜马拉雅 FM 增幅最大。豆瓣 FM、蜻蜓 FM、喜马拉雅 FM 等移动电台由于上线时间比较早，受关注度较高。

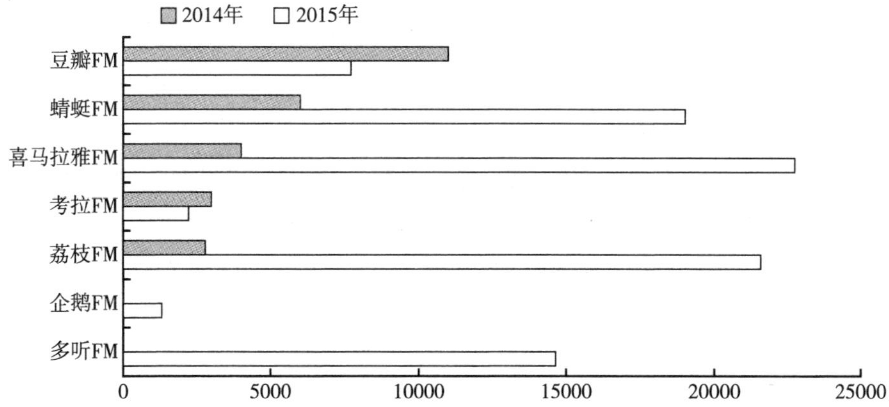

图 2　2015 年中国移动电台客户端搜索指数分布

数据来源：Analysys 易观智库。

三　中国移动电台产业发展特点

1. “互联网 +”改造优化传统广播

2015 年，“互联网 +” 可谓是最受瞩目的热点之一。“互联网 +” 即利用互联网平台、通过互联网思维让互联网与传统行业进行深度融合，创造新的发展生态。移动电台正是“互联网 +” 模式的成功创举，借助移动互联网，从用户体验出发，对传统广播电台进行优化和改造，创造出更加丰富的表现形式和更多样化的内容。传统广播电台存在实时收听可选择性差、区域限制等弊端，而把其搬到互联网上，这些限制就不再成为畅听的阻碍了。比如，蜻蜓 FM、喜马拉雅 FM 等移动电台可以直播国内外数千家电台的海量音频节目，用户可以获得在传统广播那里从未有过的收听自由与收听体验。

2. 依靠内容聚合听众

面对竞争激烈的移动电台市场，优质的音频内容是移动电台赖以发展的基础，依靠内容才能聚合听众、满足听众。

PGC与UGC的转变。移动电台按内容划分为PGC和UGC两大阵营。PGC内容主要由电台、电视台等机构和专业人士制作而成，更有水准、更有深度，着重树立品牌；而UGC内容主要由草根用户、电台发烧友自制而成，更有参与度和广度。对于成熟的移动电台而言，UGC和PGC非但并行不悖，还相辅相成，两者的有力结合是平台成功的重要因素。最成功的例子如喜马拉雅FM。2015年，喜马拉雅FM专注于PUGC（专业个人生产，即PGC+UGC），一方面，喜马拉雅FM签约数百名主播，邀请《晓松奇谈》《今晚80后脱口秀》等一大批优质栏目入驻；另一方面，喜马拉雅FM大力支持原创内容开发，所有用户均可在喜马拉雅FM移动端制作音频，许多草根主播都拥有许多粉丝。在这些举措的影响下，喜马拉雅FM影响力日渐提升，成为中国最大的音频分享平台。

从“广播”到“窄播”。在信息爆炸的网络时代，传统线性的、不加选择的“广播”已经无法满足用户及时捕捉信息的需求。实现从“广”到“窄”的准确定位，将内容正确推送给听众，成为时下移动电台客户端探索的方向。移动电台利用互联网优势，将内容进行整合与重组。比如蜻蜓FM根据互联网特性，将传统广播电台播出的内容进行重新组合，并形成专题，做成碎片化、专题化的内容推送，这更适应用户的使用习惯，也能更好地聚合用户。

3. 注重交互性与用户参与性

相比于传统电台而言，移动电台更具社交性和用户参与性，移动电台用户与社交网络、即时通信领域关联度较高，主要体现在以下三个方面：第一，用户可以通过社交渠道参与交互，各大移动电台纷纷开通自身的社交平台，比如，喜马拉雅FM已有的社交互动平台包括官方博客、新浪微博、微信公众号等；第二，听众之间可借助平台互动沟通，当用户在收听同一个电台时，可以随时发表自己的看法，与其他听众进行交流，有更强的参与感；第三，听众和主播之间可进行互动，在移动电台中，听众可借助网络实时将讯息传送给主播，电台主播也可及时反馈，增进与听众的互动交流。

4. 多样化的赢利模式

传统广播电台的主要赢利模式来源于广告，而移动电台时代的赢利模式则更加多样化，主要包括广告、版权分销、订阅服务、粉丝经济、硬件增值等模式。目前喜马拉雅FM商业模式类型最多，除了网络广告赢利之外，喜马拉雅

FM引进了名人的代表作品，借助粉丝经济效应，开展相应的粉丝经济服务，增加粉丝经济收益。喜马拉雅FM还开设了智能硬件增值服务，通过销售随车听等智能硬件产品创收。其他主流移动电台的商业模式也呈现出多样化特点，广告收入不再是一枝独秀（见表3）。

表3　主流移动电台商业模式对比分析

业务项目	喜马拉雅FM	蜻蜓FM	荔枝FM	考拉FM	多听FM	豆瓣FM
广告收费	√	√	×	√	×	√
版权分销	√	×	×	×	×	×
订阅服务	×	√	√	×	×	√
粉丝经济	√	√	√	×	√	×
硬件增值	√	×	×	√	√	×

B.5
2015年中国报纸产业发展报告

摘　要：2015年是媒体广告市场极为困难的一年，传统媒体广告整体下降7.2%，而报业广告降幅达到前所未有的35.4%。中国报业经营在广告“断崖式”下降中谋求转型。报纸媒体转型与融合发展成为报纸媒体2015年最热关键词，报纸媒体通过纸质发行、网络转载、微博传播及移动APP客户端、微信传播进行立体传播的架构已初步形成，并且报纸媒体借助新媒体平台实现了自身跨界传播。

关键词：报业发展　报业经营　报纸媒体　发展报告

2015年报业关键词

唐绪军　王　琪*

关键词一：断崖式跌落

2015年，一个形容词频繁出现在报业人的口中，即“断崖式跌落”。不管是从报业广告数据来看，还是从全国新闻纸用纸量数据来看，报业产品的萎缩显而易见。

CTR媒介智讯发布的《2015年前三季度中国广告市场回顾》① 显示，

---

* 唐绪军，中国社会科学院新闻与传播研究所所长、研究员、博导；王琪，中国社会科学院研究生院新闻学与传播学系博士生。

① 资料来源：http：//www.ctrchina.cn/attached/11/file/20151204/2015_ Q1 - Q3_ Omnimedia_ Ads_ Analysis_ by_ CTR.pdf。

2015年前三季度报纸广告刊例花费同比下降34.5%。虽然业内早有预料报纸的广告市场会持续萎缩，但这样的萎缩速度着实让报业惶恐。中国报协对全国93家用纸量大的报社2014年、2015年用纸量的调查数据显示，2015年比2014年用纸量增加的有18家，减少的有67家，持平的有8家。综合各因素进行推算，2015年全国报业用纸量约为221万吨，相比2014年的270万吨减少49万吨。2015年国内新闻纸总产量约为235万吨，较2014年下降25万吨。①

2015年报纸停刊倒闭的消息一个接着一个。云南昆明的《生活新报》，湖南长沙的《长株潭报》，浙江杭州的《今日早报》、《都市周报》，江西九江的《九江晨报》以及上海的《上海商报》、《上海壹周》等报纸，终究没有熬过寒冬。

报业的颓势也导致大量报业人才的流失。其中，《南方都市报》总经理陈朝华、《第一财经日报》总编辑秦朔、《京华时报》总编辑李洪洋以及《新京报》深度报道部副主任张寒等人的离职给报业带来的震动最大。

关键词二：改版求变

若不想在寒冬中死去，就得想点办法取暖。虽然媒体融合是热点，但纸媒终究是报业的根据地和出发点，不变则死。

一些报纸在改版求变的过程中试图理清与互联网之间的关系。《羊城晚报》走的就是改变定位的路子。按照他们自己的说法，是进行“析肉还母，析骨还父”式的改造——把精品、本土、专业的内容还给报纸，把快速、广泛、巨量的内容还给网媒。从另外一方面解释，就是把低端读者移交给互联网，纸媒将精准定位在高端人群。

也有些报纸仍然执著于内容和版式的调整。《北京晚报》在2015年3月着手进行改版，改版后的《北京晚报》将分为“要读”“选读”“品读”三个版组，为的是更便于读者寻找到自己想要的信息。

也有的报纸在改版过程中线上线下通盘考虑、信息提供和生活服务全盘兼顾，如《南方都市报》。改版背后，是南方都市报社整体架构的调整和扁平化管理，也同时意味着其新闻生产、传播形态和运营模式的全面转型。

---

① 《2015年全国报业用纸下降18%》，《中国新闻出版广电报》2015年12月11日。

关键词三：“互联网＋”

承继2014年传统媒体与新兴媒体融合发展的大潮，“互联网＋报业”的探索也成为2015年中国报业一道新景观。其中，最耀眼的一个亮点就是报业在“两微一端”上的大举进军。

2015年，报刊媒体争相形成客户端、法人微博、微信公众号“三位一体”的移动传播格局，从单一的传统纸媒转变为可视、可听、可感的全媒体新闻及服务平台。似乎，传统报业早些年对于媒体融合的畏难情绪和惰性心理也已经一扫而光。这其中不乏中央政策的大力支持。

虽然此前已有不少地方传统媒体的新闻客户端上线，但大多数仅仅是将原有内容移植到客户端上，并未基于移动客户端的特性打造出全新的新媒体产品。在“澎湃新闻”的示范下，2015年各大地方报业集团纷纷上线按照互联网思维重新打造的新闻客户端。

关键词四：非公资本

也许正是看好传统报业潜在的市场价值，2015年非有公有资本在政策的支持下大举进入传统报业。其中，表现最为抢眼的是阿里巴巴集团。2015年阿里巴巴通过参股、合作、收购等多种方式，进军传统媒体行业，如与北京青年报社在物流、O2O等方面展开战略合作，与四川日报报业集团联合成立“封面传媒”，探索“个性化定制”的新型主流媒体。

与阿里巴巴以资本形式进入传统媒体的方式不同，北京字节跳动科技有限公司直接投资于内容。该公司经营着影响力越来越大的新闻客户端“今日头条”。“今日头条”曾经是众多传统报纸的“共敌”，因为它经常无偿转载传统报纸的内容，侵犯报纸的版权。为改变这种状况，2015年“今日头条”不仅广泛与传统报纸签订内容使用合同，同时投入大笔资金扶持自媒体。9月8日，该公司推出“千人万元计划”，承诺在一年内确保至少1000个头条号内容创作者，单月收入不少于1万元；重点扶持的100个“群媒体”，单月收入不少于2万元。这一举动在公共传播时代为承认新闻内容的市场价值开了个好头。

关键词五："世奢会"败诉

2015年11月9日，持续近三年的世奢会（北京）商业管理有限公司（以下简称"世奢会"）与《新京报》《南方周末》两家媒体之间的法律纠纷终于落下帷幕，法院认定相关媒体无不实报道，终审判决"世奢会"败诉。此案的转折点在于重要证据的消息源的出庭作证。该案判决书长达40余页，这一判决在媒体界广为流传，被认为是对媒体正当行使舆论监督权在法理上的支持。

《南方周末》在报道这一消息时指出："这是一段足以载入中国新闻史的经典判词。"在中国，记者的监督权利保障一直是新闻界与法律界热议的问题，而北京三中院的判词似乎可以给常年做批评报道的记者撑了腰。

关键词六：新《广告法》

2015年9月1日，新修订的《中华人民共和国广告法》（以下简称"新《广告法》"）带着"史上最严"的"头衔"正式实施。新《广告法》不仅完善了保健食品、药品、医疗、教育培训、招商投资、房地产、农作物种子等广告的准则，而且禁止在一切大众媒介和公共场所发布烟草广告，也更加强化了对大众传播媒介广告发布行为的监管力度和处罚力度。

新《广告法》强化了对大众传播媒介的监督力度，督促媒体在广告发布行为上做好"把关人"的角色，进一步使广告内容得以净化。新《广告法》的实施在中国经济增速放缓的新常态背景下，对报业的广告经营无疑造成了一定的影响，但业内人士似乎普遍持乐观态度。一方面，有的业内人士认为新《广告法》是将业界早就存在的规章制度上升到法律层面，并对此加以整合与细化，并没有增加过多内容；另一方面，报业早已开始寻找新的利润增长点，积极探索类似于电商经营等转型之路，不会在广告这一棵树上吊死。毕竟，新媒体时代报业在盈利模式上转型才是关键。

中国报业经营在广告“断崖式”下降中的转型

姚　林*

一　2015年中国传统媒体广告市场整体下滑

CTR媒介智讯提供的趋势数据显示，2015年中国传统媒体广告市场（电视、电台、报纸、杂志、传统户外）整体下降，降幅达到了惊人的7.2%。全面下降成为传统媒体广告市场2015年的基本特征。平面媒体降幅急剧扩大，毫无止跌的迹象，电视媒体的下降趋势也成为常态，广播、户外媒体降幅虽小，但趋势不容乐观（见图1）。

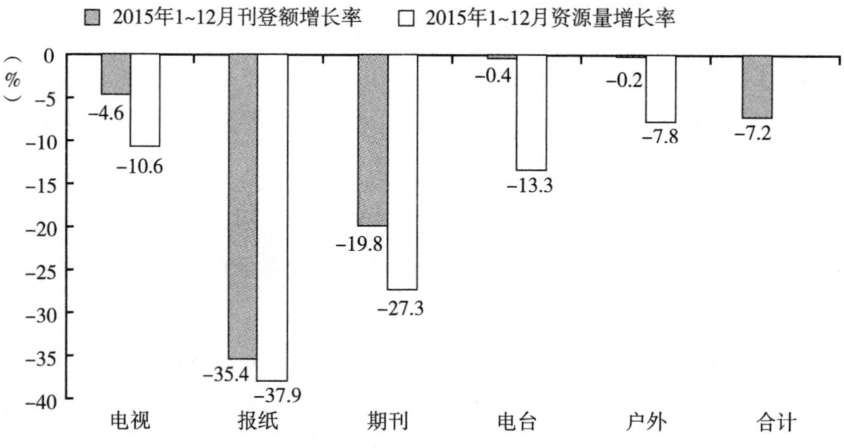

图1　2015年1~12月传统媒体广告市场增长率

数据来源：CTR媒介智讯，以下若无特别说明，数据均来源于此。

回顾2015年媒体广告市场的变化，只能说是该来的终归是来了。传统媒体广告市场的全面下滑始于2012年，当年传统媒体广告市场增速从2011年的12.9%急剧下滑到4.4%，2013年虽回升到6.4%，但2014年依然没有摆脱下

* 姚林，央视市场研究公司资深研究顾问。

降的命运，下降了1.7%，进入2015年降幅急剧扩大到7.2%。在2015年媒体整体广告市场的降幅中，传统媒体的拉低作用在不断加大，如果说前两年的拉低作用主要来自平面媒体，那么2015年电视4.6%的负增长更是拉低了整体降幅。户外新媒体（含公共交通视频、楼宇卖场视频、影院视频）则表现出了提升作用，互联网、商务楼宇视频、影院视频均表现出不同程度的拉升作用。但由于新媒体的增速也在减缓，其拉升也无法弥补传统媒体的下降。

二 报纸广告市场面临前所未有的困境

报纸广告的下降始于2012年，当年下降了7.3%，2013年又下降8.1%，到2014年降速加快达到两位数，下降了18.3%，2015年则大降35.4%，被称为“断崖式”跳水。4年连续下降，降幅越来越大，与2011年相比累计降幅达55%，报纸广告已经被腰斩。

中国的报纸集中在城市，特别是经济发达的城市，广告也集中在城市。2015年报纸广告刊登规模排名前30的城市集中了八成以上的报纸广告。在这30个城市中报纸广告降幅最小的深圳市，下降了11.6%，而降幅最大的成都市则下降了五成以上。除深圳外，降幅在三成以下的只有广州市。降幅“破四”的城市达到9个。

广告刊登额排名前20的报纸，其广告量全部处于大幅下降状态，平均降幅超过三成，降幅最小的报纸也超过了两成；三家降幅最大的报纸都下降了四成以上。排名前20的报纸合计下降了30.8%。

就报纸类型来看，都市类报纸所面临的境况更加严峻。相对较好的是全国性报纸和党报，全国性报纸降幅为12.7%，远低于报纸的总体降幅；党报广告降幅也明显低于总体，尤其是省级党报降幅低于总体约10个百分点。

2015年报纸广告行业全面大幅度下降的速度如断崖跳水般惊心动魄。报纸广告各行业全都处在下降的通道之中。前六个行业中，房地产/建筑工程业降幅高达44.8%，商业零售业降幅也达37.3%，娱乐及休闲业下降16.5%，金融业是降幅最小的行业，下降了6.1%，邮电通信业下降20.5%，交通（汽车）下降46.0%。药品是传统媒体广告增长幅度最大的行业，增幅达26.7%，但报纸的药品广告却大降48.9%（见图2）。

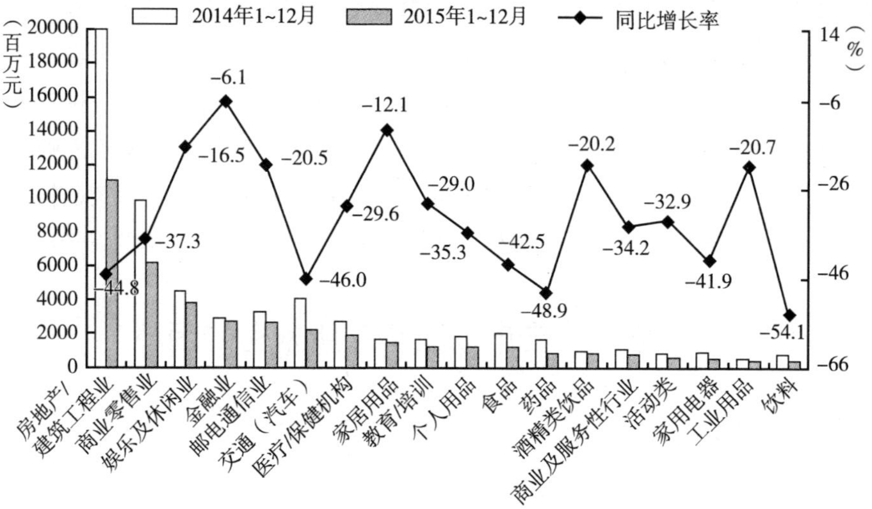

图2　2015 年 1～12 月报纸主要行业广告增长情况

主力行业的大幅下滑使得前三个行业的广告集中度从 2014 年同期的 54.3% 下降到 51.3%，前六个行业的集中度也从 2014 年同期的 70.6% 下降到 69.7%。与 2014 年同期相比，房地产/建筑工程业的占比从 31.6% 下降到 26.9%，大降 4.7 个百分点。商业零售业占比从 15.6% 微降到 15.1%，娱乐及休闲业的占比从 7.2% 提高到 9.3%。占比提高较明显的还有：邮电通信业从 5.2% 提高到 6.4%；金融业从 4.6% 提高到 6.6%；医疗/保健机构从 4.3% 提高到 4.7%。各行业占比的变化反映了报纸广告行业资源构成正在悄然发生转变。

2015 年，报纸广告投放量排名前 20 的品牌中不仅更新了 7 家，而且位次也发生了显著的变化。主要广告品牌投放的变化清晰地反映了各行业的产业景气波动和营销传播策略的变化（见图 3）。

以恒大、保利、万达为代表的房地产品牌虽然在前 20 名的排名中数量还是最多的，但大都也已大幅减少了广告投放，保利、万达的投放都减少一半以上。国美和苏宁多年以来一直是名列前茅的报纸广告商，2015 年国美虽然还保持在第二的位置，但投放额也已经腰斩。苏宁广告投放额降幅更是超过 60%，排名也掉出前六。

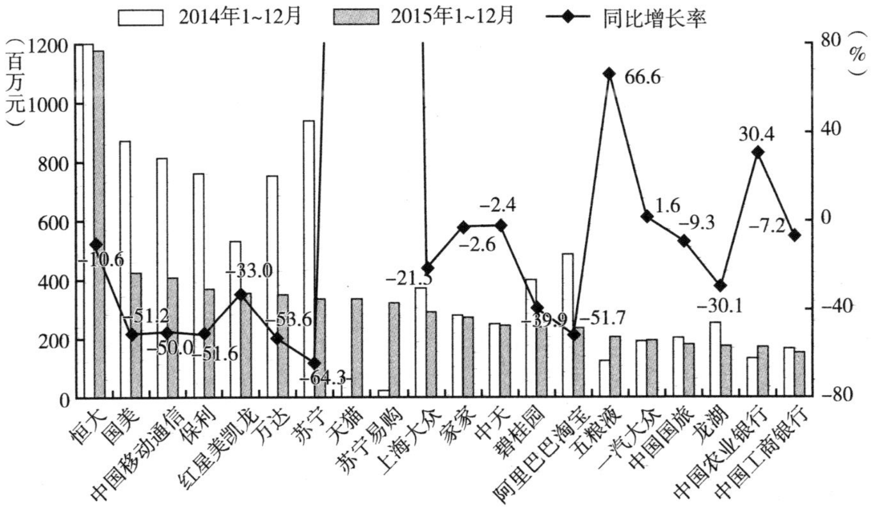

图3　2015 年 1 ~ 12 月报纸广告前 20 位品牌投放状况

2015 年报纸广告品牌最大的变化莫过于电商品牌的集体崛起。苏宁虽然投放下降，但苏宁易购却增长了 13 倍之多，跻身第九位。同属阿里巴巴旗下的阿里巴巴淘宝虽然减少了五成投放，但天猫却增长了 4 倍以上，投放量排名第八位，成为 2015 年报纸广告品牌中的亮点。苏宁和苏宁易购的变化以及阿里系的投放变化不仅显示了电商品牌对报纸的青睐，更体现了线上电商与线下实体商业的关联和新商业模式创新带来的广告推广策略的变化。

电信运营商曾经是报纸广告的大户，现在只剩中国移动还留在前列，但降幅也高达 50%。保留在前 20 的汽车品牌只有一汽大众和上海大众，但这南北两家大众公司的投放策略迥然不同，其结果是上海大众下降了 21.5%、一汽大众则增长了 1.6%。排在后两位的中国农业银行和中国工商银行成了前 20 中的“新面孔”。前 20 位品牌投放的平均降幅为 27.8%，低于报纸广告总体的降幅，而其他品牌的降幅则达到 36.6%。

三　2016年报纸广告难见触底，报业经营探索蓄力待发

报纸广告只是报业经营的一个部分，而非全部。2016 年，客观地说，报

纸广告反弹真的不易，但报业在转型中建立新经营模式的探索将有可能取得长足的进展，有可能在报纸广告断崖式下落中托住报业经营的大局。

如前所述，2015 年广告市场的下滑并非单一因素所致，而是宏观经济环境和传媒环境变化所致。可以预计，2016 年经济结构的调整将继续，经济增长将继续沿着下行通道前行。结构调整对市场的推动和稳定作用还需时日才能见分晓。传媒环境的变化还将持续深入，互联网特别是移动网络对传统媒体的冲击力度不会减弱，在新的传播环境下，以大众传播为主的传统媒体将会失去越来越多的广告资源。在这种环境下，坚守亦不易，反弹更无从谈起。

报纸广告下降虽不见底，但报业经营却在多元化的道路上越走越宽广。过去报业经营收入高度依赖广告，曾经广告收入占到经营收入的 80% 左右。据笔者调查，现在已有一批报业集团的广告收入占比下降到 50% 以下，报纸广告收入虽然下降，但整体经营收入却增长了，利润也增长了，有多家报业集团的利润过亿元，有些还达到数亿元，报业经营对广告的依赖性在下降。

经营收入结构的变化表明，报业在探索转型的道路上顽强地前行并取得了可喜的突破，这正在成为中国报业转型的趋势。我们在观察中国报业的经营状况时应该认识到，报纸广告经营只是其中一个方面，而且广告所占比重还会不断降低。因此，就广告下降而断定报纸无法生存下去是不符合中国报业现状的。

转型是传统媒体的唯一出路，经营收入结构变化就是转型的内容之一。经营收入趋稳，甚至增长给报业媒体融合和转型提供了坚实的基础。转型离不开互联网，离不开新媒体，但这一切都需要新的投入。

其实传统媒体的转型并非这两年才开始，但是转型一直处于羞羞答答的状态，一方面强调转型拥抱互联网，而另一方面却又在顽强地强调和坚守自己的“优势”。在被转型、被融合的状态下怎么可能实现真正的转型？

值得期待的是，我们看到已经有一批传统媒体正在从被转型、被融合转变到主动转型、主动融合，并收到了明显的效果。时至今日，传统媒体几乎都拥有了网站，以及微信、微博、APP。内容生产在变，传播方式在变，经营模式也在变化。这就是传统媒体未来的希望。可以预计，2016 年将是传统媒体转型与融合极其关键的一年。

根据笔者调研，目前报业“两微一端”的经营收入开始明显增长，但增长率还不足以反映已经建立了新的经营模式。经营状况好的报社新媒体收入不过几千万元，更多的仅有数百万元而已。这样的收入规模，还面临着广告刊载数量的制约，未来的成长空间并不乐观。如何改变依赖传统广告的经营模式，将考验着报业新媒体的发展。

2015 年中国报纸媒体传播影响力发展

田 珂*

一 全国报纸发行量继续下滑，零售终端大幅减少

世纪华文对全国 70 个城市的报纸零售终端（包括报刊亭、报摊、便利店、超市、书店等）的持续监测数据显示：2015 年，全国各类报纸的零售总量与 2014 年相比下滑了 31.03%。2015 年上半年较 2014 年下半年销量下降 13.85%，2015 年下半年较 2015 年上半年销量继续下降 27.29%，其中都市报下滑幅度最大，居于各报之首（见图 1）。

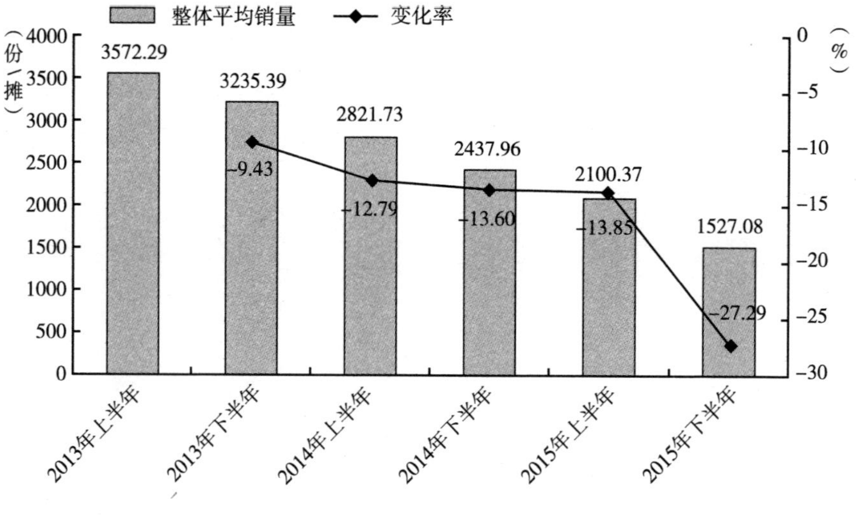

图 1 2013 ~ 2015 年全国报纸零售发行走势

在全国报纸销量下滑的比例中，都市报占 90% 以上。长此以往，报纸零售市场上将出现多元割据的局面，而不再是都市报一家独大的局面。财经报、

* 田珂，北京世纪华文国际传媒咨询有限公司。

党报、IT报由于市场覆盖程度低、销量基数小，不太可能与都市报争夺市场空间。相应的，时政报，虽然近两年销量也出现波动，但是整体来说，销量下降幅度没有都市报高，市场覆盖程度可与都市报相媲美，毫无疑问会继续抢占都市报的市场地位和空间，构建全新的全国报纸发行结构图（见图2）。

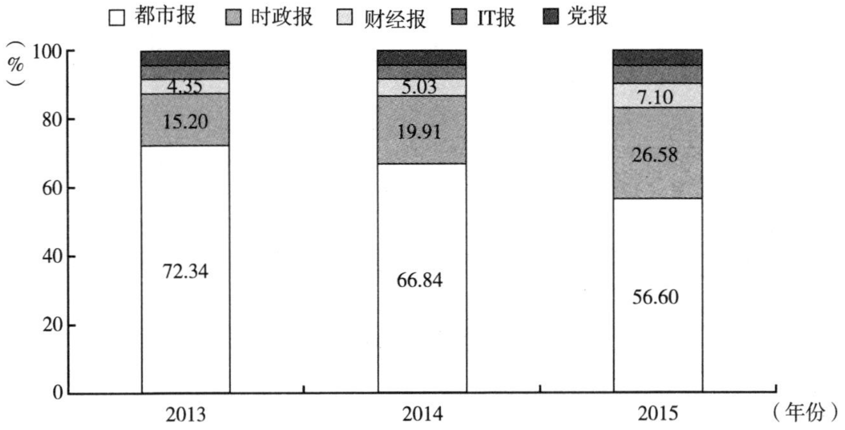

图2　各类报纸零售发行市场份额对比

二　报纸媒体积极与新媒体融合，立体网络传播力初步形成

全国报纸网络传播监测系统（以下简称MBR系统）① 监测数据显示：全国各级新闻门户网站中40%以上的新闻内容来自报纸媒体。2015年1～11月，全国415份主流报纸（包括党报、都市报、财经报、时政报等）新闻被门户网站转载达到319万篇（见图3）。每天每份报纸有23篇文章被互联网转发，并引发1864.7万用户评论量。根据MBR系统监测数据，2015年报纸新闻在互联网新闻中占据38%以上的比例。报纸新闻在互联网上引发的新闻点评量约

① MBR，中国报业协会为推动中国报业转型与发展，实现传统报纸与新兴媒体融合发展的需要，联合第三方监测机构世纪华文对传统报纸的网络传播实施监测调研。“MBR报纸网络传播影响力监测系统”于2014年1月正式上线，并于同年10月权威发布《中国报纸媒体网络传播影响力监测报告》。

占互联网新闻总评论量的53%。传统报纸媒体与新兴媒体融合发展让报纸影响力在跨界领域产生裂变式增长。

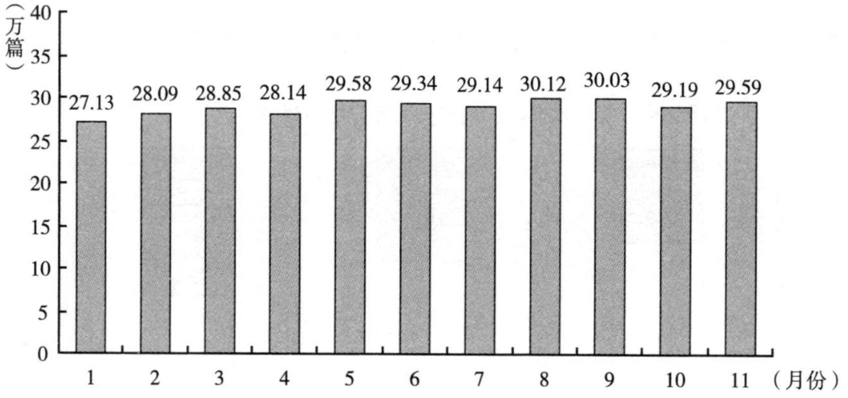

图3　2015年全国报纸网站转载量对比

报纸媒体陆续在微博平台加强自身的互联网新闻传播力，纸媒微博粉丝量持续增长。截至2015年11月，74%以上的报纸媒体在新浪微博开通了官方微博，其中，有116家报纸的官方微博粉丝量超过了100万人，394家报纸在新浪微博的粉丝总量累计达到5.5亿人。《人民日报》在新浪微博的粉丝总量达4125.70万人（不包括“人民微博”粉丝量）。报纸在网络上的用户（粉丝）数量远远高于报纸线下的读者数量。新兴媒体赋予传统报纸不同的传播介质，也带来了更快速、更广泛的传播效果。

以微信为载体的新闻传播方式已经成为报纸媒体另一个与互联网接轨的传播方式，并且在逐步提升其在微信平台的传播影响力（见图4）。

总体来说，都市报和党报在微信领域的影响力较大。时政类报纸虽然种类较少，开设微信公众号的不多，但是单篇呈现的阅读量和点赞人数却在各类报纸排名首位（见表1、表2、表3、表4）。

报纸媒体与互联网媒体呈现相互依存的发展关系，互联网时代报纸继续占领舆论主导地位。传统报纸媒体基本实现了线下、线上多平台立体传播结构，目前这一传播结构最为全面，最具影响力。由于报纸媒体新闻信息的权威性和媒体的公信力，报纸媒体在互联网信息交互中充当各种媒介的新闻源头，成为互联网舆论导向的主体。

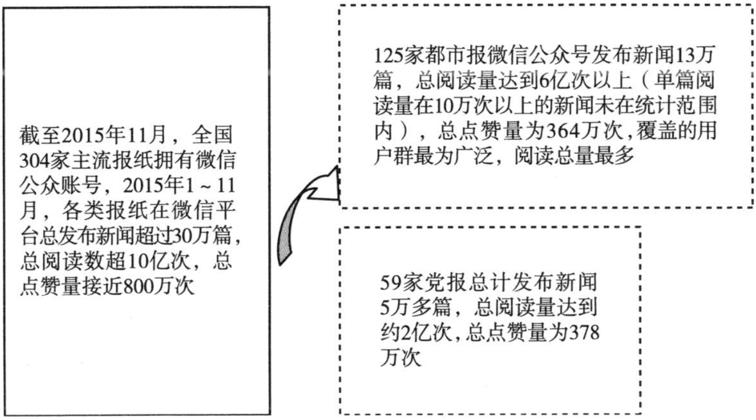

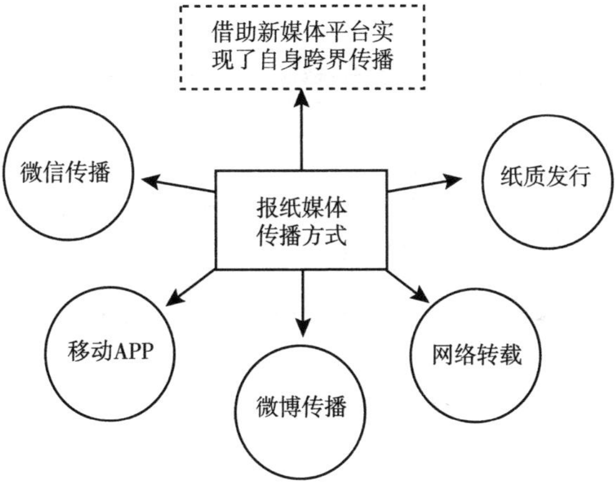

图4　报纸媒体主要传播方式

表1　2015年报纸新闻转载前十大网站排名（数据截取2015年1～11月）

排名	网站名称	转载量(万)	排名	网站名称	转载量(万)
1	新华网	94.04	6	中国新闻网	15.18
2	人民网	35.47	7	华龙网	8.99
3	环球网	23.96	8	新民网	6.85
4	大河网	23.95	9	搜狐	6.23
5	山西新闻网	22.75	10	东北新闻网	5.17

表2 2015年报纸新浪微博粉丝量前10名（数据截至2015年11月）

排名	报纸名称	新浪粉丝量(万)
1	《人民日报》	4125.70
2	《新闻晨报》	2336.20
3	《每日经济新闻》	2216.19
4	《新快报》	2072.52
5	《经济观察报》	1879.80
6	《中国经营报》	1780.67
7	《中国日报》	1634.50
8	《新京报》	1531.51
9	《21世纪经济报道》	844.44
10	《南方都市报》	734.05

表3 2015年各类报纸微信公众号统计数据（数据截取2015年1~11月）

报纸类型	总发布篇数(万)	总阅读数(万)	总点赞数(万)	阅读数(篇)	点赞数(篇)
都市报	13.10	67006.11	364.84	5115.79	27.85
党报	5.88	27537.14	378.10	4684.62	64.32
时政报	0.23	3788.26	23.48	16564.31	102.68
财经报	0.97	4644.19	10.47	4808.15	10.84

表4 2015年报纸微信公众号前5名（数据截取2015年1~11月）

报纸名称	阅读数		
	总阅读数(万)	平均阅读数(万)	排名
《人民日报》	16106.69	8.35	1
《南方周末》	1489.70	5.07	2
《新晚报》	1745.11	2.89	3
《都市快报》	6122.00	2.73	4
《广州日报》	2835.29	2.43	5

报纸新闻多数流向官方新闻门户网站。都市报和党报在新闻传播中占据主导地位，转载这两类报纸的新闻网站主要是地区性新闻门户网站和国家级新闻门户网站，这两类网站对报纸媒体新闻依赖性较强；商业性新闻网站转载报纸媒体内容比例不足15%，随着近些年新闻视频化趋势，商业性新闻网站对报

纸媒体的依赖程度有所降低。

报纸媒体实现跨界传播之后，除了在社交媒体上有所创新，在用户行为和轨迹上也产生了新的传播数据。互联网用户每个月通过百度、360 等搜索引擎工具搜索报纸的频次达到 300 多万次，并且每个月以 3% 左右的速度在增长（见图 5、图 6）。

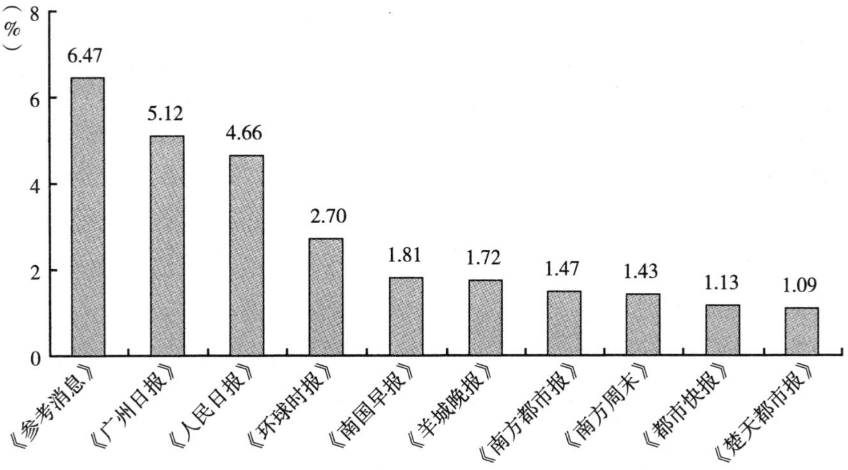

图 5　全国报纸百度搜索指数占比（排名前十）

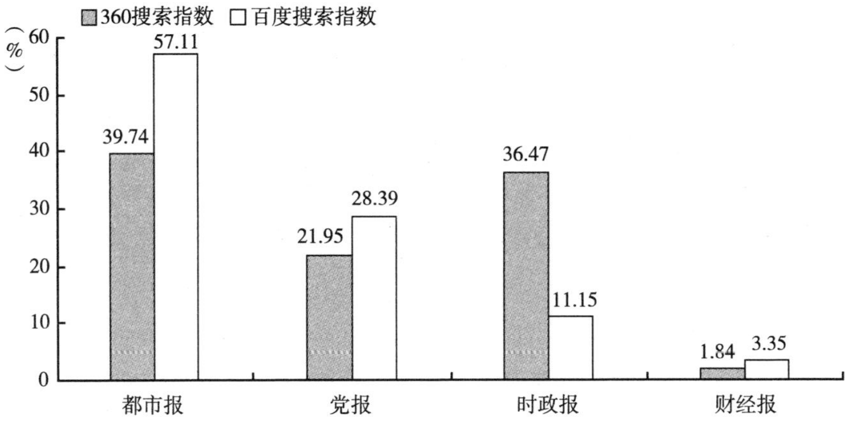

图 6　2015 年各类报纸搜索指数占比

在各类报纸的搜索排行中，时政类报纸排名第一，影响力更大。《参考消息》的百度指数名列各报第一，《环球时报》《南方周末》等时政类报纸的排名也在前十名。另外，随着报纸发行量的下降，报刊亭数量大大减少，时政类报纸在全国报亭的覆盖率普遍不高，这也造成了读者更多地运用网络工具搜索时政新闻信息。

无论新媒体在形式上如何翻新，在内容上却严重依赖传统纸媒。报纸媒体运用自身的采编优势和权威影响力在新媒体平台实现了二次传播（见图7）。

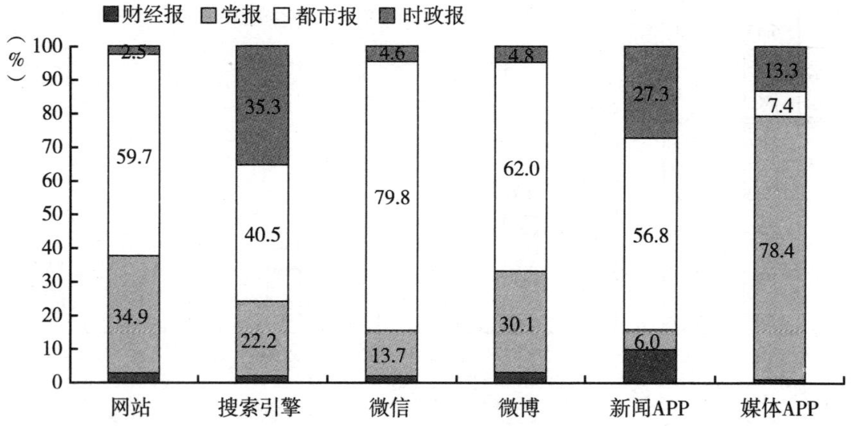

图7　各类报纸网络二次传播占比

三　主要类别报纸的发展

1. 都市类报纸

都市报经过十几年的发展，逐渐成为诸多报社的赢利主体，在报业集团的进化中扮演着重要角色（见图8）。然而在新媒体的冲击下，受到重创的同样是都市报。2012～2015年，全国都市报平均销量下降了一半。2012年都市报在报纸发行市场上的比重为71%，2013年降至64%，2014年降至57%。都市报读者开始流失，订阅率持续走低，2015年较2014年下降40%以上。

都市报是网络传播主体。2015年1～11月，全国都市报新闻被互联网转载总量超过186.15万篇。从转载数据量级上看（MBR，2015年1～11月），华北地区的都市报新闻转载量居首，达到了93.75万次，华东和华南地区较为接近，都在24万次左右，华西地区转载量为13.64万次，华中地区转载量接

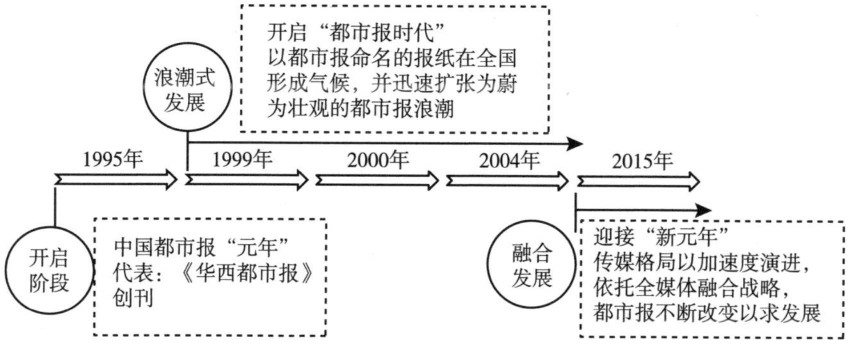

图 8　都市报发展历程

近 9 万次。

《新京报》《京华时报》《广州日报》是在网络新闻传播中排名前三名的都市报。2015 年 1 ~ 11 月，都市报的新闻主要流向官方网络媒体（126.73 万篇新闻流向地方级新闻网站）。从新闻分类来看，近三成新闻为社会新闻，国内新闻占比近四成。

截至 2015 年 11 月，都市类报纸在新浪开通官方微博的报纸有 173 家，总粉丝量达到了 2.27 亿。目前，都市报平均每个月在微信平台上的提及量达到 36 万次（微信提及量是指在微信公众平台上的各类传播信息中，对纸媒的引用、转载、讨论等情况统计），从数据上看无论是在微博平台还是在微信平台，都市报都显现了非常强的网络传播影响力。

2. 党政类报纸

（1）发行量保持平稳。

党报的核心读者为政府机关公务员及企事业单位人员，党报读者主要以男性为主，年龄上呈现老龄化趋势。党报主要阵地是订阅市场。近些年来各级党报均开始涉足零售市场，并且在零售市场上占据重要席位。2015 年党报的销量和上一年基本保持一致，但是，实销率和覆盖率均有一定下降。从未来发行趋势上看，党报的发行主要不是零售市场而是订阅市场。

（2）网络传播：中央级党报最具影响力，省级党报是主流。

在互联网上传播的来自报纸媒体的新闻中，来源于党报的占 26.92%，较 2014 年的 22% 有所上升。

全国党报（117家）网络传播力表现各异：《人民日报》《中国日报》《中国青年报》等中央级党报只占党报数量的7%左右，但网站传播份额超过1/3。《北京日报》《天津日报》《南方日报》《河南日报》《四川日报》《浙江日报》等省级党报占全国党报数量的26%左右，网站传播份额超50%。地市级党报数量众多，数量占总量的68%以上，但是网站传播份额只占13%左右。从区域上看，华北地区的党报新闻转载次数最高，达到了55.04万次（见图9）。

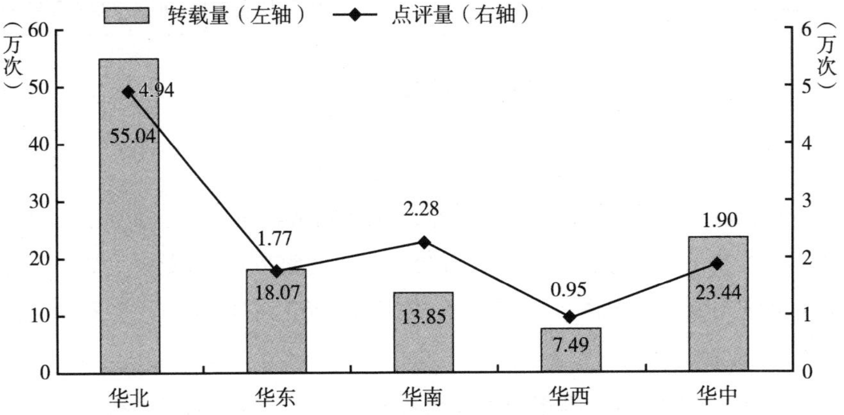

图9　党报在互联网的新闻转载量和点评量

3. 行业报及专业报纸

（1）发行情况相对稳定，读者黏性高。

行业报作为细分报刊门类中最特殊的媒体，以订阅为主要渠道，订阅单位尤其以传统工业、手工业、制造业等的企业、机关、工会单位为主。由于新兴媒体对于传统媒体的冲击，发行量急速下跌，各大行业报均在战略转型中开始布局，力求在新媒体格局中从行业机关报转型为行业媒体。

大环境促使传统媒体间加速竞争、转型、整合，读者群体的老龄化与年轻读者断层导致发行增量萎缩。

在零售渠道，行业报连续两年呈现下降趋势，但在覆盖率和实销率的指标上基本保持稳定。在报纸行业市场萎缩的当下，行业类报纸的用户黏性较高，并没有出现较大规模的用户群体流失，保持在60%左右的覆盖率说明行业报的市场需求比较普遍。

（2）用“使用者”而非“读者”定位、定义行业报、专业报。

《中国医药报》《人民铁道》《中国石油报》《中国化工报》等众多的行业、专业报纸，生存空间本就十分有限，因其特殊的历史发展路径，既要具有鲜明的政治性、专业性，又不能失去文化性和市场性，难免在机关报、专业报和都市报三个定位之间痛苦摇摆，很难做到特色鲜明。目前行业报、专业报还在走综合报纸的办报思路，内容多是党报在行业的翻版。行业报、专业报的根本出路在于细分市场的精耕细作，在专业指导和实用上下功夫。

四　报纸发行市场发展趋势

发行市场是报纸的传播主阵地，在新媒体冲击下，报纸发行数据最容易解读读者流失状况和市场竞争情况。

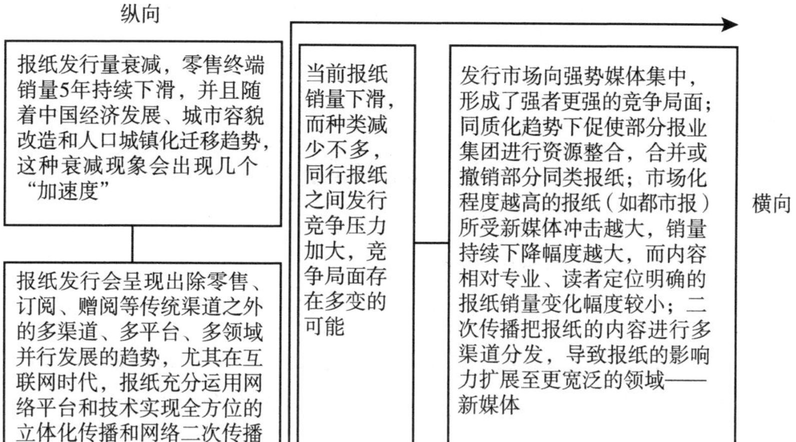

报纸媒体通过借助新媒体技术，打造出具有全媒体传播发展趋势的生态系统，通过发行渠道的拓展进行二次传播，整合媒体新闻资源，把优质内容更多、更好地输送给读者。新竞争环境下我们对“发行”应赋予新概念，报纸媒体在网络、移动网络传播应成为发行工作的重要组成部分。

B.6
2015年中国图书产业发展报告

摘　要：　2015 年，我国出版改革稳步推进，出版企业上市融资迎来热潮，资本“走出去”步伐加快。图书市场正处在一个由技术发展、渠道变革、阅读习惯等多方面因素推动的变革发展阶段。本报告结合相关数据，对 2015 年图书产业发展现状、热点、趋势进行分析。

关键词：　图书产业　发展　零售业　热点分析

中国图书出版业发展综述

魏玉山*

一　发展概况

2015 年，图书出版发展仍然是值得欣慰的，绝大多数出版社经营规模都有不同程度的增长，有的甚至保持两位数字的增长，但是一些地方出版社负责人感觉压力增大，在与中央级出版社的竞争中处于劣势。自本报告完成之时，2015 年的统计数据还没有公布，我们只能用 2014 年的统计数据①。

1. 图书品种增速继续大幅回落

全国共出版图书44.8万种，增加0.4万种，增长0.9%，增速回落6.5个百分点；其中，新版图书25.6万种，增速回落5.8个百分点	重印、重版图书品种19.3万种，增加0.4万种，增长2.2%	文化科学教育体育类图书品种减少0.2万种其中新版图书减少0.5万种，重印、重版图书增加0.3万种，增长3.2%	当年累计印数超过100万册的书籍由2013年的48种增加到66种

* 魏玉山，中国新闻出版研究院院长。

① 国家新闻出版广电总局规划发展司：《2014 年新闻出版产业分析报告》，2015 年 7 月。

2. 图书印数略有下降，图书销售有所增加

世界图书印数最多的国家	世界销售图书最多的国家
全国图书总印数为81.85亿册，比上一年下降1.51%	全国新华书店、出版社自办发行单位的图书纯销售量为69.86亿册，销售数量比上一年增长2.61%

3. 中央级出版单位经济实力超群

2014 年全国 555 家图书出版单位的总体经济规模前十名中，中央级出版社占 80%。[①] 其排名如下（降序）：人民教育出版社、高等教育出版社、重庆出版社、外语教学与研究出版社、科学出版社、人民卫生出版社、知识产权出版社、商务印书馆、北京师范大学出版社、浙江教育出版社。

中央级出版社的综合实力很强。由于其背靠中央部委，地处北京，具有地方级出版社所不能比拟的许多资源优势，其发展的潜力仍然很大。

4. 教育类出版单位是主力军

全国有 256 家地方图书出版单位，分布在全国 31 个省、自治区、直辖市，教育类出版单位的经济实力最强，其总体经济规模排名前十的为（降序）：重庆出版社、浙江教育出版社、青岛出版社、四川教育出版社、江苏教育出版社、上海书画出版社、内蒙古教育出版社、北京出版社、安徽教育出版社、湖南教育出版社。

重庆出版社、青岛出版社、北京出版社虽然不是教育出版单位，但是教材出版在其业务中占有重要的位置。在这些出版社中，只有上海书画出版社不以教材为主，但是旗下的朵云轩拍卖公司为其提供了经济上的支撑。

二 发展热点

1. 出版改革稳步推进

2015 年 9 月，中共中央办公厅、国务院办公厅印发了《关于推动国有文化企业把社会效益放在首位、实现社会效益和经济效益相统一的指导意见》

① 采用主成分分析法，对主营业务收入、资产总额、所有者权益和利润总额四项经济规模指标进行综合排名。

（以下简称《指导意见》）。《指导意见》的出台，进一步明确了出版改革的方向，特别是对完善国有文化企业内部运行机制、推进股份制改革、推进兼并重组、完善资产监管等方面做出具体的规定，是出版单位下一步改革的主要方向。

制定传媒企业特殊管理股办法。2011 年中共十八届四中全会提出，已经完成转制的重要国有传媒企业探索实行特殊管理股制度。2015 年，围绕特殊管理股制度的实施范围、实施办法等，中央有关部门开展了一系列的调研工作，特别是针对新媒体的快速发展，制定了实行特殊管理股的办法，预计 2016 年将正式进行试点。

成立有对外专项出版权的企业。2014 年，国家新闻出版广电总局（以下称“总局”）曾制定《非公有制文化企业参与对外专项出版业务试点办法》，规定非公有制文化企业与国有出版合作成立新公司，可以给予对外出版的专项出版权。2015 年，此项改革初见成效。8 月，经总局批准，国有出版机构——北京联合出版有限责任公司以持管理股方式，与非国有文化公司——北京时代华语图书股份有限公司共同出资设立北京华语联合出版有限责任公司①。这是第一家持有对外专项出版权的企业，也是第一家实行特殊管理股的出版企业。还有一些非国有文化公司也在申请对外专项出版权，预计 2016 年会有更多企业获得此项权利。

2. 出版企业上市融资迎来热潮

2015 年，中国股市跌宕起伏，但是没有影响中国出版企业进入股市的热情。1 月 21 日，北京中文在线数字出版股份有限公司在深圳证券交易所上市，成为我国数字出版第一股，拉开了 2015 年出版企业上市的大幕。9 月 17 日，青岛出版集团借壳青岛碱业上市。12 月 10 日，读者出版传媒股份有限公司 A 股股票，正式在上海证券交易所挂牌上市。12 月 16 日，中信出版集团登陆新三板。2015 年中文传媒完成了定向增发非公开发行股票，并完成了对北京智明星通科技公司股权的收购。南方出版传媒首发通过了证监会发行审核委员会审核。中国科技出版传媒股份公司、知音传媒、中国出版传媒股份有限公司、中国教育出版传媒股份公司、山东出版传媒股份公司、吉林出版集团公

---

① 参见 http：//world. huanqiu. com/hot/2015 - 11/7966288. html。

司等都在积极筹备上市。出版企业的上市热情得到了股民的热烈响应，中文在线的股票发行价只有6.81元/股，上市以后一路飙升，一度接近200元/股，目前的价格也超过110元/股（2016年2月4日）。读者出版传媒的股票发行价为9.77元/股，上市以后股价一路走高，目前股价超过42元/股（2016年2月4日）。其他已经上市的出版传媒股的市场表现也相当不错，成为许多投资者追捧的对象。

3. 实体书店受到青睐

实体书店回暖已经成为2015年一个非常重要的文化现象。虽然2014年国家对发行环节的免税及对书店的扶持政策进一步加大后，回暖是意料之中的事情，但是没有想到来的会这样快。2015年海南国贸书店的总经理孟波通过互联网渠道给李克强总理写了一封公开信，“希望各级政府能够像‘扶贫’一样，切实做好扶助实体书店的工作”①。这封信受到了李克强总理的高度重视并做出重要批示。国家新闻出版广电总局与中宣部、国家发改委、财政部等部门通过广泛调研，制定了扶持实体书店的政策措施，预计2016年会正式颁布这些措施。

特色实体书店开办新店的步伐加快。在上海，2015年，知名书店“方所”的概念店“衡山·和集”、地处新天地的“言几又·今日阅读”书店先后开业②。淮海路的无印良品、大悦城的西西弗、申活馆连锁店、朱家角的三联书店、中图公司的现代分店等实体书店逆势而增，一家接着一家地开张，还有蔓延之势，钟书阁已经在和芮欧百货洽谈第二家分店③。在北京，3月12日，单向空间（原名单向街图书馆）北京朝阳大悦城店在朝阳大悦城5层开业。4月23日，三联韬奋24小时书店清华分店开业。6月15日，新加坡的PageOne书店在北京国贸三期地下二层开张营业。7月20日晚，中国书店雁翅楼店，在北京市地安门路口南侧新近修复完成的古建筑景观——雁翅楼里对公众开放。新开业的书店还有很多，书店已经成为一些商圈的新宠。

企业投资书店的意愿加强。2015年11月，当当网宣布推行开设实体书店

① 参见http：//news.hainan.net/hainan/shixian/qb/haikou/2015/03/23/2303664_3.shtml。

② 参见http：//news.xinhuanet.com/newmedia/2015-12/12/c_134908843.htm。

③ 参见http：//culture.ifeng.com/a/20160104/46932317_0.shtml。

计划，预计3年内开到1000家①。2016年1月，中信出版集团上海公司总经理、中信书院院长施宏俊透露，中信计划在“十三五”期间将开办上千家书店，并把它们打造成一种“城市文化公共空间”，将书店、咖啡、文化活动融为一体，以对接不同的商业领域②。

实体书店图书销售额在增长。据开卷公司的数据，2015年，全国图书零售市场同比增长12.8%，销售额达到624亿元，动销品种数为168万种。实体书店零售市场继2014年实现3.26%的增长之后，2015年继续保持正向增长，同比增长0.3%，规模达到344亿元③。在实体书店数量增加、销售增长的同时，一个更加值得关注的现象是书店功能与服务的转型：

从单纯的图书卖场向阅读文化广场转型，许多书店开辟了读者阅读空间，甚至组织阅读交流活动，由买书向借书、看书转型

从单纯售卖图书转向以售卖图书为主，兼营文创产品、咖啡、简餐等，实现多层面创收

书店店面设计在升级，从商业场所向艺术场所发展，向人性化、个性化方向发展，更加符合年轻人的体验

4. 资本“走出去”步伐加快

“走出去”是出版业实施多年的一项重大战略，并形成了许多“走出去”工程，如“丝路书香工程”“经典中国国际出版工程”“中国图书对外推广计划”等。2015年，在“一带一路”战略的带动下，出版业“走出去”又有新的特点，特别是在资本“走出去”方面的进展更为突出。

资本“走出去”主要有三种形式。一是在国外设立独资出版公司。2015年5月，凤凰出版集团在美国芝加哥市成立凤凰美国控股公司；6月，中国国际出版集团在拉美开办区域中心，凤凰出版集团在纳米比亚成立中非印务基地。二是在国外设立合资公司。2015年4月，安徽美术出版社与澳大利亚ATF出版社共同在澳大利亚设立“时代亚澳公司”；8月，接力出版社与埃及

① http://finance.chinanews.com/cul/2015/12-03/7654027.shtml。

② http://book.sina.com.cn/news/v/2016-01-13/1610787932.shtml。

③ http://www.openbook.com.cn/Information/2240/3812_0.html。

智慧宫文化投资（出版）公司合作创办接力出版社埃及分社；9 月，安徽少年儿童出版社与黎巴嫩数字未来公司共同合资设立“时代未来有限责任公司”。三是兼并国外出版公司。2015 年 8 月，浙江出版联合集团旗下浙江少年儿童出版社收购澳大利亚新前沿出版社，实现了专业少儿出版社在海外的首次并购①。与产品（图书）“走出去”不同，资本“走出去”更具有持久力、渗透力，当然资本“走出去”也可以在更高层面上带动产品“走出去”。

2015 年 10 月 15 日，法兰克福国际书展期间，国际出版商协会大会投票表决，吸收中国等国家成为会员。这标志着中国出版业近年来的快速发展获得国际出版界的广泛认同。2010 年中国正式申请加入国际出版商协会，但是一些国家总以出版自由问题为借口，阻挠中国的加入。中国出版界经过不懈的斗争，终于加入了出版业界这一重要的国际组织。这为中国出版界进一步参与国际出版活动、增进国际出版交流提供了一个新的平台。

---

① 魏玉山：《2015 年出版产业发展报告》，http：//www. bisenet. com/article/201601/155921. htm。

2015年中国图书零售市场发展*

杨　伟**

一　零售市场增速可观，网店渠道仍是重要增长来源

2015年，全国图书零售市场同比增长12.8%，动销品种数为168万种。在新书出版方面，2015年实体书店渠道当年首次动销的新书品种数为19.7万种。可见，年出版新书品种在2012年突破20万种之后已经连续三年下降。从市场规模来看，线上线下合计图书销售码洋达到624亿元。其中，实体书店渠道码洋规模达到344亿元，网店渠道码洋规模达280亿元左右（见图1）。

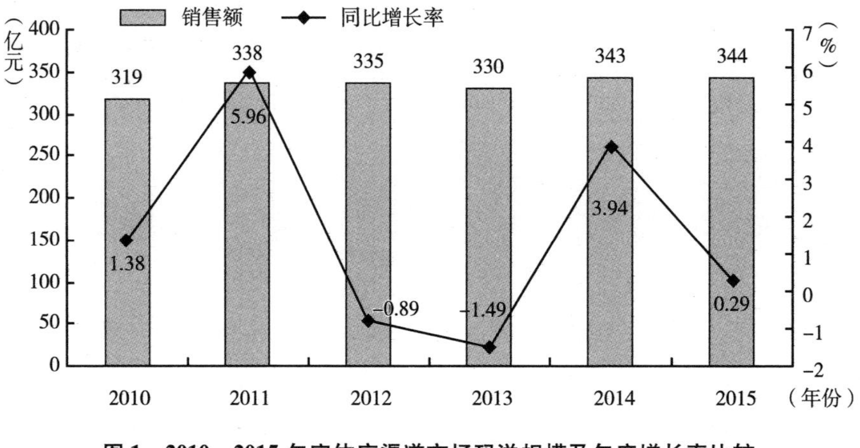

图1　2010～2015年实体店渠道市场码洋规模及年度增长率比较

实体书店渠道在2014年停止负增长、实现3.94%年度增长率之后，在2015年继续保持正向增长，同比增长0.29%，虽然增长幅度没能在上一年的基础上继续放大，但是实体渠道销售企稳的趋势得到进一步巩固。

---

* 本文数据均来源于北京开卷信息技术有限公司自1998年建立的“全国图书零售观测系统”。

** 杨伟，北京开卷信息技术有限公司副总经理。

同时，网络书店零售市场规模继续保持高速增长，2015 年同比增长 30% 以上。可见，目前国内图书零售市场当中，线上渠道是最重要的收入增长来源。

1. 实体书店回暖趋势巩固，线上线下分布格局大体稳定

实体书店渠道的企稳回升，主要得益于近几年实体书店的经营策略调整。各地书店在进一步明确定位的同时更加注重顾客的体验与感受，大型书城致力于文化消费综合体的打造，小型书店则在基于地理位置和商圈特点的本地客群服务方面精耕细作，这些都对实体书店的客流回升和销售增长起到了积极作用。实体书店的销售回暖并非体现在个别区域或者个别类型的书店，而是多种类型实体书店渠道的整体销售提升表现。开卷将监测范围内的实体书店按照所在城市划分出以“北上广深”为代表的“一线城市书店”、以其他直辖市及部分计划单列市为代表的“二线城市书店”以及其他重点城市构成的“三线城市书店”。在 2015 年，实体书店销售额增长最为突出的是以“北上广深”为代表的一线城市书店，继续保持快速增长的态势，年度同比增速为 5.8%。虽然回暖趋势有先有后，但是总体来说各类实体书店已经经受住了市场形势变化的考验。

实体书店渠道走过了“增速回落—负增长—销售回暖”的过程，总体来说实体销售增速降低，市场规模趋于稳定。回调很大程度上是由于图书零售渠道的格局重构，由于线上渠道的服务体系完善以及网店购书的价格、服务优势，出现了部分购买力从实体书店向网络书店迁移的现象。但是这种迁移也并非没有边界，实体书店企稳回升就是市场格局逐渐平稳的结果。其实，由于线上、线下两个渠道优势各异，市场必将在双方差异化优势当中实现最终的平衡。

2. 网店渠道大幅增长，线上渠道生态圈在发展中升级

网络书店渠道图书零售的规模持续大幅增长，2015 年的市场增速尤其可观（见图 2）。事实上，这一年也是网络书店渠道内部变化较大的一年。几家电商以图书自营业务模式大打价格战的时代早已过去，平台模式已经崛起。从当当、亚马逊、京东纷纷加大图书品类平台业务的建设，到天猫书城高调扩张，第三方平台方式让实体书店和出版商与线上零售的关系发生了微妙的变化。实体书店不再视电商为敌，而是可以成为自身构建线上

销售体系并吸引客流的平台；出版社与电商之间已经不再是单纯的供货关系，而是可以成为电商平台上的官方旗舰店，也可以成为和电商平台、分销商共同构建的平台生态中的品牌维护者。“自营+平台”方式在电商巨头内部更加普遍，而单一平台模式的天猫书城在2015年销售码洋已经达到75亿元。可以说，目前电商巨头再一次出现“三足鼎立”的局面，当当、天猫、京东成为目前的领先者，亚马逊在纸质书销售规模方面已经被天猫和京东超越。

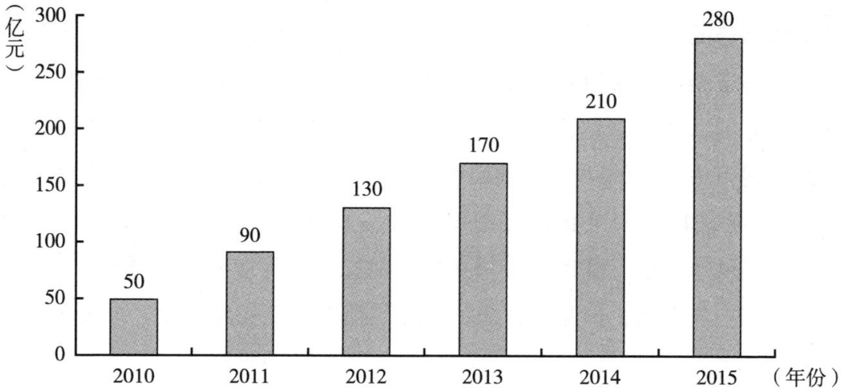

图2　2010～2015年网店渠道市场码洋规模比较

在上述电商巨头主导的网络书店中，图书是作为综合电子商务平台上的一个商品品类而存在。除此以外，近期还出现了更多形式的线上图书零售渠道，包括面向特定人群的垂直网站，也包括一些基于网站、微信等社交平台建立互联网社群。从服务母婴人群的“大V”店、“妈妈帮”，到通过微店荐书售书的“罗辑思维”、“童书妈妈三川玲”等，其中已经不乏年销售过亿元的案例。与大而全的网络书店不同，社群化售书利于聚集用户形成粉丝，该类渠道由此成为互联网发展背景下图书销售渠道垂直化的另一种可能；在这种模式之下，被改写的将不仅仅是图书发行环节，甚至直接作用于图书选题的产生、图书营销方式的变革等多方面。

诚然，伴随着整个社会互联网使用习惯的不断发展以及图书出版发行行业“互联网+”不断深化，在线零售将不再是巨头的游戏，而其发展将会有更多的可能性。

二　线上、线下购买需求稍有差异，销售热点也有不同

1. 实体店销售教辅占比最高，网店渠道大众阅读属性更强

数据显示，线下（实体店）与线上（网店）图书零售的类别分布既有共性又有不同（见图3）。

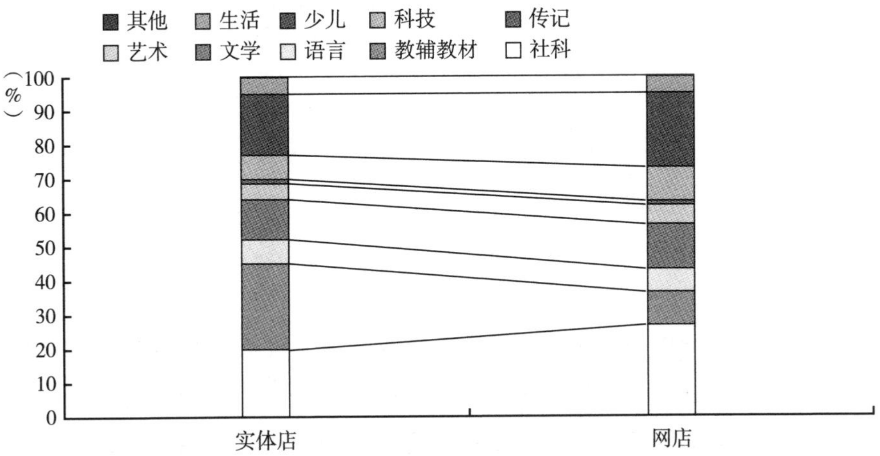

图3　2015年两渠道主要分类图书零售码洋结构比较

从两个渠道的分类图书码洋比重数据看来，社科类、少儿类和文学类在两个渠道的表现都非常突出。相比之下，教辅教材类在实体书店渠道占比更高，2015年依然是实体书店渠道码洋比重最大的细分类，码洋比重达到25.38%；其次是社科、少儿和文学，码洋比重也都达到10%以上。而在网店渠道当中，社科类是码洋比重最大的类别，达到26.61%，该指标大大高于在实体书店渠道的表现；另外，少儿、文学和科技类在网店渠道的码洋比重也高于实体店渠道，而教辅教材在网店渠道所占码洋比重不到10%。

2. 网店渠道各类图书普遍大幅增长，实体店各类表现冷热不均

2015年实体书店渠道当中，实现市场增长的类别主要是社科、文学和少儿类图书，社科类图书零售增速表现最为突出，年度同比增长率达到9.59%。

社科类在 2015 年的突出表现与其前期市场增长不明显、市场规模已经超过三年徘徊低增长甚至负增长有一定关系，而在 2015 年以经管、马列、学术文化等社科细分类的畅销书涌现，带动社科板块大幅增长（见图 4）。

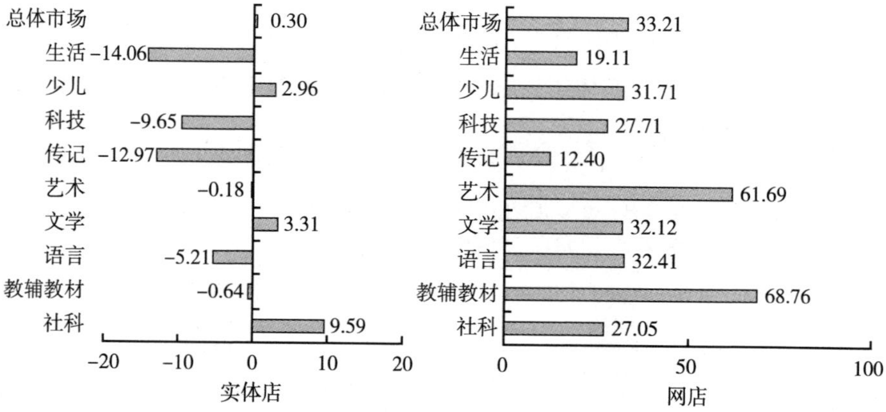

图 4　2015 年实体店与网店各细分类图书增速比较

相比之下，网店渠道的细分类增长呈现“皆大欢喜”的局面，大多数类别的市场增速达到了 20% 以上。

3. 畅销热点类型的渠道差异不大，网店渠道畅销书分布稍显分散

在图书市场当中，畅销书一直是影响市场的重要力量，图书零售市场当中的“80/20 法则”一直以来也非常显著。在 2015 年实体书店渠道统计当中，监控销量排名前 5% 图书码洋贡献率达到 64. 43%；在网店渠道中，该贡献率为 78. 81%（见图 5）。可见，网店渠道畅销书码洋贡献比例明显高于实体店渠道，即畅销书在网络书店渠道的影响力更加突出。相比之下，网上渠道的图书销售经营者相对集中，页面陈列过程中的资源分布也不及实体书店分散，所以，网站流量和实际销售量更容易集中在排名靠前的图书当中，这也就决定了网店渠道畅销书的销售贡献能力更强。图 5 显示了实体店渠道和网店渠道的畅销书码洋贡献能力差异。

进一步对比实体店渠道和网店渠道的畅销书类型，可以发现不同渠道中绝大多数上榜类别与分布相差不大，文学类和少儿类无论在哪个渠道当中都是最主要的上榜图书类型，其他上榜书也主要集中在心理自助、经管、传记等类别

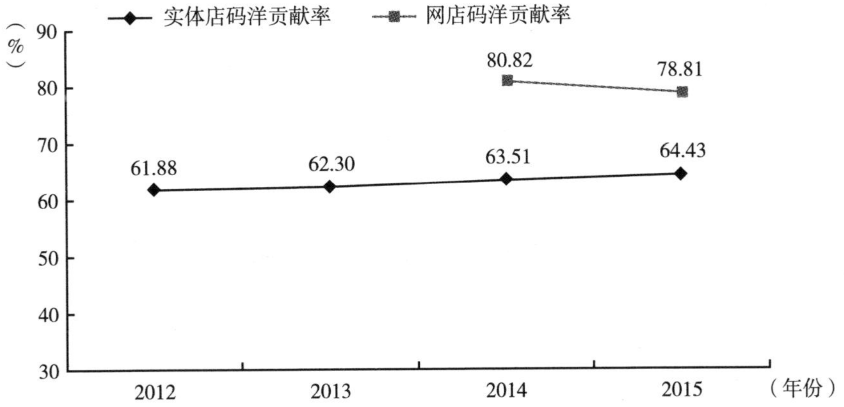

图5　2012～2015年实体店与网店的TOP5畅销书码洋贡献对比

当中——这说明读者的消费热点还是非常类似的。少儿类图书在两个渠道中都是上榜主力，少儿文学上榜品种在实体店渠道中多于网店渠道，且具体的上榜图书品种存在差异；卡通/漫画/绘本上榜品种在实体店渠道少于网店渠道。文学类图书在两渠道中上榜品种数相同，但是结合具体书目榜单即可发现，实体店渠道当中的上榜文学书题材更加丰富，而网店渠道中类型化小说更加突出。同时，两个渠道也存在细微的差异，在前100名图书中生活和教育类图书仅在网店渠道上榜，说明这两类图书目前在网店渠道的热度和题材适销性较实体书店更为突出（见图6）。

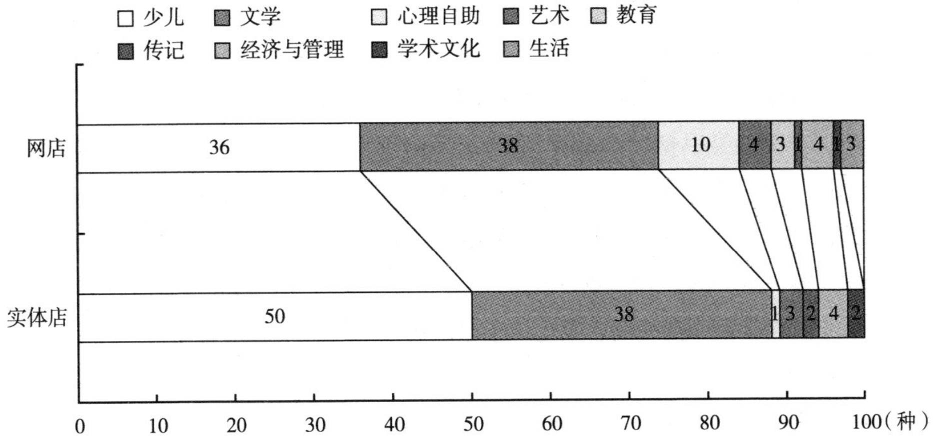

图6　实体店渠道与网店渠道的畅销书类型分布

考虑到线上与线下销售折扣、促销模式的不同，上述结论也并不能完全锁定在读者需求的差异化影响。应该说，这种差别既是对当下不同渠道读者阅读热点差别的反映，也与不同出版单位的产品当下在渠道发行方面的侧重点和策略布局有密切关系。

三　2015年图书零售市场畅销热点分析

1. 虚构类

在成人阅读虚构类图书当中，不同主题、不同类型的小说图书一直是畅销榜单的主角，2015 年小说类图书在实体书店渠道畅销书榜单销量前 100 名当中占据了 90 个席位。除此以外，中国古典文学图书和成人绘本漫画也都有品种上榜。这两个类别成为小说以外的上榜书主体。我国的文学类市场早已呈现出类型化的趋势，虽然与欧美国家成熟的类型化小说分布存在一定的差异，但是目前热销上榜的小说类作品在主题方面依旧是相当丰富的。中国幻想小说、中国一般当代小说、中国恐怖/冒险小说和外国一般当代小说均达到或超过 10 种，小说世界名著有 9 种上榜。与 2014 年相比，中国幻想小说的上榜品种有了大幅提升，由 2014 年上榜 12 个品种增至 18 个品种，增加了“三体”系列、《花千骨》和“临界·爵迹”系列，其中“三体”系列的畅销与作品获得“雨果奖”直接相关，后两者则是受到改编影视剧的带动。此外，中国恐怖/冒险小说的销量也有所增加，主要是受到网络电视剧版《盗墓笔记》的影响，“盗墓笔记”系列 9 种图书全部进入了榜单前 100 名。而 2014 年占据榜单 5 个席位的中国推理/悬疑小说 2015 年并没有上榜。

不过在虚构类畅销书榜单上，2015 年当年新书表现相对不足，上榜新书数量较往年继续出现下降，而老书上榜比例再度增多。数据显示，2015 年虚构类畅销书榜单中上市 3 年以上作品超过半数，实体店渠道和网店渠道的榜首书都被《追风筝的人》所占据（见表 1）。当然，2015 年的榜单中也不乏从网络中走出的新兴作家，位列网店渠道第十名的畅销书作者就是新面孔——乔一。

2. 非虚构类

2015 年的非虚构类畅销书榜单中，文学、艺术和受社会经济、政策推动的经管类图书构成了当年的热点话题。

表1　2015年虚构类大众畅销书排行榜TOP10

实体店渠道		网店渠道	
排名	书名	排名	书名
1	《追风筝的人》	1	《追风筝的人》
2	《平凡的世界（共三部）》	2	《从你的全世界路过：让所有人心动的故事》
3	《狼图腾（修订版）》	3	《平凡的世界（共三部）》
4	《从你的全世界路过：让所有人心动的故事》	4	《活着》
5	《解忧杂货店》	5	《解忧杂货店》
6	《百年孤独》	6	《摆渡人》
7	《平凡的世界（普及本）》	7	《三体》
8	《偷影子的人》	8	《三体Ⅲ：死神永生》
9	《三体》	9	《三体Ⅱ：黑暗森林》
10	《红岩》	10	《我不喜欢这世界，我只喜欢你》

2015年，实体店渠道与网店渠道的榜首书都被《秘密花园：一本探索奇境的手绘涂色书》占据。该书在一年中有5次进入开卷月度非虚构榜单的前三名，其中4次还占据了榜首的位置。“手绘涂色书”可以说是2015年度非虚构畅销书的最大热点。与该书属于同系列的《奇幻梦境：一本漫游奇境的手绘涂色书》和《魔法森林：秘密花园2》也都进入了网店渠道非虚构类榜单前五名。

另外，上榜书当中既有经典常销书《目送》，也有多个品种的散杂文作品以及受商业发展趋势以及国家政策推动的畅销书（见表2）。

表2　2015年非虚构类大众畅销书排行榜TOP10

实体店渠道		网店渠道	
排名	书名	排名	书名
1	《秘密花园：一本探索奇境的手绘涂色书》	1	《秘密花园：一本探索奇境的手绘涂色书》
2	《目送（插图新版）》	2	《将来的你，一定会感谢现在拼命的自己》
3	《乖，摸摸头》	3	《奇幻梦境：一本漫游奇境的手绘涂色书》
4	《从0到1：开启商业与未来的秘密》	4	《魔法森林：秘密花园2》
5	《魔法森林：秘密花园2》	5	《从0到1：开启商业与未来的秘密》
6	《你的孤独，虽败犹荣》	6	《乖，摸摸头》
7	《看见》	7	《你的孤独，虽败犹荣》
8	《阿弥陀佛么么哒》	8	《阿弥陀佛么么哒》
9	《白说》	9	《皮囊》
10	《绝望锻炼了我：朴槿惠自传》	10	《目送（插图新版）》

3. 少儿类

2015 年，少儿类图书市场依然持续了较高的增长速度，无论实体店还是网店，少儿图书都是支持市场长期稳定增长的重要力量，而少儿类图书市场的增长离不开畅销书的贡献。2015 年，实体书店少儿榜 TOP100 的监控码洋可以占到少儿类市场的 6.88%，在网上书店这个比例也是高达 7.41%。

2015 年的实体书店少儿类畅销书榜单相比于往年并没有出现太多的结构性变化，整个榜单依旧延续了过去几年的特征：少儿文学占主导，畅销系列引领榜单，本土作家作品表现较好，老牌“常青树”经久不衰。但是从网店榜单和实体店榜单结合起来看，“查理九世”与“笑猫日记”等成名多年的童书系列在实体店渠道占据优势，发端于网店的“不一样的卡梅拉”“胡小闹日记”在网店渠道表现更为突出，而《窗边的小豆豆》在两个渠道当中都稳居前五名之内。2015 年，网店渠道排名榜首的图书《小王子》的热销与同名电影的热映有直接关系（见表 3）。

表 3　2015 年少儿类大众畅销书排行榜 TOP10

实体店渠道		网店渠道	
排名	书名	排名	书名
1	《查理九世(24)——末日浮空城》	1	《小王子》
2	《查理九世(25)——稻草人之乡》	2	《窗边的小豆豆》
3	《笑猫日记——云朵上的学校》	3	《猜猜我有多爱你》
4	《窗边的小豆豆》	4	《小王子》
5	《草房子》	5	《不一样的卡梅拉(1)——我想去看海》
6	《狼王梦》	6	《不一样的卡梅拉(7)——我要找到朗朗》
7	《查理九世(23)——香巴拉，世界的尽头》	7	《不一样的卡梅拉(10)——我要救出贝里奥》
8	《淘气包马小跳系列(典藏版)——白雪公主小剧团》	8	《罗尔德·达尔作品典藏 - 了不起的狐狸爸爸》
9	《笑猫日记——青蛙合唱团》	9	《爸妈不是我的佣人：胡小闹日记》
10	《夏洛的网》	10	《绝不为老师和父母读书》

B.7

2015年中国期刊产业发展报告

崔江红*

摘　要：　2015年，我国期刊广告下滑，形势不容乐观。在激烈的市场竞争和出版环境的变化中，结构调整是2015年期刊业发展的最重要的特征。在新媒体火热发展时期，期刊媒体也积极拓展新平台以求发展，媒体融合成为传媒发展大趋势。本报告依据产业相关数据，对期刊产业发展进行剖析。

关键词：　期刊　发行市场　热点

2015年，媒体融合成为传媒发展大趋势，我国期刊媒体也不断优化经营策略，拓宽发行渠道。传统的纸质发行方式依然是发行的重要渠道。从2015年我国期刊发行市场来看，期刊整体平均销量下滑。

一　发行市场整体状况

1. 整体平均销量下降，各类期刊表现不一

从发行市场表现来看，我国期刊整体平均销量延续了2014年的下滑态势，2015年下半年下降率为4.73%，各类期刊表现不一（见图1）。

2. 发行市场代销比例增加，期刊竞争压力增大

为避免发行量的下滑，部分期刊或渠道商开始加大代销比例。从2014年至2015年期刊销售渠道对比来看，经销比例、经销兼代销比例都呈下降态势，

* 崔江红，北京世纪华文国际传媒咨询有限公司。

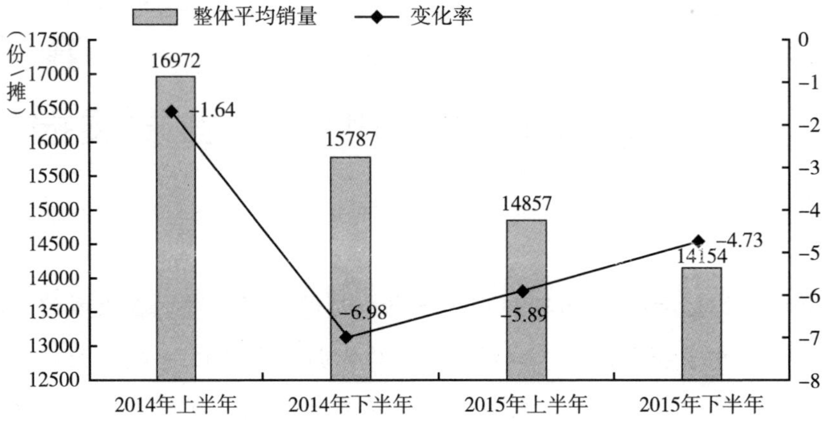

图1　2014～2015年全国期刊单位零售总量对比

代销比例连续两年呈现增加态势。2015年下半年期刊代销比例高达83.19%，可以说代销比例的增加缓解了部分报刊亭亭主的压力，但使期刊发行压力增大（见图2）。

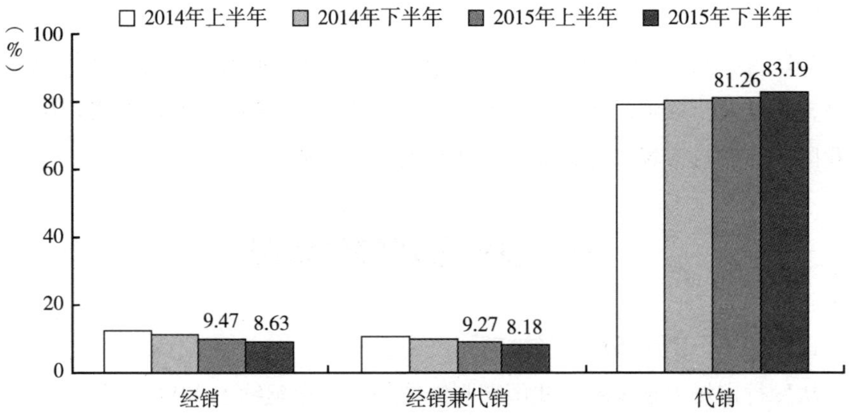

图2　2014～2015年期刊销售渠道对比

3. 期刊零售发行市场依然呈现高度集中态势

文摘类、女性类、时政类、汽车类、女性高码洋时尚类在全国50个城市销量指数排名中居前五位；旅游类、育儿类、财经类、军事类、男性类、体育类、家居类的销售指数依次排在第六至十二位。

4. 城市报刊亭拆改建造成期刊整体发行下滑

据统计，2008～2012 年，全国仅邮政报刊亭就被拆除了 1 万多个，2014 年和 2015 年报刊亭拆改建数量还在增加，拆除报刊亭的一部分原因是纸质报刊的消费者数量减少。报刊亭迅速减少，势必会影响读者购买，使读者进一步减少。

二　各领域期刊发行状况

从各类期刊零售市场表现来看，整体呈现下降趋势，但各类期刊表现不一：汽车类、时政类、财经类期刊下降在 15% 以内，幅度较小；体育类、女性类、育儿类、男性类期刊下降幅度较大，下降幅度在 15% 以上；文摘类拥有相对稳定的读者市场；动漫类较受年轻人喜爱，发行较平稳，下降幅度在 10% 之内。

从期刊市场流向来看，各类期刊排名在前列的优势媒体相对集中。近年来，期刊零售发行市场新面市的期刊极少，发行市场中较为活跃的几种类别的期刊，如文摘类、女性高码洋时尚类、男性高码洋时尚类、时政类、财经类、汽车类、旅游类等呈现出向优势媒体集中态势，这些类别的排名前几位的期刊在许多大中城市市场集中度越来越高（见表 1）。

我们以汽车类期刊为例，对期刊发行市场进行深入分析。2015 年世纪华文对汽车类期刊零售市场进行了连续监测，所监测调研的城市为北京、上海、广州、深圳、成都、大连、沈阳、青岛等 20 个重点城市。监测结果显示，20 个城市的汽车类期刊总量呈下滑态势，与 2014 年下半年相比，2015 年下半年汽车类期刊总量下滑 12.5%。

从汽车类期刊的销量排名来看，与 2014 年相比，排名靠前的汽车类期刊市场相对稳定，依次为《汽车之友》《汽车导购》《轿车情报》《汽车博览》《汽车族》《越玩越野》《中国汽车画报》《汽车杂志》《汽车与驾驶维修》《名车志》《座驾》《汽车与你》《汽车导报》《家用汽车》《越野世界》《汽车知识》《世界汽车》《自驾游》。

从汽车类期刊市场集中度来看，排名前十的期刊累计市场份额为 76%。从各城市的市场集中度来看，汽车类期刊在多数二、三线城市的累计市场份额

表1　2015年主要期刊销量排名与市场份额

类别	报刊名称	销量排名	市场份额(%)
汽车类	《汽车之友》	1	13.90
	《汽车导购》	2	9.67
	《轿车情报》	3	9.28
女性高码洋时尚类	《昕薇》	1	21.77
	《瑞丽服饰美容》	2	20.31
	《瑞丽伊人风尚》	3	14.12
育儿类	《妈咪宝贝·孕0~3岁版》	1	11.80
	《父母必读》	2	10.61
	《妈咪宝贝·孕妈咪》	3	9.94
男性高码洋时尚类	《男人装》	1	20.89
	《男人风尚》	2	15.61
	《时尚先生》	3	14.86
财经类	《第一财经周刊》	1	18.80
	《商界》	2	11.13
	《财经天下》	3	8.63
家居类	《瑞丽家居》	1	32.00
	《时尚家居》	2	22.26
	《安邸AD》	3	12.21

数据来源：北京世纪华文国际传媒咨询有限公司。

明显较高，达到75%以上，高于一线城市。从区域角度来看，与2014年相比，汽车类期刊在各区域的总量处于下降趋势。从实销率和覆盖率来看，由于各城市的销售渠道不一，多数城市进货渠道比较灵活，各刊在不同城市的实销率和覆盖率差距不大。相对来说，销量排名靠前的一些汽车类期刊实销率和覆盖率相对较高。

随着新媒体影响力的日益扩张，部分期刊因此陷入阵痛期，相继停刊，而主流期刊媒体，或者说市场活跃的期刊在新的市场竞争环境中不断突破。为了走出生存困境，重新吸引和凝聚读者，众多期刊纷纷树立起改版的旗号，以不同的策略寻求不同的发展道路，直面媒体新格局，拓展传播空间。根据不同读者的个性化需求，许多期刊将多样化的产品有针对性地提供给特定读者，实现更高层次的出版：改变传统的编辑模式、经营模式，统筹策划，构建新型编辑加工平台、统筹经营平台，根据不同媒体终端和受众特点进行资源整合等。解决这些问题，也是期刊管理部门和期刊主办者面临的共同课题。

从未来发展趋势来看，我国期刊将继续锐意改革，在媒体融合过程中增加线上线下活动，将读者转化为粉丝，延续期刊的品牌价值。

B.8 2015年中国互联网产业发展报告

曹军波*

摘　要： 从1994年到2015年，中国互联网发展已经有超过20年的历史，在PC和智能手机为终端的互联网时代，网民从几十万人，增长到现在近7亿人，网民渗透率超过50%，巨大的人口红利和广阔的市场，培育出了全球重量级企业BAT。本报告将对2015年互联网领域主要领域发展进行分析，并对发展趋势进行预测。

关键词： 互联网　移动互联网　发展格局

一　2016年新一轮的创新浪潮即将启动

2015年中国互联网经济发展格局呈现了三个清晰的特点。

用户爆发增长红利期已经过去，传统互联网市场集中度进一步加强。广告领域BAT及BAT相关阵营企业收入市场占比达到70%～80%；电商网络零售领域阿里、京东合计市场占比90%；游戏领域腾讯一家市场占比就超过50%。

移动互联网行业的诺维格定律显现。互联网各行业移动用户渗透率超50%，广告和电商移动端业务渗透率超50%，技术、产品、营收渗透率达到50%，这就意味着移动业务的渗透率不可能再次翻番。市场期待新的创新突破。

科技将驱动互联网发起新一轮的创新浪潮。大数据基础上的人工智能技术

---

* 曹军波，艾瑞咨询集团副总裁、研究院院长兼首席分析师。

将成为推动互联网经济进一步升级的关键点。随着物联网加速发展，连接成本进一步降低，大数据几何级数的产生，其与人工智能技术的结合，将带来比PC和手机互联网更大的市场想象空间。未来的10年，人工智能将会同现在的互联网一样成为基础设施。而这个过程中，会出现巨大的市场机会，同时涌现出一批伟大的企业。

20年的发展，互联网云计算已经成接近为水电煤意义上的基础设施。而人工智能、精准医疗等新兴科技领域则刚刚起步，可以说2016~2017年的人工智能发展阶段正像是1996~1998年的PC互联网阶段、2005~2007年的移动互联网发展阶段。PC互联网引领了创新的十年（1996~2007年）、智能手机互联网引领了又一个创新的十年（2007~2015）、创新交互智能终端伴随人工智能和物联网的发展将引领下一个十年（2016~2026）。目前一些融合创新初露端倪：AR/VR与广告、游戏娱乐结合值得期待；人工智能及物联网驱动的图像识别、语音识别、自动驾驶，精准医疗、精准农业、先进制造等领域会呈现快速突破的现象。

二　互联网主要领域发展

1. 网络广告

2015年中国网络广告市场规模达到2096.6亿元（见图1），增速较2014年有所下降。当前市场整体规模已超2000亿元，开始逐渐步入成熟期，预计未来增速将有所放缓。预计到2018年，网络广告市场规模将达到4105.5亿元（见图1）。

2015年中国网络广告市场中份额占比前三的广告形式为搜索引擎广告、电商广告及品牌图形广告，占比分别为33.8%、28.2%及15.3%。从增长速度来看，分类广告、以原生广告为主的其他形式广告以及电商广告增长最为迅速。

2015年阿里巴巴预估广告收入规模达到541亿元，同比增长为44.5%，位居中国网络广告市场媒体营收规模第二，仅次于百度。在微信广告资源大幅度变现的推动下，腾讯广告收入增速超过100%，逼近200亿元规模，是BAT中增速最快的。

2015年中国搜索引擎市场规模达到808亿元，同比增长34.7%。预期到

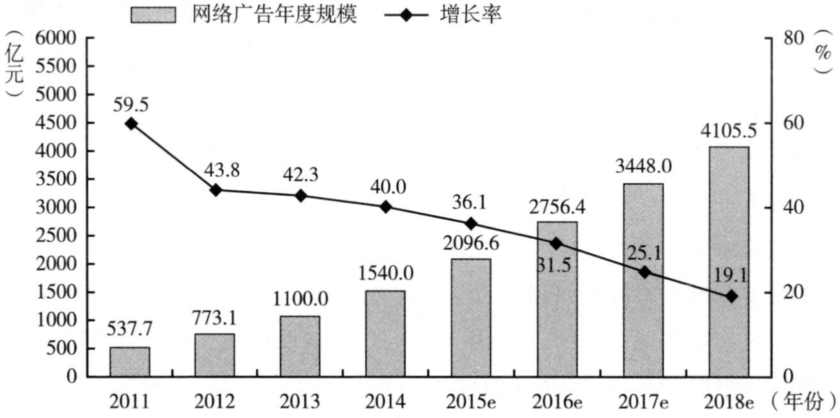

图 1　2011～2018 年中国网络广告市场规模及预测

2018 年，中国搜索引擎市场规模将达到 1552 亿元。2015 年中国搜索引擎市场规模的增长主要是受到移动端收入快速增长的推动影响，预期未来移动搜索收入占比将持续提升。

2. 在线视频

2015 年，中国在线视频市场规模为 401 亿元，同比增长 61.2%（见图 2）。其中，广告及非广告（包括用户付费和终端销售）业务同步发展，共同推动行业收入增长。广告业务收入占比依然最大，来自广告部分的增长贡献率为 52.6%。而非广告业务是在线视频企业收入增长的新增点，其增速远超过广告业务的增速。

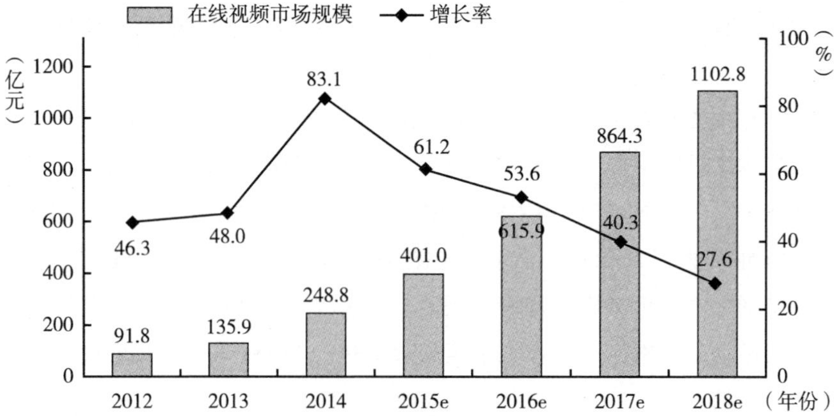

图 2　2012～2018 年中国在线视频行业市场规模

2015 年中国在线视频广告收入持续增长，广告市场规模为 232 亿元，同比增长 52.7%，但在整体市场规模的占比相较 2014 年的 61.0% 有小幅下降，这主要是由于 2015 年视频增值服务（用户付费）收入及其他业务中终端（互联网电视一体机与互联网盒子）销售收入的快速增长带来的占比方面的挤压。2016 年及未来几年中国在线视频行业广告市场规模将继续平稳增长，但增速将有小幅放缓。

2015 年，中国在线视频移动端广告市场规模为 98 亿元，较 2014 年的 33 亿元增长 195.1%，这主要得益于移动端用户流量的增长及 2015 年核心在线视频企业移动端的商业化的进一步强化。2016 年及未来几年中国在线视频移动端广告市场规模预计仍将保持高速增长态势。

3. 在线教育

2015 年在线教育市场规模达到 1192 亿元（见图 3），同比增长率为 19.4%。随着在线教育用户规模的不断扩大，在线教育的市场规模还将有更大的发展。学历教育、职业教育和 K12 教育将是市场规模高速增长的主要动力。

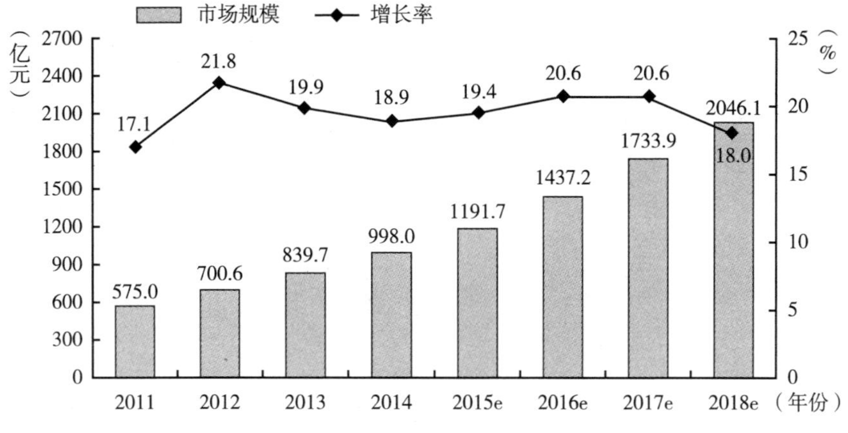

图 3　2011～2018 年中国在线教育市场规模

2015 年在线教育用户规模为 7227 万人，同比增长 20.5%。未来几年，在线教育用户规模将保持 20% 以上的速度继续增长，到 2018 年预计达到 1.3 亿人。2015 年中国在线语言教育市场规模为 236 亿元，同比增长 21.7%。预计之后几年将继续保持高于 20% 的速度增长，到 2018 年达到 436 亿元。语言在线教育的用户规模为1766万人，预计之后几年将以高于20%的速度增长，到2018年达到3123万人。

4. 泛娱乐

2015年，泛娱乐生态被IP和粉丝经济串联，游戏、电竞、直播、网文、影视/综艺、二次元、音乐、体育共同打造泛娱乐一体化生态。互动娱乐进入IP元年，版权成泛娱乐核心竞争力，网络文学、影视、游戏、音乐、动漫多方联动、相互衍生。正版化进程加速，IP变现方式多样化。同时，泛娱乐向移动端转移，移动游戏带动移动电竞发展，文学、动漫、音乐等在移动端渗透率持续上升。粉丝经济成就泛娱乐蓝图的众多可能性，二次元衍生价值凸显，直播创造PUGC融合模式。游戏重度化、竞技化，手游持续高速增长。电子竞技专业化与市场化并进，与娱乐进一步融合。直播泛娱乐化，不再局限于演艺和游戏。音乐版图逐渐清晰，从内容端到用户端的音乐生态链逐渐形成。智能硬件和社交促进“互联网+”体育蓬勃发展（见图4）。

图4　泛文体娱乐行业版图

游戏方面，手游取代端游成推动游戏行业增长主要动力。截至2015年12月19日，一共有55款游戏冲入Appstore畅销榜TOP10，其中的28款是由腾讯发行。而在畅销榜的TOP50中有40款游戏常年在榜，意味着只有10个位置留给新游戏。大批游戏中概股的摘牌回购与借壳上市，市场对于回归企业的大力追捧或引发并购狂潮（见图5）。而对于大多数中小型游戏公司而言，门槛相对较低、未来有转版概念且采用注册制的新三板市场成为更好的选择。2015年游戏直播持续走热，未来两年游戏直播用户将会达到70%以上的增长，预计2018年用户规模将达到1.9亿人。

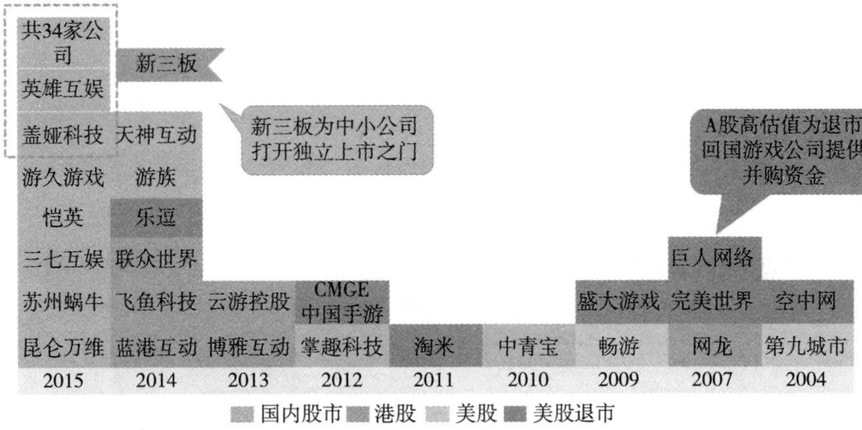

图5　中国游戏企业上市地点及时间一览

网络文学方面，网络文学的移动端时代来临。2015年网络文学用户规模保持稳定，移动端用户规模持续超过PC端。2015年第三季度，网络文学PC端用户达1.28亿，移动端用户达1.48亿。网络文学改编影视剧的热度贯穿整个2015年，从年初的《何以笙箫默》、年中的《花千骨》到年末的《琅琊榜》，网文IP改编剧表现不俗，网络点播名列前茅。

二次元方面，2015年二次元用户已达2.19亿人，泛二次元用户数量接近核心用户的3倍，整个市场增长潜力巨大；资本市场热捧二次元概念，相关网站纷纷被注资。

在线音乐方面，移动化为在线音乐带来更丰富的场景，提升用户的使用频次，在线音乐平台也从渠道逐步转向内容提供，发展原创音乐和在线演艺平台。2015年第三季度，在线音乐行业PC端用户达2.22亿人，移动端用户达2.74亿人。

移动电台方面，2015年移动电台竞争加剧，为了向用户提供丰富、多样化的内容，移动电台纷纷打造内容平台，从分发向内容运营转型。主播培养和

版权合作成新方向。2015 年第三季度，移动电台行业用户规模达 2329.2 万人。

5. 社交网络

2015 年中国社交网络 PC 端月度覆盖人数近 5 亿，移动端月度覆盖人数超过 3 亿，均保持较高水平。2015 年中国 PC 端社交网络月度使用次数出现较大下降，而社交 APP 却逐月上升。同时，社交 APP 的月度使用次数在 2015 下半年已超过 200 亿次，与 PC 端差距进一步拉开。2015 年社交 APP 在月度覆盖人数、使用次数及时长方面均有所增长，用户注意力正向移动端转移。随着智能手机的普及，社交产品不断增多，玩法不断升级，也使移动端社交产品的用户黏性不断增强。2015 年中国各社交 APP 中，新浪微博与 QQ 空间的月度活跃用户规模超过 1 亿，为第一梯队。而可监测到的月度活跃用户在 1 万 ~ 100 万的社交类 App 共有 400 余个，长尾效应明显（见图 6、图 7）。

社交 APP 各细分领域中，综合社交与陌生人社交的用户规模及黏性较高，但增速放缓；同性交友、母婴社区、校园社交用户规模较小但用户黏性增长较快，未来发展空间更大。

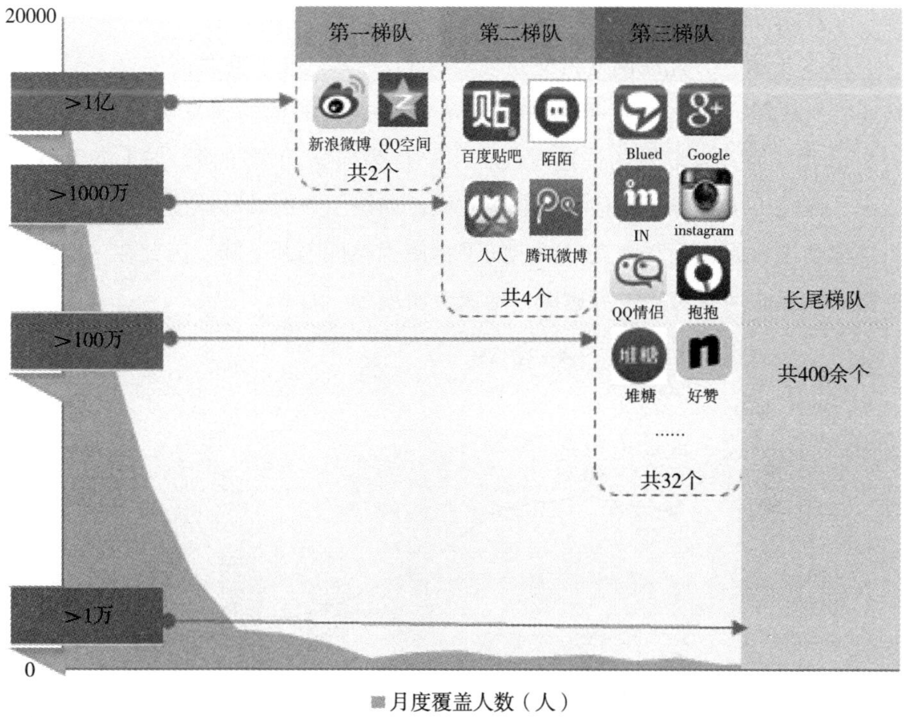

图6　2015 年 10 月中国社交 APP 月度覆盖人数

明星企业点评——新浪微博，发力移动端商业化与精准营销

2015 年，移动与精准成为社交广告的关键词。新浪微博通过精准营销，在用户活跃度及营收方面都取得较快发展，移动端收入占比已达 64%。2016 年新浪微博等社交 APP 进一步的商业化探索将为社交网络带来更多可能。

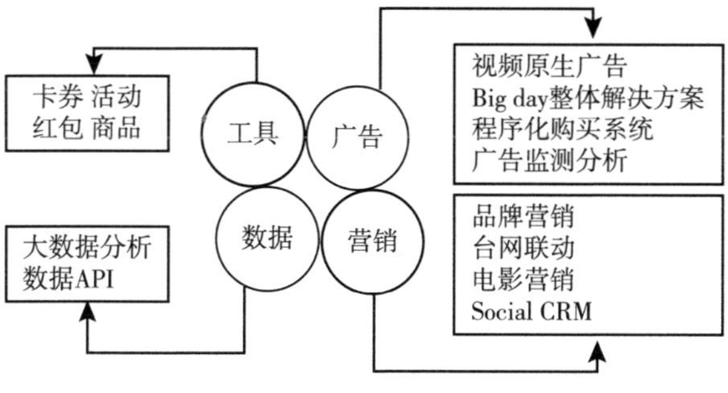

图7　新浪微博商业化布局

6. 互联网金融

2015 年第三方互联网支付交易规模达 11.9 万亿元，互联网支付交易规模增速有所放缓，同比增长 46.9%，未来将保持较平稳的速度持续发展（见图 8）。由于移动互联网的快速发展，用户行为向移动端迁移，加上各互联网巨头、传统机构纷纷布局移动互联网领域，加快用户的转移速度，用户习惯不断在移动端养成，互联网支付用户的平台使用黏性不断下降，因此在一定程度上影响了互联网支付的发展速度，增速有所放缓。

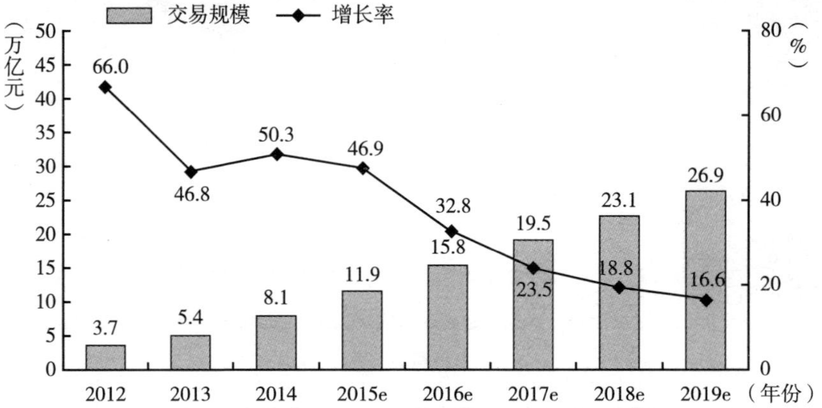

图 8　2012～2019 年第三方互联网支付市场交易规模

根据 2014 第四季度～2015 第四季度第三方互联网支付交易规模结构可以看出，网络购物的占比逐渐减少，基金交易规模逐渐扩大，主要原因有：一方面，随着移动网购的快速发展，用户习惯逐渐向移动端转移，PC 端网购支付的增速逐渐放缓；另一方面，余额类货币基金的申购额不断扩大，由于移动端支付限额的限制，PC 端仍为主要申购渠道，因此增速加快，占比逐渐增大。

2015 年第三方移动支付交易规模达 9.5 万亿元，同比增长 59%，增速有所减缓，行业回归理性发展，未来仍保持较高速度增长。随着用户支付行为习惯的养成，移动支付成为各领域争先抢夺焦点，投资理财、消费将成为主要争夺点。从第三方移动支付交易规模结构来看，移动金融占最大比重，移动消费未来增长潜力大，移动金融占比达 44.3%，较 2014 年上升了 4.2 个百分点；个人应用同比下降 12.3 个百分点；而移动消费同比上升 8.3 个百分点，未来持续增长潜力大（见图 9）。

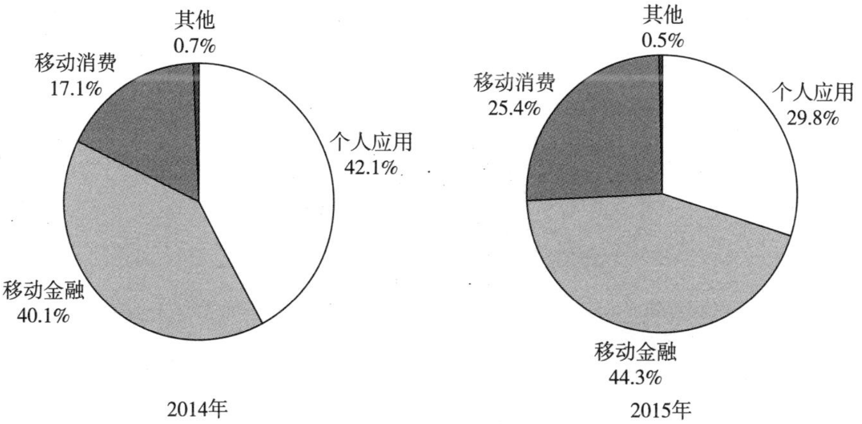

图9 第三方移动支付交易规模结构占比

7. 电商 O2O

2015 年中国电子商务市场交易规模为 16.2 万亿元，增长 21.2%。本地生活 O2O（38.3%）、网络购物（37.2%）的强劲增长拉动了电子商务整体的增长："双十一"大促推动了整体市场交易规模的增长，移动端继续保持高速增长，成为拉动网络购物市场发展的第一大动力；得益于移动端用户比例逐渐增加、有意结合线上的线下行业数量众多、资本市场的热衷，本地生活服务 O2O 市场非常火热（见图 10）。

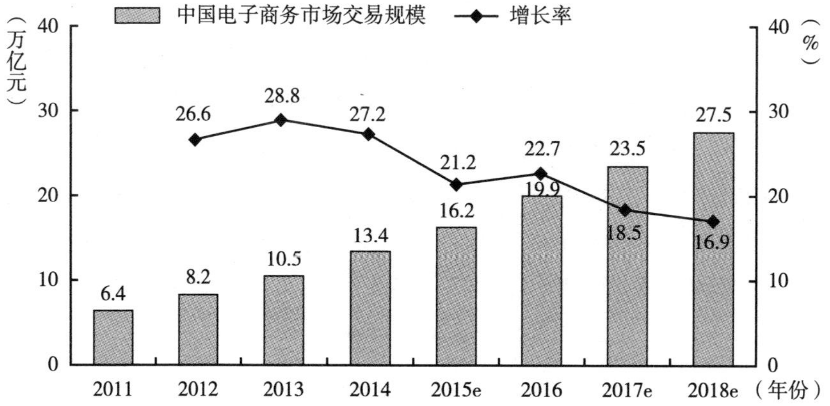

图10 2011~2018 年中国电子商务市场交易规模

2015 年电子商务市场细分行业结构稳定，企业间电子商务占比有所下降，整体减少至 71.7%。网络购物和本地生活服务 O2O 在电商市场中的占比较上年提升，网购与 O2O 拉动电商整体增长（见图 11）。

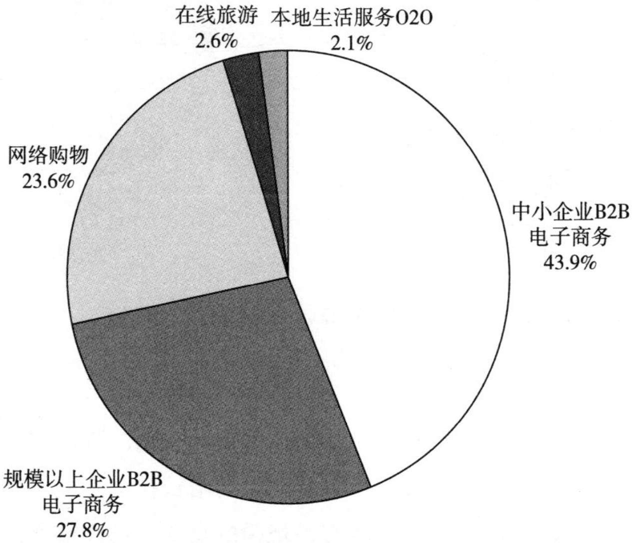

图 11　2015 年中国电子商务市场细分行业构成

说明：1. 2014 年中国电子商务整体市场交易规模为 13.4 亿元，为预估值；2. 本地生活服务 O2O 市场规模。

2015 年中小企业 B2B 运营商平台营收超 200 亿元，增速达 6.9%。营收规模受以下四方面影响：（1）行业影响。2015 年我国经济下行压力依然较大，对行业发展产生了一定影响；（2）进出口市场影响。2015 年中国进出口总交易额有所下降，在交易层面反映了中小企业的进出口交易趋势，对中小企业的线上交易也会产生一定影响；（3）B2B 运营商平台服务的稳定发展。就整体而言，中国中小企业 B2B 的广告服务、信息服务、交易服务及其他金融服务等平台增值服务发展相对稳定；（4）国家政策导向为 B2B 市场的发展提供了良好的外部环境。

2015 年中国网购市场交易规模达 3.8 万亿元，较上年增长 37.2%，仍然保持在较高的增长水平。网络购物行业发展日益成熟，各家电商企业除了继续不断扩充品类、优化物流及售后服务外，也在积极发展跨境网购、下沉渠道发展农村电商。在综合电商格局已定的情况下，一些企业瞄准母婴、医疗、家装等垂直电商领域深耕，这些将成为网络购物市场发展新的促进点。

2015 年 B2C 占网络购物市场的比例首度过半，增速高于 C2C。2015 年中国网络购物市场中 B2C 市场交易规模为 2.0 万亿元，在中国整体网络购物市场交易规模中的占比达到 52.2%，较 2014 年的 45.2% 提高 7.0 个百分点，年度首次超过 C2C；从增速来看，2015 年期间 B2C 网络购物市场增长 58.3%，远超 C2C 市场 12.6% 的增速。

随着网购市场的成熟，产品品质及服务水平逐渐成为影响用户网购决策的重要原因，未来这一诉求将推动 B2C 市场继续高速发展。C2C 市场具有市场体量大、品类齐全的特征，未来也仍有一定的增长空间。

2015 年中国移动购物市场交易规模达 2.1 万亿元，同比增长 123.2%，增速远高于中国网络购物整体增速，在整体网络购物交易规模中占比达到 55.0%，比上年增长 21.3%，移动端已超过 PC 端成为网络购物市场的主流选择。移动端的随时随地、碎片化、高互动等特征，让移动端成为纽带，助推网购市场向“线上 + 线下”“社交 + 消费”“PC + 手机 + TV”“娱乐 + 消费”等方向发展，实现整合营销、多屏互动等模式。另外，随着逐渐活跃的农村市场，移动端依靠相比 PC 端更便宜的设备和更便捷的操作特征，将占有越来越重要的地位。

而随着微信、支付宝的持续发力，在餐饮、旅游、电影票、交通等领域渗透率逐渐增高，消费者对 O2O 的接受度也越来越高。2015 年大众点评、58 同城、京东、美团等纷纷布局上门 O2O 服务。但同时 O2O 市场竞争激烈，2015 年有四大合并事件：快的、滴滴合并，美团、大众点评合并，58 同城、赶集合并，携程、去哪儿合并。随着资本寒冬的到来，2016 年许多 O2O 领域面临一轮洗牌和并购。

8. 在线旅游

2015 年中国在线旅游市场交易规模预计超过 4000 亿元，相比 2014 年增长 37.5%。2015 年在线旅游中的出境游增速明显，同时亲子游、邮轮游、目的地当地玩乐等细分领域也在经过了 2014 年的酝酿之后表现出色，未来在线旅游市场在经历了爆发之后可能会迎来一段时间的稳定期，增速逐渐放缓。

2015 年 OTA 市场营收规模预计达 200 亿元，增长率达到 39.7%。2015 年，从年初各家持续加码布局二、三线区域出发地，再到各 OTA 及平台通过收购、合并或开发新业务等方式扩大现有产品线，再到景区、酒店、旅行社等上游企业抱团拓展线上渠道尝试突破 OTA 包围圈，再到 OTA 企业之间的纵横捭阖，OTA 在整体在线旅游市场推进中起到了重要的作用（见图 12）。

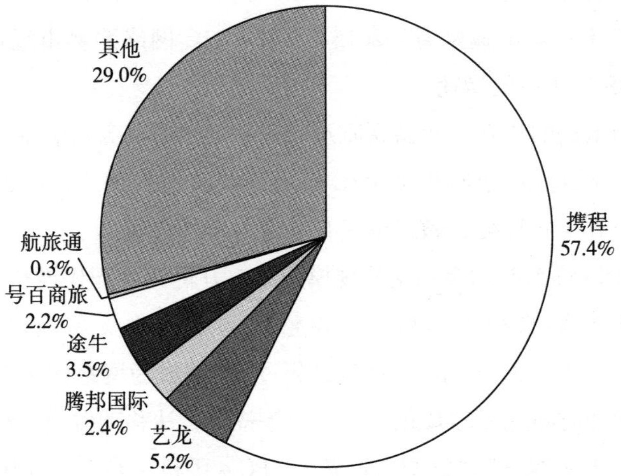

图 12　2015 年中国在线旅游 OTA 市场营收份额

B.9

2015年中国门户网站发展报告

熊澄宇　胡 琦*

摘　要：　2015 年，中国门户网站延续了上一年的发展势头，时政新闻类、文化娱乐类、电子商务类、社交媒体类、社会服务类这五大类门户网站的日均覆盖人数、有效浏览时间和用户到达率等方面都有了显著的提高。行业格局、营运方式、服务核心和接收设备的转变推动着中国门户网站的全面变革。从整体的发展态势而言，以中小城市及农村为重点开发区域，以国际化趋势为关注重点，以知识产权为核心的竞争与开发将成为未来中国门户发展的重要方向。

关键词：　门户网站　发展转变　展望预测

一　2015年中国门户网站发展概况

1. 新闻时政类门户网站

截至 2015 年 12 月，我国网络新闻用户（对网络新闻具有需求和偏好的人群）规模为 5.64 亿人，较 2014 年底增加 4546 万人；网民中的使用率为 82.0%，比 2014 年底增长了 2 个百分点。手机网络新闻用户规模为 4.82 亿人，与 2014 年底相比增长了 6626 万人；网民使用率为 77.7%，相比 2014 年底增长 3.1 个百分点。① 随着便捷化移动客户端的兴起，以及各类搜索引擎和

---

* 熊澄宇，清华大学教授、博导，新闻与传播学院新媒体传播研究中心主任；胡琦，清华大学新闻与传播学院新媒体传播研究中心博士后。

① 中国互联网络信息中心（CNNIC），《第 37 次中国互联网络发展状况统计报告》。

社交媒体与互联网新闻服务的融合推进，新闻资讯门户网站的日均覆盖人数、有效浏览时间和用户到达率都有了显著的提高。

2015 年 1 ~12 月新闻门户网站日均覆盖人数平均值最高的为中青网（见表 1)。人民网除 11 月未跻身前十名外，其余月份均有较高的日均覆盖人数(平均值大约为 631 万人)，*China Daily* 在 2015 年的前 11 个月中的日均覆盖人数也名列前茅，其平均值大约为 643 万人。此外，北青网、《参考消息》、中国广播网和中国新闻网的日均覆盖人数在 2015 年中均有 5 ~10 个月能够跻身前 10 名，其日均覆盖人数的平均值存在一定的变动情况，用户达到率在大多数情况下均小于 2.0%。

表 1　2015 年 1 ~12 月新闻门户网站日均覆盖人数排名

单位：万人，%

排名	新闻门户网站称	1 ~12 月新闻门户网站日均覆盖人数平均值	12 月用户达到率
1	中青网	887.08	3.9
2	光明网	796.42	3.4
3	中国网	675.67	2.0
4	新华网	571.25	1.8
5	环球网	550.58	2.6

说明：日均网民到达率 = 该网站日均覆盖认识/所有网站总日均覆盖人数；本数据基于对 40 万名家庭及办公（不含公共上网地点）样本网络行为的长期监测数据获得。

数据来源：根据艾瑞咨询各月份数据整理汇总所得。

由表 2 可以看出，2015 年 1 ~12 月新闻门户网站有效平均浏览时间最高的是光明网（见表 2)。新华网的有效浏览时间除 12 月以外 1 ~11 月均跻身前十，前 11 个月的平均值达到 632.82 万小时，中国网前 10 个月的平均值为 543.80 万小时，*China Daily* 前 8 个月的平均值为 634.88 万小时。此外，参考消息、联合早报和中国广播网等新闻门户网站有效浏览时间的平均值虽有一定的波动情况，但也处于较高水平。

随着民主进程的加快和互联网的迅速发展，政府门户网站成为推进电子政务发展的核心内容。政府门户网站具有发布新闻及政策法规、信息检索、网上办公、塑造形象、服务大众等功能，其发展既能提高自身执政能力，又能提高公共服务水平。近年来，专业性和功能性较为独特的政府门户网站发展迅速。

表2 2015年1~12月份新闻门户网站有效浏览时间排名

单位：万小时

排名	新闻门户网站称	1~12月新闻门户网站有效浏览时间平均值
1	光明网	834.25
2	中青网	796.50
3	人民网	778.33
4	环球网	672.67

说明：日均网民到达率=该网站日均覆盖认识/所有网站总日均覆盖人数；本数据基于对40万名家庭及办公（不含公共上网地点）样本网络行为的长期监测数据获得。

数据来源：根据艾瑞咨询各月份数据整理汇总所得。

政府门户网站的良性发展有助于改善政府与公众的关系，及时化解各种矛盾和消极影响，是顺应科技时代发展的必然趋势。

时事综合类新闻门户网站通常是指与国际动态、民生重点、社会建设等密切相关的领域里发生的重要新闻，具有较强的时间性和空间性（见表3）。

表3 2015年7月新闻门户类综合月度日均覆盖数UV、浏览量PV和人均PV

单位：人/百万人

门户网站名称	覆盖数UV	浏览量PV	人均PV
腾讯网	82377.4	4072.9	4.4
新浪网	53230	2629	4.39
搜狐网	27960	925.6	1.89

说明：http：//www.iwebchoice.com/Html/Chart_1.shtml，其中，覆盖数UV=平均每百万名Alexa安装用户中的访问人数（人/百万人）；浏览量PV=Alexa安装用户平均每百万次浏览页面中的访问页面数（页数/百万浏览）；人均PV=每百万名Alexa安装用户平均每人日均访问页面数（页数）。

中国时事综合类新闻门户网站遵循着“强者愈强”的互联网法则，用户积累、先进技术、革新硬件和互联网人才等优势集中于具有影响力的原始时事综合类新闻门户网站。相比之下，新兴的时事综合类新闻资讯门户网站虽具有技术优势和硬件优势，但却稀缺传统新闻门户网站所拥有的大量社会资本、文化资本、品牌公信力和影响力，新兴的时事综合类新闻资讯门户网站在移动化、社交化、智能化的互联网环境中，其更多的发展空间和机会将指向垂直领域。从新闻消费层面上看，新兴的时事综合类互动型新闻门户网站（私人定制）和更加小众化的新闻消费趋势将有所增强，个性化的精准推荐和新闻内容的质量提升将成为引导新闻用户沉淀的重要方式。

2. 文化娱乐类门户网站

文化娱乐类门户网站主要包括网络文学、网络视频、网络音乐、网络游戏这四大主要内容。以下为主要发展数据①。

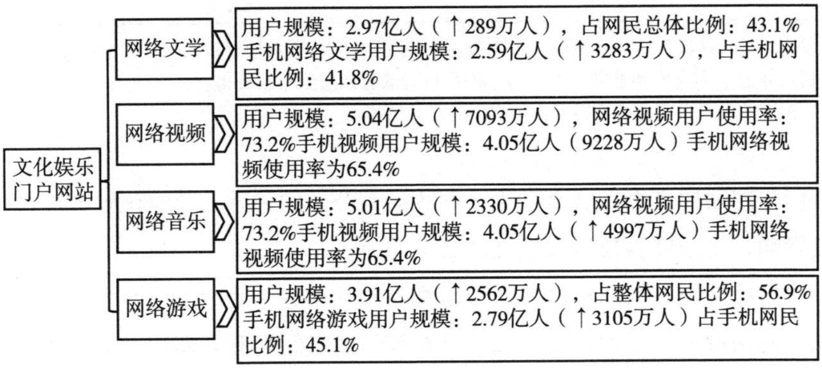

网络文学：该领域更多的是作为 IP（Intellectual Property，知识产权）生产的最上游，借影视、游戏的资源进行 IP 优势资源的开发。2015 年，百度、腾讯、阿里巴巴先后成立了自己的网络文学部门，起点中文网、纵横中文网、书旗小说网等老牌网络文学网站纷纷被整合到各自新成立的网络娱乐事业群中。

网络视频：该领域的马太效应越发凸显，爱奇艺、优酷土豆、腾讯视频三强领跑的局面基本确立，与其他视频网站之间的差距逐渐拉开，网络视频行业在 2015 年的发展过程中，呈现了用户付费业务增长和大型视频网站加强生态布局这两大特征。仅靠资本和体量建立的壁垒早已无法实现网络视频门户“质”的突破，继 2011 ~2013 年的版权之争和 2014 年的加强发展自制内容之后，2015 年，网络视频门户的大体发展方向主要体现在版权的战略性购买、自制节目和 PGC（专业生产内容）的发展这三个方面。

网络音乐：2015 年 7 月 8 日，国家版权局发布了《关于责令网络音乐服

① 中国互联网络信息中心（CNNIC），《第 37 次中国互联网络发展状况统计报告》。

务商停止未经授权传播音乐作品的通知》，中国的网络音乐版权问题明显得到改善。

网络游戏：PC 端网络游戏占比在 2015 年第二季度首次小于 50%，移动游戏份额进一步增长，并成为推动网络游戏企业营业收入的主要动力。中国上市网络游戏企业中，腾讯、网易、完美、畅游和三七互娱乐五家的营收份额较大；中国网页游戏运营平台开服数量中，以研运一体的垂直页游平台 37 游戏独居榜首，单季度的开服数量平均值大于 6000 组，其次，360 游戏、9377 和顺网游戏也名列前茅。①

3. 电子商务类门户网站

电子商务类门户网站主要可以分为网络购物门户网站、团购网站、外卖网站和旅行预定网站四大类。以下为主要发展数据②：

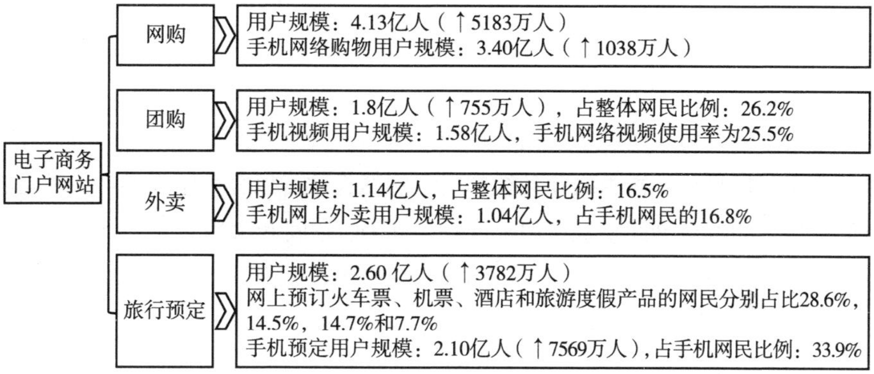

网购：就中国 B2C 购物网站交易规模市场份额而言，仅天猫和京东两家电商门户的交易规模市场份额就占大约 80%，其余的 B2C 电商门户中，苏宁易购和唯品会的同比增速较高，国美在线的环比增速高于 B2C 行业的整体增速。③ 随着人们对商品品牌化认可度的提高，以及移动上网的普及化和支付方式的便捷化，以天猫和京东为代表的网络购物门户将在空间上着力拓展农村和中小城市的覆盖面，继续保持并提高其所占的市场份额。

① 数据来源：http：//www. iwebchoice. com/html/class_ 7. shtml。

② 中国互联网络信息中心（CNNIC）：《第 37 次中国互联网络发展状况统计报告》。

③ 数据来源：http：//www. iwebchoice. com/html/class_ 7. shtml。

团购：2015 年，腾讯投资美团和大众点评合并后的新公司，深入发展 O2O 模式；与此同时，百度也于 2015 年承诺三年内向百度糯米投资 200 亿元。美团以“T 型战略”寻求业务突破；大众点评则通过原始的用户积累、点评数据为基础，以高频业务带动低频业务的运作模式谋求 O2O 领域的拓展。

外卖：腾讯对美团外卖增加投资，阿里巴巴为饿了么的 O2O 业务提供资金支持，至此，美团外卖、饿了么和百度外卖三家外卖门户网站的用户数量占到了整体网上外卖用户的 83.4%，网上外卖的市场格局基本形成。

旅行预定：去哪儿网、铁道部 12306 和携程网的覆盖数 UV、浏览量 PV 和人均 PV 在整个旅行预定门户网站中的排名较靠前。在寒暑假、小长假及国庆节假期前后，旅行预定门户网站的使用频率有明显涨幅。目前，2015 年有 71% 的游客会使用手机和平板电脑等移动设备搜索旅游信息和产品，其中 48% 的人使用手机进行旅游预订。① 移动互联网的便捷化使获取旅游资讯和产品的方式也发生了根本改变。

4. 社交媒体类门户网站

社交媒体类门户网站是集信息传播、获取、分享和发布为一体的新兴互动和社会化传播平台。国内的互动社交门户网站大致可以分为两大类：一类是各类信息聚集的综合型互动社交门户网站，如 QQ 空间和微博；另一类是相对细分、专业、小众的垂直型社交门户网站，如服务于婚恋、社区、职场社交需要的网站，垂直型社交门户网站在国内的用户数量和使用率相对较低（见图 1）。

由图 1 可以看出，QQ 空间和微博（月度活跃用户规模在 1 亿人次以上）网民使用率分别占到了 65.10% 和 33.50%，两者分别通过满足个体社会化关系链的需求和提供个人兴趣信息这两种主要方式，来促进用户规模的增长和提升自身网络平台的价值。②

5. 社会服务类门户网站

社会服务类门户网站主要涉及教育③、医疗④和交通服务⑤三大方面。

---

① 阎密：《自由行市场出现新趋势》，《国际商报》2016 年 1 月 20 日。

② 中国互联网络信息中心（CNNIC）：《第 37 次中国互联网络发展状况统计报告》。

③ 中国互联网络信息中心（CNNIC）：《第 37 次中国互联网络发展状况统计报告》。

④ 艾瑞咨询：《2015H1 中国在线医疗行业数据监测报告》。

⑤ 艾瑞咨询：《2015 年中国网络约租车服务用户研究报告》。

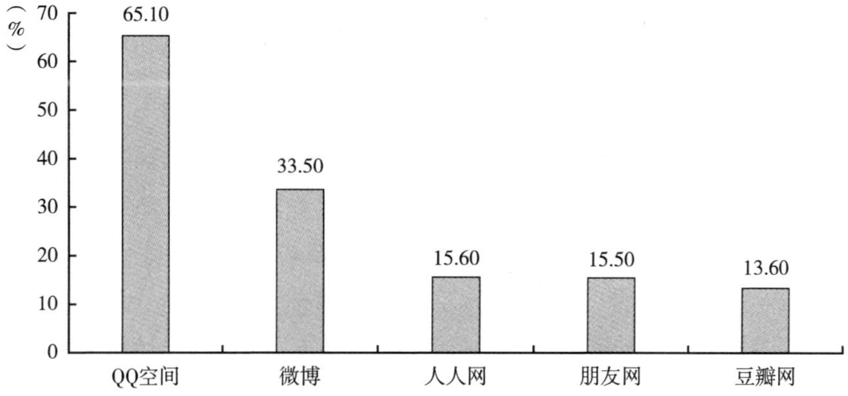

图1　2015 年典型社交应用平台使用率

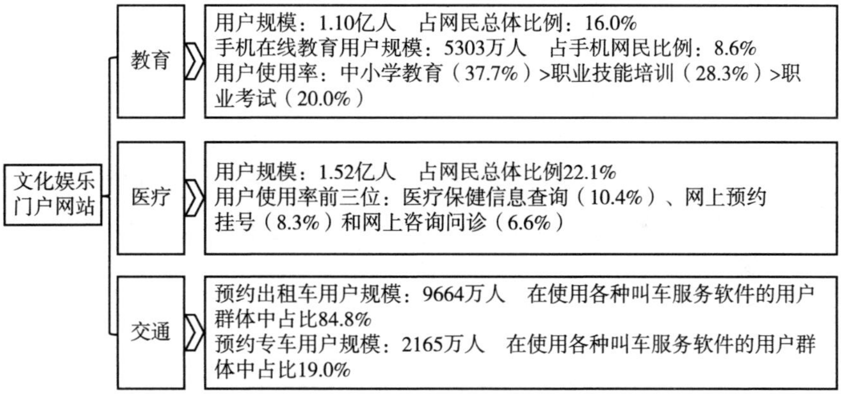

教育：2015 年 4 月，教育部出台了《关于加强高等学校在线开放课程建设应用与管理的意见》。在该意见的指导下，“爱课程网”的“中国大学MOOC”（Massive Open Online Course，大规模在线开发课程）、清华大学的“学堂在线”，以及上海交通大学的“好大学在线”等多个高校资源与互联网优势结合的在线课堂纷纷上线，方便了基础教育、职业教育和高等教育等各层次教育资源的共享。

医疗：寻医问药网、有问必答和 39 健康网处于行业的领先地位，月度覆盖人数均维持在 3900 万人以上；阿里健康 2015 年宣布同第三方检验机构迪安诊断合作，将天猫医药馆并入阿里健康，同各地线下药店合作，开展药品 O2O

服务，另外，凭借支付宝将支付环节纳入自己服务流程；① 此外，好大夫在线、丁香园、家同医生和挂号网的月度覆盖人数也较为领先。医疗信息化的发展将分为三个阶段，医院信息管理系统信息化、临床信息管理系统信息化、公共卫生信息化，目前中国处于第二阶段的初期。② 现阶段制约我国医疗门户网站发展的因素主要有三个：第一，医疗数据积累不足；第二，未实现与电子病历对接，数据采集性和共享性较差；第三，规范医疗数据的法律法规尚不健全。目前尚未有平台形成互联网医疗服务连贯完整的闭环，但“医疗”和“药品”领域的互联网化较为明显，医疗领域的“互联网＋”已逐步覆盖医疗行业。

交通：目前，滴滴出行、易到用车、神州专车已经成为中国互联网专车的三大领导性专车服务门户，此外，优步（Uber）的用户规模也有着显著的市场份额。2015 年全年，滴滴出行全平台（出租车、专车、快车、顺风车、代驾、巴士、试驾、企业版）订单总量达到 14.3 亿份，其总注册用户数已突破 2.5 亿户，约相当于全国总人口数的 1/5。③

总体上而言，社会服务门户网站的用户覆盖率和使用率不及时政新闻、文化、电子商务、社交媒体类门户网站，但是，教育、医疗、交通等公共服务类门户网站的用户使用规模均在 1 亿人左右，这意味着互联网正在有力地提升公共服务水平，用户使用网络享用公共服务的习惯正在逐步养成阶段。

二　2015年中国门户网站的发展转变分析

1. 行业格局的转变：部分门户网站竞争凸显马太效应

2015 年，中国部分门户网站凸显“马太效应”。一方面，具备先发优势的品牌门户网站在 2013 年和 2014 年两年中完成了用户积累，绝大多数的用户占有量意味着开发潜在用户的成本将日益增长，资金和人员流动被设定了无形边界，中小型门户网站在客观上受到了排斥，这种强者愈强、弱者愈弱的现象在

---

① 艾瑞咨询：《2015 年中国在线医疗行业研究报告》。

② 艾瑞咨询：《2015 年艾瑞解读中国医疗健康产业互联网化六大趋势》。

③ 艾瑞咨询：《2015 年中国网络约租车服务用户研究报告》。

信息时代的互联网海洋中屡见不鲜；另一方面，网民在选择门户网站的过程中具有自由性，出于从众和利益最大化的本能，网民优先将注意力投向具有较强实力和已获得较高关注度的门户网站，而这样的人气效应又反向地吸引了更多的网民去关注实力强、影响大的门户网站。这种滚雪球式的关注度使“马太效应”在中国门户网站凸显。

2. 营运方式的转变：门户网站与线下实体经济的紧密结合

门户网站作为虚拟的网络平台，具有网络营运技术优势和经验，将电子商务与实体经济相结合，发挥实体经济的客户服务、营销销售、物流配送方面的优势，进一步打通虚拟门户网站与实体企业资源的通道，这成为了 2015 年各类门户网站的重要转变之一。在电子商务门户网站中的网络购物门户网站、团购网站、外卖网站和旅行预定网站，均已形成相对成熟的线上与线下经济相结合的模式；各类互动社交门户网站也不仅仅局限于线上的交流与分享，而是在社交领域引入线下的服务和销售等元素，利用大数据和移动社交技术呈现着移动化、本土化和商业化的营运方式的转变；娱乐和休闲门户网站则在移动互联网时代更加注重 IP 的下游生产，将游戏、文学、音乐、视频等具有优势的 IP 资源与线下实体经济结合进行深度开发。门户网站与线下实体经济紧密结合的过程不仅能够助力企业的发展，而且是当下门户网站保持兴旺的动力源泉，这种双赢的营运方式塑造了全新的社会生活形态，对于整体社会的影响已进入新的阶段。

3. 服务核心的转变：门户网站更加注重以用户体验为基础

互联网时代赋予了用户更多的选择自由和权利意识，对门户网站而言，用户的个人喜好、行为方式、社群关系、知识背景，甚至是对用户节点位置的测算与利用，一切用户被动产生或主动产生的数据都能够成为个性化服务、精确化运营的基础，成为打开用户与内容（或服务）匹配关系的“钥匙”。门户网站在高科技的催生下不断以用户体验为中心向生态化的转型持续推进，各门户网站纷纷融合语音识别、图像识别、人工智能、机器学习等多种先进技术，依托基础搜索业务，打通地图、购物、新闻、社交等多种内容的服务，通过对用户行为大数据的深入挖掘，实现搜索产品创新与用户体验完善，为网民和企业提供更加多元化的服务。① 对每个用户精准画像、精准营销、精准推送、精准

① 中国互联网络信息中心，https：//www. cnnic. cn/。

服务将成为移动化和碎片化的互联网时代下，各门户网站赖以生存的服务标准，激烈的用户争夺和用户留存压力将促使各门户网站以用户体验为基础，给用户最为便捷、舒适、极致的用户体验，利用高新科技实现用户的精准、个性、高质的服务。

4. 接收设备的转变：用户接收方式由 PC 端向移动端过渡

移动端的迅速普及使上网不再受到 PC 端的固定限制，自由度和便捷化的提升使得网民的上网设备正在向手机端集中，手机成为拉动网民规模增长的主要因素。2015 年各门户网站用户规模的扩大与手机用户的增长呈正相关。

2015 年各门户网站使用移动端作为接收设备的用户数量增长明显较快，PC 端网络游戏用户占比首次在 2015 年第二季度低于 50%；来自移动端的搜索流量全面超越 PC 端，2015 年第三季度，百度有超过 2/3 的搜索流量来自移动端，搜狗搜索移动端流量也超过了 PC 端；移动端的营收在整体营收增长中的贡献越来越大，百度移动营收在总营收中的占比从一季度的 50% 增至三季度的 54%，搜狗移动搜索营收占比也从一季度的 22% 增至三季度的 30%。① 因此，随着高速移动端的提速、降费和普及，尤其是 4G 移动互联网的持续、高速发展，各门户网站接收设备不断由 PC 端向移动端转变是 2015 年中国门户网站的一个重要发展。

三　中国门户网站的展望与预测

1. 中小城市及农村将成为中国门户网站发展的新重点区域

自 2014 年起，阿里巴巴和京东都分别提出并执行了“千县万村计划”② 和“3F”战略③，农村的电子商务发展迅速。在中小城市、农村及偏远地区宽带电信普遍服务补偿机制的引领下，农村互联网的普及率与接入速率将有显著提高。截至 2015 年 12 月，我国网民中农村网民占比 28.4%，规模达 1.95 亿人，较 2014 年底增加 1694 万人，增幅为 9.5%；城镇网民占比 71.6%，规模

① 中国互联网络信息中心，https：//www.cnnic.cn/。

② “千县万村计划”，计划 3～5 年内投资 100 亿元，建立 1000 个县级运营中心和 10 万个村级服务站。

③ “3F”战略，一是工业品进农村战略，二是农村金融战略，三是生鲜电商战略。

为4.93亿人，较2014年底增加2257万人，增幅为4.8%。[①] 由以上数据可以看出，农村网民和城镇网民的占比都有所增长，两者的网民数量规模总和接近7亿人，其中，农村网民规模的增长速度是城镇的2倍。以网络零售企业为例，农村地区网购用户占比已达到22.4%，农村及中小城市电商服务站的建立及相应服务人员的招募，都将提高广大农村消费者的积极性。因此，庞大的用户群体及潜在的网民市场将成为中国门户网站战略发展的新的重点区域。

2. 国际化趋势将成为中国门户网站发展的新关注重点

随着中国经济和社会的不断发展，日益壮大的中产阶级消费能力强劲，对优质产品的需求旺盛，海外优势产品在中国具有非常广阔的市场前景。同时，在国家"一带一路"总体战略背景下，各项政策纷纷出台以支持商品的流通和游客的双向流动。中国电商门户网站中的网络零售业和旅游服务业将遵循国际化趋势，面向世界市场进行开放、交流、共享。一方面，商务部数据显示，中国主要跨境电商门户网站的交易额平均增长率在40%左右，其中进口网络零售增长率在60%左右，出口网络零售增长率在40%左右。网络零售平台引入美国、欧洲、日本、韩国等25个以上国家和地区的5000多个海外知名品牌的全进口品类，国内超过5000个商家的5000万种折扣商品售卖到包括"一带一路"沿线的64个国家和地区。[②] 因此，跨境电商门户网站成为网络零售市场新的增长点，影响力直达全球。另一方面，国家旅游局数据显示，2015年中国国内旅游、出境旅游人次和国内旅游消费、境外旅游消费均列世界第一。"一带一路"连接欧、亚、非三大洲沿线53个国家94个城市，是一条国际性的文化和经济走廊，在经济稳健增长和"一带一路"的战略优势和人文优势下，中国电商门户网站中的旅游服务业将成为新的关注重点。

3. 知识产权将成为中国门户网站发展的的新竞争热点

在中国门户网站的发展进程中，以游戏、动漫、文学、音乐、视频等资源为发展动力的原创独特性内容和智力密集型产业，已成为中国门户网站发展的一大亮点和深入开发的法宝。然而，这些资源归根结底都是以文化创意为依托，以著作权、形象权和设计的原创性等知识产权为其核心竞争力的，各门户

---

① 中国互联网络信息中心（CNNIC）:《第37次中国互联网络发展状况统计报告》。

② 中国互联网络信息中心，http：//tech.ifeng.com/a/20160122/41543280_0.shtml。

网站如不能有效防止任意仿制、随意复制和非法抢注等现象的发生，势必将影响各种创意成果的正常传播与有效转化。以中国门户网站中的娱乐内容为例，热门的网络文学作品往往是作为 IP 产业链的上游环节，具有优质的网络文学 IP 不仅能够提高门户网站的用户使用量、用户到达率和有效浏览时间，而且能够推动电影、电视剧、游戏等网络文学产业的整合，从而反哺门户网站；游戏作为 IP 产业链的下游环节往往通过以 IP 为核心拉动粉丝，由网络小说和影视剧改编的客户端游戏和手机游戏均能够在短时间内完成大量忠实用户的转化，因此，对优质 IP 资源的竞争将成为中国门户网站进一步深入开发的法宝。

B.10
2015年中国移动媒体发展报告

彭 兰*

摘　要： 2015 年，移动媒体市场在继续发生变革，这既体现在用户的行为变化方面，也体现在市场力量的对比以及由此形成的媒体版图方面。用户新媒体使用行为典型特征是移动化、社交化、场景化。从市场格局的变化来看，四个方面的动向尤为值得关注，其一是传统媒体在移动时代的转型，其二是新媒体向个性化、垂直化和平台化等方向的拓展，其三是专业化力量进入自媒体领域以及自媒体运营思路的扩展，其四是技术与资本力量在媒体腹地的入侵。

关键词： 移动媒体　移动互联网用户　新闻客户端　自媒体　场景

移动互联网时代的到来已是一个不争的事实。对于媒体来说，这个时代不只是意味着终端的移动化，更意味着全新的用户、全新的市场格局与媒体版图。

一　移动化、社交化、场景化：变化中的用户行为

1. 不断扩张的终端与渠道

企鹅智酷对 50146 名用户进行的调查显示，移动终端已经成为中国用户上网的主要终端，且黏性强大，如图 1 所示，接近半数的用户每天使用移动终端的时长不低于 3 小时。

---

* 彭兰，清华大学教授、博导，新闻与传播学院新媒体研究中心主任。

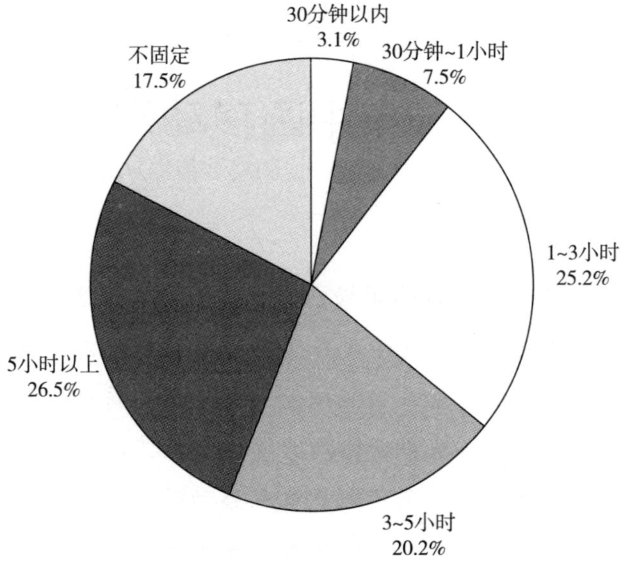

图 1　新媒体用户每天使用移动终端的时长

数据来源：企鹅智库调查。

而另一项面向 12502 人的调查显示，54.9% 的用户把新闻客户端作为他们获取新闻的主要渠道，如图 2 所示。这表明，新闻客户端目前仍是移动用户看新闻的首选。值得注意的是，社交应用作为新闻渠道的比例超过了 PC 端新闻网站，视频应用作为新闻获取渠道的使用比例开始逼近电视。

今天的用户已经开始接受可穿戴设备这样的新的移动终端。如图 3 所示，在对 50146 人的调查中，43.9% 的用户希望从可穿戴设备中获取突发消息。

在同一调查中，智能家电作为新闻渠道的价值，也受到半数以上用户认可（57.7%），如图 4 所示，这一比例甚至超过了智能手表、智能手环等所有可穿戴设备。

从物联网的角度看，智能家电不仅可以提供比手机、可穿戴设备等更大的屏幕，还可以更好地实现家庭中人与物的信息交换。目前的技术已可以实现一些简单的信息交换，如可以远程控制某个电器，或者利用微博、微信等平台与家庭内的空调进行对话，获知室内环境状况。而未来技术下将可能出现更复杂的信息交换，例如，冰箱可以将存放食品的情况发送给主人，提醒其需要购买

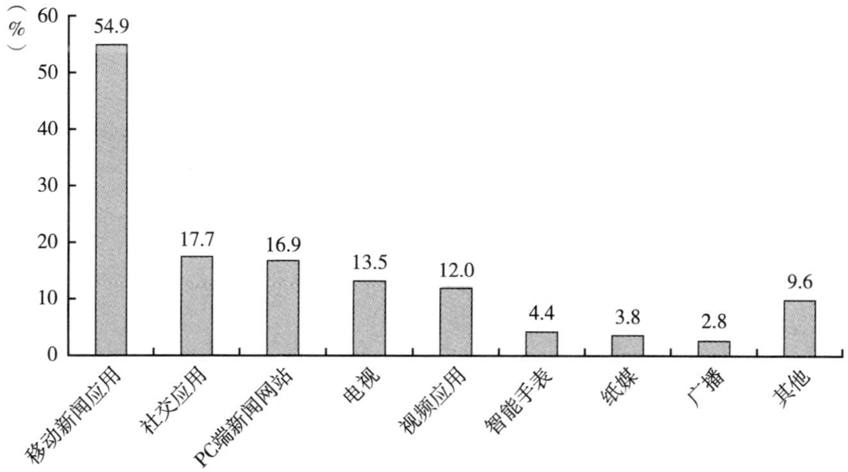

图 2　新媒体用户获取新闻的主要渠道

说明：此项调查为多选，因此各选项之和大于100%。
数据来源：企鹅智库调查。

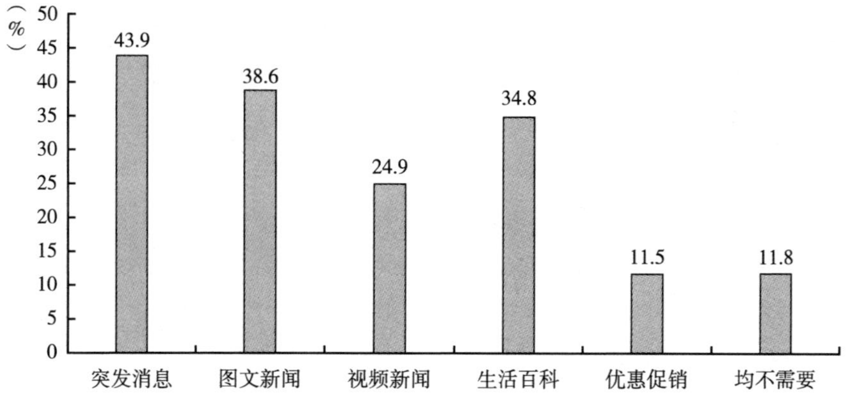

图 3　新媒体用户期待从可穿戴设备获取的信息

说明：此项调查为多选，因此各选项之和大于100%。
数据来源：企鹅智库调查。

的食品。智能家电将使得围绕个人产生的信息变得丰富，人的行为、需求和环境将被全方位信息化、数据化。

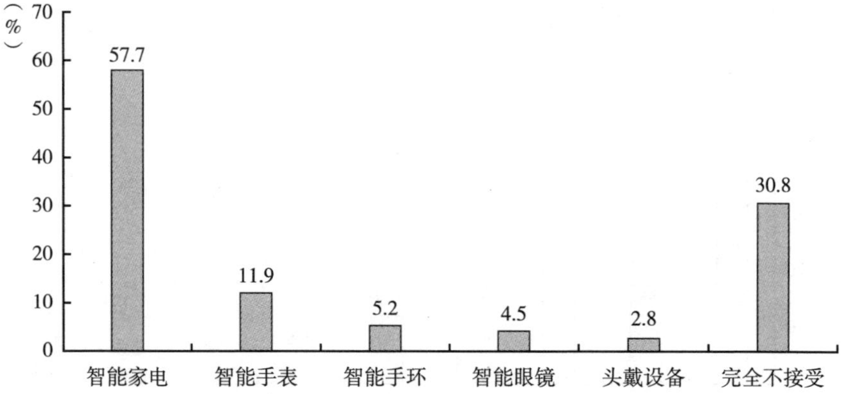

图 4　新媒体用户可以接受的智能硬件设备

说明：此项调查为多选，因此各选项之和大于 100%。

数据来源：企鹅智库调查。

尽管两次调查均没有涉及 VR（虚拟现实）设备、AR（增强现实）设备，但是，从市场投资走向来看，VR 与 AR 终端将有可能在未来几年兴起。2015 年微软的全息眼镜 Hololens 的面世，进一步激发起人们对于虚拟现实或增强现实技术应用于新闻领域的想象。媒体在这个方向上的探索也已经开始。2015 年 10 月，《纽约时报》宣布推出虚拟现实产品 NYT VR，这个新应用通过苹果应用商店以及 Google Play 等渠道发布。现场感与沉浸感是 VR 和 AR 新闻的目标，这意味着用户可以更多地“进入”新闻现场，成为新闻的当事者。当然，VR、AR 技术另一个更大的市场在游戏领域。

可以预见的是，未来的终端将更为多元，它们可以针对各种不同场景下用户的需求提供不同的体验。

2. 移动端 = 浅阅读?

当移动传播成为常态，我们的担忧随之而现——离长文章、深阅读越来越远。企鹅智酷的调查显示，超过半数用户在移动端阅读长文章的频率，是“每月偶尔”或“基本不阅读”。

但从这个调查数据中我们不能简单推论移动端一定与深阅读对立。至少还有近 50% 的用户每天或每周阅读长文章。调查还显示，受关注的长文章主要在社会、历史、文化、人物等领域。这说明，读长文章还是短文章主要还是取决于用户对内容或话题的兴趣和内容本身的特质。

另外，把长文章与深阅读简单地画上等号，或者类似地把短文章与浅阅读等同起来，是一种认识的惰性。对于用户来说，长文章也可能是扫描式地、浮光掠影地读，短文章也可以带着深度思考去读。

今天我们需要重新定义“深阅读”。过去的纸质阅读所说的“深”，是在“封闭”的环境中完全基于媒体提供的信息来实现“深度”阅读与思考，但人们的思考其实会在较大程度上受到媒体视角的限制。而在新媒体环境下，人们可以在开放的、四通八达的信息网络中，去主动地寻找相关信息——包括他人的评论——并构建起对一个对象的认识框架与意义结构。当用户为了特定目的、不断去延伸自己的阅读对象与阅读领域时，那么即使他读的很多都是短文章，最终这些短文章也可能汇聚成深度的认识与思考。

而对于媒体来说，如何在主题上和形式上做出调整，吸引用户更多地进入长文章的阅读，仍然有很大的探索空间。

3. 移动视频：不只是对应着“观看”

与用户整体向移动端迁移的趋势相呼应，在线视频也正在迅速地从 PC 端向移动端转移。2014 年 1 月到 2015 年 1 月，视频在移动端的播放量从 32% 上升到 67%，如图 5 所示。

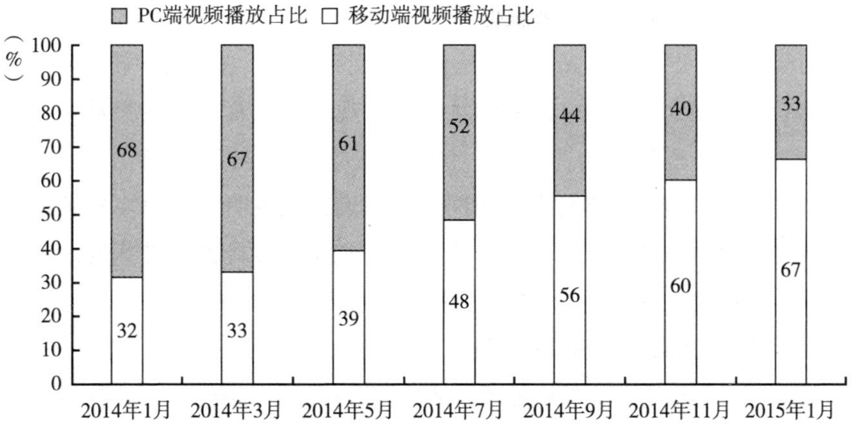

图 5　PC 端与移动端视频播放量对比（2014 年 1 月 ~2015 年 1 月）

数据来源：企鹅智库调查。

而在各种类型的视频节目中，长视频节目是移动视频用户的最爱。电视剧、综艺节目等长视频内容在移动端视频中占比达70%以上，而新闻类视频在移动端播放量只有26%（见图6）。

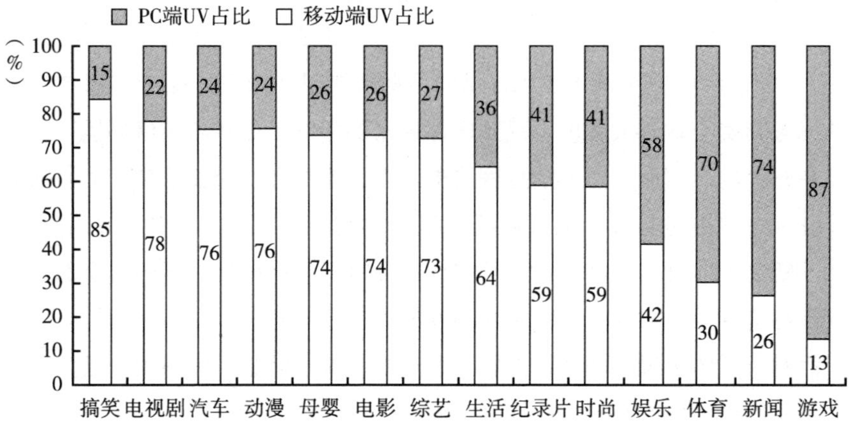

图6　不同类型视频内容移动端用户访问占比（2015年4月）

数据来源：企鹅智库调查。

视频新闻在移动视频中比例的偏低，既可能反映了移动视频用户的娱乐化取向，也可能与目前视频新闻表现形式的不足有关。如果视频新闻能在新闻直播等方面发力，也许会在未来赢得更多的市场。

而从未来发展来看，无论是娱乐化的长视频内容，还是视频新闻或其他类型的移动视频节目，都不应该只是对应着“观看”这样一种用户动作，它们都应该对应着一整套用户“行为”，包括“观看”“参与”“分享”“社交”甚至“购买”等。近两年弹幕类视频网站的风靡，正说明了用户在视频观看的同时社交行为的日益活跃。而“边看边买”的视频节目也正受到越来越多用户关注，将视频与电子商务结合，也将是未来的可行方向。

4. 伴随性：移动场景的基本特征

场景一词与移动传播如影随形，从长远来看，构成场景的基本要素应该包括：空间与环境、用户实时状态、用户生活惯性、社交氛围等。但今天移动媒体对于场景的理解与应用还在初级阶段，场景更多地还只是聚焦于移动时空中用户的某些共性特点方面。

调查显示，尽管移动用户的行为具有碎片化特点，但在场景的时间维度方面，“晚间”仍具有共性的意义。

移动传播的伴随性，使得越来越多的人“一心二用”“一心三用”，就像计算机并行处理多道进程一样。尽管有些用户的潜力会因此被进一步激发，但长期的多道并行处理，也可能会使用户的注意力难以集中，处理任务的效率反而下降。而对于信息和服务的提供者来说，他们更多的是在争夺某一时空下用户“多任务处理系统”中的有限资源，获得资源的挑战变得更大。但无论如何，理解移动用户阅读新闻、观看视频以及社交、购物等行为发生的场景，对于未来移动媒体的发展至关重要。并且，对场景的理解与认识需要从共性场景向个性场景深化。也就是说，不仅理解用户某类行为的场景共性，还需要理解每个特定用户在特定场景下的行为与需求，并提供适配信息与服务。打车类应用已在个性化场景的应用方面走在了前面，未来的信息服务也需要借鉴它们的思路。

5. 无社交、不新闻

用户行为的另一个重要特征，是新闻消费与社交行为的相伴。在调查中，认为社交平台在个人获取新闻渠道中扮演重要角色的用户，占比接近半数。

而在各种社交平台上，微信、QQ（群）、QQ空间和微博，在社交新闻传播中扮演了最为重要的角色。对于一个“无社交、不新闻”的传播时代，传播者不仅要在那些最主要的社交平台上建立自己的账号，更需要理解社交平台的传播规则，选择合适的话题与语态，让自己的内容在社交渠道的传播中更为畅快。

要推动社交化传播，还需要更多地理解社交平台上的人群及其互动，也就是要理解“社群”。尽管今天的从业者和研究者对社群的定义不尽相同，但无论如何，社群都离不开一个基本特征：它是社交平台上人群的有机聚合与互动。对于传播者而言，进入社交平台不一定意味着占领了渠道，甚至有了一定数量的散沙式的粉丝，也并不必然意味着就有了足够的影响力。只有聚集起与自己高关联度的社群，激发出社群能量，才能有效打通到达用户的最后一公里。社交化传播的一个重要基础是经营好社群。

而在移动时代社群也出现了新的动向，空间位置、线下强关系成为社群连接新纽带。传播者需要更多地从这两个维度去理解社群的运营与应用。

当社交平台成为获取新闻的重要渠道时，名人或企业在这个平台的影响力也日渐上升。调查显示，超过半数用户通过关注名人或企业社交账号来获取新闻信息。其中经常关注的用户占比 10.6%。这也意味着，名人或企业的自媒体在今天的传播格局中地位在上升。

二　谋求重生的旧力量与涌动的新势力：变革中的媒体格局与版图

除了用户的变化外，移动时代的变革还体现在影响传媒业格局的各种力量的共同运动上。其中四个动向尤为值得关注（见图 7）。

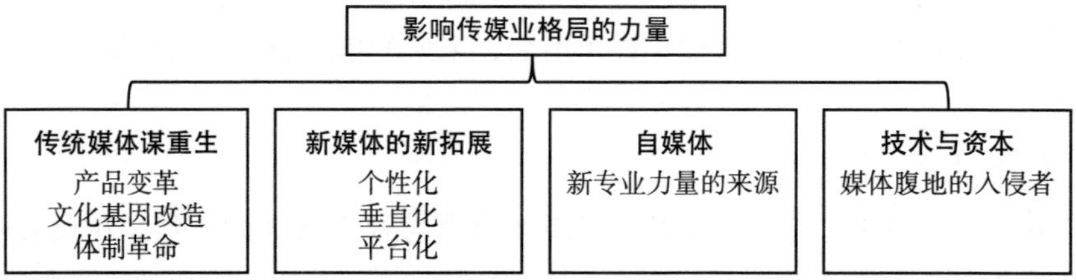

图 7　影响传媒业格局的四个方向

1. 传统媒体谋重生

传统媒体都已经意识到移动互联网是大势所趋，它们也在努力争取跟上移动传播的大潮，这既关系到它们在未来市场中的话语权，更关系到它们自身的生死存亡。但是，对于传统媒体来说，进入移动互联网并不比当年它们进入互联网容易。虽然各个媒体都在做新闻客户端这样的产品，但从新闻客户端产品的市场格局来看，传统媒体仍处于明显弱势。根据 iiMedia Research（艾媒咨询）发布的《2015 年中国移动资讯市场研究报告》，依据活跃用户而进行的中国手机新闻客户端排名如图 8 所示。①

这个排名大致反映了手机新闻客户端的市场格局。其他来源的数据也表明，市场上下载量和用户活跃度排名前几位的新闻客户端，都并非传统媒体的

① 艾媒咨询：《2015 年中国移动资讯市场研究报告》，http://it.sohu.com/20151230/n433029480.shtml。

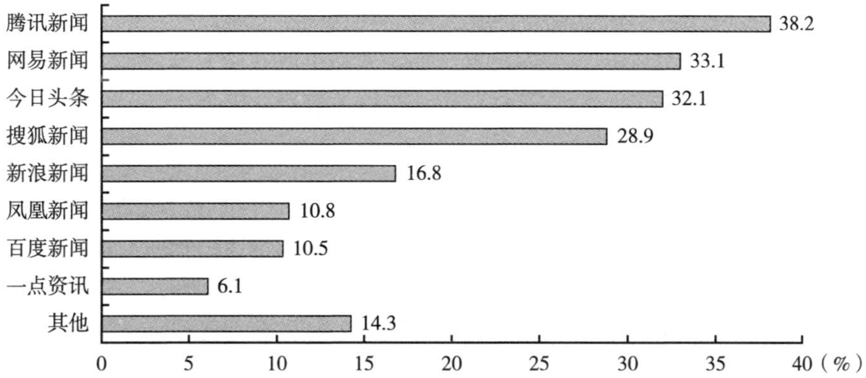

图8　2015 年中国手机新闻客户端活跃用户分布

说明：一个用户或使用多个新闻客户端。

产品。

对于传统媒体来说，仅仅靠做一个内容发布的客户端就想实现在移动终端上的突破，几乎是不可能的。新媒体产品包括接入产品、关系产品、内容产品和服务产品四大部分。这四者形成的合理的产品结构，是内容产品持续发展的基础。内容产品的价值的激发与转化，往往有赖于其他类型的产品。而目前绝大多数传统媒体仍然只是把客户端当作内容产品来认识与经营。而这样的内容产品缺乏其他产品的支持，往往会陷入孤掌难鸣的境地。

在内容与社交关联方面，一些传统媒体的客户端也做出了自己的新尝试。例如，《南方都市报》开发的“并读”新闻客户端，定位于“全球首家‘读者获利’的新闻平台”，提出了让用户在读新闻的同时还能挣钱的理念，即将广告收入中的一部分奖励给用户，以刺激他们更多地参与互动和分享，但此做法的实际效果有待观察。用户参与内容传播的更大动力来自内容本身，在内容生产和加工环节进一步提高内容与用户的共鸣度，是促进内容进入社交渠道的更重要因素。

内容产品与服务产品的关联，也是移动媒体产品发展的一个重要方向。一些媒体的移动端产品，如苏州广播电视台的“无线苏州”等产品，便是在谋求从内容产品向服务产品的延伸。尽管这些产品未必是最成功的产品，但它们的探索具有方向性意义。

要在一个全新的媒体市场中生存，传统媒体需要的是产品思维的更新、产品结构的变革、文化基因上的改造以及体制上的革命，这个过程是一个伤筋动骨甚至脱胎换骨的过程，只有这样，传统媒体才有可能谋重生。

2. 新媒体的新拓展

对于那些没有传统媒体背景的新媒体企业来说，虽然它们多数没有传统媒体面临的那些拖累与束缚，但新媒体快速的迭代，使得任何企业、任何产品都不可能一劳永逸地沉醉在已有的荣耀里。从 PC 时代到移动时代，新媒体的格局也在发生变化，在门户竞争中领跑的新浪，在移动新闻客户端的竞争中已经失去了往日的风光，市场上出现了新的领跑者。

上文提到的调查数据表明，目前用户把移动客户端作为获取新闻的首选渠道，但这并不意味着目前的新闻客户端已是最优模式。目前多数新闻客户端都是门户内容的转型与重组，社交与场景要素的运用仍是短板。社交要素在新闻客户端的应用，不只是意味着用户的评论、分享，还应体现在用户在新闻生产中的更深层参与。而场景要素的应用，则意味着新闻客户端可以针对特定场景进行精确的定向新闻推送。但今天的综合性新闻客户端在这两个方面还没有显著突破。

除了由门户转型来的综合性客户端外，以个性化服务为卖点的新一代新闻产品，已经越来越多地获得用户的认同，个性化信息服务的市场也在不断扩张。这首先表现为产品的多样化，在“今日头条”之后，“一点资讯”“天天快报”等也进入了这个领域。个性化服务的信息源也在扩展，从专业媒体内容拓展到“自媒体”内容。此外，各产品对于个性测量算法也在进行优化，社交数据，成为个性测量的另一个维度。但要准确把握用户个性，相关技术仍有待进一步优化。而如何避免“信息茧房”现象，也始终是个性化信息服务中需要权衡的问题。

在综合性新闻客户端竞争进入白热化阶段时，市场也将出现分化，垂直类资讯客户端将有更大的空间。垂直类客户端不仅仅是内容上的细分，它的发展更需要运营思路的创新，一个可行方向是专业资讯、细分社区与关联服务三者的贯通融合。

从未来发展来看，那些强大的新闻资讯类客户端有可能成为综合性的平台，它们不仅仅完成信息的供给，还可以将社交和各项服务等集成起来。当然，能成为平台的新闻客户端只会是极少数。

3. 自媒体

越来越多的专业媒体人离开了传统的媒体“组织”，加入自媒体浪潮，这使得过去作为“业余”代名词的自媒体，开始有了“专业化”色彩。一批以“内容创业”为目标的自媒体的出现，也促进了自媒体运营的团队化、专业化。专业“选手”的进入，给了业余“选手”更大的压力，这不仅会在整体上提升自媒体的专业水准，也会使自媒体在整个媒体格局中的分量日益上升。

但自媒体本身也面临着不断的大浪淘沙。目前自媒体的主要平台是微信、新浪微博和“头条号”。根据2015年8月腾讯发布的数据，微信公众平台上有超过1000万个公众号①，虽然微信公众号并非都是自媒体账号，但自媒体账号在其中占据了相当大的份额。新浪微博2015年12月发布的数据称，该平台上有230多万个垂直领域专业作者②。2015年9月，今日头条创始人张一鸣对外的公布数据为，今日头条的“头条号”开通以来，有超过3.5万个内容创作者入驻，其中，政府加各类机构超过9000家，签约的传统媒体超过1000家，其余的都是自媒体，数量以每月20%～30%的环比速度上升。③ 这样的竞争局面对自媒体的生存能力是一个极大的考验。

自媒体都是以内容运营为切入点的，但它们中的一些并没有停留在内容运营这个层面。内容运营是自媒体识别其目标对象的方式，通过内容来拢聚可能的社群，对社群进行有效的运营，是很多自媒体的进一步追求。而社群运营的目标不仅是维系社群的活跃度，更重要的是将社群的力量集结起来，让社群变成一种生产力——无论是利用社群进行内容生产，还是集合成员力量进行其他经营。以社群为基础，开展电子商务，也将是自媒体运营的一个重要方向。

政府机构、企业和各类组织经营的“自媒体”，对于未来的媒体生态的作用也将越来越明显。尽管这些自媒体的客观、中立性显然无法与专业媒体相提并论，但它们提供的部分信息也具有公共价值，对专业媒体的内容具有一定补充作用。它们的存在，也使得政府机构、企业和各类组织对专业媒体的依赖度

---

① 《3年公众号已超1000万个微信将推付费阅读》，《南方日报》2015年8月28日。

② 《微博“头部作者”收入超2亿》，http：//news.xinhuanet.com/tech/2015-12/09/c_128514652.htm。

③ 《错过了微信公号不能再错过头条号?》，http：//www.tmtpost.com/1429362.html。

下降。一些机构和企业自媒体，也在进行信息传播的同时，营造着自己的用户社群，形成了自己的小生态系统。

对于专业媒体来说，自媒体不仅是它们的挑战者，也是它们学习与借鉴的对象。自媒体灵活的运营思维、多元的运营模式，在一定程度上，也将是部分专业媒体未来的可能方向。

4. 技术与资本

2015 年，一些原本意义上并非媒体的互联网公司，也在用它们的方式实现着向媒体领域的入侵。

2015 年 Facebook 推出“即时新闻”（Instant Articles）服务，它用自动化的方式优化新闻的表现形式与用户体验，帮助发布者以不同的形式展现他们的报道，媒体发布的内容可以直接推送给 Facebook 用户，用户阅读内容无须跳转到媒体网站。Facebook 称，即时新闻的文章加载速度是普通新闻的 10 倍。虽然号称是一种发布工具，但“即时新闻”把媒体从其自营平台直接引向 Facebook，进一步巩固了 Facebook 作为内容分发平台的地位。2015 年 11 月，Facebook 推出了另一个内容分发工具 Notify。Notify 的功能是将 Facebook 的用户导流到媒体网站，平台广告收入与媒体三七分成，Notify 拿三成。“即时新闻”与 Notify 的双管齐下，使得媒体更难逃脱 Facebook 的渠道控制。

也许是受到 Facebook 的影响，2015 年 9 月，Google 和 Twitter 也宣布将联合推出移动服务“即时新闻”（Instant Articles），只是这个服务不是以客户端方式呈现，而是以移动网页的形式来提供。

2015 年 6 月，苹果公司推出了“苹果新闻”这一新应用，该应用覆盖手机和智能手表等平台。这一应用可以自动实现新闻聚合，定制化阅读，还能把选取的内容直接生成浏览页，形成多媒体互动化呈现等。

与谷歌、苹果及 Facebook 有所不同的是，Twitter 计划推出的名为“闪电项目”（Project Lightning）应用，更多致力于与某一话题与或事件相关的内容聚合，即对于特定主题，自动整合其平台上的推文、照片和视频内容，这使得过去新闻网站所擅长的新闻专题模式受到挑战。

虽然“即时新闻”“苹果新闻”等对中国用户和媒体的影响有限，但“微博”“微信”“今日头条”这样的平台，已经在中国重新定义了新闻分发的渠道。它们也会借鉴国外技术巨头的思路进行扩张，进一步增强其在渠道方面的控制力。

无论是通过大平台来控制内容分发，还是通过工具或应用在内容生产者、平台与用户之间进行“调度”，所有这些过去我们很难简单定位成“媒体”的技术公司的媒体项目意味着，技术性的力量不仅深入了媒体的“腹地”，甚至在以科技之名“改造”着媒体，而其中的一个核心，是内容分发平台的再定义。新的内容分发平台是基于移动端的，集社交、搜索、个性化推荐、智能化聚合等于一体，这些都是传统媒体的短板。因此，媒体之外的技术力量可以在这个方向长驱直入。而媒体要摆脱这些技术力量的钳制，也变得越来越困难。

除了上述技术巨头对新闻分发平台的重定义外，未来物联网领域的技术，也将进一步改写“媒体”的含义，一个万物皆媒的时代将到来。

在技术力量不断向媒体领地渗透的同时，资本的力量也在这一领域长驱直入。2015 年年底，阿里巴巴收购《南华早报》这一事件，引起广泛关注。事实上，这只是阿里巴巴集团在媒体领域诸多动作中的一个。目前，阿里巴巴收购或参股的与媒体有关的公司已达 25 家。一家电子商务企业不断向媒体领域“入侵”，靠的是它强大的资本力量。尽管国外类似情况并不鲜见，但是，在中国，资本进入传媒业还是有诸多限制。而新媒体的发展，导致了媒体之外的资本力量大规模地、强势地进入传媒业。尽管这些投资媒体的企业，并不一定都直接参与或干预媒体的内容生产，但它们对媒体的公共信息生产的潜在影响是不言而喻的。

B.11
2015年中国网络游戏产业发展报告

陈信凌　罗楚颖*

摘　要： 2015年中国网络游戏产业规模持续增长，在文化产业链中有着举足轻重的地位。其中移动网络游戏成为市场的主力军，分工细化催生“网游加速”等新型行业，IP运用逐步普遍化、联动化，自研游戏海外市场高速增长，游戏运营模式向精细化、精准化转变。预计未来网络游戏将加深“影游联动”的融合，新兴游戏或成发展引擎，电子竞技构成新助力，“互联网+”平台铺就新路径。

关键词： 网络游戏　移动网络游戏　影游联动

一　产业发展概述

2015年中国游戏市场实际销售收入达到1407.0亿元，同比增长22.9%（见图1）。受到资本市场的冲击，网络游戏产业的增速虽然有所放缓，但依然保持高速增长。预计这种发展趋势在近年还会持续。

市场实际销售收入与市场占有率　2015年中国网络游戏产业实际销售收入同样保持较强增长力度，网络游戏实际销售收入达到1345.8亿元（见表1），同比增长24.08%，高于中国游戏整体市场的增加幅度。中国游戏海外收入较2014年增长72.4%。

---

* 陈信凌，南昌大学教授、博导，新闻与传播学院院长，教育部新闻传播学类专业教学指导委员会委员；罗楚颖，南昌大学新闻与传播学院硕士研究生。

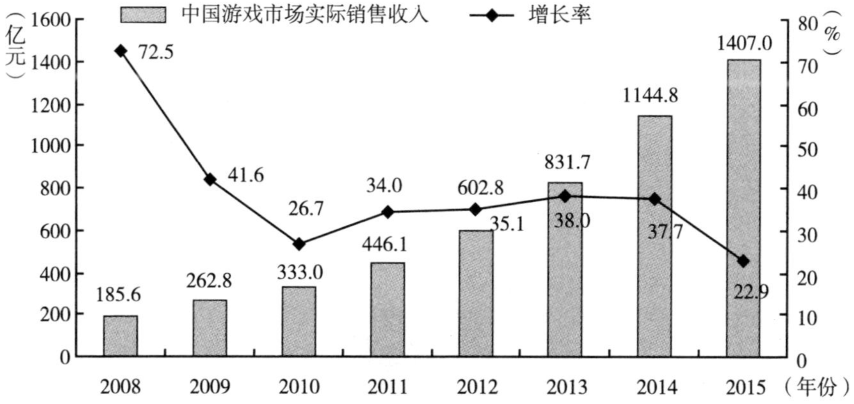

图 1　2008～2015 年中国游戏市场实际销售收入

数据来源：GPC、CNG、IDC，《2015 年中国游戏产业报告》，2015。

表 1　2015 年中国网络游戏细分市场实际销售收入及市场占有率

单位：亿元，%

项　目	市场实际销售收入	市场占有率
客户端网络游戏（以下称"端游"）	611.6	43.5
移动网络游戏	514.6	36.6
网页游戏（以下称"页游"）	219.6	15.6
合　计	1345.8	95.7

数据来源：GPC、CNG、IDC，《2015 年中国游戏产业报告》，2015。

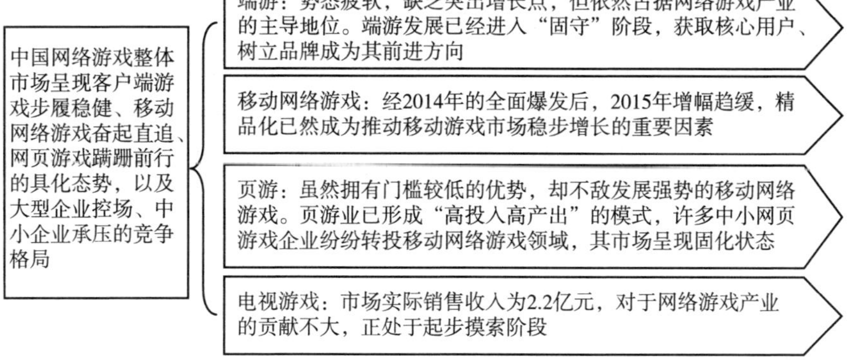

产品数量 移动网络游戏超越页游，跃升为产量最高的细分市场，精品化、联动化发展策略带动其产量稳步增长。一向高产的页游紧随其后，出现逐步向移动网络游戏转变的趋势。端游游戏遵循精品化生存法则，打造优质长线品牌。2015 年网络游戏产出高效，数量庞大，业内景象繁荣，牢牢占据中国游戏市场“头把交椅”。

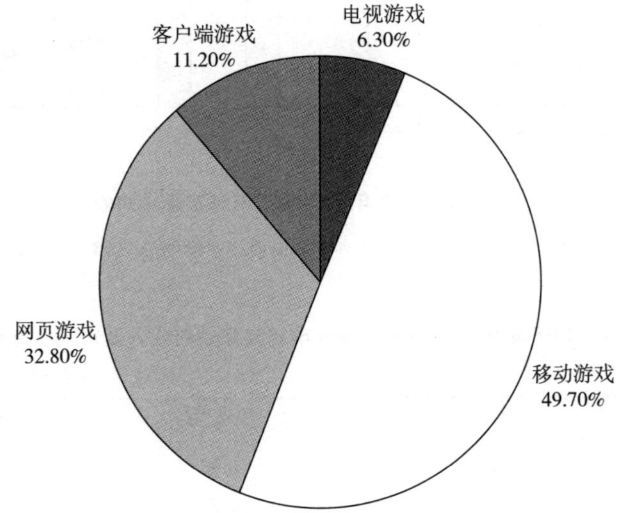

图 2 游戏数量占比

数据来源：GPC、CNG、IDC，《2015 年中国游戏产业报告》，2015。

用户规模 2015 年，中国游戏用户达到 5. 34 亿人（见图 3）。移动网络游戏用户规模达到 3. 96 亿人，同比增长 10. 9%；页游的用户规模保持稳定状态，但过度依靠流量的发展方式为其带来隐患，部分用户逐渐流向移动网络游戏市场。端游的用户规模增速进一步放缓，但是其市场占有率始终居高不下，仍为网络游戏市场的中坚力量。从宏观角度看，中国网络游戏用户规模增幅趋于平缓，结构进一步合理化，诸如二次元群体等一些特定的用户群体也得到覆盖。

二 中国网络游戏产业热点

1. 移动网络游戏成为主力军

移动网络游戏经过 2014 年的高调爆发后，发展速度趋于平缓，整体进入

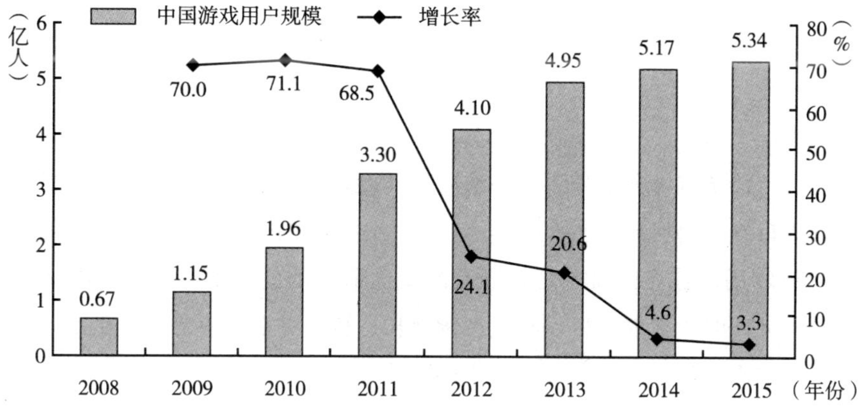

图3　中国游戏用户规模及增长率

数据来源：GPC、CNG、IDC，《2015年中国游戏产业报告》，2015。

理性发展阶段。荷兰市场研究公司Newzoo发布的关于2015年移动游戏市场的报告指出，2015年全球移动游戏市场收入规模超过300亿美元，而中国市场收入规模已升至全球第一，全年总收入达到65亿美元，等同于整个北美市场的收入，同比增幅为46.5%。①

2015年，网络环境的改善为移动网络游戏的发展提供有力条件，CP（Content Provider，内容提供商）将有更多空间对产品进行优化升级，手机网络游戏（以下简称“手游”）已经成为市场的弄潮儿。游戏厂商方面，传统端游大厂全面将重心转移到移动网络游戏领域，全年腾讯、网易、完美、盛大等七大厂商共推出超过150款手游作品。② 游戏类型方面，由中小厂商引领的手游细分领域热点频出，二次元游戏、军事策略游戏、独立游戏、女性游戏等细分类型均表现出色。此外，随着Flash AIR与Html 5的发展完善，轻量级移动游戏在技术层面有了更为广阔的发展空间，而PhysX物理引擎的引进，也使得物理游戏成为移动网络游戏中重要的细分游戏类型。游戏时间方面，中国手游玩家游戏时间碎片化特征有所改善，日均使用时长大于30分钟的玩家超过

① Newzoo：《2015年中国移动游戏收入65亿美元　全球第一》，游资网，http：//www.gameres.com/478555.html，2015年12月23日。

② DataEye：《2015年中国移动游戏行业年度报告》，2015。

30%，日均游戏次数超过3次的玩家接近40%。随着用户在移动端使用时长和行为的重度化，高ARPU（Average Revenue Per User，每用户平均收入）值的角色扮演、动作等重度游戏兴起，移动网络游戏已成为推动整体市场增长的核心动力。

当前，传统端游和页游逐步加快向移动设备迈进的步伐，对移动网络游戏来说，人口红利仍有可挖掘的增长空间。通过精准化运营、技术创新研发及IP可持续利用，游戏厂商在延长既有游戏生命力的前提下，持续推出高品质游戏。与此同时，智能手机保有量持续增长，智能终端加快普及，移动用户渗透率不断提高，移动游戏已经对客户端游戏市场的增长造成一定影响，未来将形成“智能手机+智能硬件+APP+云端数据”的一体化生态。① 在客户端游戏发展步履缓慢的情况下，移动网络游戏的市场占有率有望超过客户端游戏。

2. 分工细化催生新型行业

网络游戏行业具有技术密集、更迭迅速、创意驱动的特点。由于日益增加的用户需求，市场对于研发技术的要求越来越高。

在网络游戏开发与改善的进程中，由于平台的多元化与内容的实效性，需要多种尖端技术支持，例如实时图像渲染技术、实时物理技术、人工智能模拟技术、计算机通信技术等，进而催生了一批分工细化的行业，如研制核心组件的游戏引擎公司、用于改善用户网络情况的“网游加速”公司，提升游戏视觉效果的美工团队以及提供服务器资源的宽带运营商等，各式公司通功易事，可谓人尽其才、物尽其用。与引进国外引擎或使用开源引擎相较，自主研发引擎具有更广的扩展性与更强的灵活性，游戏公司可依据自身特点，对游戏引擎加以改造，将其适配至不同游戏终端。近年国内出现了诸如Fancy3D、Cocos2d-x等优秀的本土引擎，挣脱了技术受限的樊笼；其中，为了保障用户在游戏中能够得到优质体验，国内成立了多家“网络加速”公司，如迅游科技、27代理、Xrush等。值得注意的是，迅游科技于2015年5月27日凭借其“网游加速”的最新概念，挂牌创业板成功上市。②

① GPC、IDC、CNG：《2015年中国游戏产业报告》，2015。

② 《迅游科技创业板上市　互联网创造奇迹》，新浪游戏，http：//games. sina. com. cn/wlyx/wyyxgf/2015 -05 -29/doc -iavxeafs8282853. shtml，2015年5月29日。

在催生新型行业的同时，分工细化也带来了产业成本攀升的问题。由于几个主要细分市场都已经完成了早期粗放发展阶段，市场留给新产品的市场空间有限，对产品品质和推广的要求都较以前大幅提高。这便推升了游戏经营成本。① 新型行业势必要求新型研发团队，这无形中也加快了行业的人才流动，从而加大了人力物资的投入。而在高速运转的网络游戏市场，随着游戏运营精细化的趋势，往往需要更长的周期来检验游戏质量，继而获得市场保障。同时，为降低失利风险，游戏厂家也通过多种“高价战术”推广游戏，如运用IP、投放广告等用以拓宽渠道的方式，这也加重了游戏的运营负担。

3. IP运用普遍化、联动化

2015年，网络游戏行业逐步迈向稳健的发展方向，IP也进入可持续发展的阶段。据泛娱乐数据服务商DataEye公布的数据，在移动网络游戏中，IP手游占比高达41%，在其IP来源中经典游戏及其背景占比达到41%，其次是动漫、影视、网络小说和综艺节目。② 在IP领域，主流厂商开始进行深度挖掘，将IP价值最大化，更将辐射圈扩散至其他互联产业。2015年蓝港互动集团制定了“无IP不游戏”的策略，推出了《后宫甄嬛传》《芈月传》《蜀山战纪》《白发魔女传》《雏蜂》等几款顶级IP大作，将小说、漫画、影视全方位覆盖。③ 天象互动推出的《花千骨》采取多方联动的方式，在同名电视剧更新期间强势上线，成为了一款月流水过亿元、拥有极高热度和好评的现象级手游作品。盛大游戏则围绕《热血传奇》《传奇世界》《龙之谷》等知名游戏IP，以文学、影视、动漫等不同形式开始了这一运营思路的探索。

值得警惕的是，随着IP在网络游戏行业中的泛滥使用，不少游戏呈现出“效率市场”特征：其一，产品研发周期压缩、数量呈爆发性增长，反复加工同一IP使得游戏题材大同小异、良莠不齐，造成业内资源浪费；其二，大量游戏厂商依赖市场既有IP，缺乏创新能力，自有IP数量有待提高；其三，IP领域依然存在恶性竞争现象，侵权、抄袭与盗用IP行为屡禁不止，造成部分游戏产权混乱。

---

① GPC、IDC、CNG：《2015年中国游戏产业报告》，2015。

② DataEye：《2015年中国移动游戏行业年度报告》，2015。

③ 《资本寒冬、IP大战看2015年各大游戏公司的起起落落》，腾讯游戏，http://games.qq.com/a/20151224/019272.html，2015年12月24日。

4. 自研游戏海外市场高速增长

《2015年中国游戏产业报告》显示，中国自主研发网络游戏（以下简称“自研游戏”）的市场实际销售收入达到986.7亿美元，占中国网络游戏市场实际销售收入的73.3%，同比增长35.8%（见图4）。

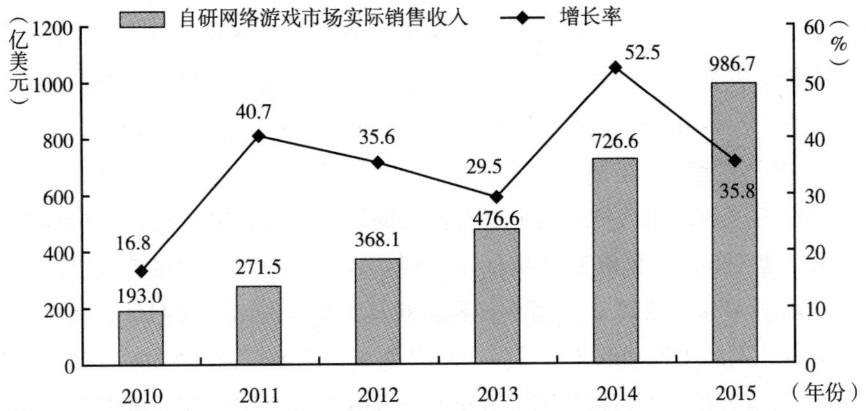

图4 2010～2015年中国自研网络游戏市场实际销售收入及增长率

数据来源：GPC、IDC、CNG，《2015年中国游戏产业报告》，2015。

2015年中国自研游戏在海外市场取得了十分亮眼的成绩，实际销售收入达到53.1亿美元，同比增长72.4%（见图5）。

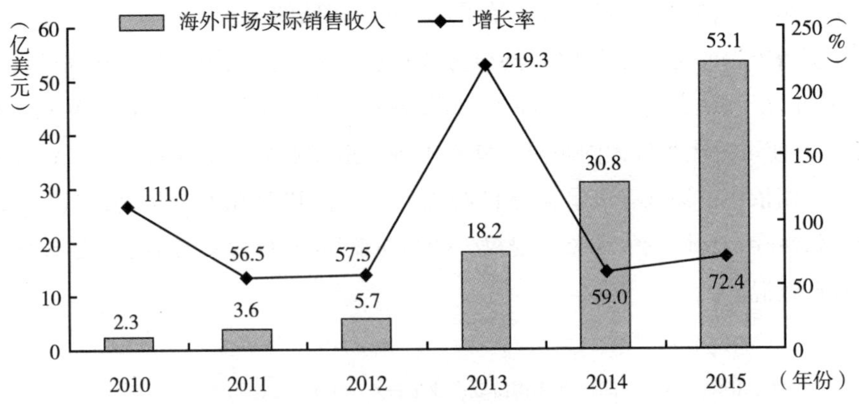

图5 2010～2015年中国自研游戏海外市场实际销售收入及增长率

数据来源：GPC、IDC、CNG，《2015年中国游戏产业报告》，2015。

通过“中国民族网络游戏出版工程”计划，国家新闻出版广电总局引导大批自主研发游戏步入市场，增强了本土竞争力。由此，2015 年中国游戏公司赢得大量海外市场机遇，自研网络游戏的海外市场规模不断扩大，呈现出“保东南亚争美欧”的发展趋势。同时，市场上出现一批以出口海外为导向的游戏公司，如成都尼毕鲁、智明星通等，这批公司的海外市场收入大幅超过国内市场收入。①

5. 游戏运营模式精细化

网络游戏的精细化运营包含游戏品牌构建、游戏影响力维持、游戏体验提升等方面，实现了客户链式反应增值，完成了用户与游戏厂商的双向互动。

一方面，游戏研发商以大数据为载体，通过智能识别用户爱好，精准用户定位。研究者认为，通过对数据的分析挖掘，能够深入了解玩家画像，在游戏运营的新增、活跃、留存、转化、收入各个环节都具有重要作用。在营销方面，解析人群画像便于精准 DSP（Demand-Side Platform，需求方平台）投放；在运营方面，发掘用户的行为偏好利于细分用户，从而进行精确的数据化运营；在产品方面，数据分析助益游戏商获得用户反馈，以及时优化产品，从而实现提升游戏留存，降低流失的目的。② 具体而言，针对一个新上市的游戏，研发商第一时间联合运营商对游戏背景做先期预热，包括品牌 PR（Public Relations，公共关系），开设论坛，建立官网、微信、微博整合营销等线上推广活动，进而吸引更多的用户关注游戏。中后期开展拉动新增用户和提高用户留存率的运营策略，如扩充游戏素材、策划优惠活动、优化技术细节，并做出竞争者分析与消费者分析，准确地把握市场变化和客户需求，最终实现营销转化。

另一方面，游戏研发商抓住用户的审美趣味与情感认同，在改进游戏的同时推出主题曲、网剧与微电影等周边影视作品，并举办线下活动提高玩家忠诚度，意在从多方面、多角度、多平台塑造游戏品牌形象。能够长期屹立不倒的游戏必定不是流水产品，而是能够激发玩家共鸣的佳作。部分网络游戏主打“中国风”，从游戏精神至衍生产品始终贯穿人文情怀，大力推广中国文化与

---

① 《游戏工委：上半年游戏销售突破六百亿　海外收入高速增长》，中国新闻网，http://www.chinanews.com/it/2015/07-30/7437842.shtml，2015 年 7 月 30 日。

② 《关于与数据共舞·畅谈中重度网游精细化运营沙龙的那些事儿》，91 手游，http://game.91.com/chanye/news/21910482_2.html，2016 年 1 月 11 日。

古典内涵，成为享誉业内外的口碑品牌。另外，根据大数据统计，游戏用户的好友数量与游戏玩家在线时长成正比，在游戏中形成的虚拟社交圈能够提升用户的认同感、归属感，延长游戏生命周期。

三　中国网络游戏产业发展预测

1. 影游联动深度融合

业内一致认为，中国网络游戏的千亿市值联合影视行业庞大的发展规模将带来不可估量的市场收益（见图6）。网络游戏与影视行业的融合由来已久，随着泛娱乐产业的不断推进，大量 IP 与网络游戏联动合作，这些 IP 包括娱乐明星、动漫小说以及各类影视剧作等。仅 2015 年前三季度，涉及“影游联动”的资本收购、并购案例已达十多起，总金额超过百亿元，影视与游戏合作已成为互联网时代文化产业的增长动力。

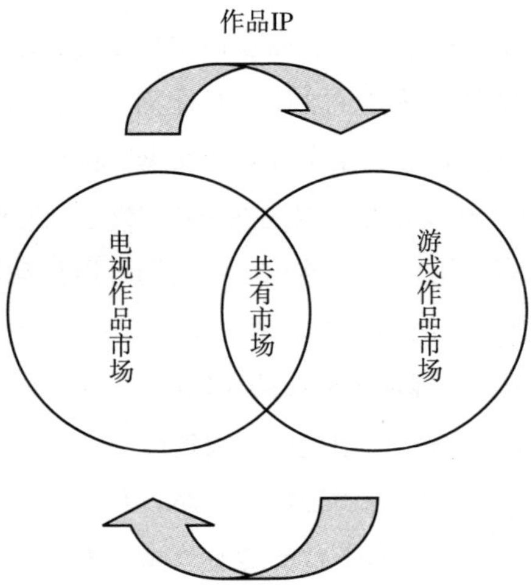

图6　影游联动示意

资料来源：《解读：“影游联动”榨取 IP 的全部价值》，多玩游戏网，http：//newgame. duowan. com/1511/312220196378. html。

泛娱乐产业在 2015 年继续深化，游戏、动漫、影视的叠加效应和联动推广，带动更多 IP 粉丝流入并发挥粉丝经济效应，游戏流水趋高。但目前市场上成熟的IP数量仍然有限，IP效应若要实现可持续性，则需要厂商合理有效地挖掘既有IP，并长期培育新IP。同时，几款“影游联动”较为成功的产品都存在后继乏力的问题。根据2015年应用雷达的数据统计，《花千骨》手游在电视剧收官后收入排名出现了明显下滑，而《十万个冷笑话》经过大半年的市场更迭后，从游戏畅销榜第八名跌至百名之后。

对此，有研究者认为，“影游联动”这一概念可能在2016年下半年进入全面爆发期。一是因为资本的大量注入，游戏的质量和推广的力度会有大幅度的上升；二是融合经验的不断提升，经接近一年的尝试和磨合，各大厂商慢慢会找到“影游联动”的最佳方式。① 最为典型的案例便是游族网络，继2014年拿下《三体》改编版权后，游族网络开始着手生产同名手游、页游、电视剧、网剧等一系列产品，2015年《三体》斩获雨果奖后，游族网络宣布免费开放《三体》IP合作，力图构建影游新生态，培养出划时代的大IP。

各大游戏厂商的举措已经有力地佐证了未来“影游联动”的繁荣景象，网络游戏产业将联合其他文创领域，跨媒体、跨行业、跨平台多方合作，形成一条围绕泛娱乐的文化产业链。

2. 电子竞技构成新助力

2015年，无论是传统的客户端游戏，还是来势凶猛的移动网络游戏都显现竞技化趋势，产生了大批以竞技为主题的游戏，如《全民超神》《乱斗西游》。Newzoo发布的《2015年全球游戏市场报告》显示，2015年中国电竞市场收入预计可达3670万美元，首次超过韩国成为亚洲电竞新霸主。相比于韩国，中国的市场体量更为庞大更具前景，全球电子竞技产业的重心从韩国向中国转移的趋势无可逆转。②

自亚马逊2014年以9.4亿美元收购游戏巨头Twitch公司后，致力于电竞游戏直播的视频平台便成为网络游戏行业中极为重要的一个环节，摇身一变为全球风险投资界的宠儿。在国内市场，仅2014年便出现包括斗鱼、战旗、龙珠等视频直播平台在内的数宗千万元级融资案。而2015年被称为游戏视频直

---

① 《“影游联动”概念大热　2016年下半年或为爆发期》，一游网，http：//www.eeyy.com/chanye/20151103/67374.html，2015年11月03日。

② 《WCA2015，以创新驱动的中国电竞新文化》，搜狐网，http：//mt.sohu.com/20151224/n432433347.shtml，2015年12月24日。

播元年，一系列游戏直播平台涌入公众视线。2015 年 9 月，普思投资董事长王思聪投资成立游戏直播平台熊猫 TV，以期通过熊猫 TV 连接游戏、娱乐、体育等产业，加快布局泛娱乐 O2O 市场的步伐。

电子竞技有助于深度挖掘游戏用户的价值，促进游戏运营。局限于盗版问题和创意匮乏，而一直无法在动漫、玩具等传统周边市场上有所突破的游戏行业，已经找到了一片蓝海。更具说服力的是，国家体育总局信息中心宣布将于 2016 年举办首届全国移动电子竞技大赛（CMEG），力图建立标准化的移动电竞赛事体系。未来，随着电竞市场资本介入程度的加深，中国电竞行业将成为一个具有无限潜力的黄金市场。

3. 新兴游戏或成发展引擎

2015 年初步形成了一批新兴的游戏细分市场，其中又以 Html 5 游戏与电视游戏为行业翘楚。

Html 5 游戏方面，白鹭、触控、layabox 等科技公司发布了多个针对 Html 5 游戏研发的引擎，腾讯等游戏发行商也适时接轨，开放了针对接口，为其发展提供了平台化条件。目前已有越来越多的手机浏览器、应用商店和超级 APP 都实现了导入用户的功能，赢利增长势头迅猛。以腾讯为例，QQ 浏览器、QQ 玩吧均接入了手机页游入口。相关研究者表示，Html 5 游戏市场将在 2016 年实现爆发，突破 10 亿元规模。①

电视游戏方面，由于国内电视游戏起步较晚，故其潜在用户数量巨大。基础技术的不断发展使得电视游戏软硬件便于同时布局，多领域企业跨界参与研发。业内巨擘阿里巴巴集团旗下拥有众多网络高清电视机顶盒，例如天猫魔盒、云盒联盟。通过这些平台，用户可以观看海量影视内容，还能享受到启蒙幼教、淘宝购物等服务。② 此外，乐视在 2015 年 7 月为其智能电视配置了体感枪，以便部分类型化玩家能够找到体感，继而开启轻度游戏市场。但体感设备本身版权的代理费用高昂，同时需要在全国建立服务器，搭建云游戏平台，故此尚处在探索阶段。在中国网络游戏产业发展过程中，电视游戏将成为重点培育对象。

---

① 《H5 游戏玩家抱团触控和白鹭达成战略合作》，搜狐科技，http：//it. sohu. com/20150808/n418420659. shtml，2015 年 8 月 8 日。

② 《阿里试水电视游戏，打造全新家庭娱乐新生态》，逗游网，http：//www. doyo. cn/article/231747，2015 年 12 月 28 日。

智能电视、智能盒子的快速普及，为电视游戏带来新的契机。可穿戴智能设备、VR（Virtual Reality，虚拟现实）设备、AR（Augmented Reality，现实加强）设备等相关硬件的发展，为下一阶段游戏产业发展提供了新的方向。[①] 以 Html 5 游戏与电视游戏为代表的新兴游戏无疑会成为未来市场的发展引擎，持续推动资源优化整合。

① GPC、IDC、CNG：《2015 年中国游戏产业报告》，2015。

B.12
2015年中国在线视频产业发展报告

摘　要：2015年，中国商业在线视频产业正式从"群雄逐鹿"进入"三足鼎立"的时代。伴随着用户数量的增长，网络视听节目类型也不断丰富，原创作品数量节节攀升，市场继续保持高速增长态势。本报告结合相关数据，对产业发展进行解读，并对热点问题进行探析。

关键词：在线视频　网剧　移动视频

2015年在线视频产业发展综述

周逵　苗伟山　张琛*

2015年，爱奇艺、合一集团、腾讯视频三强领跑的现状已经确立，这三家公司一方面进军影视上游产业，介入影视制作的全产业链当中；另一方面在深挖知识产权（IP）内容优势的基础上，开发游戏、动漫等各项业务，实现衍生价值的延伸。

一　产业数据解读

2015年，中国网络视听产业已成为中国互联网行业"生态最丰盈、活力最丰沛"① 的领域。据中国网络视听节目服务协会数据统计，网络音视频作为

* 周逵，中国传媒大学新闻传播学部电视学院副教授；苗伟山，中国社会科学院新闻与传播研究所助理研究员；张琛，清华大学新闻传播学院博士研究生。

① 蔡赴朝：《开创中国网络视听产业繁荣发展的新局面》，第三届中国网络视听大会，2015年12月3日。

互联网流量贡献率最大的应用领域，已经占到总流量的70%以上。

网络视频用户规模：截至2015年6月，网络视频用户规模达4.61亿人，用户使用率为69.1%，比2014年底上升了2.4个百分点，是仅次于网络音乐的第二大休闲娱乐类应用。从用户规模的增长率来看，2009~2013年，网络视频用户规模增长率均在15%~20%，尽管近两年的增长速度有所放缓，但仍是稳中有升（见图1）。

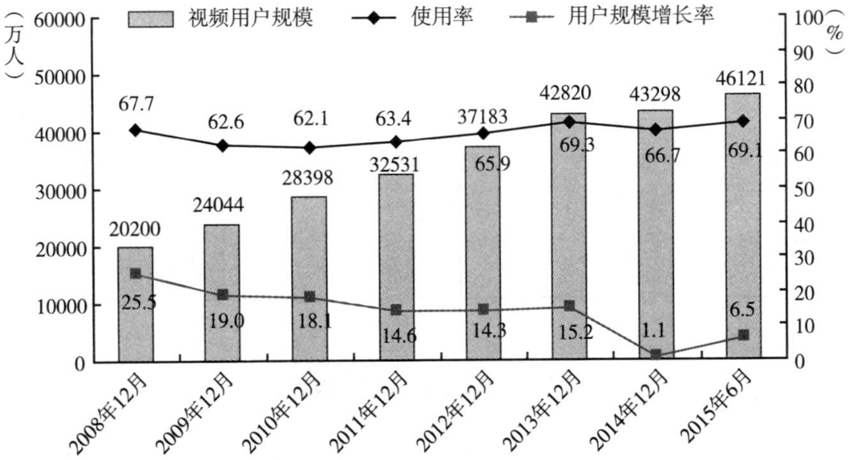

图1　中国网络视频用户规模和使用率

数据来源：中国互联网络发展状况调查统计。

网络视频用户特点：男性占56.4%、20~39岁年轻用户占六成以上，大专及以上学历用户占24.1%、白领占28%，月收入5000元以上的用户占27.9%，与整体网民相比，呈年轻化、高学历、高收入的特征。

手机网络视频用户规模：截至2015年6月，用户规模为3.54亿人，使用率为59.7%，比2014年底增长了3.5个百分点，手机视频用户的增长依然是网络视频行业用户规模增长的主要推动力量。手机网络视频用户在2012年、2013年得到迅猛增长，2014年用户达到一定规模后，增速放缓，但增长率仍保持在10%以上。①

① 《2015年中国网络视听发展研究报告》，第三届中国网络视听大会，2015年12月。

网络视听产业的营收规模：根据狭义统计口径（即仅计算以内容为核心的前后向收入），营收规模已达531.5亿元（见图2）。该数字比2014年的388.6亿元增长36.8%，增幅略有下降，但比2013年的254.2亿元增长了一倍。其中，网络视频作为网络视听业的核心业务几乎占据了半壁江山，市场规模同比增长50%，首次超过350亿元大关。①

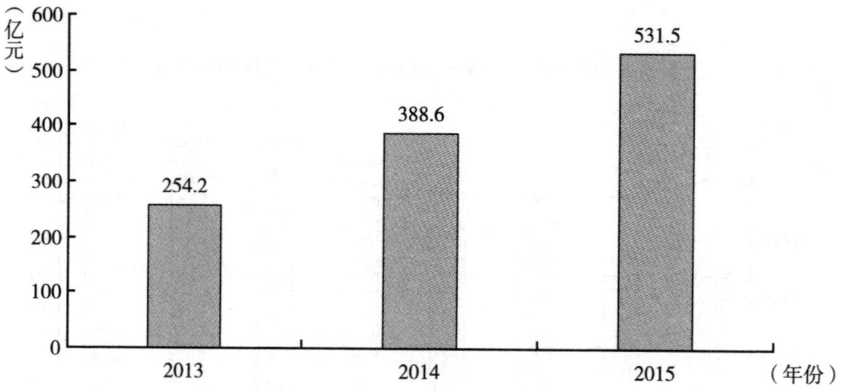

图2　网络视听产业的营收规模

网络视频广告：在营收中，广告收入占据了网络视听收入的主体。据估算，2015年网络视频广告市场大概为200亿~250亿元。CNNIC预估2015年中国网络广告市场规模为1987亿元，其中网络视频广告规模247.9亿元，增幅超过30%，是全国网络广告市场增长幅度最快的应用领域（见图3）。值得一提的是，2015年，网络视频付费市场发展迅速，有17%的用户有过付费看视频的经历，这一增长益于优质内容的推动。

二　传统广电媒体的转型解析

在线视听产业发展格局中不可回避的一组竞合关系是新兴网络视听传播机构与传统广电媒体的关系。截至2014年11月，全国共有28家省级以上（含

① 《2015年中国网络视听产业营收超530亿元》，新华网，http://news.xinhuanet.com/newmedia/2016-01/08/c_134991139.htm。

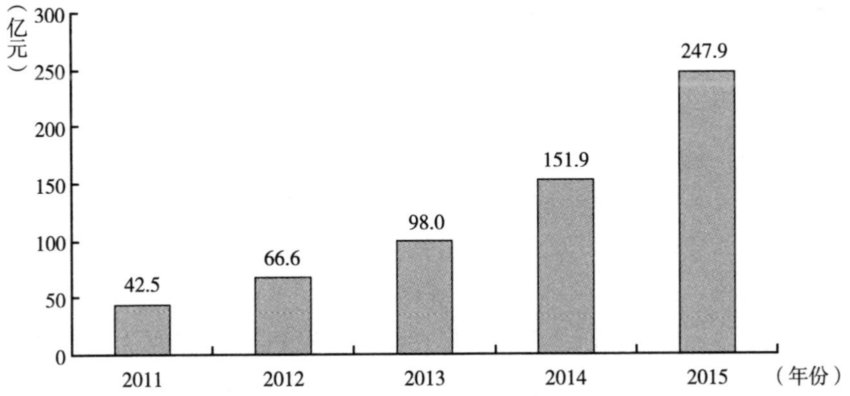

图3　2011～2015年在线视频广告收入

省级）广播电视播出机构获准开办网络广播电视。正如所有传统媒体机构面临的共同困境一样，传统广电媒体也面临着机制、体制、人才队伍、内容研发等诸多滞后。但在广告市场面临萎缩与“媒体融合”的国家顶层设计要求下，转型成为各传统广电媒体的必答题。

目前的媒体融合主要停留在业务层面，旧有管理体制难以与深化融合相适配。增设新媒体部门，开展新媒体业务，这种“做加法”的方式很难触及融合发展的深处。在传统的部门式分工和层级式架构中，部门之间协作障碍，资源难以整合，各渠道各平台之间各自为战，难以形成高效的生产系统和立体的传播体系。传统的管理和考核体系，也很难激活从业者投身媒体融合的热情。所以，内在体制与外在形式如何一体化地走向融合，目前需要进行重点思考。从投资和回报层面，媒体融合的投入与收益不成正比，难以实现可持续的发展。目前各媒体为融合发展进行大力探索，投入了巨大的人力、物力。在经营收益上目前还没有形成稳定的、可持续的发展模式。媒体融合如何实现“自我造血”，投入与产出如何取得平衡，短期效果如何固化为长期收益，是必须攻克的难题。①

央视以建设国际一流的新型主流媒体为总目标，探索“电视+”与“互联网+”的契合点，以新闻为龙头、视频为核心、用户为中心，努力走

① 高晓虹：《发问媒体融合的深化发展》，第三届中国网络视听大会，2015年12月4日。

出一条具有央视特色、体现国际水平的媒体融合发展之路，提升主流媒体的影响力和竞争力。央视近年来在战略思路上加快四个转变：（1）从覆盖优势向受众优势转变；（2）从数字化成果优势向传播力优势转变；（3）媒体优势向平台优势转变；（4）从安全管理优势向全媒体融合管理优势转变，在融合发展中赢得广电媒体发展的新优势。以央视新闻为龙头，拉动系列产品集群。尝试事业体制与企业体制相互支撑，探索体制融合。以“看得见的新闻”为特色，推出“微观系列”独家微视频产品，这些产品不是简单地从电视上搬到手机上，而是根据新媒体的特点定制。以“9·3 胜利日”为例，专门为新媒体提供独家信号，微观大阅兵这个产品在境内外播放总量超过 1 亿次。①

省级卫视的转型之路中，目前领先的代表是湖南卫视。作为拥有诸多自产内容优势资源的传统强势媒体，湖南卫视也经历了转型路径的纠结期：究竟是选择自造平台，还是定位自身为内容提供商。而优质内容的巨大市场价值让湖南卫视意识到自制平台的重要性，整合了旗下所有的新媒体业务，打造以芒果 TV 为品牌的新媒体，展开与互联网企业的正面竞争。他们率先启动了芒果 TV 的独播战略，自有版权暂时在一定时间内不再向社会视频媒体分销，只在自主网络视频、IPTV、互联网电视、移动电视、移动手机端等平台上播出。这被看成是电视台对网络媒体的成功逆袭，也受到业界的高度关注。在独播后一年多，芒果 TV 已实现全平台日均活跃用户超过 3500 万人，日点击量峰值突破 1.37 亿人，移动端以每月 10%、日均新增 30.3 万人的增速累计下载突破了 2 亿人次，它的成长速度比较快，比如积累 1 亿用户的时间比微信少了 103 天。

三　在线视频产业热点解析

1. 自制：网剧 + 综艺

视频行业 2015 年关键词不外乎“网生”。所谓“网生”主要指视频网站推出独家制作的节目内容。2015 年视频网站自制内容投放约 20 亿元，最主要

① 袁正明：《国家电视台的媒体融合创新》，第三届中国网络视听大会，2015 年 12 月 3 日。

的体现在影视剧的生产上。从2015年全年数据看，共上线约300部（4000集）自制剧，这与在“一剧两星”影响下的卫视黄金档相比，超过全年全国卫视新剧首播总量。2009年和2010年，优酷率先引入自制剧战略；2011年土豆实行“橙色盒子”计划，诞生了《欢迎爱光临》。自制剧产量最大的莫过于爱奇艺和乐视网，如爱奇艺《废材兄弟》《你好外星人》《灵魂摆渡》，以搞笑轻松的风格吸引了大量受众。2012年搜狐视频推出的《屌丝男士》真正让自制剧这一形式成为受众的点击习惯。2013年最出彩的当属优酷播出的《万万没想到》。2014~2015年这两年，视频数量激增，2014年突破1400集，2015年更是增至4000集。2015年的网络自制剧不仅在数量上呈现出爆发态势，在质量上较之以往也有明显进步。

2015年的在线视频自制中，综艺节目的议论热度和吸金能力都成为重要业务之一。自制综艺节目虽还是新生力量，但是已有鲜明的定位特色。素人真人秀迅猛发展占据绝对主力，音乐、偶像养成、明星真人秀也都聚集了收看群体。以年轻受众为主体的综艺节目，走上了明星和话题双效果的道路，并且在随视购、弹幕等平台延伸。

在数量上，爱奇艺和腾讯在2015年分别推出9档和6档节目，优酷土豆和乐视以2档节目紧随其后，搜狐视频也以1档自制综艺节目占据此业务市场。TOP20自制综艺节目单节目播放量平均达3.67亿次。腾讯视频的《我们15个》凭借6个月的超长播放周期及联动的宣传攻势，共赢得超8亿次的播放量；爱奇艺的《我去上学啦》通过发挥“台网联动”的优势，以及超强明星阵容，使得整体播放量位列第二；《奇葩说2》因其个性独特的辩手和辛辣的辩论话题，获得6.2亿次的累积播放量。总体上来说，自制类型中，网络综艺相较于自制剧有着更大的自由度，凭借互联网元素和移动硬件的普及，其影响力和热议度已直逼卫视综艺节目。

2. 大电影：强IP+大数据

2015年在线视频行业介入其中，将IP作为一种资本，介入大电影的各环节中，以此构建更为完善的产业链。

腾讯是对IP产业介入较早的公司，腾讯成立的阅文集团独占大量IP资源，这为其进一步开发影视业务提供先占优势。从2014年的相关数据便看到，被收购为影视版权的网络小说多达114部。到了2015年，抢购风潮带来了天价收购价格，有些知名作者的影视剧版权价格甚至达到500万元以上。通过IP的购入，由视频网站成立的影业公司牵头，利用大数据技术进行电影产业的开发，这是2015年在线视频企业参与电影产业链的新特点。在剧本的创作阶段和制作过程中，借助视频平台上沉淀的大量用户数据，对生产提供科学数据的参考。

优酷土豆成立的合一影业在2015年参与出品的《少年班》《三只小猪与神灯》《栀子花开》《少女哪吒》《捉妖记》等影片涵盖了年轻群体的所有喜好类型。在早先公布的“UP2015”计划中具有代表性的热门IP电影《栀子花开》，其预告片在优酷土豆首发后即获得破百万的播放量。2015年，乐视影业依然走的是“互联网+电影”的路线，《小时代》系列、《熊出没》《消失的凶手》等作品，都是立足线上精准营销和服务，与线下影院进行深度合作，并且对接乐视3D超级电视业务，实现电影发行的O2O模式。由于企业本身所拥有的互联网优势，乐视影业更加注重在前期加大宣发力度，影片平均前期费用占整体宣发费用的3%~5%。

当然，随着IP的价值不断提升，市场上也出现了许多打擦边球的“伪IP劣质品”。此类产品利用正版作品创作的时间窗口，以低成本拍摄制作后迅速推出，追逐低端市场，有些播放量相当高，因此能分到不菲的付费分成。但长此以往，可能会造成劣币驱逐良币，失去的是付费用户的信任和版权所有人的利益，因此，需要监管部门对此类伪作出台管理措施。

3. 直播：音乐+主播

2015年，视频网站更注重在直播这一形式上的突破，这不仅可以拓宽赢利方式，还能在短时间内收获巨大的影响力。在音乐方面，主要直播平台乐视和腾讯多采用“免费”+“收费”两类模式。用户在线观看演出会的同时，可以使用视频网站特有的功能，如弹幕、送鲜花等虚拟道具进行互动，而这也将产生部分收益。截至2015年底，乐视音乐直播数超300场。2014年下半年，成功将张惠妹、莫文蔚、蔡依林等歌手的演唱会进行互联网同步直播。截至2015年下半年，腾讯视频的LiveMusic就已经实现点播量超6亿次的成绩，覆盖人数超过4000万，直播了超过55场在线演唱会。腾讯视频在线演唱会平台LiveMusic飞速发展。在该平台上，已经直播过BigBang、TFboys、华晨宇、张震岳等歌手的演唱会。表1以腾讯视频LiveMusic为例予以说明。

表1　2015 年腾讯 LiveMusic 直播演唱会（部分）

时间(2015 年)	演唱会	收效(以直播时数据为准)
12 月 26 日	SNH48 第二届年度金曲大赏	超过 196 万粉丝在线观看
12 月 25 日	PSY 首尔奥林匹克公园“All Night Stand”	超过 234 万粉丝在线观看
10 月 25 日	BigBang 澳门演唱会	12 万付费观众观看
8 月 15 日	TFBoys 两周年演唱会	超过 317 万粉丝在线观看
2 月 28 日	李易峰“峰狂 2015FANSMEETING”演唱会	在线网友达到 219 万,网友互动参与歌曲支持的数量突破 117 万

数据来源：公开资料所得。

2015 年的视频直播行业中有两类成为焦点：一种是主播唱歌、跳舞陪聊为特色的网站，如网易 BOBO、YY 等；另一种是以游戏直播为主的视频平台，如斗鱼 TV、战旗 TV 等。秀场直播的模式在近几年逐渐受到关注，尤其是在 2015 年，该业务成为互联网企业战略调整的重点。在视频直播行业中的游戏平台，也成为 2015 年的爆发口，尤其在电竞行业。此前优酷已经培养了最早的一批游戏主播，斗鱼 TV、战旗 TV 发展起来后，游戏主播一下成为直播行业的热点，2015 年《英雄联盟》和《DOTA2》两款知名 MOBA 游戏的赛事，把此类业务推向顶峰。综合来看，伴随着高薪和知名度的双重诱惑，为了获得高收视率，2015 年也发生直播不良内容的监管漏洞，所以下一步相关的法规条文也亟待出台。

从目前的情况看，在线视频直播的发展与付费市场的逐渐成熟有关，毕竟高昂的演唱会成本也需要视频平台来实现成本摊销。爱奇艺数据研究院根据各视频网站公开数据，以及对艾瑞、CNNIC 等权威机构提供的数据进行整理分析，发布的《网络视频个人付费行业白皮书》显示，2014 年初至 2015 年初，中国视频个人付费市场规模从 2.1 亿元成长到 5.9 亿元，年度同比增幅高达 180.9%；与此同时，网络视频行业收入主体结构中，用户付费比例逐年递增，截至 2015 年一季度，占比已达 11%。中国视频行业用户付费市场已经步入快速增长期，并且增速迅猛，这为下一步在直播中推广付费业务提供了坚实基础。

4. 生态圈：移动视频 + 硬件

2015 年，各视频网站加入构建自己“生态圈”的建设上。乐视要建立“平台 + 内容 + 终端 + 应用”的垂直生态产业链；爱奇艺的龚宇和腾讯视频的孙忠怀都宣布将要构建视频生态系统战略；而优酷土豆于 11 月 7 日与阿里巴巴集团共同宣布，双方已就45亿美元现金收购优酷土豆股份签署并购协议。按照阿里巴巴官方说法，在收购完成后，阿里巴巴生态体系将成为运营电商、视频、广告等三大业务的完整科技企业，由此步入“电商+娱乐”发展阶段。

而2015年最突出的表现在移动视频行业形成三分天下的格局（见表2）。湖南广电和央视积极布局移动视频领域。湖南广电下属的芒果TV从2014年始以“独播”示人，2015年成功完成了A轮融资，估值达到70亿元。在B轮融资开始时，芒果TV造势的动作不断，不仅宣称“B轮融资已经吸引了超过60家机构、200亿元的资金参与申报，投前估值已达120亿元”。

表2　运营商、BAT、电视台三者移动生态战略

运营商		BAT	电视台
中国移动	提供影视、新闻等各类视频节目	腾讯微视，2013年推出	CCTV－央视影音
中国联通	具有直播、点播、下载、本地播放节目功能	阿里巴巴对优酷土豆持股16.5%	芒果TV独家提供湖南卫视原创节目和自有版权

2015年的硬件市场仍是兵家必争之地。乐视TV系列的低价位战略迅速占领市场，成为入口之争的有力竞争者。而搜狐影棒在2015年也已成型，内置搜狐视频和畅游游戏类应用；爱奇艺联合TCL发布9款电视，之后联合100+发布视频手机，提出“加友合伙人计划”；乐视发布全球首款全体感智能电视UI系统等。在开发硬件过程中，政策也同步推进。早在2014年6月23日，国家新闻出版广电总局发文点名要求互联网电视牌照商华数和百视通进行整改，关闭其所有互联网电视终端产品中各类视频APP及视频聚合软件、互联网浏览器软件的下载通道。到2015年7月，国家新闻出版广电总局明确要求互联网电视七大牌照方针对互联网电视现存的违规现象及时整顿，否则吊销互联网电视播控牌照。10月，国家新闻出版广电总局又联合网信办、公安部、工商总局发布229号文，整顿互联网电视，打击非法接收设备。12月26日，国家新闻出版广电总局科技司、工业和信息化部电子信息司在湖南长沙举办“智能电视操作系统TVOS2.0发布会暨TVOS2.0产业化规模应用启动仪式”。硬件市场的发展与政策监管的收紧成为2015年最重要的特征，这也是一个市场能够持续健康发展的关键。

中国网剧发展研究

孙　平*

一　我国网剧产业发展回望

随着网剧的发展壮大以及媒介多渠道融合局面的出现，网剧发展突飞猛进。目前，很多网络剧并不限于在互联网媒介上播出，同步甚至先于网络在传统电视平台上播出，所以原有网剧的定义应有所变化，也就是从强调依附的媒介向网剧这一类影视产品独有的气质也就是特质的层面转化，比如“定位于年轻受众，题材上更为广泛、时长更为灵活、注重互动性”等。

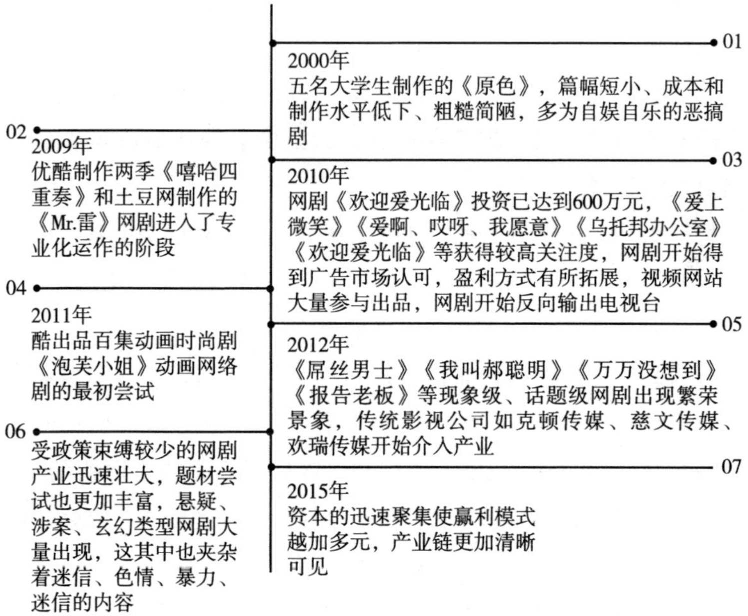

* 孙平，清华大学新闻与传播学院博士后。

二　中国网剧现状及特点

题材广泛：网剧由于在依赖媒介和政策及审查流程上有宽松的环境，所以传统电视剧不能涉及的题材很多在网剧中被进行了尝试。近两年网剧对传统电视剧鬼怪、耽美、涉案等题材禁区都有涉及。

网络气质：网剧的受众年轻化的特征比较鲜明，为其打造的网剧具有自身的气质。剧集表现形式更唯美、轻盈、生动、活泼，更多以幽默、夸张、自嘲、无厘头的方式呈现。

时长灵活：一集可以是30分钟、20分钟，甚至10分钟，如《屌丝男士》这类段子剧为15分钟左右一集。

制作机构多样：网剧开始时是万合天宜、有妖气、芭乐互动这类新兴影视制作公司。随着影响扩大，优酷土豆、乐视网、爱奇艺、腾讯视频、搜狐视频等为代表的视频网站也加入制作行列；传统影视剧公司慈文影视、华策影视、欢瑞世纪等传统影视制作公司也迅速跟进；传统电视机构如湖南卫视、东方卫视等均有网剧领域的布局。2015年秒拍、天猫魔盒等新型视频播放平台也加入了网络自制剧领域。

受众特征明显：从年龄上看，网剧受众偏低龄；从性别上看，传统电视剧用户男女比例较为平均，网剧男性比例偏高；从婚姻状况网剧用户未婚居多，占比56.1%；从受教育程度上看，网剧受众高学历层次占比偏高。①

收视行为偏好：艺恩网发布的《2014年中国网络剧市场研究报告》② 指出，近七成观众每次看网剧的时长主要集中在30分钟至2小时；网剧收看时间集中于晚6:00~10:00；免费、攒剧和多部同时看是收看网剧的主要形式；不同性别观众对网剧类型期望差异较大，女性观众偏爱爱情、家庭、悬疑和古装类网剧，男性偏爱动作、战争和科幻类网剧。

IP转化能力强：网剧由于具有粉丝基础，其IP可以顺畅切入最成熟、赢利能力最强的游戏、电影等市场，这与大部分传统电视剧不同。

---

① 艾瑞咨询：《2014年中国网络剧行业研究报告》。

② 《2014年中国网络剧市场研究报告》，艺恩网，http://www.entgroup.cn/report/f/0518132.shtml。

三　我国网剧业态

1. 市场走势

国家新闻出版广电总局网络司公布的数据显示，2015 年网剧数量达 805 部 12000 集，呈现井喷之态。网剧在 2015 年的点击量也比 2014 年整体上涨了 61.8%。[①] 专业人士分析测算，网剧市场规模，将从 2014 年的 30 亿～40 亿元迅速扩张到 2017 年的 425 亿元，其中版权市场 138 亿元，衍生市场 287 亿元。[②]

2. 赢利模式

当前，网剧已经呈现多元的赢利模式，不过，整个网剧成熟的赢利模式和商业模式的探索还在进行当中。现有赢利模式主要分为以下几种。

版权出售	土豆网自制剧《欢迎爱光临》版权已销往11个国家和地区，最高单集卖到3万多美元
广告收益	经营贴片广告、冠名广告、付费广告、植入广告 《万万没想到》第一季的广告收入达到千万元级别，第二季第一集上线不到一周，广告收益即突破2000万元
付费模式	付费收看和会员制模式 《盗墓笔记》带动爱奇艺VIP销量大涨。依靠VIP会员出售收入，爱奇艺的APP冲上畅销榜第二位，根据官方披露，仅在20：00~20：05这个时间段内，便收到260万次VIP购买请求
衍生品开发	网剧IP拓展性极强，衍生产品也会随之热销 《万万没想到：生活才是喜剧》成为年度网络热销书籍；改编手游《万万没想到：大锤的觉醒》；同名大电影获高票房 四季网剧《屌丝男士》IP于2015年转化为小成本电影《煎饼侠》，3天票房达到4亿元

① 《“太子妃”走红，低成本网剧“逆袭”——网剧的“大”剧》，《中国文化报》2016 年 1 月 18 日。

② 谢晨：《华创证券的传媒与互联网分析师网络剧行业深度报告》，http：//mt. sohu. com/20150721/n417220004. shtml。

3. 发行渠道

网剧发行一般在网络上进行，随着热门 IP 的争夺，视频网站的独家发行越来越多。为了扩大收益和影响力，很多网剧采取了网络和电视同时发行或先后发行，如《花千骨》《蜀山战纪》。随着我国 4G 战略和国内 4G 业务的不断成熟，网剧可在手机移动客户端开播，视频网站都伴有 APP 应用开发，同时还有像“网剧”这类的专门网剧手机资讯平台提供视频服务（见图 1）。

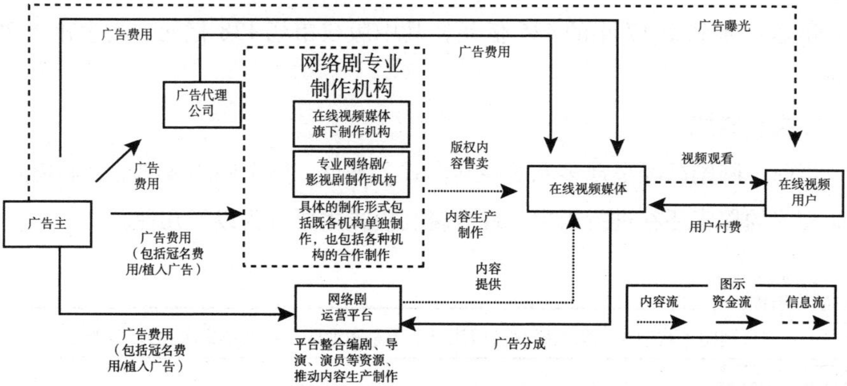

图 1　网络剧市场产业链

资料来源：艾瑞咨询、华创证券。

四　网剧生态

1. 政策环境

从十多年前诞生至 2015 年，网剧发展环境非常宽松，网剧审查拥有相对弹性的空间，一般采取网站自审自查、“自审上线、投诉下线”的把关模式。近年来，我国政府对盗版渠道加大打击力度，如快播、人人影视、射手网先后被封杀，大量视频需求转向正版渠道，这为网剧版权提供了政策上的保障（见表 1）。

2. 市场环境

CNNIC 的最新报告显示，目前网络视频的用户规模达到了 5.04 亿户，并且这 5 亿用户当中以经济发达地区的年轻用户为主体。这为各类网络视频产品

表 1　传统电视剧与网剧审查状况对比（2016 年之前）

项目	传统电视剧	网络剧
审查模式	专审制（专门机构、专业人员、专门程序）	自审制（自审自播、持证制作、持证审核、备案编号）
审查主体	电视剧审查机构	互联网视听节目服务单位
内容要求	限制很多，题材、剧情、着装等	不能触碰底线（政治、色情、暴力等）
播出要求	限制较多，卫视黄金档、一剧两星等	基本无限制
审查流程	事先审查	审核—上线、投诉—下线

提供了大量的需求：网络剧市场快速增长，视频及新媒体播放平台的助力促使大量网络剧制作公司诞生，市场反响的强烈又吸引了更多市场主体和资本进入网剧产业链，网络剧市场的赢利空间加大、模式多元，产业链越发清晰。

3. 技术环境

近两年互联网视频技术层面比较新的概念有多屏互动、大数据、4K，这是网络视频公司努力打造的竞争优势。多屏互动是主要针对的是 PC 端和移动端的融合，使视频内容能在 PC 端、移动端、APP、电视屏等覆盖，在智能路由器实现存储功能以提高用户黏性及体验；大数据主要致力于用户数据的挖掘以便为用户提供更精准的服务；4K 技术下互联网视频服务可为用户提供比较流畅的、清晰的视频。这些技术为网剧的发展提供了更为有利的基础性支撑。

五　网剧发展趋势

2016 年 2 月 27 日，国家新闻出版广电总局电视剧司司长李京盛和网络视听节目管理司司长罗建辉在报告中强调，2016 年国家新闻出版广电总局将加强管理网剧和网络自制节目。随着审查愈加严格，产业主体将在今后的网剧项目创作环节调整原有的思路和操作方法，整个产业链也将产生一系列的连锁反应。可以预见，今后恶俗、低质的网剧将会被行业抵制，行业中制作粗糙，跟风严重，题材冲击底线、故意打擦边球现象将会被有效遏制，网剧市场将会被很大程度净化，优质 IP 和高制作水准的网剧是未来发展的大势所趋。

B.13

2015年中国社交媒体发展报告

苗伟山　周 逵*

摘　要：　社交媒体在我国快速发展，同时带动了经济、技术、文化等领域的发展。本报告结合相关数据，重点分析2015年中国社交媒体的发展。

关键词：　社交媒体　市场发展　分析报告

一　中国社交媒体的历史、现状和发展

社交媒体以其巨大的力量影响并改变着中国，2015年更凸显了社交媒体带动的政治、经济、技术和文化等各领域的发展。第二届世界互联网大会召开，“约谈十条”“账号十条”等政策法规的出台，体现了政府在互联网治理方面的努力。“互联网+”成为国家战略，促进了社交媒体在经济领域的发展，如微信支付日益主流化。可穿戴设备、虚拟现实等软硬件的技术突破，给社交媒体未来发展带来新的活力。弹幕、网络电台等基于图片、音视频的多元社交，进一步丰富了社交媒体的形式和内容，也带动了整个传媒产业的发展。

随着移动社交的广泛应用，中国的社交媒体呈现出多元化发展的特征，满足用户在不同场景中娱乐、工作和生活等多方面的需求。综合类社区因为起步早、积累用户多、功能多样化等原因，成为目前社交媒体的主要阵地；新型的垂直类社交则因领域不同、应用场景差异化，呈现出多元化发展的势头（见表1、图1、图2）。

---

* 苗伟山，中国社会科学院新闻与传播研究所助理研究员；周逵，中国传媒大学新闻传播学部电视学院副教授。

01
1994年
中国实现了互联网的全功能接通，成为国际互联网大家庭的第77位成员

02
网络论坛
——中国最早的社交媒体

1999年
腾讯的即时通讯出现

03
2000年
社交媒体发展呈现出日新月日的趋势

04
2004年
博客

2005年
人人网

05
2009年
新浪微博

2011年
微信

06
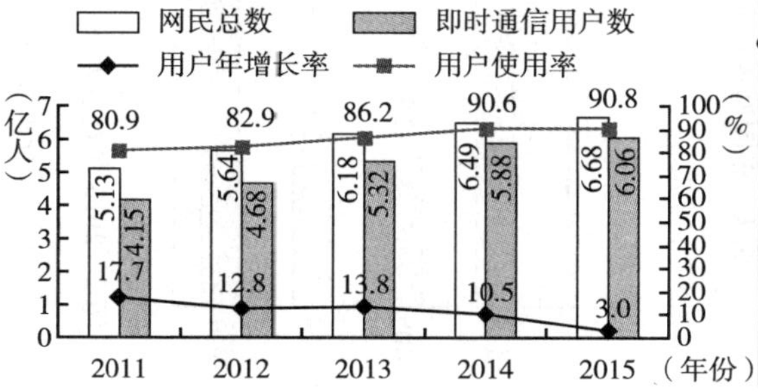

07
中国网民规模达6.88亿人，互联网普及率达到50.3%。2015年10月，微信单月活跃用户为5.8亿人，位居榜首。腾讯QQ紧随其后，单月活跃用户为4.3亿人

根据凯度的调研报告，社交媒体用户在中国城市居民中的占比已经从2013年的20.8%、2014年的34%增长至2015年的50.9%

表 1　中国社交媒体类型与范例

类型	细分	举例
综合类社交	社区/BBS	天涯、豆瓣、百度贴吧、知乎、人人网、考拉社区等
	微博/博客	微博、OO 空间、LOFTER、Google + 等
	即时通信	微信、QQ、米聊、飞信、微会、旺信、易信等
垂直类社交	娱乐社交	YY、KK 唱响、掌上英雄联盟、碰碰、颜值、美图聊聊等
	婚恋社交	有缘网、世纪佳缘、百合婚恋、珍爱网、花田交友等
	匿名社交	陌陌、抱抱、微秘、无秘、乌鸦、面面、耳语等
	音视频社交	豆瓣电台、蜻蜓 FM、喜马拉雅 FM、荔枝 FM、秒拍、微拍、弹幕等
	职场社交	领英、猎聘秘书、脉脉、微人脉、人脉通等

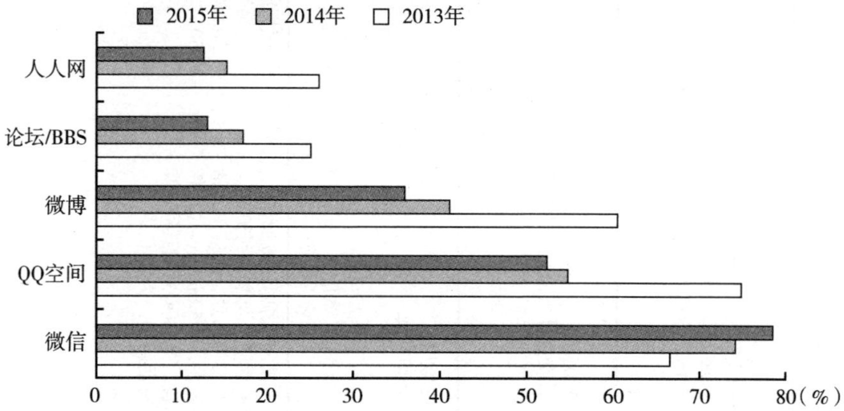

图 1　中国网民经常使用的社交媒体类型（2013～2015 年）

数据来源：凯度。

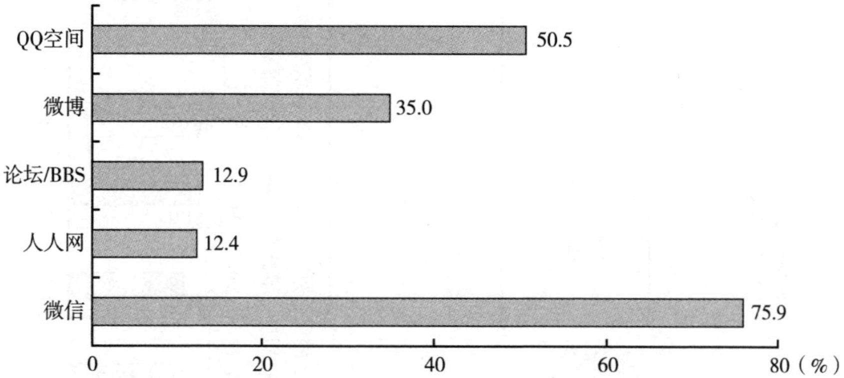

图 2　2015 年社交媒体使用状况（网民经常使用的前五位社交媒体）

说明：2015 年，凯度集团对 13521 个用户社交媒体的使用调查。

数据来源：《2016 中国社交媒体影响报告》，http：//cn. kantar. com/media/1190971/2016. pdf。

二 中国主要社交媒体的市场发展

1. 微信

月活跃用户（Monthly Active User，MAU）是衡量社交媒体的重要指标，根据腾讯公布的季度财务，截至2015年第三季度底，微信及WeChat的合并月活跃账户数已经高达6.5亿户，全年的季度平均同比增长高达9.1%（见图3）。

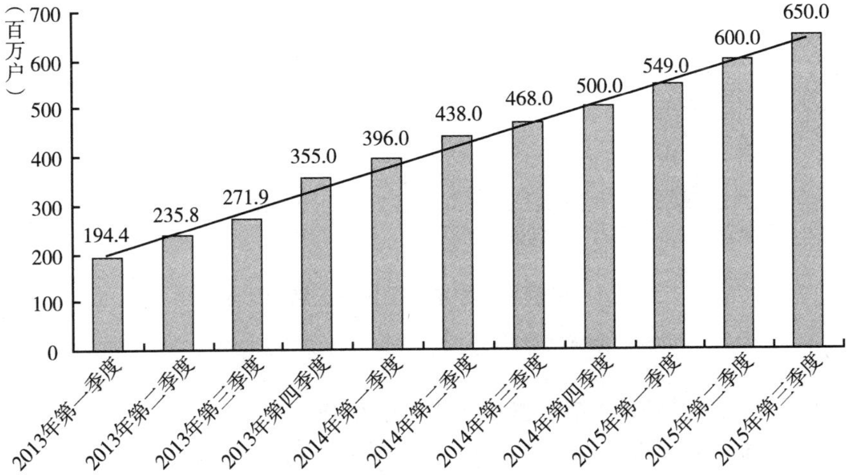

图3　微信和WeChat的合并月活跃账户数

说明：2013年第四季度，腾讯对微信的月活跃用户数的统计方法进行了调整，从这个季度的最后一个月用户在微信或WeChat上至少发一条信息，变更为至少发一条信息，或至少登录一次微信上的游戏中心，或至少更新一次朋友圈。

数据来源：腾讯财报。

微信的高用户数量是建立在其多样化使用功能上，过去几年微信版本不断更新完善，从开始的即时通信发展到社交应用，从移动支付到手机游戏，从公共平台到城市服务，目前微信已经发展成为汇聚多种功能的“超媒体”“富媒体”。[1] 某种程度上，也可将微信的这种发展看作是一种去媒体化的过程。

① 于秀才、赵天浩、童石石：《2014年中国微信发展报告》。载唐绪军主编《中国新媒体发展报告》，社会科学文献出版社，2015，第38~51页。

在用户方面，从职业结构来说，企业/公司员工、自由职业者、学生和党政/事业单位员工是微信用户的绝大部分（90.5%），与 CNNIC（2015）统计的中国网民的职业结构相比较，微信的用户更加职业化，多为企业、公司职业和党政、事业单位员工（见图4）。

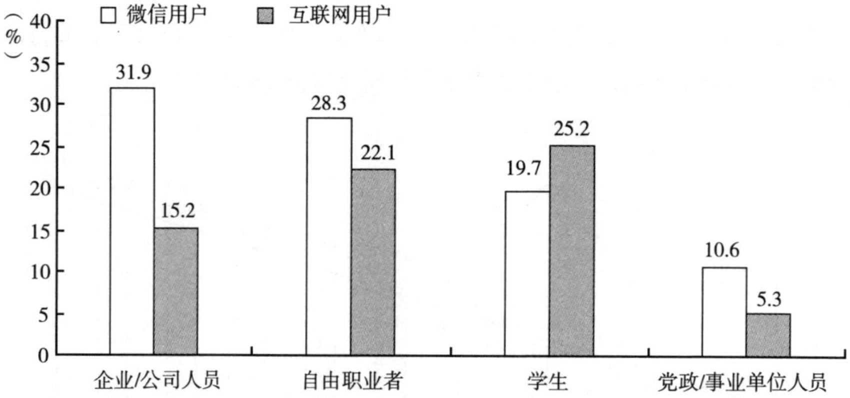

图4　微信用户和中国网民职业结构比较

数据来源：Curiosity China，CNNIC。

从用户的年龄结构上看，微信用户集中在 18～35 岁（共计占比 86.2%），而 19 岁以下（中国互联网用户的 24.1%）、45～55 岁（中国社交媒体用户的 31%）在微信用户中相对较小，可见微信的用户主要是中青年。另一项调研也从一定程度上印证了这个观点，“95 后”基本不使用微信，QQ、QQ 空间和百度贴吧是他们的主要社交媒体。这在一定程度上和不同年龄段对社交媒体的使用及其社交圈子有关。①

2. QQ 空间

相对于微信的高速增长，QQ 空间相对稳定，较长时间保持着大量用户。在 2014 年第一季度，微信月活跃用户只有 3.96 亿户的时候，QQ 空间已经高达 6.44 亿户；截至 2015 年第三季度，微信增长到 6.5 亿户，QQ 空间仍较为稳健地维持着 6.53 亿户（见图5）。

① 《2015 年最新微信用户数据报告：95 后基本不用，大部分是成年人》，http：//www.oicqzone.com/news/2015081122233.html。

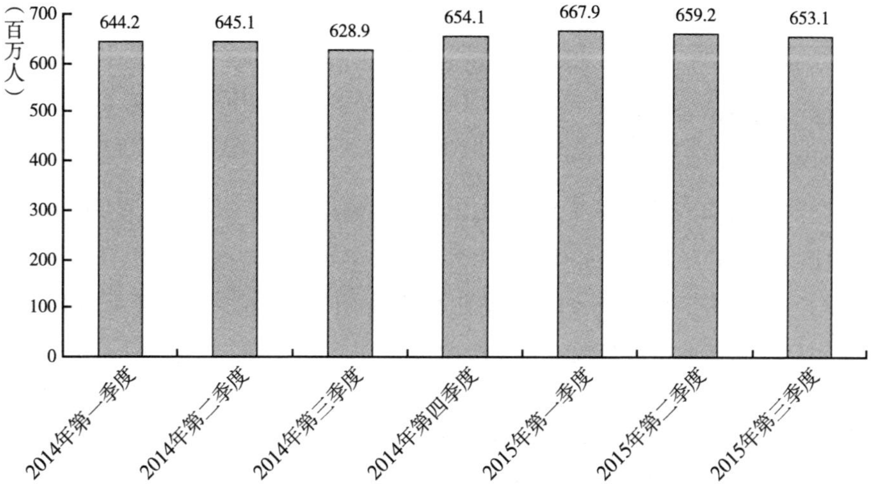

图5　QQ 空间月活跃账户数

数据来源：腾讯财报。

QQ 空间在同类社交媒体中一直处于领先的地位，2014 年其渗透率就高达 57.3%，远高于同类的人人网（16.4%）、朋友网（14.8%）、开心网（10.2%）、豆瓣网（9.3%）。[①] QQ 空间集合了当下多种社交媒体的功能：上传照片、发布/更新状态、发布/评论日志、分享/转发信息、看视频/听音乐、站内及时聊天、游戏、发送短信/打招呼、在线购物等。以图片分享为例，QQ 空间承担了 Instagram 的功能，成为中国最大的图片分享平台。2014 年 QQ 空间每天有 4 亿张照片上传量，2015 年该数据攀升到 6.5 亿。[②]

相对微信使用者多为中青年，QQ 聚集了大量更为年轻的用户：3 亿多 25 岁以下活跃用户，近 2 亿的 20 岁以下活跃用户。[③] 2015 年，腾讯相继推出《“95 后”新生代社交网络喜好报告》《“95 后”消费观社交网络报告》，显

① 《2014 年中国社交类应用用户行为研究报告》，https://www.cnnic.cn/hlwfzyj/hlwxzbg/201408/P020140822379356612744.pdf。

② 《你的社交圈子变了，为什么 QQ 空间依然活跃》，http://news.iresearch.cn/zt/250905.shtml。

③ 《透过 QQ 空间看 95 后的社交需求》，http://www.woshipm.com/it/246750.html。

示2015年9月QQ空间活跃用户中，32%为“95后”，他们更为频繁地更新状态、更多地分享图片、消费娱乐信息。这个群体展示出了很强的个性化需求和消费意愿，如在QQ空间的付费黄钻用户中“95后”占40%，在使用装扮功能的用户中有60%是“95后”。

3. 微博

微博2011年呈井喷式发展，2012年达到巅峰状态，从2013年开始其用户量和使用率均处于持续下滑状态。2015年下半年较上半年略有提升，用户使用率攀升至33.5%（见图6）。尽管用户数量下降，但相关统计显示2015年的活跃用户、高黏性用户都较上年有所增长。

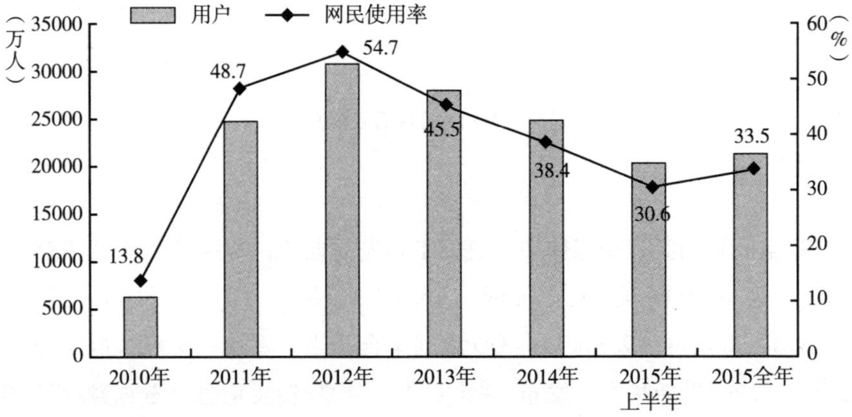

图6　微信的用户数和网民使用率

说明：以上数据均为中国互联网络信息中心（CNNIC）的数据，但CNNIC未公布微博2015年全年用户数据，此项数据来源自新浪微博数据中心发布的《2015年度微博用户发展报告》，http：//www. useit. com. cn/thread－10921－1－1. html。

数据来源：CNNIC。

通过比较微博前三个季度的成本和营收，相对2014年各季度还处于运营亏损的状态，2015年已经开始稳步赢利，第一个季度亏损430万美元，第二季度赢利230万美元，第三季度赢利1390万美元。

在营收的总盘子中，广告营收和增值服务营收是最主要的来源，前者是微博营收的主要构成（在前三个季度平均占比82.9%），而增值营运收入则较为稳定（前三个季度均值约为1867万美元）（见图7）。

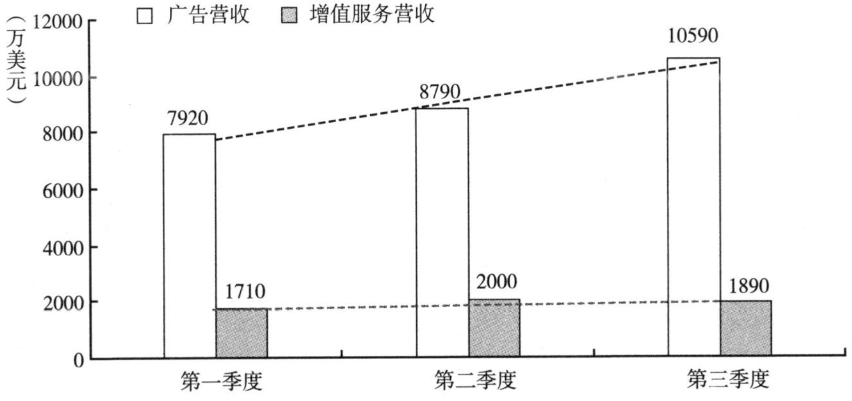

图7　微博2015年前三个季度的广告和增值营收

数据来源：新浪财报。

4. 人人

人人公司近三年来总营业收入持续下滑（见图8），除了2013年第一季度同比增长45%，从2013年第二季度至2015年第三季度平均同比增长-37%。2015年第二季度略有回升，环比增长10%，为近三年来少有（另一次为2014年第二季度，环比增长8%）。

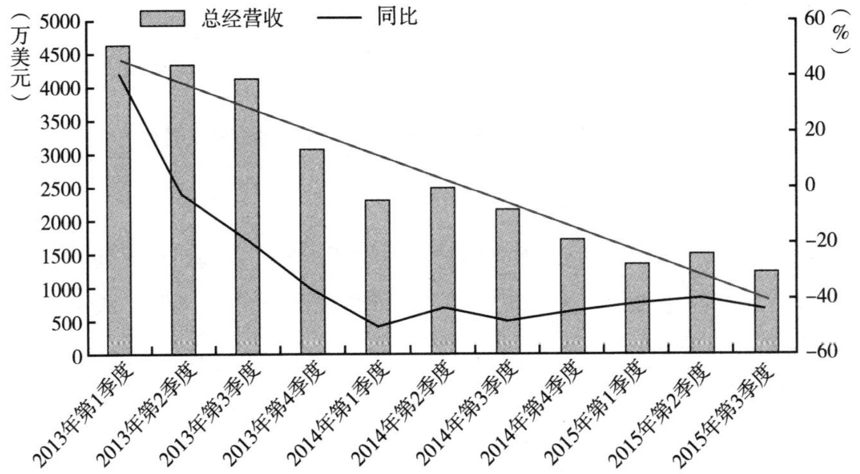

图8　人人公司总经营收入（2013～2015年前三个季度）

数据来源：人人财报。

人人公司的总营业收入主要由人人业务和游戏构成。2015 年第一季度，人人业务 820 万美元，游戏 550 万美元；第二季度人人业务 1030 万美元，游戏 480 万美元；第三季度人人业务 860 万美元，游戏 380 万美元。因为社交媒体行业竞争加剧和互联网移动端的发展，2015 年人人业务营收总体也在下滑。

人人业务主要由在线广告和增值服务两部分构成（见图 9），其中互联网增值服务为主要贡献。根据人人公司财报，视频社交平台“我秀”和互联网金融业务成为目前最主要的财政拉动来源。“我秀”是人人公司旗下的网站，定位为在线演绎平台，2010 年正式上线运营，通过签约主播、举办网络演艺大奖、网络直播视频等吸引了大量用户，目前包括有主播秀、游戏、社交交友等多项服务。

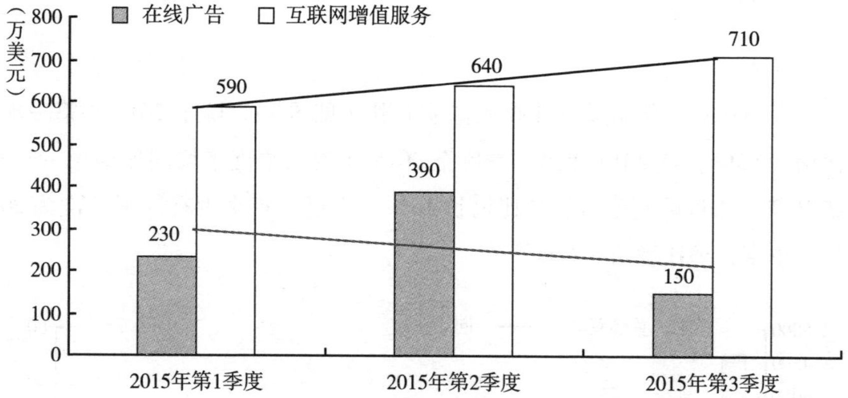

图 9　人人网 2015 年前三个季度在线广告和增值服务营收

数据来源：人人财报。

互联网金融目前已经成为人人网转型的重要战略，其总裁陈一舟称，人人网已经转型成为互联网金融公司，目前公司的大部分员工在做互联网金融业务，[①] 如“人人分期”。

5. 百度贴吧

百度贴吧是基于用户在特定领域的兴趣形成的网络社区。相关数据显示，

① 《人人转型　互联网金融能够向死而生吗》，http：//www. weiyangx. com/162738. html。

贴吧拥有10亿个注册用户，月活跃用户近3亿户，有1929万个主题吧，日均话题总量过亿，日均浏览量超过27亿次。① 在网络社区热潮退去的大环境下，面对微信、豆瓣、天涯等社交媒体的竞争，百度贴吧至今仍保持着旺盛生命力，这是因为背靠百度搜索、匿名社交和大量用户积累等诸多因素。② 同时，贴吧覆盖了娱乐、游戏、小说、地区、生活等30个一级类别目录，每个下面不断细分衍生，这也突破了单一内容社区的局限，尽可能多地将用户吸附在不同兴趣平台。

表2　百度贴吧粉丝数量TOP 10

吧名	粉丝数	帖子数	目录	口号
李毅	21201144	853226711	网友俱乐部	努力！主宰自己命运！众人皆帝！
扒皮	8344899	689802124	其他情感话题	还原虚幻真相，尽在犀利扒皮！
魔兽世界	7082654	438330902	客户端网游	团结有爱，坚持不放弃，携正能量一路前行
美女	7769519	7769519	娱乐八卦	百度爆照第一贴吧
LOL	7055527	297820153	客户端网游	八卦　交友　攻略　电竞　尽在百度LOL吧
英雄联盟	6089354	151307736	客户端网游	全球最大英雄联盟玩家聚集交友平台！
内涵	5773956	32948858	网友俱乐部	欢迎来到百度第一贴吧，你的生活因此改变
海贼王	4943201	255738920	动漫·轻小说	不管在贴吧的哪个角落，海吧是你坚强后盾
空间素材	4600258	425581409	女性话题	百度素材第一贴吧
地下城与勇士	4627074	329348178	客户端网游	阿拉德闲聊茶馆，休闲侃侃，一切尽在笑谈中

说明：本排行来自百度的《全网粉丝势力报告》，其中粉丝数和帖子数为笔者2016年2月9日统计汇总。

百度贴吧的用户中，“90后”占比超过60%，34岁以下用户占比超过90%；同时高中及以下学历占47.52%，本科及以上学历占52.48%。这显示了百度贴吧的用户是一批年轻且具有较高学历的群体。

① 《11岁“高龄”的百度贴吧何以逆风飞扬》，http：//m.360zimeiti.com/plus/view－159－1.html。

② 《拥有10亿用户，百度贴吧离变现的路还远么?》，http：//tech.hnr.cn/it/2015/0909/16273.html。

三　治理和政策

1. 互联网专项治理

专项治理针对某一类突出的问题进行集中整治，因为行动迅速、效果显著成为政府政策工具中的重要选项。① 互联网治理领域，往往涉及多个部门，而专项治理能在短期内联合各个部门，集中人力、物力和财力进行暴风骤雨式的集中行动。以“网络敲诈和有偿删贴”为例，短短半年中，关闭近300家违法违规网站，依法处置115万余个社交网络账号，删除900余万条不良信息，约谈136家相关网站。②

表3　2015年政府互联网专项治理活动

专项治理活动	时间	发起部门	对象和目的
“网络敲诈和有偿删贴”专项整治	1~9月	国家互联网信息办公室、工信部、公安部、国家新闻出版广电总局	网信部门、各级各类网站及提供公共信息服务的社交网络账号
“婚恋网站严重违规失信”专项整治	2~5月	国家互联网信息办公室、公安部、工信部、民政部、全国妇联	全国的婚恋网站，打击违法违规和严重失信行为，促进网络诚信建设制度化
“净网2015”“护苗2015”“秋风2015”“清源2015”“固边2015”	3~12月	全国“扫黄打非”办、国家互联网信息办公室	针对各类非法出版物、淫秽色情文化、“三假”（假媒体、假记者站、假记者）敲诈等违法犯罪活动进行全面清除
“剑网2015”	6~11月	国家版权局、国家互联网信息办公室、工业和信息化部、公安部	网络音乐、网络云存储、智能移动终端第三方应用程序、网络广告和网络转载的侵权盗版行为
“2015红盾网剑行动”	7~11月	国家工商总局	规范网络市场发展秩序、打击网络侵权行为、假冒伪劣产品等违法行为

① 曹龙虎：《中国网络的运动式治理——“专项整治”研究》，《二十一世纪》2013年6月，第95~105页。

② 《立规矩　出重拳　求实效——看中央网信办的治网之道》，中央网信网的微信公共账号资料。

2. 政策法规

相对于专项治理的突击式行动，互联网政策法规是更加制度化、常规化的治理方式，2015 年出台了多项相关的政策、法规、部门规章，其中以国家互联网信息办公室出台的“账号十条”和“约谈十条”对社交媒体影响最大。

2015 年 2 月 4 日，《互联网用户账号名称管理规定》（简称“账号十条”）出台，对包括博客、微博客、即时通信工具、论坛、贴吧、跟贴评论等注册的所有账号进行规范管理，要求网民的账号、头像、简介等注册信息不得出现危害国家安全、破坏民主团结等违法和不良信息。

2015 年 4 月 28 日，《互联网新闻信息服务单位约谈工作规定》（简称“约谈十条”），凡是网络新闻出现的违法违规行为，其主要负责人和总编辑将被国家网信办或地方网信办约谈；此政策对约谈的主要形式、行政主体、行政相对人、实施办法、约谈方式、相关程序等做出了明确规定。

表 4　“约谈十条”的违法违规行为

九种将被约谈的违法违规行为
1. 未及时处理公民、法人和其他组织关于互联网新闻信息服务的投诉、举报情节严重的；
2. 通过采编、发布、转载、删除新闻信息等谋取不正当利益的；
3. 违反互联网用户账号名称注册、使用、管理相关规定情节严重的；
4. 未及时处置违法信息情节严重的；
5. 未及时落实监管措施情节严重的；
6. 内容管理和网络安全制度不健全、不落实的；
7. 网站日常考核中问题突出的；
8. 年检中问题突出的；
9. 其他违反相关法律法规规定需要约谈的情形。

四　发展预测

泛社交媒体时代的来临。随着线上线下的不断融合、移动终端的普及和 APP 的盛行，社交媒体越来越深入地嵌入我们生活的诸多场景。社交的内容和形式不断拓展和延伸，图片社交、视频社交、娱乐社交、职场社交、婚恋社交、匿名社交等，甚至是传统的健身运动也因为朋友圈中的晒步和排行，实时分享运动的成就和快乐，将个人化的运动变成了社交化的分享内容。

社交媒体的平台化发展。泛社交化促进了分享经济的发展，让商品、服务、信息、数据等资源通过社交网络进行相对精准地分享流动，这种以用户为核心的社交分享也被认为是低成本、高效的营销方式。① 正因为如此，各类社交媒体基于社交功能聚合用户资源，不断整合支付、理财、购物、餐饮、游戏、交通等领域，表现出平台化发展的趋势，例如微信的红包和支付功能、豆瓣东西的电商导购、人人网的金融转型等。

中国社交媒体走向世界。作为全球政治经济的有机组成部分，包括微信在内的社交媒体不仅持续地挖掘国内市场，同时也在积极拓展海外市场。百度在2010年起就积极地在东南亚、非洲和拉美拓展市场②，微信目前已经推出20多个语言版本，覆盖超过200多个国家，在2015年的季度报表中腾讯公司也明确提出通过春节红包等活动持续提升海外市场的用户参与度。

① 《社会化到社交化，移动互联网分享模式升级》，http：//www.360doc.com/content/14/0928/19/12021642_413057355.shtml。

② “The Geopolitics of Tech：Baidu’s Vietnam”，http：//globalnetpolicy.org/wp-content/uploads/2015/06/Logan-geopolitics-of-tech-Final-6.8.pdf.

B.14

2015年受众媒介接触习惯调查报告*

李　晏**

摘　要： 2015年，移动互联网继续冲击传统媒体，受众媒介接触聚合趋势加速。本文通过相关调查数据，重点分析变革中的中国受众媒介接触行为。

关键词： 移动互联网　媒介接触

一　媒介大环境：传统媒体问道移动互联，各媒体逐鹿移动端

2011年，城市居民的媒介接触聚合趋势出现，日接触4种以上媒体的城市居民比例下降到40%。这一趋势在随后的几年中一直保持加速前进的状态，随着移动互联技术的发展，至2015年时这一比例已经下滑到30%，而且这一趋势在年轻群体中（“80后”、“90后”）更为突出（见图1）。

中国互联网信息中心数据显示，截至2015年6月底，中国手机网民规模达到5.94亿人，网民中使用手机上网的人群比例不断提升，从2014年底的85.8%提升至88.9%。在移动互联网持续稳定发展的同时，以移动互联网为依托和平台的上网活动（包括聊天/交友、游戏、视频、搜索信息、听音乐等）迅速填充着人们的碎片化时间（见图2）。

---

* 本文中所引用数据除特殊标注来源外，均来自CTR中国城市居民调查（CNRS-TGI）。

** 李晏，CTR媒介与消费行为研究总经理。

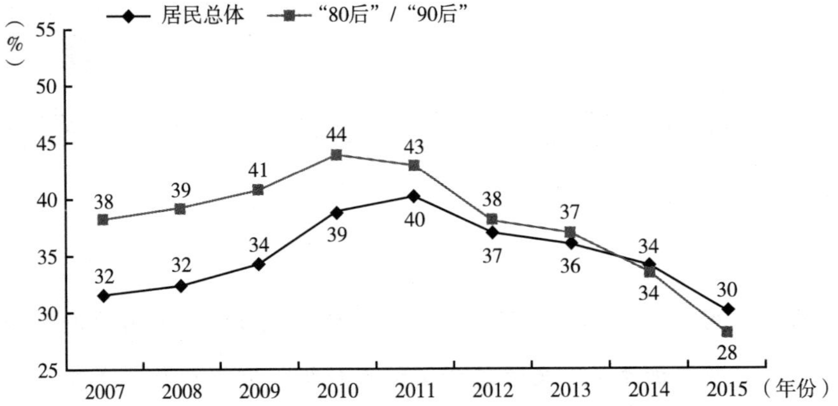

图1　电视、广播、报纸、期刊、互联网中每天至少接触4种的人群比例

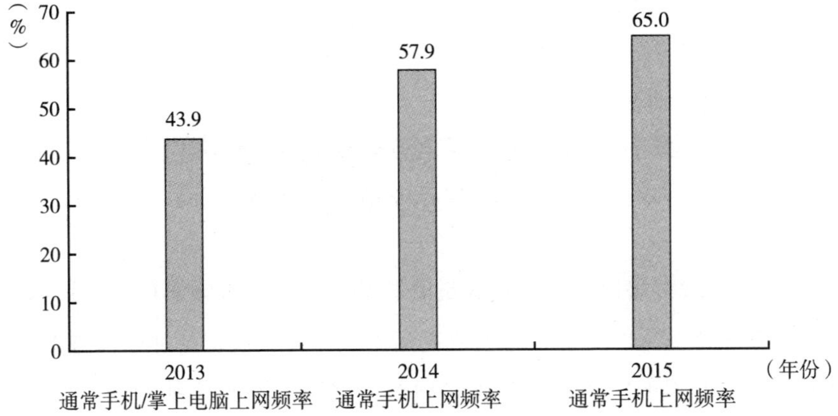

图2　通常手机上网频率在每天一次及以上的人群比例

二　平面媒体：利用互联网平台的同时更要运用互联网思维

1. 平面媒体继续呈现下滑趋势，电子期刊活力初显

CTR中国城市居民调查（CNRS-TGI）显示，2015年报纸和期刊在城市居民总体中的日到达率和日均阅读时长均处于下滑状态。2015年报纸的日

到达率下降到37.5%，相比2014年，减少了8个百分点。期刊的平稳状态也在2015年被大幅下滑的月到达率和周均阅读时长打破，月到达率下降了6.5%，周均阅读时长更是从27分钟滑至17分钟。不过在传统平面媒体整体乏力的现状下，我们也看到电子期刊的活力开始显现，人们对电子期刊的接受度上升。

2.平面媒体借力互联网平台，运用互联网思维拓展多元化经营

面对人们的媒介接触越来越集中于移动互联网和社交媒体等少数媒介的现状，传统媒体也加入了靠近互联网的行列，并且开始建设自己的网站、微博、微信、APP，其中当然不乏像澎湃新闻、南方周末等这样有影响力的成功转型媒体，但大多数的转型努力都只是沦为互联网的“追随者”，虽然进入了互联网这条轨道，但并没有能够在这条轨道上顺利前行，只是成为内容的搬运工。收效微小的结果让我们意识到，互联网只是传统媒体转型的一个平台，而运用互联网思维并在此基础上发挥自身原有优势才是成功转型的关键。平面媒体自身在品牌和内容上有天然的优势，充分利用自身在受众资源上的存量优势，将受众转化为用户，依托用户群开展基于互联网的多元化经营，将是平面媒体转型值得尝试的途径。

三　电视收看：互联网为媒，“大屏观看，小屏互动”

1.电视到达率平稳中略有下滑，可信度仍居首位

2015年，电视的日到达率为75.3%，较2014年下降了3.5个百分点。电视日到达率总体下滑的局面仍再延续，不过受众对电视的信任依然是电视媒体的重要资产（见图3）。2015年的调查显示，电视的可信度和好感度仍然位居首位，27.6%的城市居民认为“电视是信息非常可靠的媒体”，24.8%的城市居民认为“在电视上打广告的品牌，会给我留下比较好的印象”。

2.电视受众“一心多用”，多屏观看成常态

对2015年电视受众的电视观看行为进行分析可看出，电视受众已不再满足于某一时间点的单渠道信息接触，近一半（49.6%）的电视受众通常会在看电视的同时使用“第二屏幕”，而这一比例在中青年群体（15~54岁）中更

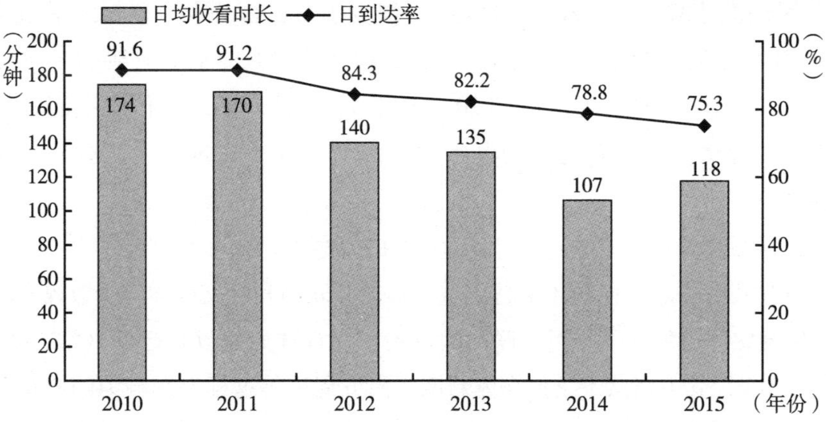

图3　2010～2015年电视在城市居民总体中的日到达率及日均收看时长

为突出，达到54%。通过笔记本、台式电脑、平板电脑、手机访问互联网，使用社交媒体随时点评正在观看的电视节目，打电话或发短信等已成为众多电视受众看电视时的标配行为。

3. “电视+”模式探索，跨屏互动抢眼球

与电视受众多屏观看模式相对应的是电视受众的跨屏互动，“边看边买”“边看边参与”成为电视受众的观看伴随行为，其中电视节目话题参与、T2O购物和电视台客户端、节目应用程序下载是电视受众的热门参与行为。

作为电视节目话题参与的载体，继2015年央视春晚的“摇一摇”成为热门话题之后，各电视台相继上线“摇电视”，“摇电视”的用户数累计攀升，“扫一扫”、“摇一摇”、“搜一搜”成为电视受众参与节目互动的关键应用。除了简单的“抢红包”之外，围绕电视节目进行的内容深度绑定话题参与也相继推出，这些围绕节目受众关注问题展开的话题引发大量讨论。

电视受众与节目的互动不再止步于动手发信息，电视作为居民心中可信度较高的信息来源媒体，“边看边买”也引发了电视受众的参与热情。观看电视剧的同时扫码进入第三方平台，通过第三方平台的互动页面来选购剧中人物的服饰，这一方式对于剧迷们来说有很大的吸引力。这一效应在热播的电视综艺节目中被发挥到了极致，节目广告时段中的观众互动引发的千万次摇动，配合联名扫货平台，为广告商带来了巨大的收益。

另一引起电视受众兴趣的是与电视相关的应用程序的开发，比如热门电视剧、热门电视综艺节目的同名游戏，也为电视整体疲软态势的局面增加了一点亮色。

四　广播收听：移动收听拉力减弱，发展寻求新的增长点

1. 广播日到达率小幅下滑，日均收听时长大幅缩短

2015 年广播日到达率为 14.6%，相比 2014 年有小幅下滑，但广播的日均收听时间却呈现出较大的下降幅度，从 2014 年的 18 分钟下降至 2015 年的 9 分钟（见图 4）。分地区来看，2015 年华北地区中有 19.7% 的人“昨天”收听过广播，其次为东北地区，有 19.4% 的人“昨天”收听过广播，依此往后分别是华东（14%）、华中（12.5%）、华南（12.4%）、西北（10.2%）、西南（9.2%）。

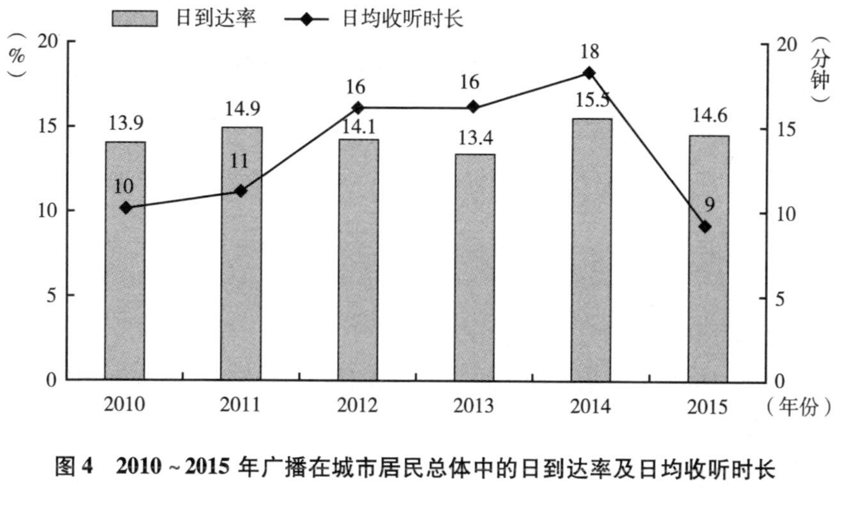

图 4　2010～2015 年广播在城市居民总体中的日到达率及日均收听时长

2. 移动收听增长放缓，寻求新的增长点

2015 年，户外受众占广播总体受众的 66%（见图 5）。从近几年的表现来看，户外收听的比例由强劲增长日渐转为小幅提升，直到 2015 年的持平状态，移动收听增长放缓的趋势已十分明显，移动收听的增长乏力也带来了广播行业

的下降趋势，寻求新的行业增长点已经势在必行。作为受冲击最小的传统媒体，其实广播媒体早已领先其他传统媒体开始了自己的“互联网+”转型之路，车载、移动、APP电台无疑都为广播行业的逆势增长做出了贡献，但面对全面移动互联时代，简单的停留在平台建设层面显然已经不能更多地吸引且留住受众，进行平台、内容及用户的深度整合与挖掘似乎是面对移动互联时代的必然选择。

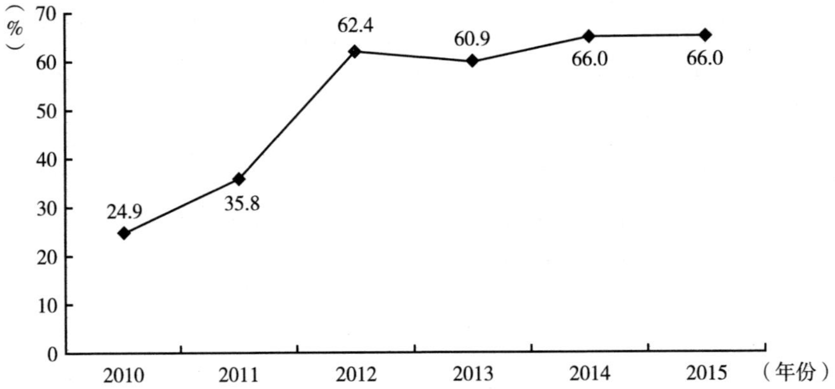

图5　2010～2015年广播听众中户外收听比例

五　户外媒体：逆势增长，构建移动互联下的互动沟通立体空间

1. 移动互联时代户外媒体逆势增长

与报纸、电视、广播不同，户外媒体在移动/社交时代并未受到影响，反而出现逆势增长。总体上看，从2011年到2015年的5年间，户外媒体的日到达率总体保持良好的增长趋势，尤其在2013年户外媒体呈现出飞跃式增长，从2012年的75.4%上升至2013年的90.3%，2014年户外媒体日到达率在正常浮动范围内呈现出小幅度下降（见图6）。分城市级别来看，2015年一线城市户外媒体日到达率仍然保持领先。分地域来看，2015年，户外媒体日到达率最高的地区为华南地区（见图7）。

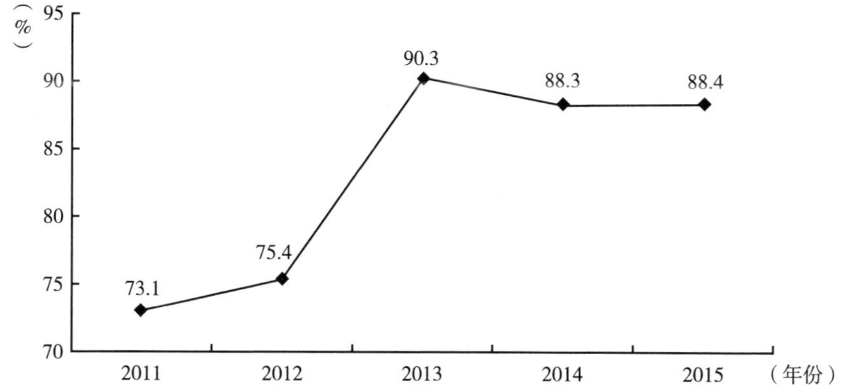

图6　2011～2015年户外媒体在城市居民总体中的日到达率

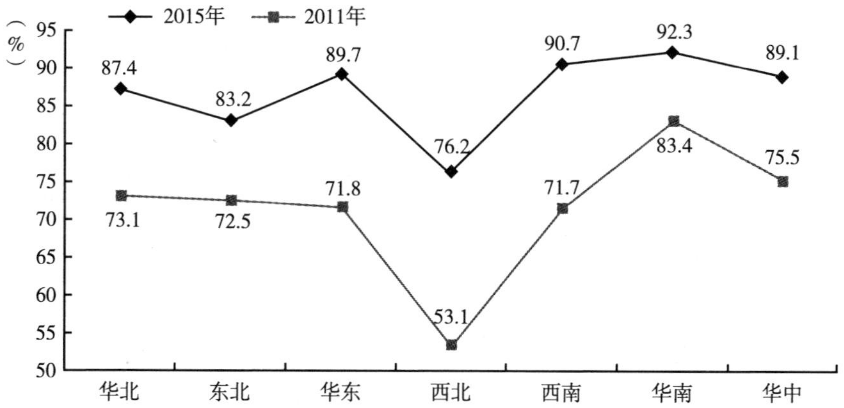

图7　各地区户外媒体日到达率

2. 创意＋体验，利用自身优势与移动互联巧妙融合

虽然户外媒体保持着逆势增长，但如果在科技高速发展的今天，户外媒体依然仅停留在传统大牌广告的阶段，将是非常危险的。融合户外媒体自身优势的互动体验式广告或成未来主流。分众传媒很早就尝试在自己的户外广告中加入互联互动因素，推动户外媒体实现线上线下、媒体渠道的融合。由多个媒介代理一起协作完成的“NIKE狂足快跑”互动活动，将蓝牙技术与传统户外媒体融合，实现与受众的全程体验式互动。场景互动，充分利用了传统户外媒体自身的独特优势，迎合了移动互联时代下受众的热点需求，实现了受众对广告

的全方位感知。当然，在这个形式的背后，独特的、有吸引力的广告创意才是吸引受众的关键。

六　互联网：全面渗透，不同人群各取所需

1. 互联网日到达率飞速上升，互联网接入端多样化

调查显示，从2010年到2015年，互联网的日到达率基本上保持了增长态势，日均使用时长从2010年的89分钟增长至2015年的160分钟，增长了近0.8倍（见图8）。

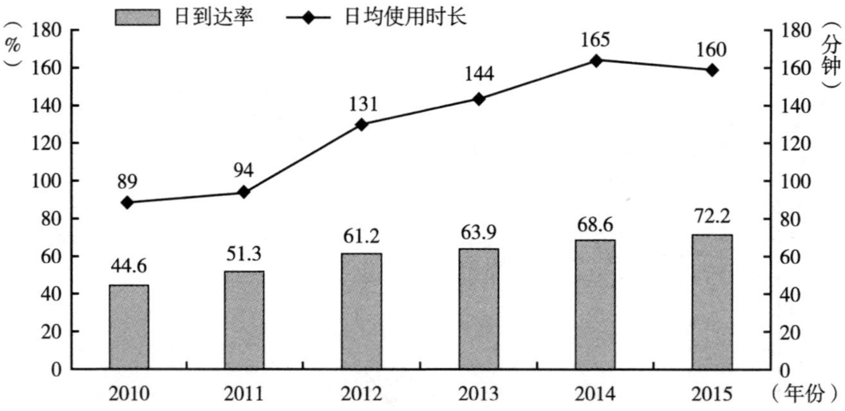

图8　2010～2015年互联网在城市居民总体中的日到达率及日均使用时长

2. 新闻、社交为网络主要诉求点，不同代际人群主诉点存在差异

调查显示，在“昨天”进行过的网络活动中，浏览过网站新闻的人群比例超过四成（40.7%），位居首位，其次是微信聊天，人群比例达到39.8%，紧随其后的是观看网络视频（36%）、使用搜索引擎（35.5%）和进行网络购物（28.2%），新闻浏览成为居民的网络主要诉求点。对不同代际人群的进一步分析发现，不同代际人群的主要诉求点存在差异，“90后”群体最重社交，“80后”群体最重购物，而“70后”的最主要诉求点则在新闻浏览（见图9）。

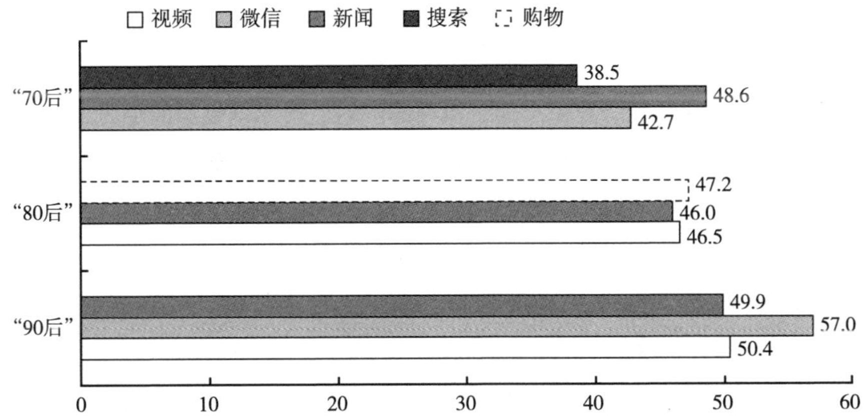

图 9　不同代际人群"昨天"进行的网络活动

七　移动互联网：移动互联占据主流，后移动互联时代悄然来临

1. 全方位移动化，用户网络活动随时随地

2015 年 CTR 中国城市居民调查（CNRS-TGI）显示，移动互联网在城市居民中的日到达率为 63. 6%，相较于 2012 年有了较大幅度的增长（见图 10）。而且表示"昨天"通过手机上网的比例达到 62. 6%，高于表示通过 PC 端上网的比例（60. 3%），这一比例在不同年龄段中的差异也有较为明显的体现，年

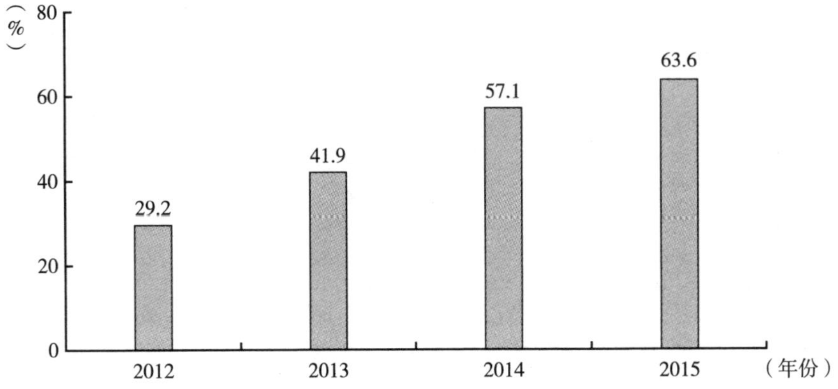

图 10　2012 ~ 2015 年移动互联网在城市居民总体中的日到达率

轻群体对手机上网的黏性更为突出（“90 后”，81.4%；“80 后”，80.7%；“70 后”，73.2%；“60 后”，41.1%）。

伴随着移动互联的全方位渗透，用户的网络活动变得更加的随时随地。对比 2013 年到 2015 年用户上网时段的分布变化，我们可以发现虽然晚上依旧是上网相对高峰期，但 2015 年的其他时段与晚高峰的差距越来越小，上网行为渗透到用户的各个碎片时间（见图 11、图 12）。

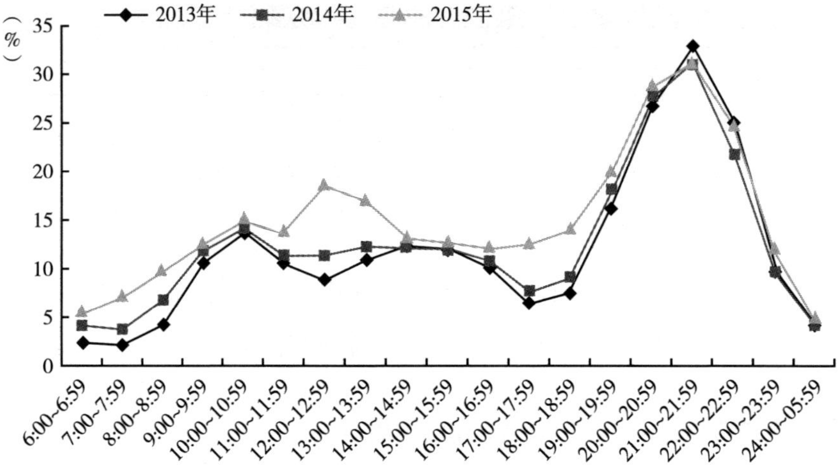

图 11　2013～2015 年互联网上网时段分布

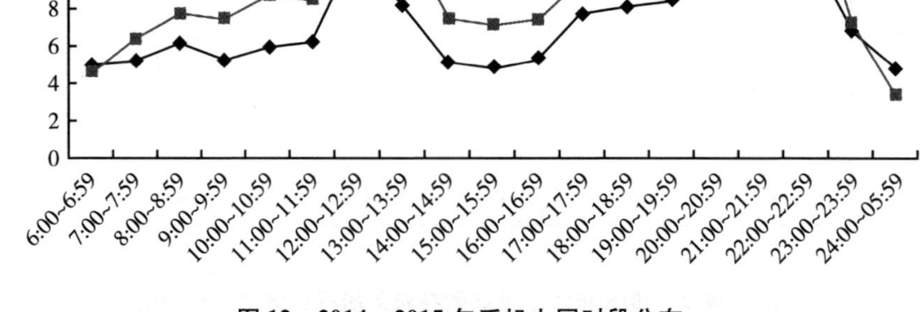

图 12　2014～2015 年手机上网时段分布

2. APP 全方位渗透，后互联时代开启

移动互联网的快速发展、智能终端技术的成熟和智能终端用户的增加使得APP逐渐开始主导用户的互联网活动。中国互联网网民行为数据平台2015年的数据显示，互联网用户每月人均使用APP的天数为24天，相当于每周7天之中用户有6天都在使用APP。用户每天的上网时间绝大部分用于APP，平均每小时就会打开APP 3～4次，用户月度总有效浏览时长的80.7%被用在各种APP上，这一比例相比上一年增加了14.7%。

在众多类别的APP中，中国互联网网民行为数据平台的数据显示2015年最受欢迎的APP类型是视频类APP（见图13）。

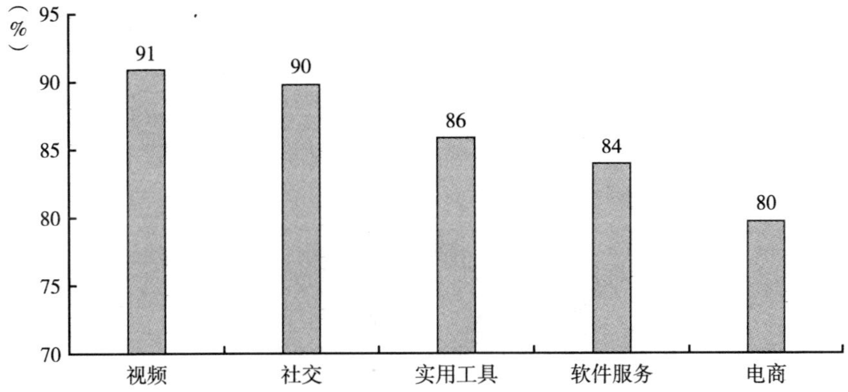

图13　APP平台月度总量覆盖人数TOP 5网络服务类别

传媒关联产业发展报告

China's Media Related Industries Development Reports

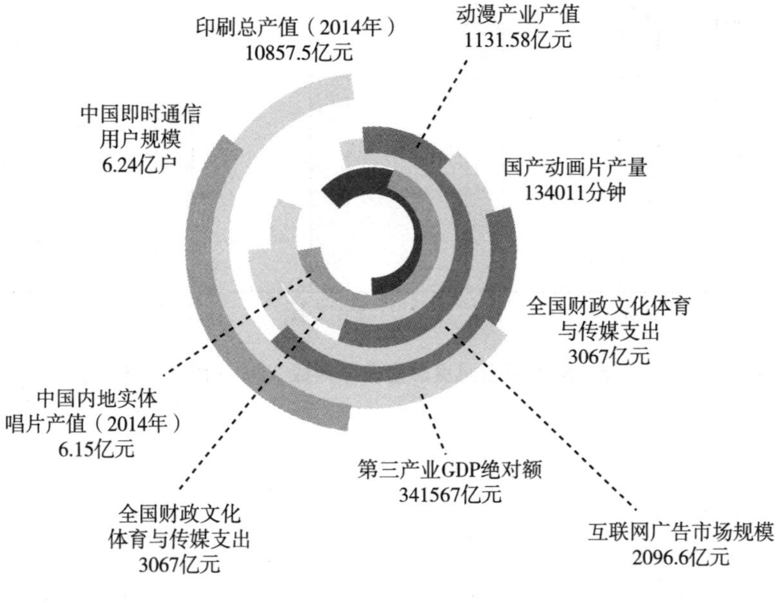

B.15

2015年中国广告市场发展报告

摘　要：　经济持续探底，2015 年中国广告市场面临较大压力，但发展机遇和空间依然存在。本文通过分析宏观数据及广告市场三大主体——广告主、广告公司、媒体的年度特征，对广告市场的发展趋势进行预测，为广告主、广告公司以及媒体的经营提供有益借鉴。

关键词：　广告市场　营销传播　广告主　广告公司　媒体

2015 年中国广告业经营综述

《现代广告》杂志社

“结构调整”与“转型升级”是 2015 年中国广告业的两大标签。尽管，这两个标签无法帮助中国广告业在现实的转型“阵痛”中获得跨越式的增长，但依靠行业自身的突破和努力，2015 年广告经营额继续稳步前进。国家工商行政管理总局公布的最新数据显示：2015 年中国广告经营额小幅攀升至 5973.41 亿元，较上一年增长了 6.56%（见表 1）。从增长幅度上看，2015 年是近些年增幅最缓慢的一年。而接下来，全行业进一步的“结构调整”与“转型升级”则意味着，中国广告业的近期发展将不会以经营额的大幅攀升为目标，更健康、更适合市场环境、更利于未来成长的内部“指标”将成为全行业未来一段时间发展的主旋律。

值得关注的是，2015 年广告业新增经营单位 128203 户，增幅达到 23.58%；创造新的就业岗位 354603 个，增幅达到 13.05%。全国广告业从业人员首次冲过了 300 万人大关，达到了 307.25 万人，仅仅三年时间就增长了近百万人。全国广告业经营单位总数飙升至 67.19 万户，平均每天新增企业超

表 1　近年全国广告经营状况统计

项目	2012 年	2013 年	2014 年	2015 年
经营单位(户)	377778	445365	543690	671893
从业人员(人)	2177840	2622053	2717939	3072542
营业额(亿元)	4698.28	5019.75	5605.60	5973.41

过 351 户。显然，这与国家创新创业的产业发展政策和移动互联网的迅速发展息息相关。但是，广告经营单位人员数量平均为 4.57 人，而新增经营单位平均只有 2.77 人。这也反映出企业规模过小的特点，如不加以后续扶植和专业指导，仍然会造成较大的业态流动。

一　广告服务：创意再成行业关注重点

将组成广告行业四部分人群的数量变化进行对比可以发现，创意人员正在重新成为行业的主流人群。国家工商行政管理总局最新数据显示，2015 年，全行业创意设计人员总数达到了 65.85 万人，年增幅高达 15.70%，成为当年广告行业各类从业者中增幅最高的类别（见表 2）。由此可以看出广告行业新一轮转型升级，结构调整已经开始。

表 2　2013～2015 年广告行业从业人员基本情况及对比

单位：人

年份	管理人员	创意设计人员	业务人员	其他人员
2013	540348	527012	918003	636690
2014	635715	569126	1000126	512972
2015	724223	658505	1125000	564814

与该趋势互为验证的数字是，在设计、制作、代理、发布四大门类中，以创意为基础的设计与制作两项的收入增长都达到了两位数，分别为 11.75% 与 12.72%，与代理（2.80%）、发布（5.19%）的低增长形成了鲜明对比（见表 3）。

上述指标说明创意仍旧是广告行业发展的内动力，而网络化购买、发布的

表3　2014年、2015年广告行业业务分布基本情况及对比

单位：亿元

年份	设计	制作	代理	发布
2014	769.08	743.09	1231.99	2861.44
2015	859.48	837.60	1266.43	3009.90

普及，省略掉了许多中间环节，使市场资源更容易对接，市场信息更加对等。互联网广告的快速发展，正在从根本上改变着广告市场的格局，市场也正在重新赋予“创意”新的内涵和定义。

二　新媒体：互联网广告营业额首次领先行业

2015年，互联网广告成为拉动全行业增长的主要力量，超越电视广告，广告营业额排名第一。互联网广告延续了之前的高增长态势，但增幅正在放缓，远远低于上一年度51.7%增长，同比增幅回落到35.3%。中国广告协会互动网络分会发布的数据显示：2015年中国互联网广告经营额达到1589亿元。

互联网广告，尤其是移动端广告的发展，在2015年确实可以用如日中天来形容。面对广告主对投放精准化、个性化的要求，互联网广告成为不二选择。于是，不仅以互联网广告业务为主的新创公司如鱼得水，也让原来以创意为主的大型传统公司全面网络化、数字化，通过并购或组建的形式，弥补在互动网络方面的不足。

H5、朋友圈硬广告，以及借助“摇一摇”、“抢红包”等方式推出的新的广告形式在2015年相继走红。同时，借助疯长的DSP形式，中国的互联网广告进入了一个全新的技术时代。

此外，一个新的现象逐渐显露。那些掌握了平台与发布渠道资源的传统门户网站，开始主动向创意领域迈进。他们借助其品牌优势，通过产业链的延展和服务方位的扩张，正在形成新的优势，抢占广告优质资源。这些现象正是推动互联网广告全面开花的力量。

但是，不管经历多少次升级换代，中国互联网的赢利模式并没有突破性改变，依然通过优质内容搭载广告销售。由此可见，互联网广告的未来在于模式

创新和产业突破，在没有寻找到突破模式的这段时间里，这样的模式仍将继续，中国网民势必会得到更为优质的各类网络服务，同时也会在网络上接触到更多广告、花更多的钱。

三　媒体渠道：四大传统媒体广告销售全线下滑

互联网一枝独秀的另一面是传统媒体的整体下滑。较之2014年，2015年四大主流传统媒体的经营额出现了较为严重的全面负增长，其中最为严重的是电视广告收入，从2014年的全年大幅增长（16.11%）转为较大幅度的下降（-10.31%）（见表4）。

表4　2015年媒体广告经营基本情况统计

单位：亿元，%

媒介	2014年经营额	2015年经营额	2015年增幅	2014年增幅
电视台	1278.50	1146.69	-10.31	16.11
广播电台	132.84	124.49	-6.29	-5.91
报社	501.67	501.12	-0.11	-0.60
期刊社	81.62	71.90	-11.91	-6.41

回顾2014年、2015年的电视发展可以看到，台与台之间的两极分化愈演愈烈，广告对高收视内容的追逐显而易见，优质的广告资源与优质内容的融合集中在黄金时段。这种市场行为直接导致了少数优质电视台、优质节目的收入越来越多，而更多二、三线电视台的广告时段无人问津。

可以预见，为了进入广告主的视野，电视台间围绕内容的竞争在2016年将越发激烈。参与这些竞争的，有希望进入一线卫视阵营的电视台，有希望保住自己一线卫视地位的电视台，最主要的则是那些觊觎一线卫视阵营领头羊宝座的电视台。虽然有消息表明，2016年全国会有400档左右的真人秀节目，但是这400档节目分食的仍是原有的广告主市场，投放方面的增长不会太大。如此，绝大部分处于亏损状态的电视台不可能在内容方面与那些优质电视台竞争，即不可能依靠广告获取收益，只能寻找更适合自己的出路。

一些电视台选择了弱化自己的广告收入，而改在其他领域以其他方式挣钱。比如，与电商联手、与旅游业联手、与游戏联手、与体育产业联手，甚至与传统的制造业联手，通过售卖广告之外的其他商品拉动自身的经济增长。

面对电视行业的“颓势”，国家有关部门努力寻求解决办法。在2016年2月27日召开的“全国电视剧行业年会”上，类似于“恢复电视剧中插广告、每晚3集连播、每集1小时且每晚两集、一剧三星甚至四星”等办法纷纷被提出并予以讨论，其目的就是提升电视剧广告的含金量，抑制电视媒体广告经营额的下滑。

值得关注的报社广告营业额并没有像数据显示的那么乐观，报纸广告经营额降幅要比0.11%惨烈得多，纸媒的大幅下降已经是不争的事实。单从数据表面分析，统计数据应该是报社广告收入与部分其他收入共同的体现。从市场实际情况看，报社广告比电视台广告受到的挑战和冲击更为猛烈。

四　品类投放：汽车类广告开倒车

继2014年之后，食品类广告再次成为年度最大广告投放品类。只不过，与全国经营额总体增长的情况类似，该品类也从2014年的高增长态势转为2015年的较低增长态势。与近年整体态势的最大不同是，2015年三个门类的广告投放数额有所减少，分别是：汽车类（-1.80%），医疗器械（-0.38%），收藏品（-10.25%）（见表5）。汽车类广告投放的下降应该与2015年全国汽车商品产销量的实际状况有关。按照中国汽车工业协会给出的统计数字，2015年，中国汽车市场的全年销量为2459.8万辆，虽同比增长了4.7%，但相比上一年，增速有2.18%的回落。至于医疗器械与收藏品两类的投放下滑，应该是新《广告法》作用开始显现的结果。自2015年9月1日新《广告法》实施以来，国家工商行政管理总局对全国广告播出给予了更严格的监测，并数次开展执法行动，打击违法广告现象，有针对性地曝光了“2015年涉嫌违反《广告法》的典型案例”等违法广告现象。

从全国违法广告监测数据也可以看出，2015年，违法广告数量大幅度降低。

表 5　2015 年全国广告经营额（按商品和服务类别）统计

单位：亿元，%

排序	项目	总额	增长
1	食品	815.73	6.43
	其中:保健食品	236.76	16.58
2	房地产	652.26	8.48
3	化妆品及卫生用品	641.29	4.50
	其中:化妆品	437.18	6.28
4	汽车	626.40	-1.80
5	家用电器及电子产品	277.19	12.30
6	药品	275.88	3.01
7	信息传播、软件及信息技术服务	240.09	23.01
8	酒类	220.86	4.59
9	金融保险	197.37	16.71
10	服装服饰及珠宝首饰	175.01	7.64
11	旅游	161.22	8.90
12	生活美容、休闲服务	142.80	6.71
13	医疗服务	139.70	0.94
14	批发和零售服务	128.29	13.29
15	医疗器械	72.70	-0.38
16	招工招聘及其他劳务	65.36	5.11
17	教育	60.60	3.90
18	农业生产资料	29.02	34.84
19	收藏品	28.44	-10.25
20	出入境中介	22.85	22.67
21	烟草	13.25	3.56
22	其他	987.08	7.06

五　广告监管：新《广告法》成效初显

从 2015 年 9 月 1 日起，新《广告法》正式实施。尽管统计仅涉及新《广告法》实施后四个月的数据，但由于实施前后的大力宣传，新《广告法》的监管功能还是得到了明显的发挥。

国家工商行政管理总局最新数据显示，2015 年全年，国家工商行政管理总局共查处违法广告24252件，同比上一年的34012件大幅减少9760件，降幅接近1/3。相应地，国家工商行政管理总局对这些违法广告开出的罚金也大幅减少，为2.87亿元，而2014年全部罚金为3.30亿元。

违法广告减少明显的前五大省份为江苏（2006件）、福建（1000件）、广东（899件）、四川（783件）、湖北（734件），合计减少违法广告5422件，超过全年减少数量的一半以上。而北京、吉林、浙江、广西、重庆、西藏6行政区域共增加违法广告252件，这些地区需要进一步加强对广告违法现象的监管工作。

六　区域状况：“百亿军团”阵容不变

按照行政区划的广告经营额计算，2015年全国各地区广告经营额前五位的省市分别是北京（1823.99亿元）、广东（845.14亿元）、江苏（508.40亿元）、上海（489.66亿元）、浙江（366.74亿元）。这五省市的广告经营额总和达到4033.93亿元，占到全国广告经营额的67.53%，稍逊于上一年的68.03%。

观察全国各省广告销售“百亿军团”会发现，2015年组成该“军团”的省份与2014年相同，仍为北京、广东、江苏、上海、浙江、山东、天津、湖南、福建、湖北、河南、四川、安徽13家。这一结果说明，当前广告行业的重心并没有转移的迹象。

分析各省广告销售额还可以发现，2015年，增长幅度在两位数以上的有13个省份，增长幅度在个位数的有11个省份，这24个省份中增幅最大的是海南省，年增长幅度为114.51%。由此可以看出，全国广告行业的增长并不是依靠个别重点省市的拉动，而是共同努力的结果。此外，有7个省份的广告销售额呈现负增长，黑龙江省的跌幅最大，为-51.50%。

2015年，全国广告经营额最少的五个省区分别是：贵州（2.13亿元）、甘肃（3.46亿元）、西藏（4.20亿元）、宁夏（4.54亿元）、陕西（6.86亿元）。这一阵营的省份，与2014年相比也没有太大变化，但其中有三个省份的广告经营额增幅均接近或超过了1/3。

2015～2016 年中国广告市场现状与趋势

黄升民　邵华冬　魏曼曼*

一　中国广告市场整体状况

2015 年中国经济下行压力依然较大，全年 GDP 增速为 6.9%，① 较 2014 年下滑了 0.4 个百分点，这也是 6 年来 GDP 增速首次下行“破 7”。相关报告预测，2016 年 GDP 实际增速为 6.6%，比 2015 年进一步下滑 0.3 个百分点。② 2016 年将是中国经济持续探底的一年，依然处在“新常态”之中。在这样的经济大环境下，中国广告市场的压力无疑巨大（见图 1）。

虽然中国广告市场增长压力巨大，但是机遇尚存且发展空间较大。2015 年前三季度数据显示，第三产业占 GDP 比重达到了 51.4%③，同比增速为 8.4%④。服务业的快速增长与所占 GDP 比重的提高，意味着我国经济结构由工业主导向服务型主导转型的趋势明显。同时，广告业是现代服务业的重要组成部分，有较大的发展机遇。通过 2001～2014 年广告经营额与现代服务业增加值的对比分析也不难看出（见图 2），两者在总体发展趋势上具有总体一致性。从世界范围来看，广告经营额占 GDP 比重的世界平均水平为 1.5%，发达国家达到了 2%。⑤ 2014 年中国广告经营额占 GDP 比重不足 1%，低于世界平均水平。中国广告业仍然存在较大的发展空间。

---

* 黄升民，中国传媒大学教授、博导；邵华冬，中国传媒大学广告学院副教授；魏曼曼，中国传媒大学广告学院硕士研究生。

① 数据来源：国家统计局。

② 章轲：《报告预测：2015 年 GDP 实际增速为 6.9% 中国经济明年“持续探底”》，一财网，2015 年 11 月 22 日，http：//www.yicai.com/news/2015/11/4715070.html。

③ 根据公开数据计算得出。

④ 数据来源：国家统计局。

⑤ 乔均：《中国广告业区域协同发展探析》，《中国广告》2011 年第 2 期。

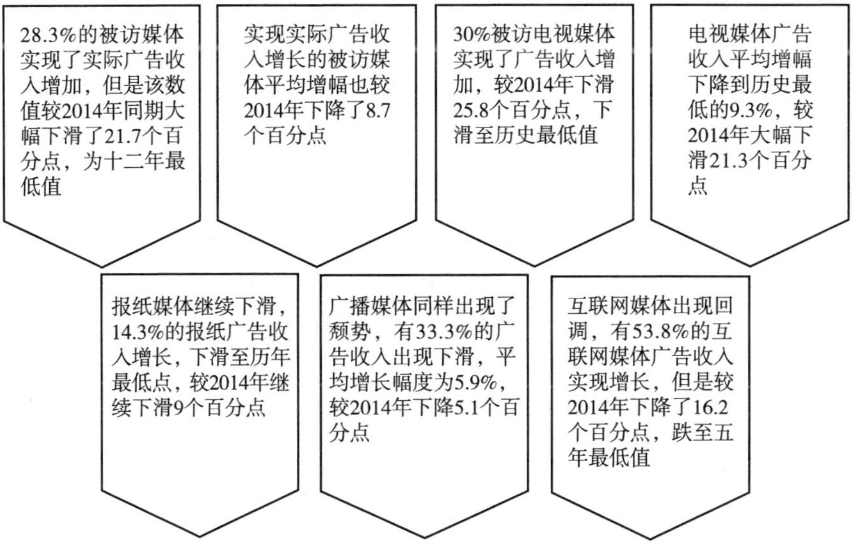

图1　2015 年中国广告发展状况

说明：本文无特殊说明处，相关数据来自《2015～2016 年中国广告生态调研》，《现代广告》2016 年第 2 期。

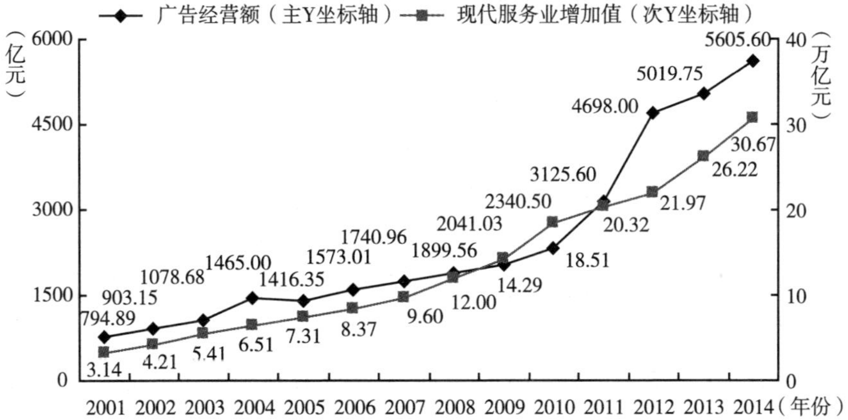

图2　2001～2014 年中国广告经营额与现代服务业增加值对比

数据来源：国家统计局、国家工商总局。

二 2015年广告市场三大主体年度特征

（一）广告主

1. 营销传播基调：持续低位运行

广告主	广告公司	媒体
经营压力大，营销投入低位运行，实效至上，跨界融合	经营压力大，积极拓展数字业务，亟须重塑专业能力	媒体融合加速，马太效应加剧，服务能力提升

受国家经济下行、消费者及媒体传播环境剧变的影响，广告主普遍感到经营压力随之增大，其困惑和迷茫亦直接反映在广告主的营销传播投入上。广告主营销传播投入持续低位运行。

中国广告生态调研数据显示，2015 年广告主营销传播投入依然延续了 2012 年以来的低位徘徊态势。2015 年的营销传播投入占销售额比重为 8.7%，2016 年预期为 8.8%，依然处在 2012 年以来 8.5% ~8.9% 的低位区间内。

2. 营销推广关键词：实效至上、精准聚焦、跨界融合

（1）营销推广费用分配：实效至上。

由于广告主在存在着资金、销售、转型等方面的巨大压力，这时候营销的实效性就显得十分重要了，这也表现在广告主对营销推广方法的使用上。2015 年中国广告生态调研的数据显示，促销活动和广告依然是广告主在产品销售过程中最为偏重的两种营销推广方法。2015 年促销活动的选择率较 2014 年上升了 8.8 个百分点，跃升至第一位，同时广告的选择率则下降了 9.3 个百分点，58.4% 的选择率也下降至历史最低点。与此同时公关的选择比率也在不断下降，接近 2008 年金融危机时的选择水平。直接营销的选择比例则大幅上升了 7.2 个百分点。促销活动和直接营销选择率的大幅上升，印证了广告主对营销实效性的追求。

（2）广告投放：以“促销”“提升企业形象”为目的的选择率快速上升。

提高或保持产品或品牌的知名度及迅速促进产品的销售依然是2015年被访广告主希望通过广告活动达到的主要目的。然而值得注意的是，2015年迅速促进产品销售这一选择率升至五年来最高，三年连续升高也表明广告主对营销传播实效性的需求越发强烈。

另外，2015年广告主更加注重依靠广告传播来提升企业形象，一方面说明广告主对提升企业形象的要求在升高，另一方面说明广告主越来越认可广告传播铸造形象的作用。2015年广告主希望通过广告活动达到的主要目的中“提升企业形象”的选择率升至五年最高，达到49.2%，较2014年同期大幅增加11.8个百分点，而在广告主评价广告活动有效性的标准中“提升企业形象”的选择率也上升到了十年最高，达到了20.8%，较2014年同期上升7.1个百分点。

（3）媒体选择：边界日益模糊，聚焦大平台、大IP。

广告主选择媒体的标准稳居于第一位的依然是媒体受众与企业目标消费者的吻合程度。2015年广告主这一选项的选择率是75%。不管媒体形式如何变化、企业的媒体选择如何变化，其本质都是要达到媒体聚合的受众和企业目标消费者的最大吻合。吻合的目的就是要达到营销传播的精准性。除了精准之外，媒体覆盖范围和媒体的影响力也是广告主评估和考量媒体的重要因素。

广告主选择媒体的标准虽然清晰、明确，但是在具体执行上对于所谓新旧媒体选择的边界日益模糊。与此同时，2015年广告主的媒体选择回归可以聚焦的有影响力的大平台、大IP①。广告主倾向于选择能够真正聚合和影响目标消费者的媒体传播平台，进而实现其有效触达目标消费者的目的。大平台、大IP能够聚集大量的受众，并具备引爆传播的能力，也因此成了广告主争抢的营销传播阵地，主要包括央视、一线卫视、大型互联网平台、现象级的IP等。

从连续三年中国广告生态调研数据的变化中可见，2016年预期央视和卫视的广告投放花费份额较2014年上升了3个百分点；央视在经过2015年的份额下滑之后，2016年预期份额实现了2.3个百分点的增长。另外，广告主纷纷大手笔冠名有影响力的IP。《中国好声音》《爸爸去哪儿》开启了综艺冠名

① 所谓现象级IP，指的是具有高收视率、点击率、口碑传播率或社会关注度的知识产权内容。

的“亿元时代”，而2015年电视冠名则直接进入5亿元时代，韩束5亿元冠名江苏卫视《非诚勿扰》。值得一提的是，《爸爸去哪儿》第二季冠名商伊利QQ星再次冠名第三季，并且以5亿元巨资超越第二季3.12亿元冠名费。

3. 重点行业营销传播分析

2015年，伴随政策宏观调控影响和产业本身的结构调整双重作用力，我国房地产市场发展经历阶段性低靡后有所好转。一方面是房地产行业政策回调，目前信贷和货币政策较为宽松，行业发展触底反弹；另一方面房地产行业面临解决大量过剩问题的压力，广告促销也是其必然选择，广告投放呈现回暖迹象。

随着国家相关政策的宏观调控及地方相继出台的汽车限购政策，2014年以来机动车行业整体加紧调整策略，广告投放整体呈现紧缩状态，营销活动呈多元特色。汽车广告主面临整体宏观经济的压力，亦不得不审慎投放，调整投放结构，传统媒体投放愈加谨慎，但在数字化营销、终端及活动推广、软硬广等新媒体以及多媒体投放组合的营销模式上多加尝试。

金融保险服务行业中，传统金融机构转型压力大，“互联网+”和金融市场改革两股力量推动传统金融机构的转型。互联网金融时代正在迅速成型，一边是各种平台不断崛起，一边是互联网金融规范意见陆续出台，行业成绩逐步凸显，市场打开增长空间。行业内品牌竞争的内生动力加剧，金融行业的互联网广告投放增长尤为明显。

快消品行业整体增速持续放缓，无论是市场表现还是经营状况均不理想。但本土快消品牌市场份额上升，进一步抢占外资品牌市场。2015年快消品企业更多地参与了综艺节目冠名，快消品牌比其他行业品牌更迫切需要在建立品牌知名度的同时，为品牌塑造个性和气质。

随着消费结构和消费观念的变化，人口老龄化的不断升级、大健康产业的推动保健意识的提升，城乡化趋势等政策利好，药品行业迎来新的机遇，广告投放规模逆势增长，但受政策和监管力度影响较大。2015年9月1日开始实施的新《广告法》的目的在于净化和规范广告市场，其中包括明确虚假广告的定义和典型形态、新增广告代言人的法律义务和责任、强化对大众传播媒介广告发布行为的监管力度等多个方面。药品和保健品行业一直是虚假广告的重灾区，新《广告法》严格规范了医疗广告和保健品广告，规定任何人不能代言药品广告，药品广告必须显著标明禁忌不良反应。同时，广播电台、电视台、报刊音像出版单位、互联网信息服务提供者不得以介绍健康、养生知识等形式变相发布药品、医疗器械、医疗、保健食品广告。因此，新《广告法》会带来药品行业巨震，也为药品行业的营销转型带来了契机。

4. 广告主的营销困惑

（1）新的传播环境下如何建构行之有效的营销传播体系。

新的传播环境下，广告主备感迷茫。首先，媒体形态的高度多元化和碎片化导致广告主媒体选择困难。其次，由于媒体资源的极大丰裕，媒体之间的竞争愈趋激烈，客观上造成媒体自身的竞争成本上升以及优质传播平台的价格上升，这造成了广告主媒体使用成本的增加。数据表明，2015 年全国电视媒体价格平均增长 11%，网络媒体价格则平均增长了 8%。优质的传播平台如浙江卫视、湖南卫视等涨幅更是接近 20%。①

广告主认为当前同样的营销预算再也达不到过去同等的营销传播效果，换言之，广告主认为营销成本在上升，营销投入的性价比在下滑。广告主在 2015 年的营销实践中的最大困惑之一就是在旧有的营销传播体系和方法论已经逐渐实效和新的行之有效的营销传播体系和方法论还未建立的情况下，该如何实现营销传播活动的效果升级。

（2）广告主与媒体和广告公司合作之困：脱节和不满。

随着广告传播环境的快速变化，广告主与广告公司和媒体的合作也出现了一些与环境不适应的问题。广告主反应比较强烈的主要包括以下几个方面。

广告主与广告公司中断合作原因的选项中“对广告公司的服务不满”的选择率跃升至第一位，达到了57.4%，较2014年大幅上升了14.8个百分点。在“双方在执行策略上很难达成一致”这一选项的选择率也飙升8.4个百分点，升至三年最高值23.5%	❯	广告公司和媒体的专业服务水平有待提高
广告主和广告公司中断合作的原因之一“双方很难在价格上达成一致”的选择率较2014年上升了10%，达到了三年最高值的25%	❯	广告公司和媒体的反应慢且价格高
广告公司、媒体为争取广告主的业务进行数据造假。数据造假行为直接导致广告主没有办法正确衡量营销传播活动的效果，也没有办法依靠有效的、真实的数据去制订未来的营销预算及营销计划	❯	广告公司和媒体诚信缺失

① 胜三咨询：《2015 年中国媒体价格增长趋势报告》，2015 年 8 月。

（3）对政策监管的困惑：不够清晰、未能均等监管、滞后。

广告业的生态健康离不开法律规范和政府监管。2015 年 9 月 1 日出台的新《广告法》目的本在于净化和规范广告市场，但其中很多规定近乎严苛，这对一些广告主的营销传播活动造成影响。

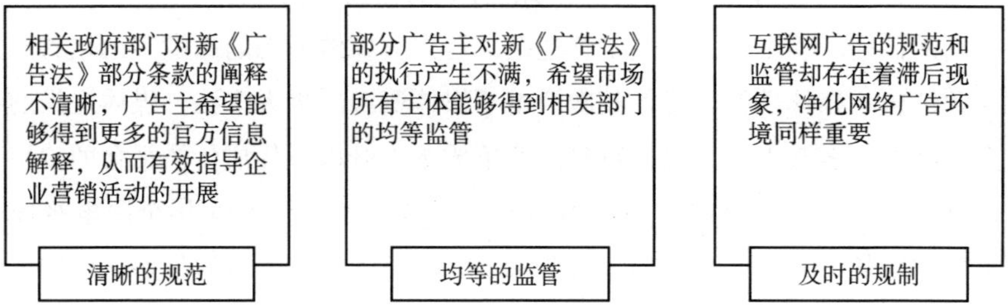

（二）广告公司

1. 广告公司经营状况

由于受到经济下滑压力较大、广告主营销投入收紧、广告公司自身转型问题等多重因素的影响，2015 年广告公司经营重压仍在。2015 年中国广告生态调研数据显示广告公司的营业额利润出现了双降，延续了近几年来的下滑态势。

（1）营业额和税后利润双降且下滑幅度较大。

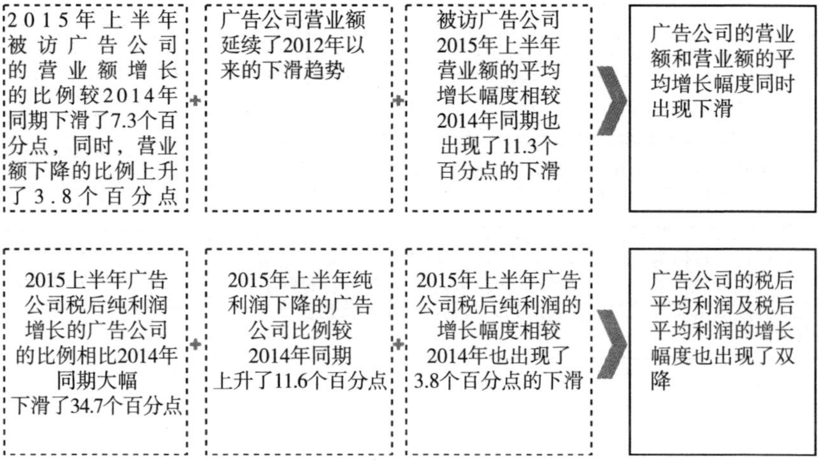

（2）对2016年的市场预期、营业额及税后纯利润的预期均不乐观。

首先，2015年广告公司对未来一年的广告市场预期较为保守。中国广告生态调研数据显示，2015年广告公司对“2015年被访广告公司对未来一年广告市场的预期良好”这一观点持同意观点比例较2014年同期下降了7%，同时持不同意观点的比例上升了8.7%。可见，2015年广告公司对未来一年的预期较2014年悲观。

其次，广告公司对未来一年的营业额预期及税后纯利润预期同样较为悲观。2015年广告公司认为未来一年营业额增长的比例较2014年同期的比例下降了12.3%。同时，2015年预期营业额下降的广告公司比例则较2015年上升了12.3%。相对的，2015年被访广告公司对未来一年税后纯利润的预期再度下滑。预期未来一年税后纯利润增长的广告公司比例较2014年同期下滑了14%，预期纯利润下滑的比例则增加了10.4%。

2. 广告公司的业务现状

（1）媒体代理相关的业务减少，创意、策划、活动类的业务增多

2015年广告公司提供的业务上发生了一些变化。

创意设计和广告策划在广告公司业务中的选择比例上升，媒体代理类的业务比例在下降	由于广告主对实效和精准的需求增强，广告公司业务出现相应改变，如互动直效营销、数字媒体策划和技术支持及线下活动展览的选择比例均上升到四年最高比例	由于消费者和市场变化越来越快，广告主对市场研究消费者研究的比例在上升，反映在广告业务上就是市场调查研究的选择比例在上升	广告主对效果监测和评估的需求也在上升，广告公司提供广告效果监测和效果评估的业务也升至四年最高选择比例

（2）拓展新业务领域以数字业务居首。

在拓展业务方面，广告公司为满足广告主不断增长的数字媒体方面的服务需求和适应媒体环境的变化，广告公司在拓展业务方面以数字媒体策划和技术支持为主，选择率达到63.2%，为4年来最高。同时广告公司为了缓解经营压力拓展收入来源，也在不断进行着多元化的拓展，比如进军内容生产领域，开发电影、漫画等IP获利。

（3）精简的业务以媒介广告资源开发、代理及销售为主。

广告公司在未来要精简的业务方面，媒介广告资源开发、代理及销售排名

第一，选择率达到了44.4%，选择率为4年来最高。可见，在当前媒体环境高度碎片化、消费者数字化生存背景下，类似与单纯的媒介广告资源开发、代理及销售的粗放型业务的生存空间会越来越小，广告主需要的是业务更加精细、复合的、能够提供一站式营销传播服务的广告公司。然而，广告媒介是广告产业链中最具价值的环节，媒介作为用户接触广告的渠道，是广告有效性的最根本保证。在广告主的广告预算中，媒介投放的支出比例通常占整个广告预算的80%以上。① 完全抛弃这部分业务是不现实的，因此广告公司必须提高媒介策划水平，提升精细化运作能力，在保证原有业务提升的同时，开拓新业务。

（4）广告公司专业主义理念在回归。

广告公司应该重视创意、策划、媒体的精细化运作、市场洞察等体现专业水平的业务，而不是单纯的售卖媒体资源。创意的价值是不会发生变化的，广告主依然认可创意的价值，并愿意为好的创意付费。2015年，广告公司在业务方面的进行调整，呈现出专业主义的回归。

中国广告生态调研的数据显示，2015年广告公司认为自身的主要竞争优势的选择中，整合营销传播能力的选择比例较2014年上升8.7个百分点，位居第一，同时也是四年最高选择比例。创意制作水平、媒体策划水平的选择比例分别上升1.7个百分点、3.5个百分点，均为历年最高。消费者洞察能力和市场调查及数据分析能力同样上升至历年最高。

3. 广告公司遭遇的主要挑战

中国广告生态调研的数据显示，2015年广告公司遭遇的主要挑战为市场环境不景气、广告主预算减少、市场的激烈竞争。这三项的选择比例均是四年以来的最高值。经济持续下行、广告主预算的减少及市场的激烈竞争给广告公司的经营带来了巨大的压力。经济危机导致的市场不景气较2014年大幅上升22.7个百分点，广告主预算减少较2014年大幅上升14.1个百分点，市场竞争激烈则较2014年上升了10.7个百分点。另外，专业人才短缺的选择率较2014年下降了3.3个百分点，可见人才短缺的问题在2015年有所缓解。

---

① 国联证券：《中国广告行业现状及前景分析》，中国广告网，2015年9月21日，http：//news. cnad. com/html/Article/2015/0921/20150921105041648. shtml。

（三）媒体

1. 经营状况

（1）电视广告收入仍居高位，但有小幅缩减，马太效应加剧。

2015 年度中国广告生态调研数据显示，广告主媒体广告投放费用占比最高的依然是电视媒体，比重为 25.0%，较 2014 年小幅缩减，2016 年预计下降 1.8 个百分点。电视媒体广告收入增长的比例为 30%，较 2014 年下降了 25.8 个百分点，突破历史低值。与此同时，2015 年被访电视媒体上半年广告收入平均增幅为 9.3%，大幅下滑 12.3 个百分点，同为历史最低值。

电视媒体内部马太效应加剧。2014 年央视和省级卫视投放分别占广告主电视广告投放费用的 30.3% 和 27.5%，总和为 57.8%，2015 年央视和省级卫视投放分别占广告主电视广告投放费用的 26.4% 和 29.1%，总和为 55.5%，到 2016 年预期两者占比分别为 28.7% 和 33.1%，总和为 61.8%。从连续三年的数据的变化中可以看出，广告主在央视和省级卫视的广告投放占据了电视广告投放总额的半壁江山，且有明显的增长趋势，这也意味着卫视以外的省台及地、市、县级电视台的份额在进一步被压缩。另外，在省级卫视内部马太效应也很明显，顶级卫视和二线卫视之间的差距在日益拉大。

（2）互联网广告市场增速趋稳，移动互联网保持较快增速。

近年来，伴随着数字媒体对传统媒体市场份额的分流和相对宽松的管理环境，中国互联网广告市场日益繁荣，而随着整个行业发展的逐渐平稳及新《广告法》对网络违法广告的控制，未来，互联网媒体投放发展增势依旧，但会相对平缓。从被访互联网媒体 2015 年上半年广告收入变化也可以窥探一二，增长仍然是大趋势，但 2015 年保持增长的被访互联网媒体占比较 2014 年有所下滑，比重为 53.8%；收入持平的占比大幅增加，为历史最高值，达到 46.2%，接近半数。2015 年，总体来看，互联网整体收入状况良好，增势趋缓。

移动互联网则依然保持较快的增速，有望超越 PC 端。2015 年，被访广告主在移动互联网媒体上的广告投放费用分配占比为 11.1%，较 2014 年增长 3.5 个百分点，2016 年预计占比为 15%。

移动广告投放近年来也实现大幅度增长，而其所涵盖的移动搜索、移动电商和场景服务将是未来移动互联网发展的关注点。

（3）纸媒广告收入增长跳水式缩减，颓势已定。

2015 年，纸媒依旧处于低潮，根据实力传播发布的《广告市场预测报告》，预计到 2017 年，报纸和杂志（广告投放）将以每年 21% 和 12% 的比率缩水。[①] 而中国广告生态调研数据也显示出了其日渐衰落的趋势，受新《广告法》出台和落地的影响，报纸作为重点监管对象之一，其广告投放必然受到消极影响。观其广告收入，2015 年上半年被访报纸媒体广告收入实现增长的占比仅为 14.3%，较 2014 年下滑 9 个百分点，创历史新低；其中广告收入下降的占比则为 57.1%。

期刊的情况同样堪忧，2015 年上半年被访期刊中广告收入增加的选择率继连续三年呈现腰斩式缩减后，2015 年广告收入下降的被访期刊媒体超过半数，达 53.8%，而实现收入增长的媒体仅为 15.4%。

另外，CTR 媒介智讯数据也显示，2015 年 1～11 月报纸广告刊例收入同比下滑 35.4%，跌幅再创新高；期刊同比下滑 19.8%[②]。多方的数据都说明，纸媒经营情况堪忧，恐难逆袭。

（4）广播媒体市场微降，积极应对挑战，媒体融合加速。

CTR 媒介智讯的数据显示，2015 年前三季度广播媒体广告花费的同比下降为 0.7%。[③] 相对于传统媒体广告市场整体 7.2% 的降幅，广播媒体的表现可圈可点。

尽管新媒体样态正在不断挤压传统电台市场份额，新《广告法》也给广播媒体经营创收带来影响，但数字技术也为其带来了新的发展机遇。需要注意的是，广播媒体要规避以往一直打法律擦边球播放违规广告而赢利的做法，审

---

① 实力传播：《广告市场预测报告：2016 年全球广告支出将增长 4.7%》，广告头条，2015 年 12 月 19 日，http：//mp. weixin. qq. com/s? _ _ biz = MzAwNzA4NjAxMw = = &mid = 402964607&idx = 1&sn = 1f7738899a376e42ee6d817a4b43eafe&scene = 23&srcid = 12193Rnz33tpTZ2AkX4ixM4S#rd。

② CTR 媒介智讯：《传统媒体广告市场降幅收缩至 7.2%》，中广协报刊分会，2015 年 12 月 31 日，http：//mp. weixin. qq. com/s? _ _ biz = MjM5MzM0MDU2Mw = = &mid = 403358448&idx = 1&sn = aad4411dd3c9dd809f7efb006f62d329&3rd = MzA3MDU4NTYzMw = = &scene = 6#rd。

③ CTR 媒介智讯：《传统媒体广告市场降幅收缩至 7.2%》，中广协报刊分会，2015 年 12 月 31 日，http：//mp. weixin. qq. com/s? _ _ biz = MjM5MzM0MDU2Mw = = &mid = 403358448&idx = 1&sn = aad4411dd3c9dd809f7efb006f62d329&3rd = MzA3MDU4NTYzMw = = &scene = 6#rd。

慎前行。某广播电台就表示：将低劣广告置换成高端品牌广告是大势所趋。低劣广告主要有三大类，即保健品、药品和酒类。该电台很多年前就砍掉药品广告，当时流失资金以千万元计，但是壮士断腕的勇气迎来了品牌广告主的认可，从2014年开始汽车客户——尤其是宝马、奔驰、奥迪、路虎这类的汽车品牌，在广播投放上至少能保持50%～80%甚至是翻倍的增长。

2. 业务状况

（1）为增加广告收入采取的举措：加强沟通、量身定制活动、不断创新。

2015年，被访媒体为增加广告收入采取的举措中，选择率最高的前三种措施是加强与客户的日常沟通、为客户量身策划主题活动、提供创新的广告形式，选择率分别为80.2%、78.4%、72.4%。另外，为客户提供销售支持和提供广告效果评估服务较2014年大幅上升，增幅分别为7.7个百分点和8.5个百分点。可见，广告主对于媒体是否能够提供销售支持和广告效果评估服务的重视。

（2）在传统业务之外提供的服务：营销/广告策划服务、联合推广活动、媒体策划服务。

2015年被访媒体在传统广告时段/版面销售业务之外为客户提供的服务选择率最高的三项为营销/广告策划服务、联合推广活动、媒体策划服务，其选择率分别为75.2%、70.1%、68.4%。根据连续数据，自2014年起，营销/广告策划服务即超越媒体策划服务排名第一，联合推广活动则位居第二。另外，近三年来会展活动、论坛活动的选择率保持迅猛增长态势，值得关注。

（3）媒体自身能提供与广告公司类似的服务。

2015年被访媒体与某些广告公司中断合作的主要原因还是合作自然终结，该项的选择率为45.8%，除此以外，并列第二的原因是自身能提供与广告公司类似的服务和广告公司拖欠款严重，选择率均为26.4%，排名第三的原因则是回收自有资源，选择率为23.6%。

值得注意的是，根据历年情况，媒体与广告公司合作中断的原因中，自身能够提供与广告公司类似的服务这一选项的选择率逐年提升。随着媒体服务能力和专业能力的提升，媒体自身能够提供与广告公司类似的服务，广告公司的处境愈加尴尬。

3. 媒体遭遇的主要挑战

（1）广告经营不景气。

经济不景气，广告主缩减营销推广预算	中国经济发展步入“新常态”，GDP增速放缓。在这样的经济寒冬下，广告主普遍面临较大的经营压力，营销推广费用的投入保持低位运行，进而导致媒体在广告创收上遭遇困境
行业竞争加剧，自身缺乏竞争力	数字新媒体不论是在内容产品还是广告产品上的创新都比较频繁，争抢用户的竞争愈演愈烈。所谓“得用户者，得天下”，数字新媒体也在不断分流广告主的营销推广费用
政策法律环境变化，监管力度加大	2015年9月1日开始实施的新《广告法》，对广告市场的监管力度加大，受到冲击最大的当属药品及保健品行业的广告投放。另外，这两类广告受到国家政策的严控，全线减量
体制机制掣肘，进行内部调整	创新和优化内容和广告产品，能够助力广告经营。而进行内容产品和广告产品创新和优化的阻碍。内部调整势在必行，在一定时间内会对媒体的广告经营产生影响

（2）媒体合作困难。

在与其他媒体合作中遇到的困难主要表现在：其一，如何高效整合资源以及合理分配权益；其二，执行沟通成本高；其三，自身竞争力不足，自身不具备资源优势，缺乏丰富的广告资源，节目内容等优势不大，竞争力不足；其四，体制机制制约，体制机制障碍，无法实现高效合作。另外，还存在自身观念不开放和担忧资源流失等困难。

三　趋势预测：步入盘整发展期，多方力量助推广告市场发展

中国广告市场步入盘整发展期，多方力量助推其发展。首先，虽然中国经济下行压力大，增速持续探底，但是第三产业服务业成为中国经济发展的主导产业，国家对第三产业的扶持力度加大。广告业作为现代服务业的重要组成部分，若能抓住政策机遇，必能在盘整中获得更为长足的发展。其次，消费升级成推动广告市场发展的新动力。数据显示，中国中产阶级人数位居世界第一，达到1.09亿人。①

① 瑞士信贷银行：《全球财富报告》，2015年10月13日。

这是中国消费结构升级的一个信号。随着居民消费水平和消费观念的不断升级，消费者对产品品质和品牌有了更多的要求。政府希望利用消费升级倒逼产业优化，重点促进的消费领域包括服务消费、信息消费、绿色消费、时尚消费、品质消费、农村消费。最后，技术革新和资本运作也将助力广告市场发展。随着技术的不断革新，数字媒体蓬勃发展，不断渗透消费者的生活。大数据等技术在广告市场的应用日益成熟，广告主在数字媒体上的广告投放爆发式增长，这也将带动整个广告市场的增长。近年来广告公司、媒体的资本运作频繁，通过资本手段的兼并、整合，提高竞争力，促使广告业向集团化、国际化方向发展。总的来说，中国广告市场虽然受到中国经济增速持续探底的影响，发展压力大。但同时，中国广告市场也步入了盘整发展期，发展机遇和空间依然存在。

B.16
2015年中国传媒资本市场发展报告

摘　要：　2015年，我国传媒业融资和并购活动活跃，融资和并购金额约2200亿元，并出现了并购金额大、吸收合并、新三板挂牌、私有化和生态完善等新特点。本报告对2014年传媒资本市场发展进行梳理，对热点进行解读。

关键词：　传媒业　资本　融资　并购

传媒业融资与并购趋势

郭全中　胡　洁*

一　融资并购趋势

1. 融资并购数量和金额双高

根据上市公司财报、Wind、投中等相关机构的数据，据不完全统计，截至2015年12月31日，传媒行业共发生融资与并购事件283起，比2014年数量略高。除未透露金额的案例之外，融资和并购金额为2148.8亿元；其中融资案例105起，涉及金额205.6亿元，并购案例为178起，涉及金额为2043.2亿元，金额增长50%以上。

* 郭全中，国家行政学院社会和文化教研部高级经济师；胡洁，中国社会科学院数量经济与技术经济研究所副研究员。

2. 传媒行业并购金额位居细分行业第一位

第一位：传媒业

并购金额为966.19亿元

百视通吸收合并东方明珠交易总金额：492.24亿元（2014年公布交易，2015年交易完成）

阿里巴巴收购优酷土豆涉及金额：45亿美元（2015年公布交易，交易尚未完成）

第二位：游戏行业

并购金融为613.56亿元

第三位：其他

并购金融为245.67亿元

3. 传媒企业融资方式多样化

VC/PE方式融资	融资金额最大的是华谊兄弟非公开发行股票获阿里创投等参与认购，募集资金总额为36.00亿元，其中阿里创业投资有限公司认购金额为15.33亿元
IPO上市融资	包括万达院线、中文在线、读者传媒、江苏有线等公司。江苏有线公司以32.66亿元的募集金额居首，万达院线募集资金总额12.81亿元，中文在线募集资金总额2.04亿元，读者传媒募集资金5.86亿元
新三板挂牌融资	传媒类新兴企业纷纷到新三板挂牌，总计超过60家，其中游戏类公司超过30家，影视公司超过10家，新闻出版类超过10家

4. 通过借壳上市进行并购

首先，“网游回归第一股”巨人网络借壳世纪游轮上市。根据世纪游轮发布的重组公告，世纪游轮拟以 29.58 元/股的发行价格，向巨人网络的全体股东非公开发行4.43 亿股，作价 131 亿元购买巨人网络 100% 股权，由此巨人网络成功借壳回归 A 股，巨人网络创始人史玉柱成为世纪游轮实际控制人。

其次，传统媒体为了打通直接融资渠道从而进行更好的转型，除了通过 IPO 直接上市之外，还通过借壳上市的并购方式来打通直接融资渠道，其中青岛城市传媒借壳青岛碱业股份有限公司为典型。根据公告，青岛碱业股份有限公司拟以截至 2014 年 8 月 31 日拥有的全部资产和负债，与截至 2014 年 8 月 31 日青岛城市传媒股份有限公司 100% 股权评估值的等值部分进行置换，本次重大资产置换中置入资产与置出资产交易价格的差额为 11.58 亿元。

二 融资并购新特点

1. 并购金额大

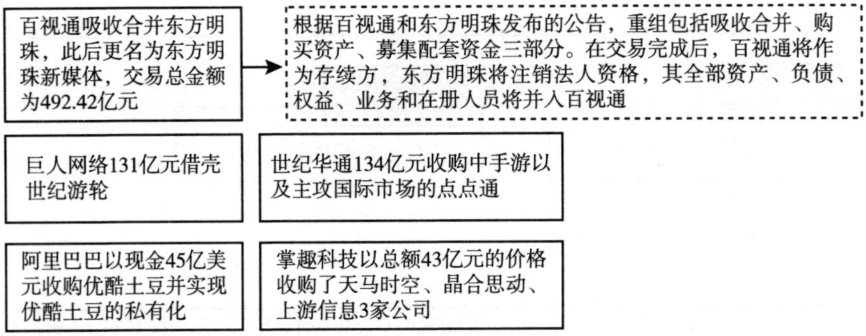

2. 创新型传媒企业纷纷在新三板挂牌

新三板目前已经成为传媒企业关注的重点。有些在主板和创业板不能上市的传媒企业，纷纷选择在新三板挂牌，2015 年可以被称为传媒公司的“新三板元年”。

首先，明星持股公司密集挂牌新三板。主要有杨丽萍持股的云南文化、张纪中持股的华人天地、孙红雷持股的青雨影视、陈鲁豫持股的能量传播、韩庚持股的乐华文化、杨幂持股的西安同大、胡歌持股的唐人影视、孙俪持股的海润影视、田亮夫妇持股的盛夏星空等。

其次，传统媒体纷纷借助新三板打通融资渠道。比较知名的有东方网，湖北日报报业集团旗下的荆楚网和特别观察，天津广电集团旗下的北方网，江西日报报业集团旗下的大江传媒，辽宁日报报业集团旗下的北国传媒，济南日报报业集团旗下的舜网传媒，南京日报报业集团旗下的龙虎网，中信集团旗下的中信出版社，当然也有自媒体平台的虎嗅网和自媒体飞博共创等。其中，收入规模较大的是中信出版社和东方网，年收入都在 5 亿元以上。东方网的收入结构更为合理，其货物销售约占 63%，广告业务约占 3%，信息技术服务 24% 左右，其他 10% 左右。其他挂牌的公司虽然业务规模较小，但是增长速度都很高，呈现出良好的发展潜力。

再次，2015 年在新三板挂牌的游戏公司超过 30 家，其中研运一体的游戏公司占到 37.5%，发行运营的占 25%。2015 年 12 月挂牌的公司就有 14 家。

3. 私有化进程大大加快

由于中国传媒股在美国资本市场上的市盈率远远低于国内的市盈率，在国外上市的传媒上市公司纷纷通过私有化回归 A 股，并通过借壳上市完成并购。2015 年，分众传媒、巨人网络等成功完成私有化并在 A 股借壳上市，中手游被世纪华通收购，合一、奇虎 360、完美世界和博纳影业等都在积极进行私有化。分众传媒借壳七喜控股成功在 A 股上市，七喜控股以目前所有的资产与负债与分众传媒 100% 股权的等值部分进行置换，拟置出资产作价 8.8 亿元，拟置入资产作价 457 亿元。分众在退市前不到 27 亿美元的市值，而本次置入资产作价 457 亿元，溢价近 2 倍，如果成功上市之后，市值有可能过千亿元。阿里巴巴以 56 亿美元现金收购优酷土豆，收购完成后优酷土豆将从纽交所退市私有化。奇虎 360 在私有化后，将借壳 A 股公司或登陆战略新兴板，奇虎 360 整体的私有化交易规模在 115 亿美元左右，私有化交易的资金将通过银行贷款、权益资本及转续股权的形式获得。根据投行测算，奇虎 360 在 2018 年的市盈率将达 30 ~ 50 倍，其对应的市值将为 2168.2 ~ 3613 亿元。博纳影业正在进行私有化，阿里影业将投资约 8600 万美元，间接持有博纳影业约 10% 股份。

4. 互联网巨头打造生态系统

2015 年，国内阿里巴巴、腾讯、百度等互联网巨头都是利用其庞大的用户群、先进的技术和巨大的资金实力进一步布局传媒业，完善泛娱乐产业链，打造以 IP 为核心的泛娱乐生态系统。

在这方面，布局最深的是阿里巴巴。阿里巴巴以电子商务起家，已经吸引了数以亿计的庞大用户群，之后进入互联网金融、泛娱乐产业、健康产业、传媒产业等，打造了一个正反馈的正强化生态系统。阿里巴巴通过在传媒业的一系列的并购，已经成功在视频、社交媒体、传统媒体、电影业、新闻客户端等传媒业领域布局，传媒帝国已然成型，具体见表 1。

尤其值得指出的是，2015 年，BAT 尤其看重电影市场，除了阿里巴巴入股华谊兄弟、光线传媒、博纳影业等传统影业集团之外，百度正式成立电影事

表1 阿里巴巴投资和收购的媒体一览

被投资企业	投资时间	投资金额	持股	性质
商业评论	2013.4	未知	未知	杂志媒体
新浪微博	2013.4	5.86 亿美元	18%	社交媒体
新浪微博	2014	未知	14%(合计 32%)	社交媒体
文化中国	2014.3	8.04 亿美元	60%	影视娱乐(现更名为阿里影业)
华数传媒	2014.4	10.5 亿美元	20%	有线网络
优酷土豆	2014.4	12.2 亿美元	18.5%	视频网站
虎嗅网	2014.6	2484 万元	15%	科技媒体
华谊兄弟	2014.11	超过 15 亿元	8.06%	影视娱乐
光线传媒	2015.3	24 亿元	20%	影视娱乐
无界	2015.4	亿元级别	未知	新媒体
北京青年报社区报	2015.5	未知	未知	社区媒体
第一财经	2015.5	12 亿元	30%	财经媒体
博雅天下	2015.7	未知	未知	杂志媒体
36 氪	2015.10	约 1 亿美元	未知	科技媒体
优酷土豆	2015.10	超 45 亿美元	剩余股份	视频网站
封面	2015.10	亿元级别	30%	新媒体
新浪微博	拟收购	未知	剩余股份	社交媒体
南华早报	收购	17.2 亿元	100%	传统媒体

资料来源：笔者根据相关财报等资料整理。

业部，爱奇艺成立电影公司，腾讯宣布成立企鹅影业、腾讯影业，乐视影业注入乐视网。

5. 内容创业者迎来春天

目前，内容创业者的平台、技术、人才和创意等条件具备，社群经济的商业逻辑已经打通，资本开始青睐和大量投资内容创业者，内容创业者迎来好时代。

第一，互联网平台大力支持内容创业者。目前，不少微信公众号已经利用微信平台赚取了真金白银，一点资讯、今日头条和手机淘宝等平台也纷纷出台各种措施以吸引内容创业者。一点资讯未来一段时间文章页的广告收益百分之百分给自媒体作者；“头条号”将推出“千人万元计划”，即未来一年内，今日头条将给 1000 个自媒体每月 10000 元；手机淘宝推出“内容开放计划”，内容平台上的优质内容创作者和机构在三年内可共享 20 亿元市场佣金。

第二，打通了社群经济商业逻辑的逻辑思维完成 B 轮融资。罗辑思维定位为“知识运营商”，其微信订阅号用户也已突破 530 万人，在吸引足够数量的忠诚用户之后，为这个社群的用户提供各类电商服务，成功地探索出了社群经济的发展路径，这次融资估值 13.2 亿元，由中国文化产业基金领投，启明创投等跟投，其估值在一年多的时间内增长了十倍以上。

第三，虎嗅网和飞博共创成功挂牌新三板。其中，飞博共创是国内具有影响力的互联网自媒体公司，成功打造了优质的自媒体矩阵群，其旗下拥有“冷笑话精选”等著名草根名博。截至 2015 年 5 月 31 日，公司旗下微博、微信账号粉丝数合计已超越 1.5 亿，其中新浪微博粉丝人数达 8356 万，腾讯微博粉丝人数达 3006 万，微信粉丝人数达 3295 万，手机 APP 用户人数达 1127 万。得益于庞大的用户基础，2014 年，其主营业务收入同比增长 104.39%，净利润同比增长 255.02%。

第四，吴晓波大力布局自媒体。2015 年 4 月，皖新传媒以现金出资 1.57 亿元的代价，换取了吴晓波控制的蓝狮子 45% 股份，成为其第一大股东，并成功挂牌新三板。此后，吴晓波联合创立狮享家新媒体基金，重点投资自媒体，一是投资微信公众账号“餐饮老板内参”，以 1 亿元的估值，投资 2000 万元；二是投资微信公众账号“酒业家”；三是投资微信公众账号“十点读书”，以 3000 万元的估值投资 300 万元；四是投资微信公众号“12 缸汽车”“车早茶”“车找茬”，估值 1.5 亿元；五是投资了微信公众号“B 座 12 楼”。再加上吴晓波频道，已完成 600 万总订户覆盖。

此外，视频平台二更、自媒体广告交易平台速途网、大象公会、淘公号、关爱八卦成长协会、思享空间、微播易、新榜、灵魂有香气的女子、新媒体指数、P2P 观察、开始吧、无冕财经等获得了数量不等的融资。

6. 吸收合并的并购形式开始出现

在我国，之前很少有上市公司吸收合并的方式来进行并购，而 SMG 主导的百视通吸收合并东方明珠的并购开启了这一新方式，相信未来会有更多的上市公司采取这一新方式。

三　融资并购环境

1. 利好政策出台

2015 年，为了更好地促进文化创意产业发展和完善经济结构，国家出台了许多促进文化传媒业发展的政策：1 月 14 日，中共中央办公厅、国务院办公厅印发了《关于加快构建现代公共文化服务体系的意见》，对于提供公共文化服务的企业是重大利好；3 月 31 日，国家新闻出版广电总局、中华人民共和国财政部印发《关于推动传统出版和新兴出版融合发展的指导意见》新广发〔2015〕32 号，对于新闻出版企业的转型升级提供资金支持；5 月 5 日，文化部、财政部、国家新闻出版广电总局、体育总局四部委出台《关于做好政府向社会力量购买公共文化服务工作的意见》，为社会企业提供了更多的机会；5 月 19 日，文化部办公厅正式印发《2015 年扶持成长型小微文化企业工作方案》，对成长型小微文化企业有较大的帮助；5 月 27 日，国务院办公厅转发财政部、发展改革委、中国人民银行《关于在公共服务领域推广政府和社会资本合作模式的指导意见》，其中公共文化服务领域也在其中，鼓励采用政府和社会资本合作模式，吸引社会资本参与；6 月 16 日，国务院印发《关于大力推进大众创业万众创新若干政策措施的意见》，在财税、融资和平台建设等多个方面有利好；7 月 4 日，国务院发布《关于积极推进“互联网 +”行动的指导意见》，助推互联网从消费互联网向产业互联网转型；7 月 15 日，财政部发布《关于加强中央文化企业国有资本经营预算资金管理工作的通知》，重点在于提升和完善中央文化企业国有资本经营预算资金管理；9 月 1 日，国务院通过《中华人民共和国电影产业促进法（草案)》，以提升文化产业水平、促进电影产业健康发展；9 月 4 日，国务院办公厅印发《三网融合推广方案》，加快在全国全面推进三网融合，推动信息网络基础设施互联互通和资源共享；10 月 19 日，《中共中央关于繁荣发展社会主义文艺的意见》发布；2015 年 10 月 20 日，国务院办公厅印发《关于推进基层综合性文化服务中心建设的指导意见》。

2. 消费升级新时代的来临

2014 年我国人均 GDP 达到 7800 美元，2015 年会超过 8000 美元，这也决定了我国正处于一个消费快速升级的新时代，我国正在从“重物质生活、轻精神生活”的消费旧时代转变为“物质和精神生活并重”的消费新时代。在消费新时代，一方面人们对满足精神需求方面的产品更为看重，另一方面人们也更需要环境较好的社交生活，而传媒业是满足上述两方面需求的最佳产品。尤其需要指出的是，传媒业等泛娱乐休闲产业存在显著的“口红效应”，即在经济整体不景气的情况下，小额消费的泛娱乐休闲产业反而会取得更好、更快的发展。可以预见的是，我国的消费升级将贯穿整个“十三五”时期，传媒业也将继续保持良好的发展势头。

2015 年中国传媒资本市场发展

冯晓峰 *

一　2015年传媒资本市场整体情况

根据国家统计局2016 年 1 月下旬发布的统计数据①，2015 年国内生产总值为676708 亿元，按可比价格计算比 2015 年增长 6.9%，面对世界经济复苏乏力、国内经济下行压力不断加大的复杂局面，尽管经济增速比上年有所放缓，但国民经济在新常态下仍保持平稳运行，不仅有较高的含金量，而且对稳定就业也发挥了重要作用。文化传媒产业隶属的第三产业 2015 年的 GDP 绝对额为 341567 亿元，同比增长 8.3%，比 2014 年提高 0.2 个百分点，并高于第一产业 3.9% 和第三产业 6.0% 的增速。中央政府在 2015 年对文化产业支持力度继续加大，持续有力的政策引导传媒企业的改革工作稳步推进。传媒资本市场在 2015 年伴随经济新常态阶段发展动力切换过程中的总体环境改善、一系列政策的扶持以及整体市场的带动作用，继续稳定成长，为传媒产业结构调整和健康发展提供了有力的资本支持。

2015 年以来，尽管传媒及互联网类上市公司在 A 股市场的表现随整体市场经历了罕见的巨幅波动和深度调整，但行业营收、利润增速总体较为平稳。作为新兴产业重要组成部分的传媒产业，长期受益于经济结构转型和新常态经济环境下内生性驱动成长因素，行业赢利能力在 2015 年相对于其他行业仍保持较高水平。从已经公布的 2015 年前三季度财报来看，A 股传媒娱乐及互联网类别的上市公司仍体现出稳健的赢利能力和成长能力，在保持较高的毛利率和现金流的情况下，大多数公司不同程度地实现了净利润增长。但近年主题投资的市场风格下的高市盈率和高市净率也暴露出传媒类公司估值较高的风险，

* 冯晓峰，清华大学新闻与传播学院硕士研究生。

① 中华人民共和国国家统计局：《2015 年四季度和全年我国 GDP 初步核算结果》，2016 年 1 月 20 日。

这种风险在2015年6月至10月市场的巨幅调整得到一定程度的释放，但未得到根本缓解。

据德勤中国统计，整个2015年A股市场完成了220起IPO，累计融资1588亿元人民币，较2014年同期分别提升76%和102%。深化文化体制改革带来的政策红利，使得文化企业上市潮在2015年仍然保持显著规模，全年共有11家文化企业IPO上市，远超过2014年的5家，总融资规模达到13.69亿美元，同比增长220.59%。

二 市场波动分析

2015年，A股市场传媒娱乐行业指数从1577.27点上涨至12月31日的2542.38点[①]，上涨965.11点，涨幅为61.19%，振幅为136.51%，均明显大于2014年该指数14.60%的涨幅和36.78%的振幅。互联网行业指数从年初的2854.1点上涨至年末的6026.37点[②]，上涨3172.27点，涨幅为111.15%，振幅为254.03%，同样明显大于2014年互联网行业指数31.90%的涨幅和61.02%的振幅。而2014年的沪深300指数从年初的3533.71点上涨至12月31日的3731点[③]，涨幅仅为5.58%。与2014年两项指数的低迷表现形成鲜明对照的是，传媒娱乐指数在2015年跌宕起伏的行情中均大幅跑赢沪深300指数（见图1）。

传媒指数在2015年的运行依据时间段的不同呈现出比较明显的特征，全年的走势可以划分为三个阶段。综合第二、第三阶段的波动态势来看，传媒指数和互联网指数相对于大盘蓝筹呈现出“抗跌”和“修复迅速”的双重特征，这也说明具有一定成长性的传媒互联网公司仍然是投资资金青睐并优先选择的操作标的。

---

① 数据来源：通达信传媒娱乐行业指数，代码：880418。

② 数据来源：通达信互联网行业指数，代码：880494。

③ 沪深300指数是由上海和深圳证券市场中选取300只A股作为样本编制而成的成份股指数，其指数样本覆盖了沪深市场六成左右的市值，具有良好的市场代表性，代码：000300。

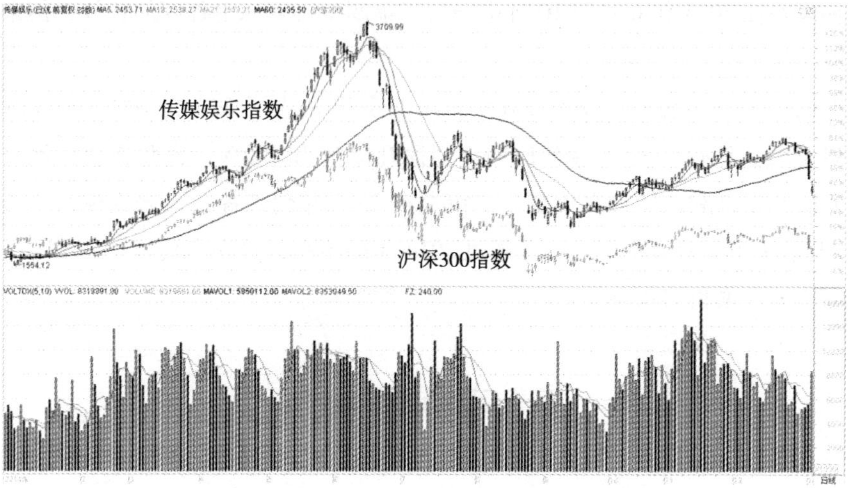

图 1　2015 年 A 股传媒娱乐行业指数与同期沪深 300 指数对比

数据来源：通达信金融终端。

第一阶段：1月5日到6月中旬

得益于年初充沛的资金和机构投资者对于传媒互联网类主题的积极布局，传媒板块在“改革牛”的基础上延续了2014年底的强势，行业指数在不到半年时间内的单边升势达到了133.54%的涨幅，远高于同期沪深300指数54.30%的涨幅，并已经超越了此后全年的涨幅

第二阶段：6月中下旬至8月底

市场整体主力资金显著流出，融资盘清理带来的“减杠杆”和“挤泡沫”效应，使得传媒及互联网板块难以独善其身，传媒板块随同大盘一道先后经历了三次的深幅调整，期间跌幅为46.86%，同时交易活跃度也明显下降

第三阶段：9月上旬至12月底

受传媒类上市公司半年报利好消息、产业扶持政策频出和市场大环境趋好的积极影响，主力资金在传媒指数的相对低位审慎介入并稳健布局，该阶段的传媒娱乐指数涨幅达到了26.72%，高于同期沪深300指数10.83%的涨幅

三　传媒类上市公司基本业绩状况

从各上市公司已经发布的 2015 年前三季度财报提供的数据来看，传媒行

业公司业绩呈现出一定的分化现象，48 家上市公司中有 33 家公司业绩实现增长，占比近七成，其中 4 家公司业绩增长超过 1000%；业绩下降或亏损的公司有 15 家，其中 6 家公司净利润亏损达到 50% 以上。东方财富、当代东方、华媒控股等 9 家公司前三季度利润同比增幅超过 100%，其中，东方财富、当代东方、华媒控股业绩增幅都超过 1000%。而上海钢联和三五互联，净利润同比下降分别达到 3035% 和 1386%，成为了前三季度行业内业绩下降或亏损幅度最大的公司。

从公司具体业务类型来看，影视制作类、有线电视类及游戏相关概念类型的公司业绩增长比较显著，受到市场的关注。

完美环球、唐德影视、华录百纳、新文化等影视制作类公司前三季度净利润增长分别达到 773.86%、305.87%、258.18% 和 104.52%。唐德影视的主营业务是影视内容制作，前三季度公司电视剧业务实现收入 5337.56 万元，同比增长 190%，主要来源于电视剧《拥抱星星的月亮》首轮卫视电视播映权、信息网络传播权以及电视剧《左手劈刀》首轮卫视跟播播映权、信息网络传播权等发行收入。

三七互娱、顺网科技、天神娱乐、掌趣科技等游戏类概念公司前三季度净利润增长分别达到 10748.99%、90.06%、71.88% 和 33.76%。其中顺网科技前三季度实现营业收入和归属母公司净利润分别为 6.72 亿元和 1.82 亿元，同比分别增长 69.83% 和 90.06%。2015 年 1 ~9 月业绩与上年同期相比上升，业绩增长的主要原因为公司从 B 端向 C 端运营转型卓有成效，游戏运营业务持续保持快速增长，同时合理控制运营成本费用，利润率有较大提升。

华数传媒、湖北广电、天威视讯等有线电视概念公司前三季报净利润增长分别为 67.23%、56.90%、20.99%。华数传媒前三季度实现营业收入 12.7 亿元，同比增长 20.15%；归属于上市公司股东的净利润达 1.87 亿元，同比增长 59.81%。相比于 2015 年度半年净利润增幅 55.27% 而言，公司前三季度的业绩增速再创新高。2014 年 10 月刚刚上市的华数传媒目前已发展成为云管端一体化的以视频为核心的服务提供商。管道方面，公司出身于有线网络运营商，在全国率先探索创新，并在杭州地区实现了三网融合，兼具有线网络和新媒体的运营。终端方面，基于电视屏的多元化终端，主要包含有线电视机顶盒、互动电视机顶盒和互联网电视机顶盒和一体机。云端方面，公司依托强大的云服务，为用户提供电视云存储服务和丰富的云内容平台，并通过有线电视、互动电视、互联网电视和手机电视等业务实现多屏运营和多屏互动。这无疑为公司业绩的持续稳健增长奠定了坚实的基础。

四　并购分析

2015 年，文化传媒领域的并购动作接连不断，数量相较于往年有了显著的提高。根据彭博金融终端数据统计，截至 12 月 31 日，2015 年涉及文化传媒行业的并购事件数量达到 192 起，交易总价值达到 879.69 亿元人民币，而 2014 年这两项数据仅为 46 件和 342.7 亿元人民币。

在 2015 年诸多并购中，既有文化传媒行业内部龙头企业通过并购延伸产业链、扩大业务规模。同时还有传统行业发起的涉及手机游戏、网络游戏、影视制作、文化产品及服务运营等以传媒相关行业为标的的跨界重组并购。随着“集团化”发展逐渐成为产业生态变革的趋势，传媒产业高投入、高利润、激烈竞争并存，实现集团化发展需要资本市场的强力支撑，行业内及跨行业的整合潮进而不断涌现。上市公司则积极通过并购，巩固原有业务或延伸产业链，文化传媒产业并购扩张也进入白热化。阿里巴巴在 12 月宣布收购 SCMP 集团的媒体资产，其中包括总部在香港的颇具影响力的英语报纸：南华早报（SCMP）；天舟文化通过定增收购游爱网络，进一步丰富在线游戏产品类型；投资派娱科技 51% 股权，涉足二次元游戏发行及运营；思美传媒 11 月发布公告，拟向上海巧瞰投资管理中心购买其持有的科翼传播 80% 股权，预计交易金额 4 亿元，思美传媒积极通过外延方式打造整合营销协同服务能力，形成了“传统板块 + 数字营销 + 内容营销”三大业务板块。制造业上市公司骅威股份则跨界布局文化传媒产业。公司宣布收购专注于网络游戏、手机游戏研发和运营的掌娱天下，以及从事手机游戏产品推广营销的有乐通，进一步推进公司转型升级。

根据国家统计局 2016 年 1 月 27 日发布的统计数据①，2015 年，在 41 个工

① 中华人民共和国国家统计局：《2015 年全国规模以上工业企业利润总额比上年下降 2.7%》，2016 年 1 月 27 日。

业大类行业中有12个行业的利润总额比2014年有所下降，如煤炭开采和洗选业下降65%，石油和天然气开采业下降74.5%等。可见，在适应经济发展"新常态"的进程中，传统制造业和采矿业、消费行业企业近年来增长动能不足，需要通过吸纳整合新的成长因素来谋求转型，拓宽生存发展空间。按照中央部署，到2020年文化产业要成为国民经济支柱产业。这意味着文化传媒企业正在步入黄金发展期。传媒行业的高成长性和层出不穷的炒作主题对于传统企业和投资机构自然形成巨大的吸引力，并能为上市公司股票带来更大的溢价空间。

五 市场展望

2016年是中国全面建成小康社会决胜阶段的开局之年，也是推进结构性改革的攻坚之年。国民经济在新常态的运行轨道中将继续整固加强，经济结构不断优化升级，第三产业、消费需求逐步成为主体。城镇化规模的扩大和人均可支配收入的进一步提高将刺激和促进整个社会精神文化层面需求的提升。同时，在"互联网+"带来的传媒业态变革趋势和资本力量的驱动作用下，我国传媒产业及传媒资本市场相关行业与公司仍将保持高速发展态势，由此产生整个大传媒产业格局的变革，在经济环境总体向好和市场交易投资趋稳趋暖的背景下，行业层面进一步深入的整合重组以及公司层面业绩保持稳健增长与估值修复将会是2016年传媒资本市场的主题。

在政策方面，预计"十三五"开局阶段将会有更多利于振兴文化产业和促进传媒行业发展的支持性政策出台。与此同时，政府在财政支持上的投入力度也逐渐增大，2015年，全国财政文化体育与传媒支出达到3067亿元，比2014年增长9.3%[①]。良好的政策环境和财税支持力度不仅将在实质上繁荣文化市场并推动传媒类上市公司的竞合运作，而且将为传媒资本市场提供更丰富的投资主题和广阔的成长空间。在这种趋势下，2016年传媒资本市场方面有两条互为支撑的主线值得关注：一是在高层政策的持续推动下，国资传媒集团改革与传统媒体转型需求驱动下的行业运行模式创新，特

① 中华人民共和国财政部：《2015年财政收支情况》，2016年1月29日。

别是国有文化企业龙头为主的并购和整合力度将不断加强；二是互联网企业通过在内容、渠道、资金和技术等诸多层面上的深度融合催生的商业模式重构。特别是具有优质内容创作能力、研究开发与运营机制的相关公司仍将在中长期内将获得市场资金的持续注入，进而巩固其布局构筑“大传媒”平台的核心竞争力。

B.17

2015年中国印刷产业发展报告

陈媛媛*

摘　要：互联网的深度发展，使得传统出版印刷受到了来自于多方的影响，报纸、期刊等出版印刷规模大幅下滑，但互联网也是活化剂，为印刷业提供了新的发展契机。相较于传统出版印刷，包装印刷近年来成为企业新的赢利增长点，绿色印刷也成为行业发展的共识，印刷电子商务、云印刷等成为行业发展热点。

关键词：印刷产业　出版印刷　网络印刷

一　印刷业发展概况

印刷业与新闻出版业的发展唇齿相依。互联网的兴起让纸质出版与印刷行业发展进入冰冻期，全球印刷市场发展乏力。既然客观的影响无法避免，行业只能通过与新技术融合、创新产品及服务以适应客户新习惯、满足客户需求。

1. 印刷业总产值

印刷业“十二五”发展规划要求，到“十二五”期末，印刷业总产值超过11000亿元。根据统计数据，截至2014年末，全国共有10.5万家印刷企业，实现印刷总产值10857.5亿元。该数据与既定目标虽有差距，但在互联网对传统出版印刷行业打击如此之大的大环境之下，已经算是交了一个较好的成绩单（见图1）。

由于印刷企业人力、耗材等成本的上升以及业务量的下降，印刷业利润总

* 陈媛媛，清华大学新闻与传播学院传媒经济与管理研究中心，助理研究员。

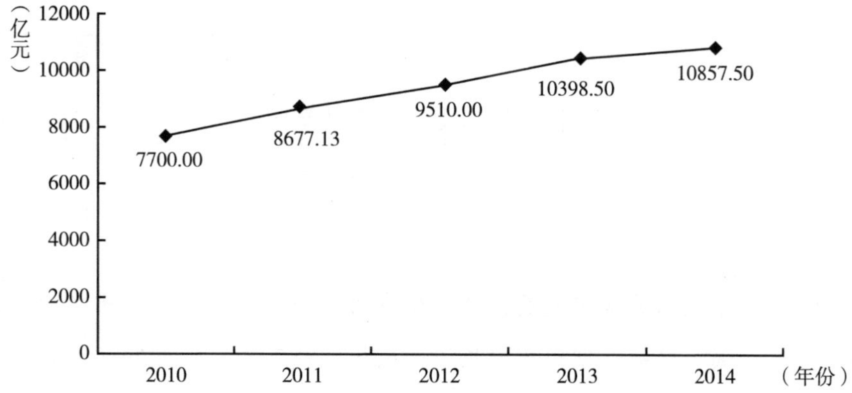

图1　2010～2014年印刷业总产值

数据来源：国家新闻出版广电总局。

额增幅缓慢，且在2014年出现了下滑，2013年利润总额为796.2亿元，2014年为714.2亿元。从全球范围看，2010年到2014年，全球印刷业总量亦呈现下滑态势，总印量年均下滑0.1%。

2. 出版印刷生产情况

在出版印刷领域，依据国家统计局2010～2014年公布的印刷企业数数、印刷产量、用纸量等数据，整体发展趋缓。如表1所示，2014年，企业用纸量、资产总额均下滑，而2015年传统报刊业发展更是萎靡，出版印刷不容乐观。虽然课本出版一直是稳定增长（2014年课本出版品种数达到92370种①）的领域，但刚性需求的背后，随着电子书包的推行，从事课本印刷的印刷企业也将受到冲击。

表1　2010～2014年全国出版物印刷行业数据

项目/年份	2010	2011	2012	2013	2014
企业数量(家)	8484	8309	8714	8963	9079
主营业务收入(亿元)	1200.52	1312.41	1397.70	1494.30	1514.29
资产总额(亿元)	1749.76	1781.99	1997.22	2123.73	2116.05
企业用纸量(万令)	37860.18	33366.23	63821.20	85621.30	65406.06

数据来源：国家统计局相关数据；中国印刷及设备器材工业协会书刊印刷专业委员会《2010～2014年书刊印刷企业经济运营统计数据解读》，《印刷工业》2015年11月。

① 数据来源：国家统计局。

3. 主要上市公司业绩

根据《2014年新闻出版产业分析报告》，2014年全国图书、报纸、期刊的总印张分别下降1.2%、8.4%、5.7%，报纸印刷下降最甚。相比之下，由于包装印刷利润空间较高、活源多样化，其市场份额逐渐增大。通过表2一些主要上市企业发展数据及其涉足领域看出，包装生产及印刷领域已经成为诸多上市印企必争之地，而许多包装企业已经与上线企业形成稳定的合作关系，保证了企业的业务来源。标签印刷、防伪印刷、票证印刷等由于需求量的不断增大，发展亦风生水起。另外，由于大型企业技术、设备的垄断以及相关资质的具备，一些小型企业难以与之抗衡，这也加大了市场洗牌力度。

表2　印刷包装业主要上市公司业绩统计

股票代码	公司	2014年利润		2015年上半年利润		主要涉及领域
		净利润（亿元）	同比增幅（%）	净利润（亿元）	同比增幅（%）	
002701	奥瑞金	8.09	31.86	5.54	30.13	金属制罐、金属印刷、底盖生产、易拉盖制造和新产品研发
601515	东风股份	7.37	4.85	3.81	5.13	烟标印刷
002191	劲嘉股份	5.78	21.30	3.93	22.25	烟标、精品包装（步步高、冷酸灵、红桃K）
002303	美盈森	2.62	50.33	1.45	30.27	中国移动、海天味业、海康威视等客户的包装产品供应
600210	紫江企业	2.15	32.57	1.86	21.52	包装材料制造
002117	东港股份	1.689	29.82	0.92	15.9	安全票证印刷、防伪印刷、标签印刷、数据处理、数码印刷
002014	永新股份	1.54	-12.36	全年利润 1.79	15.57	塑料软包装
002228	合兴包装	1.27	34.59	0.66	1.1	智能集成包装服务（PAAS项目）和个性化包装定制
002229	鸿博股份	0.277	-43.63	-0.068	136.81	商业票据、彩票、存折存单印刷，金融、税务、彩票、财政、民政等系统印刷定点企业

续表

股票代码	公司	2014 年利润		2015 年上半年利润		主要涉及领域
		净利润（亿元）	同比增幅（%）	净利润（亿元）	同比增幅（%）	
600836	界龙实业	0.147	38.16	0.03	-26.66	包装印刷、房地产开发、金属制品（轴承钢丝）
002599	盛通股份	0.114	-40.32	0.012	554.90	大型高档全彩杂志、豪华都市报、大批量商业宣传资料等快速印品以及高档彩色精装图书

注：根据各涉及公司公开财报整理。

4. 数字印刷发展

尽管长期由于价格高、质量层次参差不齐等因素而阻碍了数字印刷的发展，但强大的市场以及极大的个性化印品需求使得近年来数字印刷依旧发展火热。虽然，价格战而导致的恶性竞争广泛存在，但从长远上看，单张纸数字印刷平均价格降低是必要趋势（见图 2）。

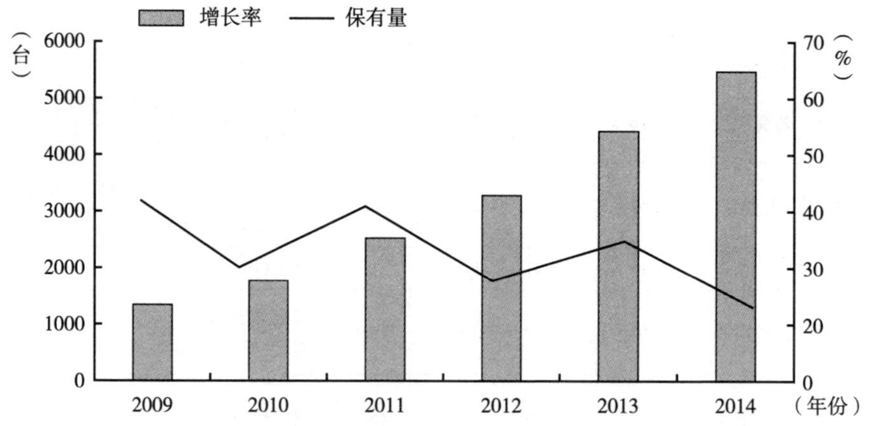

图 2　2009～2014 年单张纸生产型彩色数码印刷机保有量和增长率变化情况

资料来源：《中国数码印刷业趋势与展望》，《数码印刷》2015 年 12 月。

截至 2015 年 7 月，单张纸生产型彩色数字印刷机的装机总量为 5377 台（增长率约为 33%），单张纸高端彩色数字印刷设备装机总量达到 1632 台（增长率接近14%)。[①] 数字印刷除了广泛应用于机关文印、金融、邮政、电信领域、出版印刷等领域，近年来也逐渐在包装、标签、艺术品复制领域也一展身手。

5. 绿色印刷

截至2015年11月，我国获得绿色印刷认证的企业达925家。随着国家对环境保护问题的关注，印刷行业积极进行行业标准、规定的制定，同时通过一系列的认证、评定鼓励印刷企业主动进行“绿色印刷”。目前，约200家印刷企业通过了各地的清洁生产审核。

2015年，全国中小学秋季教科书约为12亿册，且全部实现了绿色印刷。由于实施了相关鼓励措施，北京、上海等地区部分婴幼儿读物也积极采用绿色印刷。

在票据印刷领域，截至2015年9月底，全国已有125家票据印刷企业获得了绿色印刷认证，已有45%的票据采用了绿色印刷。[②]

二　印刷业发展特点

1. 产业结构变化

在互联网大环境中，传统出版印刷正在逐渐衰减，而新的增长点也正在形成。2014年，我国包装印刷产值较2013年增长12.7%，其中以塑料软包装印刷增长最为迅速，其产值同比增长24.9%，包装装潢印刷产值占全国印刷产值的比重比上一年增长了4%[③]。中国印刷科学技术研究院2015年印企百强企业排行榜榜单中，从事包装印刷的企业为58家，大多数企业更青睐于发展快速的包装印刷领域（见图3）。

电子商务的大爆发也增加了包装的需求，尤其是纸包装和塑料包装。依据国家邮政局统计，2015年全国快递业务量完成206亿件，这对印刷、包装行业来讲无疑是巨大的商机。对于小规模企业来讲，盲目跟进而没有稳定的活源

① 科印传媒：《2015“数字印刷在中国”调查报告》，2015年11月。

② 印刷家：《2015年绿色印刷实施成果分析报告》，http://www.wtoutiao.com/p/X1d0mG.html。

③ 王岩镔：《2014年我国印刷业总产值继续向上》，《中国新闻出版广电报》2015年10月。

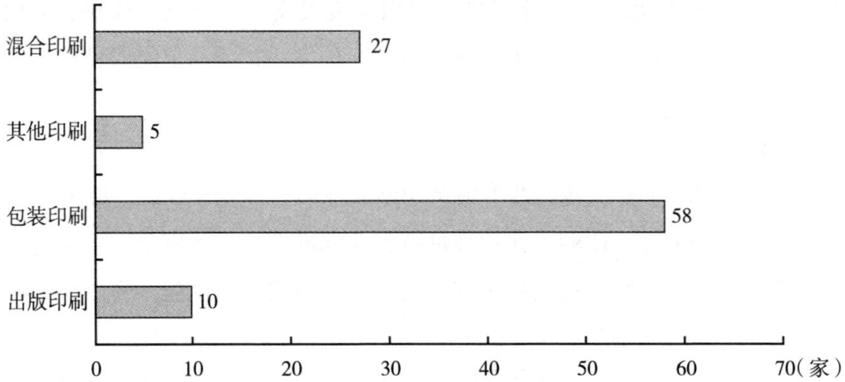

图 3　印刷百强企业不同主营业务企业数量

可能又会导致新一轮的过剩现象，所以应依据企业自身特点合理选择发展方向、优化现有业务结构。

2. 业务多元化

面对宏观复杂严峻的经济形势，印刷企业实行业务多元化已经成为常态。以百强排名第一位的当纳利（中国）投资有限公司①为例，2014 年销售收入达 45.71 亿元，其业务包括商务印刷、表单和标签印刷、直邮印刷、财务印刷、印刷品封装、物流、在线服务、数字摄像、色彩、数据和内容管理等。综合来看，印刷企业业务多元化主要有以下几个特点：第一，侧重提供整体服务方案，互联网时代不能仅限于对印刷过程的重视，企业已开始注重为客户提供更新的、更多样化的整体服务；第二，深度融入国际产业链，印企瞄准国际大企业印刷需求，与之建立合作，如与苹果、宝洁、微软等国际企业的合作；第三，增加创意服务，创意服务不但与印刷业务紧密衔接，而且利于企业向“轻资产”转型。

3. 地域发展不平衡

一直以来，长三角、珠三角地区为印刷业重要区域。印刷百强企业中，珠三角地区有百强企业 12 家，长三角（上海市、江苏省和浙江省）有 47 家，环渤海有 12 家，而东北地区没有上榜企业。因此，我国印刷业发展呈现地域发

① 排名依据中国印刷科学技术研究院“百强印刷企业”榜单。

展不平衡的局面。百强印刷企业对外加工贸易额占全国印刷企业对外加工贸易总额的比重进一步提高，马太效应明显。对外贸易加工业务少、设备与技术相对落后、人才匮乏、无法提供配套服务等问题使得西北、东北地区印刷业发展相对落后。随着政策的扶持以及市场的逐渐开发，印刷业的区域布局将会逐渐趋向平衡。

三　互联网时代印刷业的发展

1. 电子商务

印刷企业涉足电子商务是利用数字化、网络化的手段来进行业务、服务的拓展。我国印刷企业电子商务目前常见于企业通过网站进行接单、货件跟踪、按需印刷等。在从事电子商务印刷的网站中，以个性化印刷为主，如一幅图、网易印象派、我的相册网、米莫・印品等。这些网站多采取会员方式，以积分享折扣、充值享优惠等方式力求有稳定的客户群体。随着社交媒体和网络共享技术的进一步发展，微信书、微博书、照片书逐渐火热，预计服务于个性化按需印刷的电子商务平台数量还将继续增长。值得关注的是，2015 年 11 月 1 日，惠普旗下在线照片分享及冲印业务喀嚓鱼宣布关闭中国区的所有业务。其原因一是惠普收缩其业务，另外一个原因是在中国价格战之下，一些规模化、综合化平台很难在价格战中取胜。对于大型印刷企业，这种基于互联网的服务在总业务量中占比很小，目前也仅仅是试水阶段。对于中小型印刷企业，独自创建网络电子商务平台耗时耗力，并且需要不断维护，而基于现有平台如淘宝提供服务则更加省时省力，但缺乏特色也缺乏客户稳定性。在未来一段时期内，面对同质化竞争，质量与服务将成为更大的竞争点。同时，依托于大中小院校、优质社区、综合商业区而成长的中小型个性化电子商务网站将具有竞争性。

2. 大数据

目前所谓的大数据，其实没有真的实现“大”，更多的是部分企业和政府个体的数据搜集成果，也并没有实现数据的互通分享及利用。综合海量数据最大的价值为对现状的把控及对趋势的预测。对于印刷产业这样一个典型的传统行业，其一手数据信息目前还并不具备太多的开发利用性。但是，在大数据时代，印刷行业不能完全脱节，在初期，应该建立起数据搜集、整理、分析的意识，首先实现企业内部的数据积累，以供在采购、业务推广、产品规划、服务等方面实现数据的依据性。另外，应不断与行业内、行业外数据拥有企业建立联系，以实现更大范围的数据共享与获利。

3. 移动媒体

移动媒体的发展也确实能给印刷行业增加更多的赢利点，尤其是增加在线印刷订单的可能性。针对印刷报价、印刷材料选购、任务下单等功能的 APP 已经上线，如印吧、简印、噗印、印乐、享印、口袋冲印等，基于个人消费的印刷形式以及社交分享等特点，在一定受众群中具有市场。以小批量、个性化、定制化为特色的生产方式正在崛起，但还需要针对市场进行探索和完善。

4. 网络印刷

在互联网时代，网络印刷是依托于网络平台，通过线上线下的整体操作，实现远程印刷服务，印刷行业内称此为“云印刷”。专业云印刷即通过“点对点”的数字信息传输以实现 2D 和 3D 的打印①。印刷技术、物流体系的结合，将促使越来越多的传统印刷企业搭上互联网快车，同时对于提升生产效率、节省人力成本、满足客户多样化需求性大有助益。

综上，互联网时代机遇与挑战并存，以书刊报纸出版为主的传统媒体业绩的下滑已经直接影响到印刷产业，但互联网的深化又使印刷企业探索出新的发展路径。除了要紧跟互联网时代步伐外，印刷企业普遍存在从业人员整体素质不高、人员流动性大的问题亟待解决，尤其在小型企业中人员问题更加突出。提高行业就业环境，通过高科技应用解决低产能，吸引高素质科技人才、技术人才加入是保证行业继续前进的动力。

从业务上讲，一些主打艺术印刷的企业、工艺坊，如丝网、凹印、凸印、热转移印刷等将会在个性印刷市场另辟蹊径，服务于有个性化定制需求的高端用户。印刷业内的展会、评奖、技术交流论坛以及培训等，促进了业内交流以及技术的普及，与此同时，服务于展会、论坛、培训的服务机构也多少受益。如国际上著名的德鲁巴展会，国内规模比较大的有全印展 All in Print、中国国际印刷展览会 Print China。

① Sander Nagtegaal，Peecho. *Cloud Print Manifesto*. Retrieved 2013 - 05 - 08.

B.18

2015年中国即时通信产业发展报告

刘思言*

摘　要：本报告对2015年中国即时通信产业规模、格局进行梳理，并对IM云服务、即时通信商业化进程以及企业即时通信等行业热点事件进行总结回顾与分析。企业级服务市场是行业下一步发展的重点与热点，即时通信的“入口”价值将会被继续发掘。

关键词：即时通信　IM云服务　企业即时通信

一　产业发展概述

1999年，以腾讯OICQ为代表，中国开启了即时通信时代，到2014年，以融云为代表的IM云服务的兴起推动IM进入3.0时代（见图1）。

1. 即时通信行业整体发展情况

2015年，中国即时通信用户规模为6.24亿人，比2014年同期增长了3632万人，增长率达到6.2%，网民使用率为90.7%。我国即时通信用户数一直保持着稳步增长的态势，但增长幅度自2014年开始放缓，显示出行业需要新的助推力量（见图2）。在即时通信市场已接近饱和的情况下，如何对庞大用户数量进行运作以产生更高的商业价值，开发其他相关增值服务，成为行业探索的重点。

2. 手机即时通信发展概况

（1）手机即时通信发展。

2015年，中国手机即时通信用户为5.57亿人，比2014年同期增长4957

* 刘思言，清华大学新闻与传播学院硕士研究生。

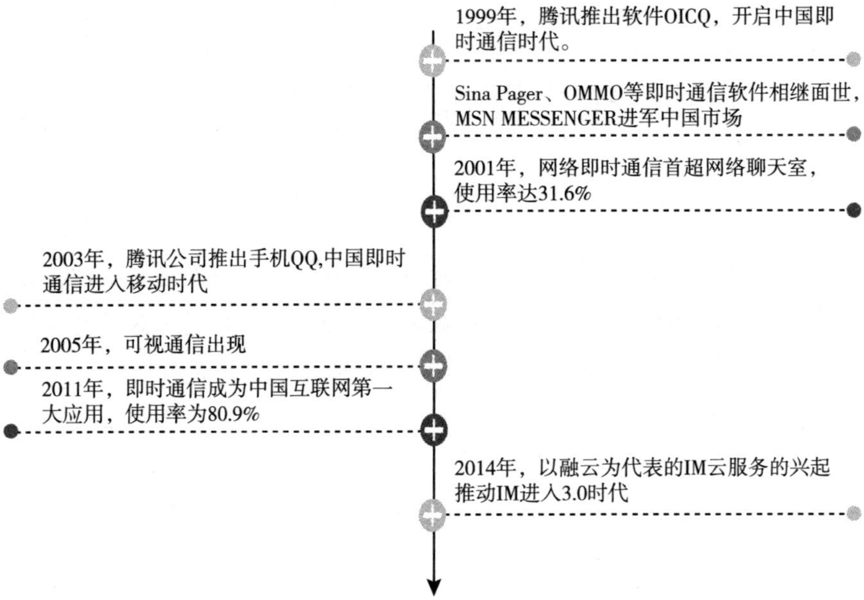

图 1　中国即时通信软件发展历程

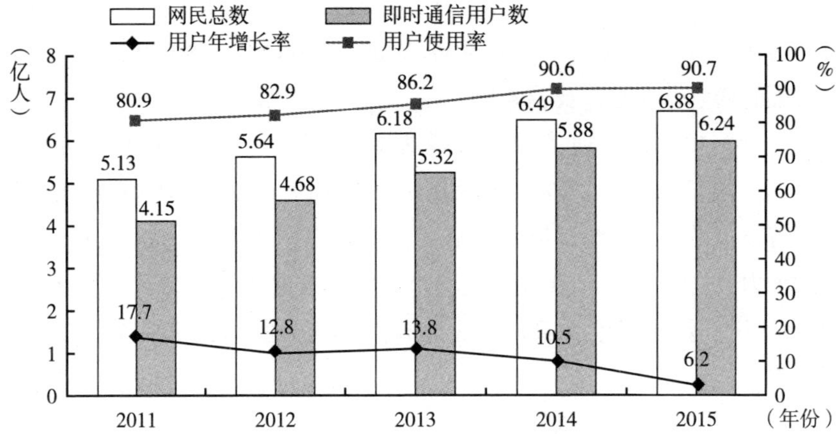

图 2　2011～2015 年中国即时通信产业发展

数据来源：CNNIC（中国互联网络信息中心）第 29、33、35、37 次《中国互联网络发展状况统计报告》。

万人，全年增长率为9.8%，手机即时通信使用率为89.9%，较上年年底下降了1.3个百分点（见图3）。据中国互联网络信息中心调查，① 通信功能依旧是手机最核心的功能，中国手机即时通信用户数一直保持着稳增的状态。在网民手机常用功能依赖度的排名中，通信功能以76.2%位居首位，而娱乐功能与生活工具功能分别位列二、三位。

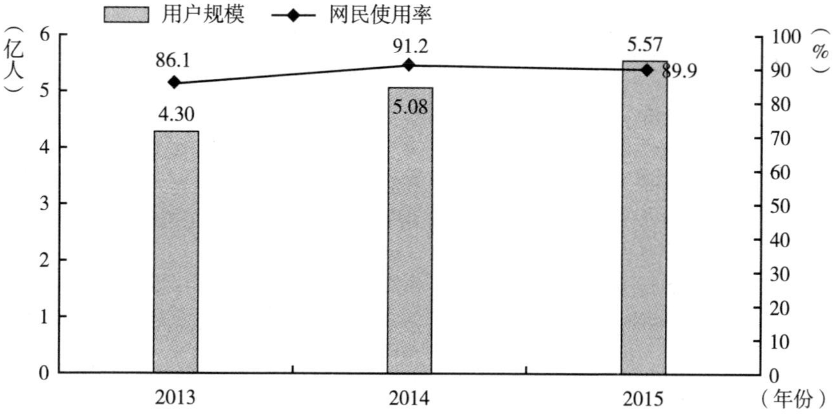

图3　2013～2015年中国手机即时通信用户数及其使用率

数据来源：CNNIC（中国互联网络信息中心）第34、35、37次《中国互联网络发展状况统计报告》。

（2）移动IM活跃用户数位居APP榜首。

2015年6月，我国手机网民用户数已经上升至6.57亿人，其中智能手机用户总量累计达到6.01亿人，占到用户总量的91.5%。用户基数猛增以及移动互联网终端使用体验的优化促使中国移动APP市场规模不断扩大，竞争也日趋白热化。截至2015年第二季度，我国第三方手机应用商店活跃用户总数已达到4.28亿人，比2014年同期增长9.4个百分点。②

在激烈竞争的第三方应用软件市场中，位居移动端用户喜爱度前五名的分别是即时通信与社交、新闻资讯、音乐视频、网络购物、手机游戏，其中即时通信与社交APP的受欢迎度高达64.1%。而在即时通信移动软件应用市场中，

① CNNIC（中国互联网络信息中心）：《2014年中国手机网民娱乐行为研究报告》。

② 艾媒咨询：《2015年中国手机APP市场研究》。

腾讯旗下产品微信与QQ占据前两位。在2015年10月，微信单月活跃用户为5.8亿人，位居榜首。腾讯QQ紧随其后，其单月活跃用户为4.3亿人（见表1）。在2015年1~9月，微信及QQ占据网民使用移动应用软件时长前两位，前十位软件共占网民使用时长的44.2%，仅腾讯旗下的两款即时通信软件（微信、QQ）便贡献了近六成的分量（见图4）。

表1　中国移动应用TOP10（2015年10月）

排名	名称	分类	活跃用户数(万人)
1	微信	移动IM	57737.74
2	QQ	移动IM	43468.02
3	百度	移动搜索	22223.01
4	淘宝	移动购物	14890.07
5	搜狗手机输入法	手机输入法	14814.47
6	QQ浏览器	浏览器	13785.28
7	腾讯视频	综合视频	13666.33
8	UC浏览器	浏览器	13381.01
9	爱奇艺视频	综合视频	13379.41
10	支付宝钱包	手机支付	12977.54

数据来源：易观智库，http://www.analysys.cn/index.shtml。

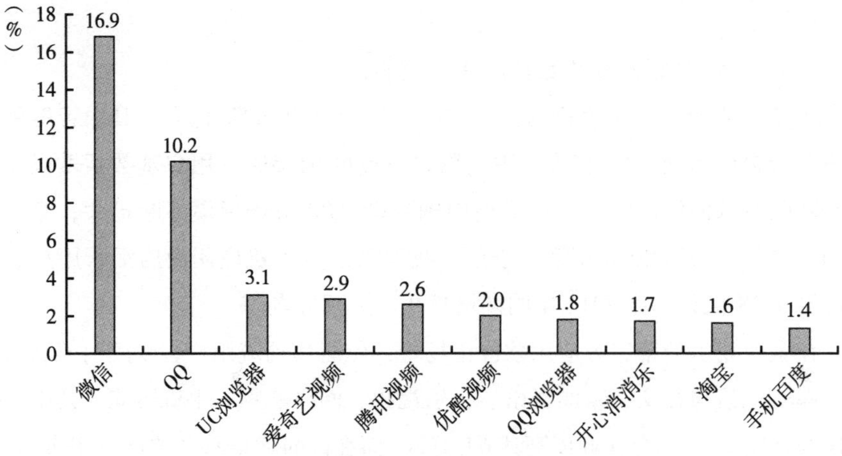

图4　时长占比TOP10的移动应用

数据来源：Trust Data。

二 2015年中国即时通信产业市场格局

即时通信行业被市场需求及科技发展的浪潮所推动，软件由 PC 端向移动端发展，其远程传输、可视化聊天等功能被发掘，通信与社交相结合，赢利商业模式也逐渐成熟。行业对用户进行精准定位，推出不同功能用途的产品，满足了用户个性化的需求。

1. PC 端

2015 年，中国即时通信 PC 端市场分为三个梯队，其中第一梯队为腾讯 QQ、阿里旺旺，第二梯队为微博桌面、飞信、腾讯通 RTX、Skype，第三梯队为腾讯 TM、百度 Hi、飞鸽传书。

从行业整体来看，2015 年腾讯旗下产品一家独大的局面难以撼动。以 2015 年 10 月数据为例，腾讯 QQ 的日均覆盖人数为 20757 万人，用户到达率为 59.4%，月度有效使用时间为 309201 万小时，月度有效使用时间比例为 92.3%，四项指标都位居即时通信软件产业首位。而排名第二位的阿里旺旺日均覆盖人数为 2947 万人，为前者的 1/7，其月度有效使用时间比例仅为 5.1%。并且腾讯 QQ 月度有效使用时间比例在 2015 年均达到了 90% 以上，以绝对领先的姿态领跑整个行业（见图 5）。①

2. 移动端

随着移动终端及移动互联网的发展，即时通信软件与 LBS、社交等功能相结合，成为电子支付、O2O 生活服务、手机游戏、网络文学、视频音乐等垂直产业的接入口。入口是互联网企业与用户有“超强黏性”关系的产品或服务，在互联网时代，入口是企业斩获产品或服务商业价值的起点。2015 年，微信与 QQ 市场份额位居首位，陌陌、阿里旺旺、易信、来往紧随其后（见图 6、图 7）。

① 《艾瑞：2015 年 10 月即时通讯软件行业数据》，http：//www.iresearch.com.cn/data/256455.html。

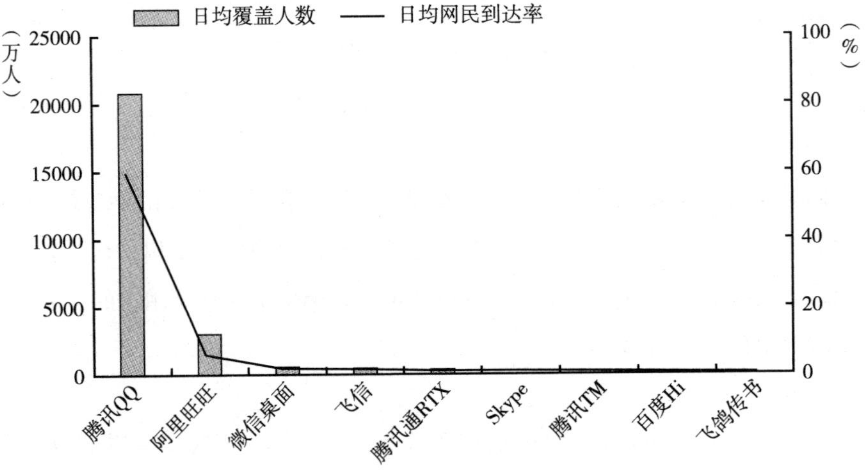

图 5　2015 年 10 月即时通信软件日均覆盖人数及网民到达率

数据来源：iUserTracker。

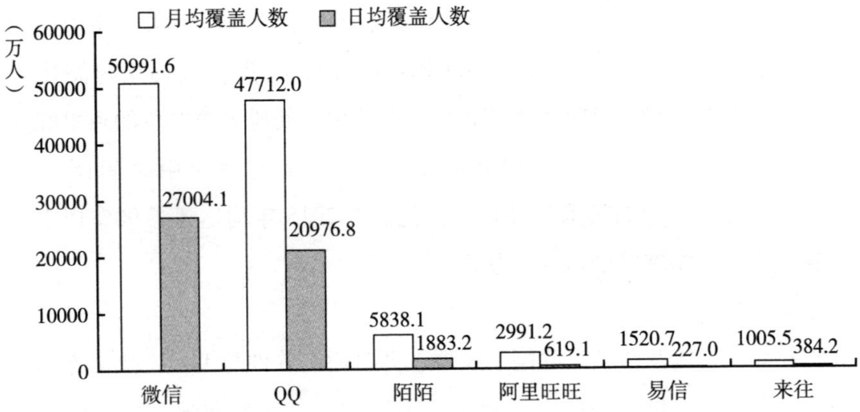

图 6　2015 年第三季度移动 IM 月均覆盖阿里人数及日均覆盖人数 TOP6

数据来源：iUserTracker。

三　2015年中国即时通信市场热点

1. IM 云服务爆发性发展

移动互联网及移动终端的飞速发展孕育出广阔的 APP 市场空间，目前

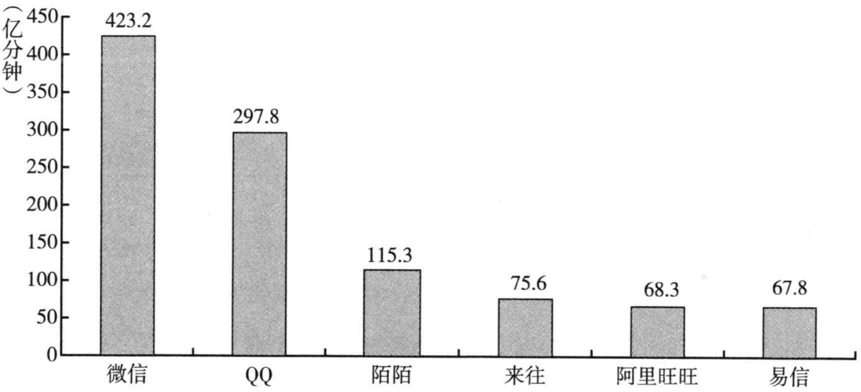

图7　2015年第三季度移动IM人均月度使用次数TOP6

数据来源：iUserTracker。

苹果APP Store应用程序数量已达到150万人，场景化、碎片化、社交化是APP发展的主要趋势，在这种趋向下移动IM云服务应运而生。移动IM云服务以客户端SDK和开放API的方式向开发者提供服务，开发者可利用IM云服务的相关功能，使其开发的APP获得文字、语音、文件传输以及实时聊天、视频等即时通信能力。获得社交功能的APP满足了两大需求：一方面用户可以在软件内交流沟通，增强用户黏性；另一方面，用户可以与企业直接沟通，使企业直接获得反馈，增加用户满意度。例如网络收音机软件“优听Radio”，在获得IM云服务后，用户可在收听节目的过程中与主播和听友互动，并对节目进行实时评论，提高用户活跃度，优化了用户的使用体验。

中国IM云服务市场起步较早，容联·云通讯是先行的布局者之一，其2015年初在获得挚信资本1500万美元B轮融资后，目前正在进行C轮融资。中国IM云服务市场在2015年进入高速发展期，以环信IM云服务为例，环信于2014年6月上线即时通信云，在2014年9月起用户数量达到7000万人，经过近一年的快速发展期，截至2015年第二季度，环信的APP注册用户已达到23062万家，环信SDK覆盖C端用户数为2.51亿人。[①] 预计到2018年，中国

① 数据来源：环信-IM云，http：//www.easemob.com/Webpage/view/id/1。

IM 云服务市场规模将会达到 23.89 亿元，2015 年其增长率将会高达 89.5%（见图 8）。①

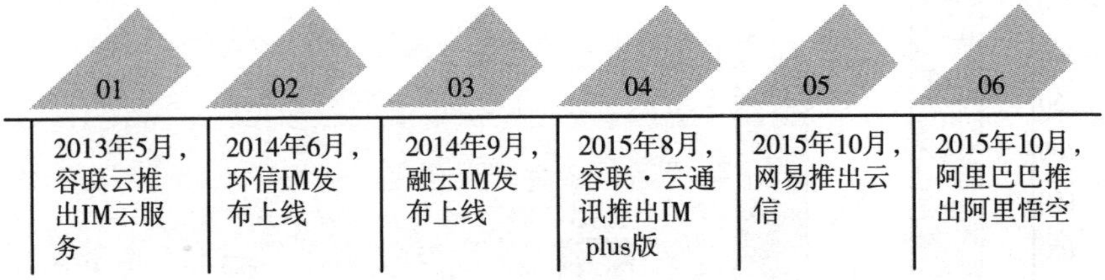

图 8　中国 IM 云服务市场发展历程

2. 即时通信行业进一步与商业结合

即时通信行业在成为 O2O 服务市场接入口的同时，其自身也在商业赢利模式方面不断尝试与创新。以微信为例，2015 年 1 月，微信上线了朋友圈广告，积极探索商业变现。朋友圈本身是私密性的社交平台，为降低用户的信息侵入不适应感，微信采取了特殊的营销方式，将广告与用户个人的社会地位、社交圈子相结合，取得了良好的营销效果。

移动支付方面，2015 年第三季度支付宝份额为 69.9%。在支付宝的强势压力下，QQ 钱包与微信支付绑卡用户数在第三季度也取得超过 2 亿人的成绩，并且其支付量有明显增长，集中体现在用户间交易、电子商务，以及 O2O 领域的交易。② 此外，微信还在增值服务方面进行探索，为用户提供付费的表情、聊天主题。

3. 即时通信向企业用户进军

一直以来，我国的即时通信市场主要面对的是生活化场景下的普通用户，企业级用户作为垂直细分市场的组成部分，其商业价值没有得到充分挖掘。目前中国企业数量为 2257 万家，2015 年 6 月，国务院下发《国务院关于大力推进大众创业万众创新若干政策措施的意见》。市场已有企业获得政策引导、资金支持，小微企业更是国家重点培育的领域，这背后是万亿级的服务市场规模。

① 易观智库：《中国 IM 市场发展研究专题报告 2015》。

② 数据来源：《腾讯 2015 年第三季度业绩》。

企业级即时通信垂直市场中的公司主要源自两个方面：一方面BAT巨头进军企业即时通讯服务市场；另一方面来自专注于企业级即时通信服务市场的公司。在BAT巨头中，腾讯因进场较早，仍占有微弱优势。据腾讯2015年第三季度财务报表，微信和WeChat的合并月活跃账户规模为6.5亿户，这其中有700万企业号用户，企业号用户的日活跃量超过150万。与此同时，腾讯也在不断降低微信企业号的注册门槛，以吸引更多的企业用户。2014年12月腾讯宣布1000人以下的公司注册企业号，仅需提供企业全称、填写企业号使用人数和组织机构代码即可，而无须其他注册资料。阿里集团在2014年12月推出服务企业级市场的通信软件钉钉，定位中小企业，实现了电信网络与移动网络的对接。百度也基于其在移动搜索引擎方面的优势，推出“直达号”面向商家及用户服务。而将自己的业务集中于企业级通信垂直细分市场的公司主要包括：IMO班聊、工作宝、今目标及信鸽等。截至2015年底，IMO班聊已经有超过100万人的日活跃用户，超过20万的付费用户，发展势头十分强劲。在消费O2O市场接近饱和的情况下，企业即时通信服务市场为整个行业的发展指明了新的方向。

B.19

2015年中国动漫产业发展报告

摘　要：2015年，中国动画产业依旧蓬勃发展，国产动画电影高票房的涌现成为亮点，但是在其急遽繁荣的背后，中国动画产业发展依然存在诸多问题。本报告从2015年中国动漫产业快速发展的现状入手，分析了动漫产业发展面临的困惑，并提出了实现中国动漫产业由"大"到"强"的几点策略，并结合互联网发展热点，阐述新时期动漫发展特点。

关键词：中国动漫　可持续发展　完整产业链　对策

2015年中国动漫产业发展综述

孙立军　刘梦雅*

一　中国动漫产业取得的良好成绩

2015年中国动漫产业发展方兴未艾：中国电影票房突破440亿元，其中动画电影票房达到45亿元，占比约11%，与此同时我国核心二次元用户规模也已经超过5000万人。虽然全球动画界老大迪士尼、梦工厂依然势不可挡，但是后起之秀也绝不畏惧。中国市场主体快速成长，动漫企业数量不断增加，动漫园区建设增势不减，动漫相关活动规模持续扩大；动漫作品生产活跃，动画电影、动画系列片、漫画及相关衍生产品均有所发展；中国原创动画电影也

* 孙立军，北京电影学院副校长、教授、博导，中国动画研究院院长；刘梦雅，北京电影学院博士研究生。

在这场较量中开创了自己的一番天地。在国家政策、资金、基地建设、高校人才培养等方面大力投入扶持的背景下，中国动漫内容生产实力快速提升，动漫生产集群带和产业区培育已初现端倪。当前，我国共有动画企业 4600 余家，从业人员达到 50 余万人。

二 中国动漫产业发展面临的问题

（一）制作环节尚不完善

虽然我国的动画制作技术已经明显提高，但是制作体系上仍然存在不足。评判一部动画电影的品质是否达标，不能仅仅简单归结于制作技术，与其说制作水平是短板，不如说故事与设计是致命伤。当前，我国动画制作环节尚不完善，出现了制作成本与制作周期不成比例的现象（见表 1）。

表 1 中国及欧美、日等国动画制作环节对比

项目	欧美	中国
制作时间分配	前期创作投入较大比例的资金与时间，创作时间占据整个周期的 1/3，为整个制作环节的重点。如迪士尼发行的《玩具总动员 3》中，总共制作周期达到 4 年，前期创作占据了 1 年零 3 个月左右时间	资金与时间的“投入”比例严重失调，将前期压缩至 10% ~20%，导致中期制作时反复修改，使得所要投入的资金与精力反而大大增加
续集制作	以美国梦工厂动画公司及好莱坞动画公司为例，推出续集的时间一般在前作问世后 3 ~5 年	大部分系列动画电影按照每年一部的频率上映，质量粗糙、过度营销等不良现象影响了观众。档期确实能为一部电影带来一定的票房保障，但是需要具备生命支撑力的品牌才可能通过不断的观众积累基础，打造核心竞争力，在有限的票房市场中博得一席之地
新技术开发	美、日等国的知名动漫公司，都拥有自己的技术研发部门，以最快的速度更替旧技术，将新技术直接应用在新作品之中，具有成熟的制作水平与强大的原创力	动漫创作思路仍然保守，前期创意缺乏想象力与吸引力，原创能力较薄弱。三维动画仍然存在粗制滥造的作品，缺乏精益求精的意识

（二）宣传、发行环节有待改进

综观2015年的国产动画电影市场，在档期与发行策略上较之以往有了不小的提升。据悉，每年6~7月已经形成了“国产电影保护月”的不成文规定，“保护月”为电影的票房井喷提供了肥沃的土壤。2015年暑期档，《西游记之大圣归来》《捉妖记》《煎饼侠》等超高票房都是由国产电影创造的，超过95%的票房占比。密钥的延期，为动画电影票房的增长提供了肥沃的土壤。“互联网+”、超前点映的发行模式都为票房的增长做了不少贡献。但是在喜人成绩的背后，营销环节被无限放大，《小门神》《年兽大作战》等电影票房的不尽如人意也使得我们反思，国产的电影工业产品与世界同类型影片相比，竞争力究竟有多大？在日趋白热化的市场竞争中，不论是老品牌还是新面孔，以作品为基础的各种宣传营销显得越来越重要，甚至出现少数诸如“做得好不好看不重要，传得好听才重要”违背市场发展规律之势。许多国产动画作品在创作生产时，急于求成，没有考虑如何持续性扩大作品的感染力和影响力，通过“低质量、小投入、大营销”的手段，虽然可能产生一时的票房利益，却造成观影之后的反弹，进而对整个市场行业的良性发展造成极大的破坏。

在欧美国家，本国发行的收益占到总投资的70%。在日本，优秀作品的收益可以超出投资本身。相较已经发展较为成熟的国家，我国的宣发环节仍然存在诸多不甚完善的地方，既不可一味的照搬国外先进模式，也不能放置不管。我们的发展需走出一条具有本土动漫作品宣发特色的道路。我国动漫产业的优化升级应具备“渠道营销，内容为王”的战略思路，最终将为观众呈现出更加精彩的动漫作品，加强我国文化在世界范围内的影响。

（三）放映环节亟待完善

国家新闻出版广电总局印发的《关于发展我国影视动画产业的若干意见》中指出，要大力构建国产动画片的播放体系。近年，动画频道不断增多，以北京、上海、湖南电视台为主的上星频道已有6个。2015年我国动画片在播出比例和广告投放上依然能够享受到相应的优惠措施。但是当前，我国的放映权转制度仍不完善，影院放映、电视放映、网络平台放映，都没有按照正常的转让费用收购动画作品。动画片的播出体系一直是中国动画的软肋，虽然近几年国家保护政策的出台、观众需求的增加，都使电视台进一步加大了对动画电视的需求量，但是国产动画的收购价格却依然低下。动画生产播映环节中产生的投入成本大、收购价格低的巨大矛盾，使得一部动画作品，通过出售播映权收回投资成为“奢侈”。电视动画片这种“典型的买方市场”状态，加上进口片的低价倾销，将会使中国动画举步维艰。

动漫作品出版、版权保护是中国动画发展中极为重要的环节，中国漫画作品的主要发行途径是漫画书的出版，目前中国个别漫画刊物的发行销量喜人，但是在高销量的背后，高质量的原创漫画作品却难以寻觅，作者年轻化，漫画作品盲目追赶潮流而忽视传统文化，使得出版作品不具有辨识度，发展尴尬。

当前，版权保护问题已经成为中国动漫产业发展的重要阻碍。在动画电影、漫画及其相关产业链日益扩大并创造出可观增值前景的同时，各种形式的未经权利人许可的盗版、盗播、盗产行为却成愈演愈烈之势。同时由于知识产权状况不佳、媒体平台信息共享不标准、版权交易不规范、信息公布不透明等原因①，动画产业还较难获得风险投资和金融贷款，盗版产品低成本、高收益，掠夺了动漫企业的利润，阻碍了动漫从事者的发展与积极性，不够完善的动漫投资体系将成为电影生长的首要阻碍。

（四）衍生品环节尚不健全

在美国、日本等动画业较为发达的国家，票房收入一般只占作品全部收入的1/3，此外的收入则主要归功于作品衍生产品的收益。这已经成为全球投资商的共识。诸如在美国，衍生品的收入高达电影总收入的70%，远远高于电影票房，以迪士尼动画电影《狮子王》为例，其前期投资仅4500万美元，却收获了7.8亿美元票房，衍生品收入更高达20亿美元②。在我国，动画作品的电影票房与电视台播出仍然是最主要的赢利模式。同时缺少品牌意识，也使得动画作品本身缺少可持续性发展。诸如《西游记之大圣归来》，电影2015年7月上映，在6月底中国电影新力量暑期档推介盛典上，以互联网代表人物马云

① 弘石：《关于中国电影产业化发展进程中若干问题的思考》，《当代电影》2006年第6期。
② 王成军、潘燕、刘芳：《美国电影产业发展对中国文化产业兴起的启示》，《中国软科学》2014年第5期。

为首，吴宇森、黄晓明、冯小刚等多位影视明星与大圣公仔分别合影，也一时在网络中引起了很大的反响。影片未映而衍生产品先火，电影成功之后又反哺衍生品继续发力。品牌开发的首要因素，就是有一位可持久性代言的“品牌明星”，如米老鼠、唐老鸭、皮卡丘等创造的财富全世界有目共睹，日本虚拟偶像歌手初音未来也创下超100亿日元的经济效益。随着科技的发展与动画产业模式的更新，衍生产品的开发与永不落幕“品牌明星”的塑造，将成为动画产业可否持续性发力的关建因素。

（五）人才无法满足动漫工业需求

据不完全统计，截至2013年，全国共开设动画专业的本（专）科院校1300余所，设置动画相关专业近2000余个，每年约有超过10万名动漫相关专业毕业生走进市场①。但是当前，在我国文化艺术作品的份额中，日本占据60%，欧美占据29%，中国原创仅占据11%，绝大部分数量份额与品牌份额被国外动漫产品垄断。由此可见，虽然目前我国由高等教育培养出的动漫专业学生数量庞大，但并不足以满足动漫市场所需。

根据每年发布的《中国大学生就业报告》可知，从2010年开始至2015年，本科动漫专业均是“红牌”专业。造成如此尴尬的局面的原因不仅在于盲目扩张的招生计划与市场实际需求之间的矛盾，更在于动漫专业人才在知识结构、专业技能和个人品质方面难以满足当前动漫产业需求。

动漫作人才在能力结构上至少应包括如下五个方面：造型设计能力、剧作能力、视听语言能力、基本表演能力、计算机软件应用能力。但是我国高校开展动漫专业历史较短，在师资方面造成与其他专业相比出现动漫专业教师年轻化、资历尚浅的现象；在教材方面，全国不仅缺乏可供统一使用的教材，也缺乏有特色的校本教材、教师科研成果；而面对日新月异的动漫设备，学校也缺乏及时更新设备的资金；在知识结构方面，不同性质的学校在开设课程时会根据自身掌握的资源优势有侧重地开展课程，然而这势必令部分必不可少的课程缺失，损害动画专业知识结构的整体性，种种因素叠加，使学生难以在知识结构和专业技能上满足市场需求。

① 李志强：《动画教育现状分析及发展》，广西师大硕士学位论文，2012。

三　促进动漫产业发展的建议

1. 建立正确的市场导向

未来发展，创意产业先行，动画产业将是重中之重，如何健康发展？完善的市场体系是关键。首先要依托政府建立良性的市场导向，与“中国梦”契合传播正能量，加大相关播出、审查力度，完善动画作品分级制度，提高动画作品播出与发行的规范体系，保证购片与营销的“健康化”，保护原创动画创作积极性，建立相应减免税收、鼓励创作等精细化扶持政策，推动中国电影“走出去”扶持政策。其次，在票价方面，目前我国电影票价制定权已彻底放开，在这样一种有利环境下，如果电影企业在制定价格、营销时，不以传统“一刀切”的方法，而是着眼于市场，以市场为导向，通过确立合理的、多层次的票价体系，不仅能够有效地刺激消费、扩大需求，更能降低影院座位闲置率，获得更高的收益，推动中国动画的健康、持续发展。

2. 继续完善动漫产业链

促进电影产业链赢利模式多元化，动画品牌的塑造、衍生产品的开发是关键要素。能跟观众一起成长的、可持续性发展的“数字虚拟明星”将成为中国电影产业发展的突破口。建立品牌意识，在动画创作初期将角色与产业相定位，目标受众明确，故事创作具有可持续性，整体推进，相互协调促进，将实体衍生产品与电子信息产品相融合，打造完整的全产业链。形成以品牌带动产品设计、制作生产、宣传发行乃至销售的战略整合及其产业链的延伸。

动漫产业链包含许多环节，诸如前期设计、创作、制作、宣传、发行、衍生品开发、衍生品销售、实体公园等环节。其中有包含创作、设计、销售、IP经营等，每个环节都需要许多优秀的人员来参与。建议鼓励各高校继续提升人才培养能力，满足动漫不同环节的人才供给。

积极探索互联网为基础的产业链，除了传统的电视、电影和杂志等动漫发行平台，互联网也是动漫产品的重要传播途径。特别是日本等国外知名动漫作品，主要通过互联网向形式播放。随着国内动漫产业的发展，不少动漫网站以及互联网企业已经有所建树，初具赢利模式。随着二次元文化的不断发展，应当积极鼓励探索基于互联网的动漫产业链和商业模式。

3. 改善监管环境

版权是影片推广、品牌发展的核心要素。有效地加强电影产业的监管环境，有效地利用知识产权法的保护来进行动画的创作与相关产品的开发，既符合我国的国情，同时也是电影发展的必然趋势。只有真正注重电影创新的发展原动力，以保护创作者的利益为着眼点，实现电影产业政策的精细化、多元化，做到有法可循、有法可依，才能推动电影朝着规范化、科学化、健康化的方向快速发展，也能更好地满足人民群众的精神文化需求。

进一步加强版权保护，动漫产业的良性发展离不开对版权的保护。保护投资方的利益，促进投资方赢利后的再生产。近几年随着政府对版权保护的高度重视，市场主体的版权利益得到了有效的保护，动漫产业消费者的版权意识也逐渐提高。继续加强版权保护特别是衍生品的版权保护能更好地促进中国动漫产业的发展。

互联网时代中国动漫产业发展

叶　风*

一　动漫产业产值

2015 年的动漫产业发展在电影作品、网络动画剧、产业投资融合以及新媒体领域的拓展都产生了现象级的案例，引起整个文化创意产业和社会的关注。从整体上看，动漫产业的产值不断提升，在动漫产业的创意、生产和分发等方面的资本投入大幅增加，动画电影票房总量不断提升，动画电视剧的发展在更重视质量提升的同时总产量有所下调。截至 2015 年末，2015 年国产动画片产量 134011 分钟，相比 2014 年的 138496 分钟，降幅为 3.2%。2015 年动漫产业产值达 1131.58 亿元（见图 1）。

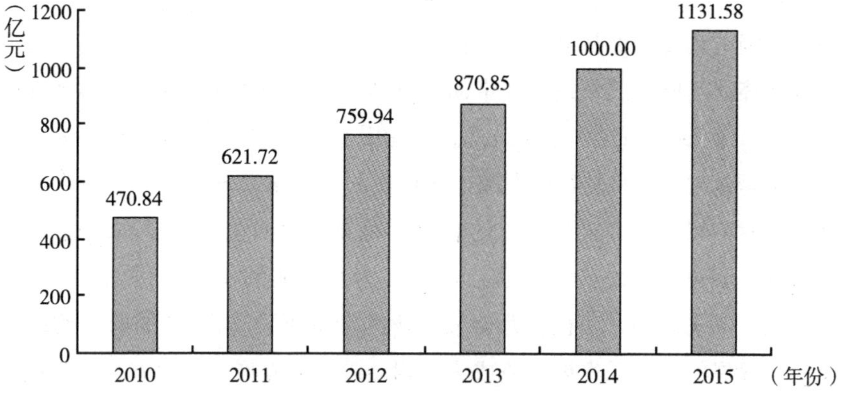

图 1　2010 ~ 2015 年动漫产业产值

数据来源：前瞻产业研究院。

二　动漫产业中的 IP 与泛娱乐发展模式

如果说 2015 年的动漫产业发展是一场飓风，动漫产业的投融资、动漫作

* 叶风，博士，北京电影学院教师。

品以及分发平台快速发展，那么动漫 IP 就是 2015 年文化创意产业 IP 热这场飓风的中心。

动漫产业受到互联网和文化产业资本青睐的环节部分是优质的 IP 和聚集大量忠实受众的分享平台。在互联网时代，尤其是移动互联网终端消费快速发展的时代背景下，动漫产业相关企业正在进行产业变革，大动漫产业链的整合成为多数大型动漫企业进一步发展的必然选择。奥飞动漫、光线传媒、美盛文化等一批影视文化传媒上市公司，发挥资本和行业优势纷纷进入动漫产业。

2015 年，以打造 IP 为核心的产业链发展模式得到更实质性的发展，消费群体的文化消费方式和审美价值观改变着动漫产业的市场边界和组织形态，在互联网平台为主导进行跨平台运作和传播的基础上形成泛娱乐的产业发展模式。从动漫产业的发展角度看，泛娱乐的概念是基于 IP 的全产业链的商业化运作，其背景是互联网平台数字化传播的高速发展。

通过动画、漫画、游戏（ACG）的 IP 研发，再拓展到实景旅游体验、教育、玩具等来建立产业链是动漫产业主要的运作模式。迪士尼的成功就是最好的例证。国内动漫产业从资本到创作对 IP 关注在 2015 年是一个前所未有的现象。近年移动互联网的快速普及带动了以移动终端为载体的数字内容产业快速发展，为 IP 的研发与运作带来机遇，为动漫 IP 创新能力充分释放带来发展空间，这也是 2015 年 IP 受到资本和市场重视的一个重要背景。

在互联网媒体日益成为主流的时代，动漫游戏产业的融合不仅指 ACG 动画、漫画、游戏产业之间的融合，也表现为互联网和实体经济的融合。2015 年在腾讯、奥飞动漫、乐视、万达等企业的带动下，动漫 IP 的跨界改编和一体化协同发展的泛娱乐发展思路成为我国动漫产业发展的新模式。泛娱乐模式主导下的融合动画、漫画、游戏企业之间的合作日益频繁，从南派三叔的《盗墓笔记》而开发的动漫游戏作品深受好评，由《秦时明月》改编的真人电视剧在湖南卫视播出，由《后宫甄嬛传》改编的漫画也供不应求，由华策影视购买的著名漫画家夏达《长歌行》作品改编的电视剧将于 2015 年底开拍，各种以动漫 IP 为核心的产业之间的融合快速发展。总的来说，2015 年的国内动漫产业发展比以往更强调 IP 衍生出来的动画创作模式，经典 IP 的动画开发和续集是主流。

在国外动漫 IP 引进受到限制的情况下，国产原创 IP 成了 BAT 布局的重点。在动漫作品上主要是二次元的开发和原创 IP。互联网巨头的加入，让动漫产业在互联网时代形成更完善的投资、创意、制作、营销、衍生开发的产业链条，可以说动漫产业链经过多年的摸索，于 2015 年爆发式的发展中更加成熟完善、格局更加宏大，更符合时代发展的需求。

三 动漫产业发展的“互联网＋”

2015 年，许多以动漫为主题的互联网平台被具有营销运作、投资能力的互联网巨头收购和注资，在资本和产业运作能力上获得更多的资源，形成更完整的产业链，这是 2015 年的动漫产业发展的一个重要亮点。

随着互联网应用的普及，年轻人更倾向于接受互联网的传播。动漫行业利用网络技术进行有机整合，形成了动漫产业一个新的发展空间且占据的比重越来越大。近几年诞生腾讯动漫、有妖气、A 站（AcFun）、B 站（bilibili）、酷米、淘米等一批主题性动画、漫画网站平台，采购大量国内外正版动漫内容或动漫创作者投稿，集中了大量的动漫内容进行分发传播。视频网站发挥互联网的大规模分享和个性化选择的媒体特征，正取代传统电视频道成为动画内容产品集成分发的重要方式，呈现出数字化、网络化、移动化、社交化的特点，且陆续被收购或注资，成为互联网媒体巨头介入动漫产业的入口。

因受众生活方式的改变，动漫在互联网传播上形成新的欣赏和接受形式。例如弹幕阅读，即在观影的过程中随时留言、随时评论，俗称“吐槽”，这种用户之间的实时互动已经成为了一种具有社交色彩的动漫文化潮流。

腾讯漫画平台、有妖气等则是展现动漫创作才能、分享动漫作品的分发平台，相比于传统的视频网站、电视频道以及像 A 站、B 站这样的垂直网站更受年轻受众的喜爱。2015 年有妖气和 A 站被收购和注资是互联网动漫产业发展的一个里程碑。有妖气在 2015 年上半年被注重 IP 开发的奥飞动漫收购，A 站则被国内视频网站巨头优酷注资。

动画网剧是互联网时代动画产业中另一种被年轻人广泛接受的产品。一些动画企业利用互联网平台免费和传播广泛的特点，避开电视台严格的节目审查及地区性、时段性的局限，创作打造 IP 为目标的网剧，通过互联网平台进行快速分发，获得惊人的成功。《秦时明月》及《不良人》系列、《尸兄》等动画网剧都在互联网视频网站上获得过亿的点击率。动画片在互联网平台上的传播影响力远超传统电视媒体。由于受众为年轻人，所以基于互联网的动画网剧的故事主题、艺术风格都与以儿童为主要对象的动画片有较大的区别。值得关注的是这些免费在互联网播放自有版权的原创动画网剧，都是以打造 IP 为目标的，在这些网剧获得过亿的点击率时，通过 IP 打造的游戏、电影等产品成为这些网剧赢利的主要方式。

在互联网巨头以注资或收购的方式进入动漫产业的同时，在动漫产业耕耘多年的企业也通过国家在金融股市等方面的政策推动下进行自我发展，主要方式是通过新三板上市融资，增强企业在动漫创作方面的实力，另外，收购成熟的动漫主题网络平台和媒体技术公司，或是在增强资本实力的条件下打造面向互联网受众的网剧，进而把原有动漫产业资源拓展到互联网领域。截至 2015 年 11 月，新三板动漫企业已经累计达到 20 家。

从上市新三板的动漫公司看，这些动漫公司在动漫产业中多年的积累形成自身的发展优势，通过上市融资增强动漫创作的实力。在动漫领域，有些企业自身已成为投资方。进行具有规划性的产业布局的典型案例就是奥飞动漫，这家以玩具生产起家的企业，已在互联网分享平台、IP 打造、数字媒体技术研发、动漫创作等面向当下和未来的动漫产业进行布局。

四 动漫产业发展的“高科技 +”

在互联网巨头企业以泛娱乐的方式介入动漫产业的时候，许多动漫企业自身也在利用高新技术探寻新的发展空间，建构面向未来的产业模式开发动漫产品形态。2015 年以 VR（Virtual Reality）和智能机器人技术为代表的高新技术发展将推动动漫产业进入新的发展阶段。一些具有战略意识的动漫企业率先运用这些技术研发动漫产品，为将来的发展探索和布局。

2015 年，奥飞动漫以 B 轮领投方式对从事动作捕捉相关技术开发及应用的诺亦腾公司进行投资。动漫产品与虚拟现实技术融合，将在玩具、游戏、虚拟现实平台内容分发等方面布局。未来动漫产业更大市场爆发依赖于数字影像技术与 VR 工业、泛娱乐产业进行多场景融合。

奥飞动漫 2015 年投资有妖气、诺亦腾的商业逻辑延续迪士尼收购 IP 资源和特效公司的发展模式，奥飞在自有的玩具、动画等现有产业资源基础上，再联合有妖气、诺亦腾一起打造高科技为支撑的 VR 主题公园、VR 电影、虚拟演艺、游戏等泛娱乐产业模式。

2015 年广受关注的机器人技术也是拓展动漫产业发展的另外一条道路。杭州阿优文化创意有限公司 2015 年推出了一款家用智能机器人——阿 U 兔智（儿童机器人），为“80 后”年轻父母和 3 ~ 10 岁小朋友提供教育、互动娱乐等服务。以杭州阿伏文化创意有限公司为代表的动漫游戏企业通过动漫文化结合科技的模式，探索动漫产业的发展新道路。

B.20
2015年中国音乐产业发展报告

吕佳妮　崔行健*

摘　要：　音乐作为流行文化，不仅是一门具有审美价值的艺术，更是一个具有丰富传播价值和开发前景的产业，是我国文化产业中重要的一翼，同时也一直是发展比较薄弱的一翼。本报告依据相关数据对音乐产业发展现状、趋势进行解析。

关键词：　音乐产业　产业链　数字音乐发展

一　我国音乐产业链现状

音乐的发展经历了从黑胶唱片时代到网络多媒体时代的变革。我国音乐产业发展虽历史悠久，但产业形态却不是很健康。其主要结构与全球音乐产业链相似，分为三条链：第一条子链是音像市场链，第二条子链是版权市场链，第三条子链是演艺市场链。前两条子链均因正版保护力度的不足而一度难以为继。第三条子链无疑是目前最为火爆的链条，也是中国整个音乐产业最主要的赢利来源（见图1）。

以上三个部分，唱片公司是其中最大的主体，通过版权市场的运作获取利润，并且更重要的是其能够促进作品的创作、宣传和推广，进而推动整个音乐行业的发展。从全球化的角度，前两条子链文化价值和商业价值都更高，也是音乐产业中市场集中度最高、影响力最大的产业链条。第三条子链并没有参与到音乐创作和明星制造，很大程度上只是在消费前两条子链的劳动成果。健康

* 吕佳妮，清华大学美术学院硕士研究生；崔行健，清华大学美术学院硕士研究生。

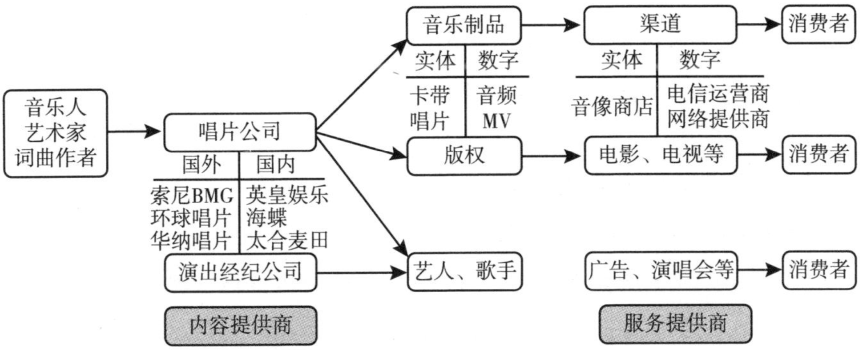

图 1　中国音乐产业链现状

数据来源：腾讯研究院，《2015 年音乐产业发展报告》（含完整版），2015 年 4 月 23 日。

的音乐产业体系中，第一条子链是至关重要的组成部分。然而中国的现状是，处于上游的音乐创作者和版权音乐创作机构没有得到应有的法律保护和等价值的资金支持。

二　我国音乐产业面临的挑战

中国音乐产品自 1964 年第一张音乐卡带出现，2000 年达到了销售巅峰，2006 年流媒体元年之后数字音乐下载业务下降迅速（见图 2）。

图 2　中国音乐产业演进历史

来源：腾讯研究院，《2015 年音乐产业发展报告》（含完整版），2015 年 4 月 23 日。

中国首届音乐产业大会上，国家音乐产业基地无限星空集团首席执行官唐明月提出，音乐产业支撑着数字音乐 300 多亿元的巨大市场，还有广播电视机公共背景音乐平台等规模亦可达千亿元的市场，但与其形成对比的是，音乐人及唱片公司等源头内容制造商的收入却每况愈下。①

2014 年度手机音乐 APP 付费的用户仅占总用户群的 3.5%②，可见从实体音乐卡带唱片到数字音乐再到流媒体这一过程只是提升了技术，盗版问题依旧没有得到妥善的解决，而是从线下转到了线上。在盗版产品的挤压下，我国音乐版权方每年收益仅占整个产值的 2% 左右。这一数字在发达国家如欧美、日本和韩国占比分别为 70% 和 90%。

我国音乐产业发展面临的另一大问题，就是盗版，这一现象是具有历史性和时代性的。一个产业的核心价值就是它存在于市场的立足点，而音乐产业的立足点是不断的为市场提供好作品。如果连这个初衷都消失了，没有上游阶段的版权音乐生产者们做根基，与之相关的中下游地段将陷入困境。从立法层面解决盗版问题是势在必行的。其他文化产业发达的国家也都采取了这种措施来保护正版音乐：亚洲娱乐文化之首的韩国，1986 年以来连续 12 次修订《著作权法》等相关的版权保护法，美国也将版权整治与整个互联网监管法律体系结合起来，例如其出台《数字千年法案》等。

三　我国音乐产业现状数据分析

2014 年中国内地实体唱片产值规模约为 6.15 亿元（见图 3），较 2013 年下降约 5.4%。新华书店系统、零售门店等传统线下渠道实体唱片销售码洋约为 5662.2 万张，同比上一年下降 19%。星外星、京东等线上实体唱片销售约为 271.04 万张，同比下降 21.8%。但黑胶唱片的销售量却逆势增加。这表明互联网改变了大众消费音乐的观念和方式，实体唱片的商业价值更多体现在粉丝经济上，其音乐传播载体的角色从之前的大众传播者向小众收藏品功能转变。

2014 年音乐类演出市场规模达到 143 亿元，与 2013 年基本持平。票房收入约为 43.73 亿元（见图 4）。其中大型演唱会票房总收入 28.54 亿元、音乐

① 王邈：《音乐传播中的创新、开放与共赢——中国首届音乐产业大会综述》，《音乐传播》2013 年第 04 期。

② 《2014 年 Q2 中国手机音乐 APP 市场报告》，CNIT-Research。

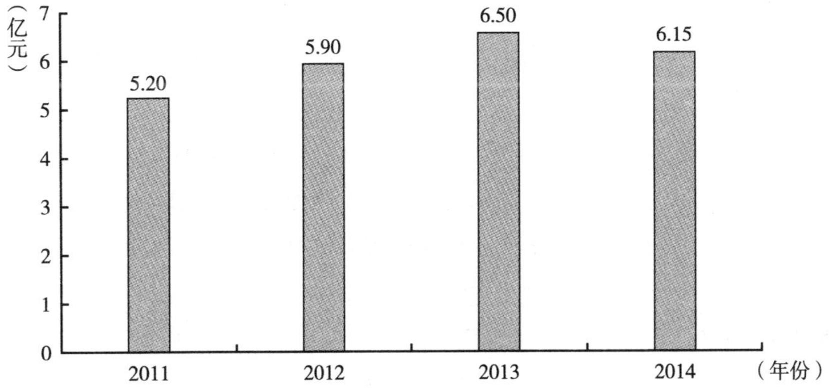

图3 实体唱片市场规模对比

数据来源：《数据详解：〈2014 中国音乐产业发展报告〉》，中国经济网，2014 年 11 月 14 日。

节票房总收入 3. 79 亿元、Live house 票房总收入 4954 万元，剧院音乐类演出票房总收入 10. 9 亿元。演出场次总数达 2. 04 万场，比 2013 年的总场次数增加近 4000 场，并保持良好的市场价格秩序。2014 年音乐类演出市场整体呈上升趋势。尤其是“互联网 + 音乐演出”催生付费直播模式、视频流媒体加入抢占演出市场份额阵营等现象成为音乐演出行业的新亮点。

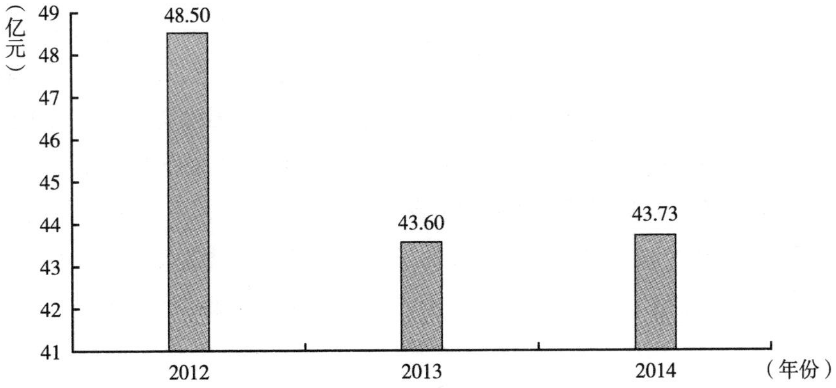

图4 中国音乐类演出市场票房对比

数据来源：《数据详解：〈2014 中国音乐产业发展报告〉》，中国经济网，2014 年 11 月 14 日。

四　我国音乐产业面临的机遇

2015 年是音乐行业动荡与革新并存的一年，音乐类 APP 爆发性的出现。从海蝶和太合麦田投资千万美元到多米音乐，阿里巴巴收购虾米音乐网，顺着资金流的走势，不难看出音乐产业已经被很多领域所重视，渐渐迎来了春天。

从具体的产品来看，借助互联网而出现的音乐产品交易新模式渐渐走入消费者的视野：LIVE 演出的在线直播、网络播客，美女主播以及对原版音乐进行再创造的 APP 唱吧等，在 P2P 的互联网模式盛行之时，用户们对于音乐的追求不仅仅停留在传统的音乐视听本身，而是由被动的接受变为主动的参与制造和传播，更多的是自我创造和社交市场，借助流媒体的优势发展而来的新型商业形式为音乐行业的发展带来了新出路。

五　中国音乐产业的出路

国内音乐市场虽整体呈上升趋势，但对于原创音乐人和正版音乐的保护不是一朝一夕就可完成的。打击盗版、支持正版、支持原创音乐人势在必行。

首先，自上而下的，需要政府引导和市场机制相结合，加大力度立法从根本上取缔非法盗版；其次，自下而上的，一方面通过各类宣传手段普及盗版危害，改变消费者们免费享受版权音乐的习惯，发动大众粉丝的力量，逐渐树立尊重音乐人权益、支持版权收费音乐的新观念；最后，国内现在最有话语权也是最有能力保护音乐版权的那些一线的大玩家们，应该起到引领作用，比如 QQ 音乐取消免费试听和版权音乐的下载等。

然而，政府立法只是一个强制性的措施，购买版权只是大玩家们表明的一个态度，解决现有问题的重点还是在于提高消费者的认知水平。

年度特辑

Special Reports

B.21
平台型媒体的生成路径与发展

喻国明　何　健　叶　子*

摘　要：　在 Web 3.0 时代，个人碎片化的资源将被重新整合，媒体组织将会扮演整合者的角色。在此背景下，平台将逐渐成为重要的产业组织形式。平台型媒体作为未来的一种新兴媒体形态，其自身是传播者也是平台服务者。通过协调平台上的各种力量，构建新型传播生态，成为社会资源的整合节点。本文通过解析平台媒体特征及形态架构等，探索其赢利模式及发展战略。

关键词：　平台型媒体　资源整合　赢利模式

我们目前正处于 Web 2.0 向 Web 3.0 的过渡时期。在 Web 2.0 时代，个人

* 喻国明，长江学者，北京师范大学教授、博导，新闻传播学院执行院长，中国传媒经济与管理学会会长；何健、叶子，中国人民大学新闻学院硕士研究生。

作为要素被激活，虽然引起了传统传播方式的去中心化，但是尚未形成新的经济形态。而在Web 3.0时代，个人碎片化的资源将被重新整合，媒体组织将扮演整合者的角色，这是一个“机构唱大戏”的时代。在此背景下，平台逐渐成为重要的产业组织形式。早在20世纪90年代，美国学者尼葛洛庞帝就提到“平台”概念。他将数字化生存概念与平台相联系，认为数字化是为存在和活动于现实社会的人提供进行信息传播和交流的平台，而这个平台是一种近乎真实的虚拟空间。[①] 有学者指出，平台是一种现实或虚拟空间，该空间可以导致或促成双方或多方客户之间的交易。平台经济学就是研究平台之间的竞争与垄断情况，强调市场结构的作用，通过交易成本和合约理论，分析不同类型平台的发展模式与竞争机制，提出相应政策建议的新经济学科。[②] 具体说，平台是以网络外部性为特征的一种经济组织，涉及买方、卖方和第三方（平台方）。而传媒和平台经济有着天然的结合点，由于传媒特殊的“二次售卖”商业模式，决定了其必须打造平台。这个平台既面对用户又面对广告主等信息需求者，聚集一切可以汇聚的资源，成为“人流、物流、信息流”的汇集点，进而为用户和广告主提供更为多元化的服务，并且依靠这个巨大的平台，开展相关多元化活动。

概言之，平台型媒体是一个开放式平台，上面有各种规则、服务和平衡的力量，通过向所有的内容提供者、服务提供者开放，使得机构和个人的独特价值尽情展现。因此，平台型媒体作为一种未来的新兴媒体形态，其自身是传播者也是平台服务者，通过协调平台上的各种力量，构建新型传播生态，成为社会资源的整合节点。

一　平台型媒体的特征及形态架构

（一）平台型媒体的特征

平台经济学认为平台具有市场导向和用户导向。通过建设大型平台系统，

---

① 〔美〕尼葛洛庞帝：《数字化生存》，胡泳译，海南出版社，1997。

② 徐晋、张祥建：《平台经济学初探》，《中国工业经济》，2006年第5期（总第218期），第40~47页。

开放众多信息接口，汇聚各方资源以满足参与者多样化需求。据此我们认为，一个功能完善、架构合理的平台型媒体应当具备以下特征。

1. 资源整合型平台

平台型媒体主要是为了满足参与者多样化的需求。从总体来看，平台型媒体以其信息超市的特征满足了所有用户的信息需求。从单个人来看，平台型媒体又能满足每个用户在其社交范围内的私人定制型信息需求。因此平台型媒体必须整合多种资源，融汇多种传播渠道。

2. 功能型平台

平台型媒体是服务参与者交互的媒介，具有服务资源配置与服务运营管理功能。信息的传播者、接收者、传播渠道、效果反馈以及信息本身都是海量巨大的，因此平台需要通过运行规则来进行管理，形成平台服务的商业生态。平台型媒体既服务于个人，也服务于广告商；既是一个平台，也是一个有“把关人”的媒体组织。

3. 生态型平台

平台型媒体不仅吸引大量用户，还注重用户的体验，打通传播的“最后一公里”。引入社交关系后，单向传播向交互式传播转变，以人的社会关系和社会关联作为半径来构造传播的生态型平台。

（二）平台型媒体的组织架构

目前传媒业市场上已经出现了诸多打造平台型媒体的尝试，然而都只是实践探索的雏形。我们设想的平台型媒体有如下组织架构的基本形态。

1. 内容平台——内容生产与整合

平台型媒体首先是一个资源整合型平台，传统媒体组织在平台上可生产和提供专业新闻。现在已有这方面的尝试，如 Facebook 与众多传统媒体合作推出的 Instant Articles，他们与世界各国多家传统媒体达成协议，分享新闻。第一批合作的媒体包括《纽约时报》、美国国家广播公司（NBC News）等。近期 Instant Articles 为了拓展亚洲市场，又与亚洲数十家媒体进行合作，其中包括中国大陆的 CCTV。新闻在 Instant Articles 上加载时间更快，用户体验更佳。

其次，用户个人也可以在平台上提供信息，如公民新闻、自媒体等。参考 Quora 为标准而创建的知乎就是一个主要由用户生产信息的平台，它致力于降低高质量信息分享与获取成本从而使每个人都可以参与其中。目前已经有很多公民新闻的网站，如美国有线电视新闻网 CNN 推出的 iReport，中国台湾地区公共电视文化事业基金会成立的 PeoPo，韩国的 OhmyNews。国内媒体新华社推出的集用户原创、现场报道、解读评论、点题服务于一身的多媒体新闻集成交互平台“我报道”，即是对公民新闻的实践。

再次，平台可自己生产信息。除利用智能机器写作新闻之外，如同样是进行平台型媒体初步尝试的 BuzzFeed，为达到更好的传播效果而使用的清单体文章（listicle = list + article），形式简洁，逻辑清晰，信息含量大，满足了受众对多元化知识的需求。由此平台也可以帮助受众整理信息以创造更好的阅读体验。

2. 渠道平台——信息的精准到达

个人的注意力资源有限，平台型媒体要通过融入关系和营造场景，降低受众获取信息的交易成本，主动为受众定制他需要的信息。具体说来，平台通过可靠的用户洞察技术，精准地识别和响应用户需求，再把针对性强的内容直接投放到目前最活跃的传播网络中去，充分实现用户的共享和互动。例如根据用户的年龄、性别、收入等条件基本确定其身份，通过其所在的圈子、互动的好友、关注的领域等信息精确定位，再根据地理位置和时间等指标，分析出用户在特定时间、特定地点的情景身份，在各种强关系和弱关系的链接中掌握用户的信息需求，打通多种社交媒体渠道，精准推送定制化的信息，提升用户体验。

3. 营销平台——平台资源变现与增值

营销平台是对包括广告、公关、促销、活动推广、视频游戏、社交媒体等一切关乎顾客与品牌接触的传播渠道，进行整合并进行营销的平台。营销平台也可与内容平台深度合作，整合有价值的内容多次售卖、深度开发。由于营销平台所进行的活动多是平台型媒体的赢利活动，因此将在下文赢利模式部分展开阐述。

用系统论的视角来看，平台的各个要素不是孤立的，而是有机联系的整体，平台内部和相互之间都能有机互动。这个平台是能够不断自我强化、自我优化的生态系统，同时实现“从单一传播向整合传播”“从单向传播向双向传播”“从大众传播向分众传播”三大转变。在信息生产、信息传输和信息消费三大环节上实现从有限到无限、从有序到无序、从整体到碎片的转变。

二 平台型媒体的赢利模式

1. 社会化原生广告与交易平台

广告资源作为媒体极其重要的赢利来源，在平台型媒体时代依旧是各大平台型媒体的赢利源泉之一，但是在媒体形态发生巨变之后，基于广告资源的赢利模式也发生了变化。平台型媒体作为一个开放的平台，拥有大量的用户，这些用户既是信息的生产者也是信息的接收者，在受众碎片化再聚合的转移过程中，必然会形成一个个具有规模效应的受众群体，同时在平台上也存留海量的用户行为信息。在大数据工具不断演进的情况下，平台为原生广告的精准投放提供了极佳的条件。

在媒体形态向平台化发展的过程中，内容性的平台型媒体很可能会利用其平台优势延伸出一个广告交易平台。新制度经济学认为一个企业进行扩张的动力是交易成本的节约，平台型媒体的广告业务成本主要是广告主的搜寻成本、广告资源的匹配成本、交易价格的协商成本等。以用户为考量单位的平台型媒体利用自己的平台优势，将广告资源进行聚合，同时也将广告主进行聚合，这不仅能满足所有体量的广告需求，还将免去广告交易成本，获得双边市场的定价权，形成范围经济。

2. 内容产品的深度开发

同质化、碎片化、过载的信息对于受众的吸引力持续减弱，基于平台内容的深度开发将是平台型媒体价值创造的主战场。

按照开发程度，可将内容产品分为核心产品和衍生产品。在核心产品的开发上，平台型媒体主要充当的角色是内容素材定制商，根据社会组织和个人对于信息的不同需求，将平台上的信息资源进行重新组合和加工，形成一个能够满足社会组织及个人的定制性内容素材包，包括社区生活信息服务、行业信息实时聚合服务等。这实际上是通过对海量信息的重新秩序化，将真正有价值的信息筛选出来，做到信息资源的精确匹配。信息流的丰富程度和精确程度将是平台核心产品的赢利点。而衍生产品的开发更为复杂，同时附加价值也更高。正如上文所述，平台型媒体聚集了海量的用户生产信息，也留有大量的用户行为数据，这些体量巨大的数据为平台型媒体进行深度产品开发奠定了基础。以舆情信息服务为例，传统媒体的舆情信息服务往往是基于新闻信息的判别，不仅信息来源具有滞后性，出具的报告也存在不同程度的主观误差。而平台型媒体在信息的收集时效上也更趋于同步，凭借这些优势，平台型媒体提供的舆情分析也更接近现实状态。

3. 内容孵化与经纪

平台型媒体相对于传统媒体的一个巨大区别就是前者是一个话语权分散，草根话语、精英话语等多元话语和谐共处的地方。不同于传统媒体专业话语和精英话语的统治，平台型媒体向所有用户开放，每个人都能生产信息，都具有传播能力。以平台型媒体为依托，用户在平台上发布的内容信息经过全体用户筛选，那些极具创意和价值的信息被凸显出来，得以广泛传播。而在拥有了大量优质内容资源的情况下，平台型媒体可以利用其传播优势，对内容资源进行整理、开发、包装、推广。近年来火热的 IP 影视剧大多来自网络文学网站，这些网站实际上就是发育程度较低的平台型媒体，如盛大文学通过签约、授权、指导等方式与平台上的网络文学作家合作，把他们的内容作品推荐给出版业、影视业进行深度开发。而在平台型媒体时代，平台型媒体具有强大的整合能力，是内容商和出版商的结合，内容孵化和内容经纪的成本大幅降低。然而更为重要的是，在平台型媒体与其他媒体的竞争中，差异化、特色化、独占性的内容资源将是平台型媒体制胜的关键，基于这些内容资源的深度开发将更具价值，使得内容孵化和内容经纪能够与其他赢利模型形成协同效应。

4. 跨界资源整合

平台型媒体时代是一个以社交关系为驱动力的时代，人与媒体出现了高度的勾连，人既是信息的生产者、把关者、传播者，也是信息的消费者。信息形态成为重塑人类社会的重要力量，而关系资源和关系渠道成为搜寻、动员、整合社会资源的重要途径。把持着复杂内容网与人际网的平台型媒体不仅是一个内容型媒体，更是一个具有广泛连接能力的资源型媒体，是全面意义上的跨行业中介。互联网时代的行业边界划分具有“人本—关系”属性，行业边界被重新定义。作为社会的信息中枢，平台型媒体的价值在于成为互联互通的中介，能够将各个行业的资源进行聚合及重新构造，再将这些资源与其他社会资源需求者进行对接，成为一个资源聚合与对接的平台节点。这种跨界整合的产业形态创新既是媒介市场版图与价值资源的重构，也是系统协同下赢利模式的创新。就目前来看，腾讯打造的社交平台——微信已经具有平台型媒体的雏形。基于广阔的社会人际关系网络，微信作为一个平台入口已经与其他行业进行了资源的对接，例如与金融业对接的理财通，与电商对接的微信购物，与公共事业对接的生活缴费等。

B.22

2015年中国媒介融合发展报告

朱春阳　陈竑机 *

摘　要： 在高层政策和市场机制的双重作用下，中国报刊、广电等传统媒体进一步拓展新媒体业务、推进融合发展，在产品服务与经营管理等方面进行了诸多创新尝试。与此同时，一些互联网巨头开始投资传媒产业，与传统媒体整合资源、协同创新，通过“倒整合”的方式布局传媒业务、推动媒介融合。在此背景下，我国媒介融合逐渐从技术层面的融合向更深层次的经营管理层面、产业层面的融合发展，表现出双重驱动、产品创新、机制探索和产业融合等特征。

关键词： 媒介融合　传媒投资　机制探索

一　政策与市场：双轮驱动下的媒介融合提速

2014年8月18日，中央全面深化改革领导小组第四次会议审议通过了《关于推动传统媒体和新兴媒体融合发展的指导意见》。2015年3月，李克强总理在十二届全国人大三次会议上提出了“互联网+”行动计划；同年7月，国务院正式印发《国务院关于积极推进“互联网+”行动的指导意见》。随着上述政策措施的出台，媒介融合正式上升为国家战略，从顶层设计的层面为我国传统媒体转型、传媒行业发展指明了方向。与此同时，通过互联网推动产业融合创新，成为新形势下推动我国经济社会全面发展的宏观战略，这也进一步

---

* 朱春阳，复旦大学新闻学院教授、博导，媒介管理研究所所长；陈竑机，复旦大学新闻学院硕士研究生。

为传媒业的融合发展提供了有力的政策支持。

在政策层面推动媒介融合发展的同时，市场对于媒介融合发展的需求趋势也更加明显。互联网（特别是移动互联网）普及率的进一步提升，为我国传媒业媒介融合发展提供了良好的市场基础。与此同时，互联网用户对新闻资讯的需求也持续增强。

市场需求与国家政策相结合，形成双向驱动我国媒介融合发展的合力，共同推动我国传媒业的创新发展。

二　传统媒体融合发展的形态创新与战略转型

1. 创新新闻资讯服务，时政类 APP 迅速兴起

融合网站与移动客户端的新闻类新媒体产品快速兴起。继 2014 年上海报业集团三大新媒体产品上线之后，2015 年 4 月，南方报业集团联合广东南华智闻科技有限公司推出“并读新闻”，开创了“新闻、社交、分成”的业务模式；9 月，由财讯集团、阿里巴巴和新疆维吾尔自治区政府合作开发的“无界新闻”正式上线，该产品以原创为主，立足“一带一路”，主打时政和商业新闻；同在 9 月，长江日报报业集团打造的“九派新闻”投入运营，意在打造全国性舆论平台，以“大数据技术”构建新媒体产业融合；随后，大象融媒体集团的“猛犸新闻”和重庆日报报业集团的“上游新闻”于 11 月先后正式上线。

在地方传统新闻媒体纷纷进入新闻客户端市场的同时，新华社于 6 月发布了其新版客户端。新版客户端不仅可为用户提供个性化新闻定制，还可提供用户与新闻记者互动交流的功能。光明日报社也于 9 月 29 日推出了新闻客户端“光明云媒”，该客户端定位为都市类高端新媒体，是光明日报社“融媒体”建设的重要成果。

传统媒体依托自身新闻业务的采编能力，以新的业态和技术形式推出新闻资讯服务，一方面能够充分整合资源、发挥优势；另一方面也适应新的市场偏好、满足用户需求，在收获良好的市场效益的同时，增强了传统媒体的传播力和影响力。

2. 与互联网公司合作，优化内容、拓宽渠道

在过去的一年中，传统媒体更加注重与互联网公司合作，将自身内容与互联网公司的平台相对接，借助互联网公司既有产品的平台，扩大其内容的传播范围。根据人民网舆情监测室的统计，入驻今日头条客户端的媒体已有63家；而以光明网为例，其通过今日头条客户端，所发文章每日可以达到数百万的阅读量。网民对于客户端使用度高度集中，各传统媒体自身运营客户端难度不断增加，通过入驻影响力较大的客户端，有助于传统媒体获得优质的信息出口，扩大其传播力。①

广电行业则通过与互联网公司合作，进一步提升节目制作水平，拓宽播出渠道。2015年2月3日，阿里影业与深圳广电达成合作协议，探讨推出电商电视剧合作机制，充分整合媒体与网络电商在各自领域的优质资源，追求合作双方的互利共赢。② 浙江卫视推出的明星创投类节目《天生我有才》则与开心网达成合作，为节目注入社交和互动元素。开心网为节目方在网页端搭建话题页面、植入社交游戏，同时在旗下多款产品的移动端对节目进行同步推广；而节目方则授权开心网使用该节目相关文字、图片、剧照等进行整合营销。③ 2015年12月16日，世界互联网大会开幕当天，浙江广电与腾讯公司达成合作协议，双方将充分整合优势资源，在内容、平台和广告宣传等方面开展合作，创新探索跨区域、跨平台、跨媒体的发展之路。④ 政府层面也在积极推动广电行业与互联网公司的合作。2015年7月，河南省新闻出版广电局与腾讯进行“互联网+广电”战略合作，河南广电将依托腾讯的技术平台，设计搭建全国第一个“摇电视互动云平台”和“摇周边云点智能发布平台”。⑤

传统媒体加大与互联网公司合作力度，通过借助外部资源的方式，将自身既有的内容制作能力，与互联网新媒体的用户数据和渠道资源相对接，一方面能够推动内容的创新与提升，另一方面加强了平台建设。

---

① 《人民网发布国内媒体“两微一端”融合传播排行榜》，人民网，2015年9月15日。

② 《阿里影业深圳广电战略合作电商定制剧模式初试水》，新华网，2015年2月3日。

③ 《开心网将牵手〈天生我有才〉娱乐营销再下一城》，南方网，2015年3月20日。

④ 《浙广集团与腾讯达成战略合作》，光明网，2015年12月16日。

⑤ 《河南局与腾讯公司签署“互联网+广电”战略合作协议》，国家新闻出版广电总局网站，2015年7月31日。

3. 传媒集团改革重组、战略转型，推进全媒体生态圈建设

除了通过外部合作的方式推动传统电视节目与互联网的深度融合之外，以上海文广和湖南广电为代表的传媒集团则着力于打造自己的全媒体生态圈。上海文广通过改革重组的方式推动传统媒体融合转型。2014 年末，上海文广改革重组方案最终确定，重组后的上市公司百事通定位为新的互联网媒体集团，业务包含内容、平台 + 渠道、服务三大板块。重组方案中上海文广将内容与渠道并举，在内容方面投资 100 亿元，用于扩大影视剧生产规模和版权购买，未来三年还会投资 20 亿元购买版权，以增加互联网电视内容的竞争力；在平台方面，除了现有的互联网电视、IPTV、有线数字电视等，上海文广还将投入 10 亿元用来建设云平台和大数据中心，把旗下所有的平台包括东方购物 680 万用户整合到一个平台上来，进行集中开发。①

湖南广电则是通过强化版权运作等方式打造自己的互联网视频平台。湖南广电是较早开始进行版权运作的广电集团，然而 2015 年以来，湖南卫视自制节目不再在其他互联网视频平台进行版权分销，以此打造自己新的芒果 TV 网络视频平台。湖南广电希望通过打造以芒果生态圈为核心的全媒体集团，积极变“观众”为“用户”，变“电视内容”为“IP 资源”，逐渐从“内容制作机构”升级为“内容分发平台”，芒果 TV 网络视频平台目前已覆盖电视、PC 电脑、手机、平板电脑等各类终端，下载量一度位居苹果应用商店免费榜总榜第一名。②

以上海文广和湖南广电为代表的第一阵营传媒集团，依托自身现有资源，通过整合重组、优化结构、强化战略等方式推进全媒体建设，为我国传媒集团推动融合发展提供了另一种路径和新的经验。

三　互联网巨头“倒整合”传统媒体

在传统媒体拓展新媒体业务的同时，新媒体也加快了“倒整合”传统媒

① 《上海文广重组：传统媒体转型标杆？——打造“互联网电视的第一入口”不把小米、乐视当对手》，《时代周报》2014 年 12 月 2 日。

② 杨玥：《广电传媒与互联网巨头的融合之路》，《新闻传播》2015 年第 13 期。

体的步伐。所谓"倒整合"，是指互联网新媒体主动发力向传统媒体进行合并、延伸的过程。如今，一些互联网巨头开始通过资本运作布局传媒业，用"倒整合"的方式推动媒介融合发展。

以 BAT 为代表的互联网巨头通过资本运作的方式，向传统传媒业延伸，反向整合传媒业资源。互联网巨头"倒整合"传媒业，一方面能够为传统媒体融合转型注入资金；另一方面也能够将其数据资源、平台渠道、用户等方面的优势与传统媒体相整合，有利于打造综合传媒集团，促进媒介融合发展。

四　媒介融合：向组织与市场两个层面深化发展

1. 从技术融合到管理机制创新

微观层面，在新一轮的媒介融合探索过程中，传媒集团已经从传统的报刊电子化、新闻网站等媒介融合方式，逐渐转向深层次的管理机制创新。《东方早报》为了打造"澎湃新闻"进行了全员转型，记者采写的所有稿件属于"澎湃新闻"与《东方早报》共享的资源，而新媒体与传统报纸各自对新闻素材进行编辑排版，建立起了"一套稿件、两种编辑"的模式。2014 年 8 月，光明日报社成立了融媒体中心，专门负责媒介融合建设，该中心成立以来先后开发了"光明云媒 3.0 版""光明微站""光明都市传媒""光明校园传媒"等创新产品。"猛犸新闻"由大象融媒体集团与《东方今报》联合打造，大象融媒体集团是河南广电组建的全国首个打出"融媒体"口号的集团，强调管理融合、经营融合，力求实现信息的"一次采集、多种生成、多元传播"。①

产品和业态创新的背后是管理机制的创新，技术与产品的融合是媒介融合的第一个层面，而更深层次则是体制机制能够适应媒介融合对于新闻资讯生产方式的要求。传媒业从技术、产品融合向体制、机制创新的探索，推动了媒介融合向深层次发展。

2. 市场融合推动产业资源配置效率的提高

媒介融合的深化发展，除了体现在传媒业内部技术、产品和管理的创新方

---

① 《"猛犸新闻客户端"今天上线》，今报网，2015 年 11 月 16 日。

面，也体现在产业层面的融合。媒介融合在经济层面的理解包含市场融合和产业融合，当企业进入其主要领域或临近领域时（如报业推出视频新闻、广电集团建设新闻网站）便出现市场融合，当这种市场的融合横跨不同领域时，即发生了产业的融合。[①] 传统媒体拓展新媒体业务，以及互联网公司“倒整合”传统媒体资源，都是媒介融合的发展形式，在推动了媒介融合进一步发展的同时，也体现出产业融合的特征。

以互联网为代表的新媒介技术的快速发展，首先消解了传媒业内部各行业的界限，进而又在逐渐消解各产业的边缘。随着媒介融合、“互联网 +”相继成为国家发展战略，在未来的发展过程中，媒介融合必将超越媒介平台、产品形态、管理机制等内部微观层面的创新融合，竞争与合作将取代垄断成为媒介融合发展的主流，进而推动整个行业资源配置效率的提高。

五　融合发展：经验反思与未来趋势

首先，传统媒体在拓展新媒体业务的过程中，存在同质化趋向问题。2015年时政类 APP 快速兴起，目前已形成“东澎湃、西上游、南并读、北无界、中九派”的格局。但是除了“无界新闻”明确提出立足“一带一路”之外，其余新闻产品则缺乏差异化定位的表述。多个定位趋同的新闻资讯产品相继出现，一方面会分流本身并不足够庞大的受众和广告市场，另一方面也不利于传统媒体自身媒介资源、能力的高效利用和发挥。

其次，传统媒体新闻类新媒体产品尚未探索出赢利模式。仍以时政类 APP 为例，“澎湃新闻”被认为是传统媒体新的媒介融合取向的代表。然而，“澎湃新闻”至今尚未探索出自身的赢利模式。按照“澎湃新闻”负责人邱兵的说法，“澎湃新闻”2015 年的营收大致在 6000 万元，而投入则在 1.2 亿元，年亏损预计约 6000 万元。[②] 以“澎湃新闻”为代表的新一轮媒介融合，更多地强调主流媒体对网络舆论制高点的进驻，而非指向赢利模式的探索。或者更

① 陈映：《媒介融合概念的解析与层次》，《北京邮电大学学报》（社会科学版）2014 年第 1 期。

② 《澎湃明年广告预计 1.2 亿，收支接近持平》，新浪传媒，2015 年 10 月 23 日。

为精确地说，“澎湃新闻”是在赢利模式尚未明确的情况下，由于政治沟通任务的迫切需要而进行的新媒体业态的探索。作为上海报业集团改革的试点，“澎湃新闻”得到了资金、人力资源、管理机制等方面的诸多政策支持，形成了“网络出版优先于报纸出版”“全员新媒体转型”等经验。然而在缺乏清晰的赢利模式、没有充足的赢利能力保证的情况下，这些在政策支持下形成的经验很难被其他传统媒体借鉴和复制。

再次，传统媒体与互联网公司合作仍存在许多局限。虽然在过去一年中，传统媒体与互联网公司的合作取得了较为不错的效果，推动了传统媒体内容制作水平的提升、渠道平台的拓展。但是目前较为成功的合作多集中在娱乐、综艺、影视剧等方面，新闻方面的业务更多涉及意识形态领域，合作较为欠缺。目前，我国传媒业实行“事业单位、企业化管理”，传统媒体“事业单位”的属性，导致其与互联网公司合作的内容、形式受到较多的局限。上海文广在向新媒体集团改革过程中未能与百度、阿里巴巴等集团合作，正是由于BAT的注册地均在海外，而国家对于外资进入影视行业还存在较多的限制。在互联网巨头对于传统媒体的“倒整合”过程中也是如此，以BAT为代表的互联网巨头投资传统媒体更多集中在投资影视行业，或者通过技术、渠道投资进入传统媒体，而较少直接注资进入传统媒体的核心业务。因此，传统媒体（特别是专注于新闻类业务的传统媒体）在借力互联网公司的资金、技术优势进行融合发展的过程中，会面临很多体制机制的问题。

此外，我国对于版权保护的欠缺也不利于媒介融合，特别是传统媒体融合转型发展。传媒产业根本上是内容产业、信息服务产业，内容与信息服务的生产是传媒业的核心优势，基于内容和信息资讯的运作，也往往是传媒业特别是传统媒体，媒介融合发展的重要手段。然而新媒体的发展强调开放、共享，信息资讯的版权保护难以界定，由此传统媒体生产的内容和信息服务容易被无偿使用，造成其内容和信息服务的生产优势转化为市场竞争能力过程中的困难。虽然，近年来我国版权保护已经有了显著的进步，但仍需要进一步提升，特别是针对文字内容的版权保护。我国需要进一步健全版权保护体系，为传媒业版权运作提供良好的环境，促进媒介融合的发展。

综上所述，2014年8月以来，传媒业对媒介融合的理解更为深刻，媒介融合向更深层次发展，传媒产业的资源整合与创新也进一步加强。在未来的发展中，传统媒体和新媒体应该更加清醒地面对媒介融合的趋势，一方面，应当在融合发展的过程中寻求自身差异化的定位；另一方面，应该注重从技术创新、产品创新逐渐深化到经营模式、管理机制的创新。与此同时，国家层面也应该更加注重对于媒介融合发展的宏观规划，从管理机制、产业结构、法律法规等方面为媒介融合发展提供良好的外部环境，推动我国传媒产业发展水平的提升，增强主流媒体的传播力、影响力，促使其在国家治理过程中发挥更加积极的作用。

B.23
VR的新浪潮

沈 阳　向安玲　陈媛媛*

摘　要：从概念提出、原型探索、技术积累到产品迭代和产业化发展，VR逐渐从军用市场拓展到消费级市场，并逐步向更多行业领域渗透。本文基于相关数据，从历程、特点、热点、趋势等多角度深度分析VR发展。

关键词：虚拟现实　发展特点　趋势预测

一　虚拟到现实：VR发展历程

VR（Virtual Reality），指虚拟现实技术。近年来在全世界掀起了一股VR浪潮，从概念提出、原型探索、技术积累到产品迭代和产业化发展，VR逐渐从军用市场拓展到消费级市场，并逐步向更多行业领域渗透。早在1930年，即有“虚拟现实”概念的提出，当时还只是处于一种假象阶段，而如今虚拟现实已迈向产业化发展。以下为VR发展的几个主要阶段。

概念萌发期（1930～1960）：从小说作品中的概念描述，到概念的产生，虚拟现实理论初步形成。该阶段虚拟现实仅处于“虚拟”阶段，还未涉及技术研发。

研发初创期（1960～1990）：1962年，Morton研发出虚拟现实原型机，1973年图形场景生成器出现，进入80年代，美国开展军用现代仿真器研究。该阶段VR从“虚拟”走向“现实”，但由于技术的限制使得VR仍处于原型机阶段，多用于军用。

* 沈阳，清华大学新闻与传播学院教授、博导；向安玲，武汉大学信息管理学院硕士生；陈媛媛，清华大学新闻与传播学院传媒经济与管理研究中心助理研究员。

技术积累期（1990 ~ 2012）：1994 年，日本 Sega 和任天堂陆续推出 Sega VR - 1 和 Virtual Boy 等产品，1996 年第一个虚拟技术博览会在伦敦召开。计算机和图形处理技术的进步为 VR 商业化奠定了基础，但由于设备成本和内容应用水平的限制，这一阶段 VR 普及率并不高。

产品化初期（2012 ~ 2015）：2012 年，推出 Oculus Rift，开启民用 VR 设备浪潮；2014 年 Facebook、三星、谷歌、索尼、HTC 等巨头均提出研发 VR 设备的计划。该阶段 VR 产品开始进入消费级市场。

产业化发展期（2016 年开始）：2016 年，VR 产品逐步推广普及，并逐渐渗入各个垂直行业应用，实现产业化发展。该阶段更多企业、资本涌入 VR 市场，更多不同层次的设备产品涌现，内容产业和技术支撑更加成熟，用户规模也不断扩大。

2016 年，可以说是 VR 产业化元年。国内 VR 市场处于启动期，预计 VR 市场规模将以每年 3 ~ 5 倍的增速加速扩张，到 2020 年时将达到 550 亿元。① 资本推动更多企业涉足 VR 领域，VR 设备更多向消费级市场拓展。iiMediaResearch 研究数据显示，从 2015 年开始，网民对 VR 的关注度开始逐步上升，VR 游戏成为热点，尤其是一些产品的发布成为网民的关注点，但由于用户基数尚小，群体覆盖窄，整体尚未形成气候（见图 1）。

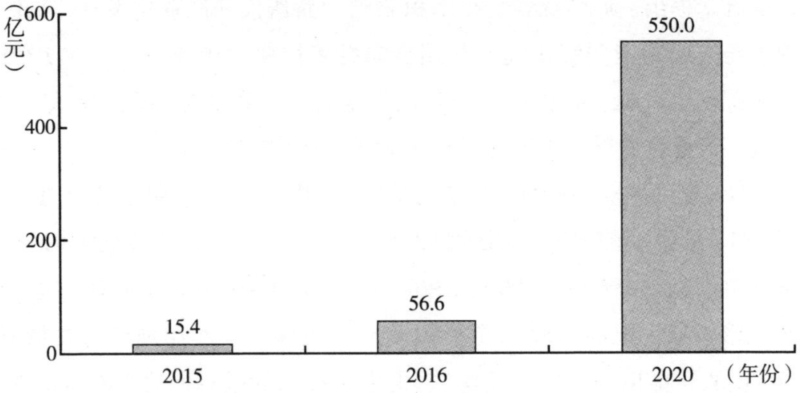

图 1　VR 市场规模

① 艾瑞咨询：《2016 年中国虚拟现实（VR）行业研究报告》，2016 年 2 月。

目前 VR 应用主要集中在一些极客人群和专业应用领域。预计在未来 2 ~ 3 年，VR 相关产品将迎来爆发式增长。未来 5 ~ 10 年，VR 技术会逐渐成熟并得到广泛应用。从现有数据可以预测，VR 的普及速度会慢于智能手机、可穿戴设备，但会快于无人机。

二　VR 发展环境

VR 的发展是有时代需求性的。在全世界范围内，优越的技术和经济环境都是 VR 发展的沃土。在中国，政策红利、经济转型、需求驱动、技术升级为 VR 的爆发提供了前提。

政策环境
2015年，“互联网+”行动计划推动大众创业，科技创新应用更加广泛多元，为VR产业化发展创造氛围；国家新闻出版广电及相关法律对电影、游戏、视频等内容制作和传播的管制，一定程度上限制了VR内容的发展

技术环境
智能手机的普及应用，传感器、显示屏等配件制造成本降低，计算机图形、人机接口等核心技术逐渐成熟；网络高清视频资源和优质游戏作品日益增多，提供内容支撑；VR技术成熟度已达到市场爆发的临界点，消费级产品即将诞生

经济环境
国民消费水平不断提升，消费结构由生存型逐步向发展型和享受型转化；“互联网+”经济发酵，产业结构轻量化转型，文化消费逐渐被激活；科技产业链不断升级，制作成本降低，设备和网络普及率逐渐提升

社会环境
用户偏好重塑产业形态：“90后”逐渐成为互联网消费主流群体，他们对于优质网游、影视作品的需求及付费意愿较强；超级IP的品牌效应扩大，基于内容的创新服务刺激用户需求，VR提供了内容消费的一种新视角和新方式

在有利环境的支持下，从底层技术支撑到终端用户拓展，VR 产业链不断成熟，内容制作及产品分发占据节点位置。

三　国内 VR 产业链现状

在我国，VR 产业尚处于起步阶段，较为依赖国外技术。全规模产业链正朝向完备方向发展，但缺少巨型企业布局整体行业战略，且目前缺少行业的统一标准（见图 2、图 3）。

在硬件设备方面，有近百家公司进行硬件研发及生产，目前的研发生产，主要以头盔、眼镜、一体机为主；在系统搭建方面，VR 技术依赖原有系统，

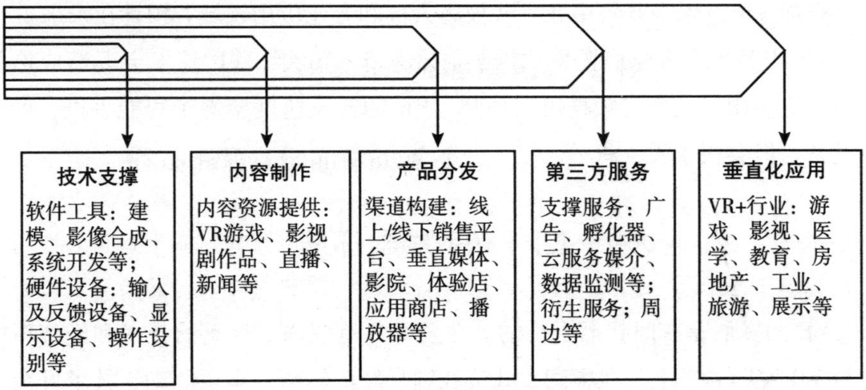

图2　不断成熟的 VR 产业链

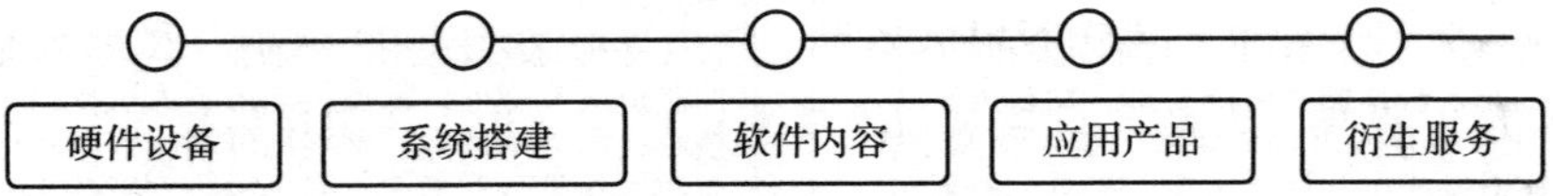

图3　国内 VR 产业链

如 Windows、Android 等，尚未研发专用系统；在软件内容方面，创业公司以游戏、影视为主进行内容创作，资源较为匮乏；在应用产品方面，只有少量成型产品，VR 商业消费度低普及度不高；在衍生服务方面，主要集中于行业孵化器、爱好者社区、活动平台、数据库的应用。

技术成为影响 VR 应用深度及用户体验的关键要素。短期内 VR 在技术开发层面还面临计算能力、电池续航等多方面的挑战。当下技术门槛逐渐降低，内容资源已成为 VR 行业发展的核心驱动力。目前国内 VR 游戏开发工作室相对分散，缺乏优质作品，发展尚未形成气候。而国外 VR 游戏开发相对成熟，部分独立工作室已获得融资，实现产业化发展。目前，国内 VR 游戏开发社区主要有游戏蛮牛、IndiePlay、独立灵境等，独立工作室有幻羽科技、上海酷睿、TVR 时光机、成都虚实梦境、酷袋、杭州点力游戏、武汉铃空科技、TianShe 天舍传媒、Sureal 超凡幻视、Leopard 工作室、Bellcat 等①。限于技术、

① 中金互联网传媒·孟玮团队，《硬件、内容、平台、渠道、应用，VR 公司产业链与梳理》，2015 年 11 月。

资本、渠道等因素，目前参与 VR 影视资源开发的团队较少，VR 影视的表现形式、交互手段、视觉优化等还处于探索之中。

四　VR 发展特点

1. 二次元成为突破口，“宅腐经济”驱动发展

作为互联网原住民的“90 后”“00 后”消费群体逐渐崛起，二次元文化、宅腐文化从边缘发展为潮流。新生代消费群体对情感性、夸耀性、个性化及符号性价值的需求，已超越对商品或服务的物质性价值的需求，促成亚文化下“宅腐经济”的发酵。“宅腐经济”驱动下的二次元游戏、动漫成为 VR 进击消费市场的突破口。内容层面上，二次元游戏及动漫作品由于具备一定资源技术积累，更容易通过 VR 技术去呈现，二次元内容本身的虚拟性也使之更容易嫁接 VR；需求层面上，宅腐消费人群对虚拟世界的向往是最强烈的，VR 架空场景、连接虚实，让二次元用户在与虚拟世界的互动中寻求真实感；应用场景上，宅腐群体的社交方式通过 VR 向“户外”虚拟拓展，通过高度沉浸感和交互式体验让用户在“宅”的同时感受世界。

2. 2B、2C、O2O 多层次产品分发，VR 线下体验店崛起

随着线上内容分发平台迅速涌现，硬件销售渠道逐步完善，针对 C 端用户和 B 端开发者的在线虚拟平台出现。体验店和社交影院成为线下 VR 推广的主流形式。从 2014 年起，国内各种 VR 体验店涌现，数量已超过 2000 家，网吧很可能成为 VR 分发和普及的一个重要渠道。

3. 资金、数据、行业资源全面孵化

目前我国 VR 市场处于启动期，对于投资者而言是一个较好时机。从 2014 年底起，君联资本、红杉资本等投资机构已经投资相关 VR 公司；2015 年资本市场热度上升，投资标的以投资硬件产品、输入技术公司为主；2016 年，大批 VR 企业将进行融资，优秀公司将脱颖而出，内容制作和硬件设备公司均将成为热点。众多科技巨头抢滩登陆，入资布局 VR 生态系统。这些资本将着力扶助创新型、成长型 VR 领域企业，深度挖掘产业价值，构建 VR 全产业链布局。[①]

① 凤凰网，《VR 到底有多热？看看各资本都给 VR 投了多少钱》，2015 年 12 月。

2015 年 6 月，VR 界的黑马兰亭数字获得华闻传媒百万级美元的天使投资。
2015 年 8 月，虚拟现实创业公司焰火工坊获千万元首轮融资。
2015 年 10 月，华谊收购游戏设备公司股权布局 VR 主题乐园。
2015 年 12 月，雷军 1.8 亿元人民币入股虚拟现实公司上海乐相。
2015 年 12 月，盛大集团 125 万美元投资 UploaDVR 初创团队。
2015 年 12 月 VR + 旅游服务商赞那度获腾讯领投 8000 多万元融资。
2015 年底，腾讯 VR 计划曝光，公布一系列 VR 产品及应用发布计划。

4. 全媒体推广，驱动 VR 应用普及

垂直网站、兴趣社区、行业媒体、自媒体等全平台对于 VR 的推广，有利于概念的普及和产品应用的推广。

5. 民生领域的拓展，教育、医疗成 VR 先驱

目前 VR 应用已涉及游戏、影视、建筑、教育、设计、医疗、展览等多个领域，应用场景不断拓展。从军用市场到企业级市场，再到大众级市场，“VR +”逐步向各细分领域渗透。教育领域、医疗领域的 VR 应用也逐渐兴起。在教育方面，VR 教育摆脱空间、材料、工具束缚，增强交互性，有潜力成为教育市场的标准工具。国外已出现多个 VR 教育服务工具，如 Woofbert、zspace、Discovr、drashvr 等。医疗方面，VR 在诊断方案确定、病人康复训练、医护人员互动训练等方面优势突出，如 Psious、Deepstream VR、MindMaze 等医疗 VR 服务工具涌现。

6. 泛娱乐 VR 推动大众层级应用

VR 游戏和影视成为大众关注热点，VR 演艺、直播、旅游等应用也在不断探索实践中。在游戏方面，运用虚拟场景可提升游戏的沉浸感、交互感。网络游戏玩家基数大，潜在市场空间大，设备的普及和内容的丰富将使游戏成为 VR 消费市场的发展先驱。在影视方面，第一视角体验将增强观影沉浸感和临场感，观影形式的创新助力 VR 应用线下的普及。在直播方面，体育、音乐和全球性事件的直播成为热点，突破空间限制，带给受众现场体验感，观看视角更多元，全景切换，转换视角，跟踪现场每一个角落。旅游方面，VR 可以使旅游成本降低，减少极端地区旅游的风险性，同时能够摆脱时间限制，提供一

种轻便的观光方式。

7. VR 冲击与重构传统业态

从线上到线下，VR 重塑了线下交易形态。VR 技术将与传统的电影、电视、纸媒等行业嫁接。在电影方面的应用，如环幕电影、球幕电影；在电视方面，如虚拟演播室技术、虚拟广告技术系统、虚拟转播技术；在纸媒方面，如同步展示、场景切换、浸入式新闻等。[①] 超越传统的媒体表现形式，VR 技术带给用户的不是一个画面、一种声音或一段文字，而是一种“体验”。VR 让新闻记者能更直接、真实地抓取新闻要素，同时也让读者能更切身、自主地体验到现实场景，在真正意义上实现跨时空的新闻呈现。

8. VR 社交，沉浸式打造“平行世界”

继物联网颠覆传统社交模式之后，VR 将再一次为社交带来颠覆性的改变。VR 社交将成为虚拟与现实交融的一种终极应用，让 VR 技术的交互性、沉浸感发挥到极致。

五 VR 发展趋势

1. 发展中的五大痛点

内容资源匮乏，品质仍为短板：内容分发平台更新慢、资源少。主流应用商店并未对 VR 内容独立分区，这导致内容隐藏深，查询难。视觉体验交互式元素少，体验效果差，画面品质有待提升。作品内容形式同质化、简单化，优质原创 VR 内容待激活，期待进一步细分化以满足更多元内容需求。

标准缺失，设备分裂，适配难度大：标准不统一造成设备、操作系统、版本的分裂发展，从而加大了游戏、影视等内容的适配难度，这种现象造成内容生态的混乱，也会干扰用户的选择和体验。

硬件要求高，限制了产品的应用普及：VR 设备对配套产品（手机/PC）性能的要求相对较高，间接抬高了使用成本。大存储、高带宽、高性能的配套硬件是未来所需。

---

① 梁国伟、聂伟：《虚拟现实技术在媒体中的运用及意义》，《新闻界》2006 年 6 月。

使用场景局限，移动端 VR 成突破口：在空间方面的局限包括 VR 实时互动数据传输量巨大、无线数据传输存在技术瓶颈、头戴显示器（HMD）限制活动。在时间方面的局限包括 VR 设备续航能力尚待提升、产品使用舒适度不足、内容资源单一化，黏性不足。未来一段时间内，移动端 VR 将成为突破口，小型化、移动化、无线化、便携带、长续航成发展方向。

使用舒适度差，交互体验待提升：这一点已经成为 VR 市场用户规模扩张的最直观的门槛。在未来的产品研发中，要注重产品交互性的提升、舒适度的提高以及健康风险、技术风险、隐私安全风险的降低。

2. 八大趋势

第一，内容纵横拓展，实现规范化、规模化生长：VR 内容市场目前远未饱和，进入红利期，内容产业生态有待健全。内容将向生产规模化、流程规范化、品牌化方向发展。

第二，用户规模扩张，更强大的数据入口：随着成本的降低、推广的加强和应用的普及，预计 2016 年市场规模增加将超过 10 ~ 100 倍，VR 用户群体规模增加将超过 50 ~ 100 倍，潜在用户规模将达 2. 86 亿人。

第三，移动端 VR 爆发，场景价值凸显：硬件成本的降低、计算能力的提高、设备的轻便化、场景的丰富化，将驱动移动 VR 崛起。

第四，垂直细分领域渗透，深耕 B 端用户：VR 技术向细分垂直领域渗透，B 端行业应用逐渐涌现。以内容服务为核心的赢利模式激活想象空间，VR 行业价值转化加速。未来，VR 将从 C 端消费用户向 B 端行业用户拓展、从泛娱乐向深度化的生活服务拓展、从标准化内容向个性化定制服务拓展。

第五，O2O 渠道健全，开放式、一体化解决方案：线上、线下硬件销售渠道逐步成熟，线下创意体验店大量涌现。封闭式和开放式内容分发平台双向拓展，实现小而精、大而全的内容资源供给。从线上到线下，构建 VR 推广、销售、服务、反馈的整体解决方案。

第六，多态化原生输入设备延伸感知触角：从头戴式显示器（HMD）到多种形态设备接入，VR 设备将具有更强大的感知触角和数据追踪，更多元的 VR 使用场景和交互模式。

第七，更强大的资本入局，平台化趋势加速：大型技术研发公司、内容制作企业、互联网巨头等入场，VR 市场平台化趋势加速。战略布局、平台搭建、商业合作、资本孵化，VR 生态系统主体将更加成熟。

第八，法律制度完善，更和谐的生态构建：VR 热潮背后存在产品山寨成风，技术标准缺失，虚标参数、技术造假频发等诸多问题。随着 VR 内容资源供给的成熟、产品差异化竞争态势的形成，法律和标准缺位的弥补势在必行。

B.24
人工智能及其商用前景

徐　佳*

摘　要：　2016年3月，由谷歌旗下DeepMind公司开发的人工智能围棋程序AlphaGo与人类职业围棋选手李世石九段进行了一场举世瞩目的“人机大战”，最终人类选手战绩1∶4不敌人工智能程序，使得人工智能再度成为各界热议的话题。时值“人工智能”这一术语提出60周年，本文结合相关数据，探讨人工智能发展、商用现状。

关键词：　人工智能　商用　人工智能业

人工智能起源于阿兰·图灵（Alan Turing）1950年发表的论文《计算机器与智能》及其所提出的“机器能够思维吗?”这一问题。1952年，图灵在一个BBC的广播节目中提出著名的“图灵测试”方法，即让计算机冒充人，如果第三者无法辨别人工智能机器反应与人类反应的差别，即可论断该机器具备人工智能。1956年，麦卡赛、申农等美国科学家探讨用机器模拟智能的问题，首次提出“人工智能”这一术语，至今恰好60周年。

一　人工智能技术的伦理悖论

60年间，世界范围内曾进行过若干次著名的人机游戏竞赛。例如，从1996年至2003年，国际象棋世界冠军加里·卡斯帕罗夫（Gary Kasparov）与

* 徐佳，博士，复旦大学新闻学院副教授。

IBM公司研制的“深蓝”（Deep Blue）屡次对弈，以一胜二负三和的总成绩败北。又如，1997年黑白棋程序“Logistello”打败人类世界冠军，2010年日本象棋程序“Akara 2010”打败人类棋手。再如，2011年，以IBM公司创始人Thomas Watson命名的认知计算系统Watson在收视率极高的美国电视智力竞赛节目《危险边缘》（Jeopardy）中先后打败了该节目最高奖金得主和连胜纪录保持者。

这几场著名的人机游戏竞赛引发了科学技术界以外诸多的公共讨论，其中关于人工智能伦理意义上的讨论不绝于耳。

讨论的第一个焦点是：人工智能是否真的拥有人类的智能。尽管机器屡次在竞赛中战胜了人类，但是早在20世纪80年代哲学家约翰·希尔勒（John Searle）就反驳了人工智能和一切电脑能够思考的观点——希尔勒进行了著名的“中文房间”实验（the Chinese Room Argument）。房间里的人不会说中文也不能用中文思考，但是对照写有中文翻译程序的手册，他可以让以中文为母语的人认为他能够流利地使用中文。希尔勒提出，电脑就是如此工作的，它们无法真正理解所接收到的信息，但是借助运行某个程序，它们可以处理信息、然后给予一个智能的印象，但这并不是真正意义上的智能。

第二个焦点在于人工智能与人类的关系，科幻作家艾萨克·阿西莫夫（Isaac Asimov）的观点具有代表性。在其1950年出版的《我，机器人》中，阿西莫夫提出著名的机器人学三大法则：第一，机器人不得伤害人类或坐视人类受到伤害；第二，除非违背第一法则，机器人必须服从人类的命令；第三，在不违背第一法则及第二法则的前提下，机器人必须保护自己。这三大法则不仅成为后来的科幻小说作者普遍遵循的写作规则，也引发了人类对自身与机器之间伦理关系的思考，并成为了迄今为止人工智能领域技术专家普遍认同的基本伦理标准。

尽管如此，人机之间的竞赛还是从游戏竞赛蔓延到了真实的社会生活领域中的竞赛，甚至是军事对抗。战争研究专家彼得·辛格指出：100年前的第一次世界大战带来了坦克、舰艇、轰炸机等武器技术革新。而今天，武器在军用技术和民用技术的相互作用中得到发展，军方开发的技术流向民间，企业逐利又带来技术改进，再转为军事用途。科幻作品中描绘的无人机、机器人武器等战争场景正在成为现实，对人类构成直接威胁也引发了政治、法律、伦理等层面的问题。人类在“阻止战争却同时阻碍科技进步”和“鼓励科技进步但可能纵容战争”之间陷入伦理上的两难。①

然而人机对抗并不是人工智能的初衷或意义，事实上大部分人机对抗是作为一种改进人工智能技术的途径而开展的，其最终的目的是为人类服务。在创新技术与服务人类之间，存在一个关键性的环节，即：商用。

二　人工智能的商用现状

对于商用，我们较多地关注其市场表现，却较少思考商用本身的意义。事实上，商用是人工智能接受一定规模的人类用户检验的平台。从更为根本的角度讲，一种新的技术形态能够从实验室走向商用乃至产业化，其前提是技术的理性化发展——当人工智能技术将服务人类、而非挑战人类作为自身的发展逻辑之时，才可能出现人工智能产品的生产、交易与消费。

根据 Venture Scanner② 的调查，2016 年第一季度全球有 957 家公司从事人工智能产品研发，包括 13 个种类的产品，拥有资金 48 亿美元。

1. 机器深度学习是当前发展的最核心业务

在人工智能的 13 个种类的产品中，从事机器深度学习（应用类）的公司最多，达 265 家，其次是自然语言处理，达 154 家，随后依次如图 1。

从吸引投资的情况看，机器学习是最为核心的业务。2016 年第一季度，机器学习类人工智能公司拥有资金超过 20 亿美元（见图 2），是排在第二位的自然语言类人工智能公司的 3 倍。按照平均每家公司吸引投资的情况看，依然是机器学习类公司领先，随后是智能机器人类和姿势控制类的公司（约 1400 万美元）。

2. 全球人工智能领域的几家巨头

从全球人工智能公司的规模范围看，存在两个显著的现象。其一，绝大部分公司属于初创型小微企业——雇用 10 人以下的公司约为 55%，雇用 50 人以下的公司占整个行业的 90% 以上，而规模超过 1000 人的公司则可谓凤

---

① 彼得·辛格：《人类能防住机器人武器吗?》，日经中文网，2014 年 1 月 30 日。

② 数据来源：Venture Scanner，*Artificial Intelligence Q1 Update*，2016 年 3 月 17 日。

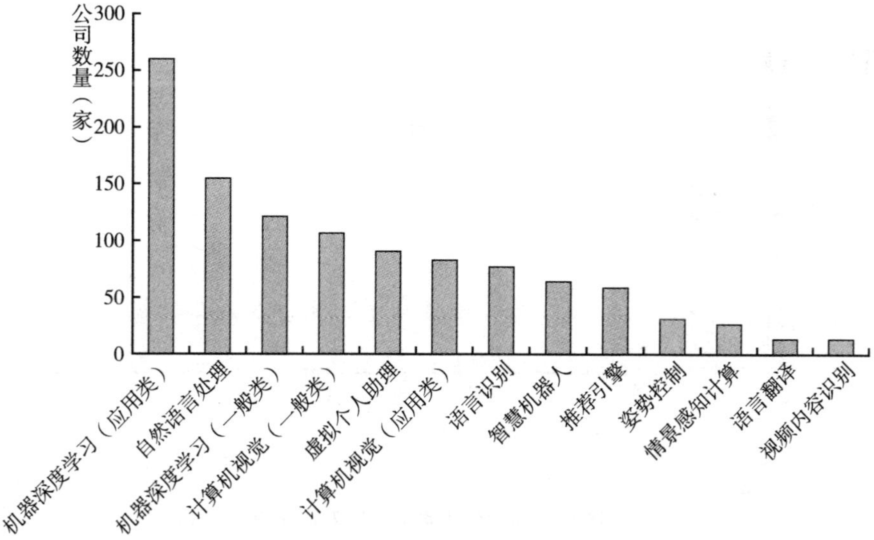

图1　全球人工智能公司类别分布（2016年第一季度）

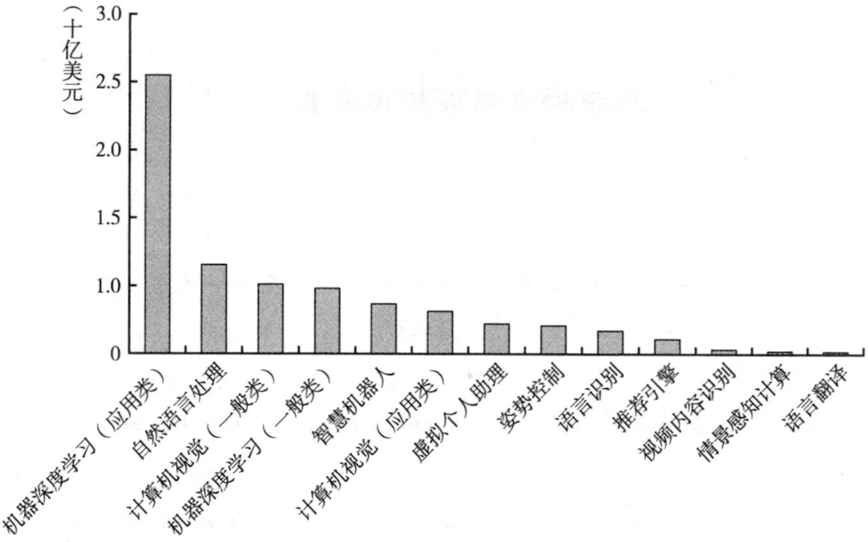

图2　各类人工智能公司受资情况（2016年第一季度）

毛麟角。这充分说明了小微企业在人工智能领域的突破性技术创新作用（见图3）。

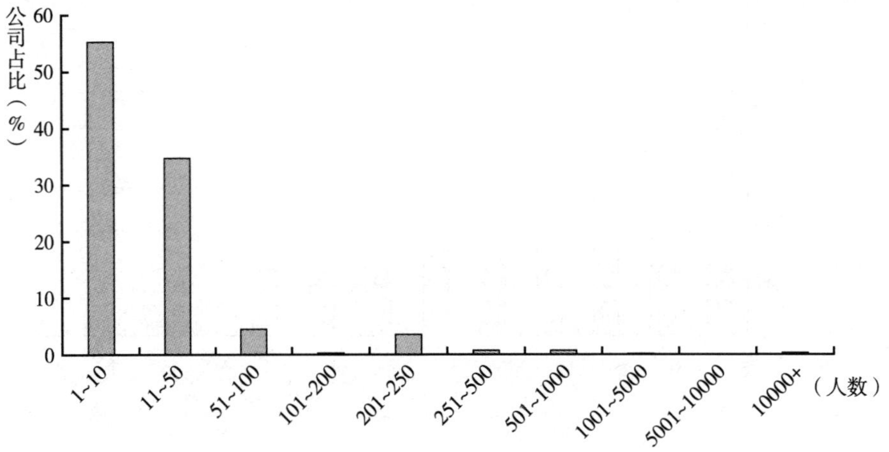

图 3　人工智能公司雇佣人数分布（2016 年第一季度）

第二个现象同样值得关注：当有潜力的小微企业发展到一定程度之时往往被信息传播巨头公司收购。例如，谷歌在 2014 年斥资 4 亿美元收购了由杰米斯·哈萨比斯（Demis Hassabis）于 2010 年创办的人工智能公司 DeepMind。巨头收购人工智能初创公司固然出于完善其内部业务结构的考量，而对于人工智能本身来讲，其意义在于能够在更大的规模平台上实现商用并完善技术。

谷歌、IBM、微软是全球人工智能领域的三大巨头。这三家信息传播巨头公司通过自行开发或收购人工智能技术，结合自身强大的资本力量和商用平台，成为了今天全球人工智能领域的领航者。

（1）谷歌。

谷歌公司的人工智能业务以 DeepMind 为重点，DeepMind 的核心正是“机器深度学习”（deep machine learning）。其开发的 AlphaGo 围棋程序就是通过输入 3000 万种人类职业围棋选手下法、在不断积累胜负经验的过程中掌握取胜方式的。

这种深度学习被用于研发新一代的谷歌智能手机助手。早期的智能助手采用的是预编程，只能按照预先设定的情境和程序行事，无法适用于复杂的现实和用户不可预知的要求。DeepMind“深度学习”通过学习和练习积累经验、来应对真正的现实情况。

在谷歌的平台上，DeepMind 还与英国 NHS（英国国家医疗服务系统）结为合作伙伴、开发医疗领域的机器学习平台，将可能实现通过对图片进行医学诊断、纵向追踪体征来提出治疗方案并帮助人们过上健康生活。

（2）IBM。

IBM 公司的人工智能标志是“沃森”（Watson）。从 20 世纪 90 年代战胜国际象棋冠军的“深蓝”，到 21 世纪赢得电视智利竞赛的“沃森”，IBM 的人工智能经历了一个更新换代的过程：从运用大规模计算“重建大脑”到“通过机器的深度学习、大规模数据库、复杂的传感器和巧妙的算法，来完成分散的任务”。“沃森”将机器学习、大规模并行计算、语义处理等多种技术整合在一个架构下来理解人类的自然语言并开展工作，其工作流程主要包括认知、理解、推理、解决问题四个步骤环节。

IBM 以“认知商业”为品牌在全球范围内多个领域开展了“沃森”的商用，包括环境、医疗、时尚、商业并购、保险等。以医疗领域的商用为例，从 2014 年开始，北美约 20 家医疗机构利用 IBM“沃森”开展研究，从 2016 年起，东京大学医科学研究所与“沃森”合作开发治疗癌症的方法。其基本流程是：“沃森”积累全球相关医学论文和药物信息、结合东京大学拥有的日本患者大数据、以及医生输入的个别患者基因数据，以此在 10～20 分钟内得出针对患者的个性化治疗方案。由于与癌症相关的基因变异十分复杂，长期以来医生需要查阅大量的论文并结合治疗数据加以人工分析，而“沃森”可以将这个过程提速 1000 倍以上。这样一来，“沃森”将实现在最短时间内找到最佳治疗方案、为患者争取治疗的时间和机会。

（3）微软。

微软公司当前的人工智能研发重点是自然语言，其目标是实现人与电脑的自然对话、由电脑来理解人的需求并提供智能支持，以取代目前由人来操作电脑的工作模式。这种自然语言正在被尝试运用在微软的社交工具 Skype 中，使得英文、中文、日语等不同语言的用户之间也能进行交流。通过具有自然语言能力的人工智能，人类长期面对的语言障碍将有望破除。

此外，微软正在将人工智能运用于自动驾驶、私人助手等商用领域并正在开发用于企业促销活动和客户接待的人工智能机器人“小冰”。

（4）中国公司。

艾瑞咨询的报告显示①，至2015年末，中国人工智能领域已有近百家初创公司，其中约65家已获得共计29.1亿元人民币的投资。这些公司包括科大讯飞、东方网力、东方国信、中瑞思创、四维图新、佳都科技、科远股份、汉王科技等；涉及领域包括视频大数据、大数据智能分析、智慧医疗、无人驾驶、人脸识别、工业智能化、模式识别、智能交互等。

初创公司之外，百度开发的机器人助理“度秘”（Duer）是一款代表性的人工智能产品。“度秘”将被用于百度所有产品并向全网和所有APP应用程序开放，其关键技术是自然语言理解、智能交互、服务索引及交付。同时，“度秘”还通过与用户的不断互动来进行深度学习、掌握用户习惯，以提供更为周到的服务。而这也正是商用之于人工智能的意义所在——为机器提供深度学习的平台机会。

此外，阿里开发了中国首个人工智能计算平台DTPAI并推出阿里客服机器人平台；腾讯则推出撰稿机器人DreamWriter，开放视觉识别平台“腾讯优图”并成立腾讯智能计算与搜索实验室（见图4）。

（5）日本公司。

在亚洲其他国家，如日本，人工智能正在与传统产业谋求结合。例如，丰田等日本汽车公司正在与人工智能公司Preferred Networks展开合作，通过机器人与汽车的相互协调来规避汽车故障和交通事故风险。此类合作的理念是：人工智能应与传统行业实现真正的互补。如果只谋求智能进化而没有能实现精密操控的机器，也是无法真正解决问题的。

3. 全球人工智能业的分布

依据Venture Scanner的统计②，全球共有67个国家涉足人工智能领域，其中美国、英国、瑞士、日本等国处于领先地位。

（1）美国处于绝对领先地位。

从公司数量看，美国拥有499家人工智能公司，超过全球人工智能公司数量的52%；紧随其后的英国则拥有60家人工智能公司。从吸引投资情况看，美

① 艾瑞咨询：《2015年中国人工智能应用市场研究报告》，2016年1月19日。

② 数据来源：Venture Scanner，*Artificial Intelligence Q1 Update*，2016年3月17日。

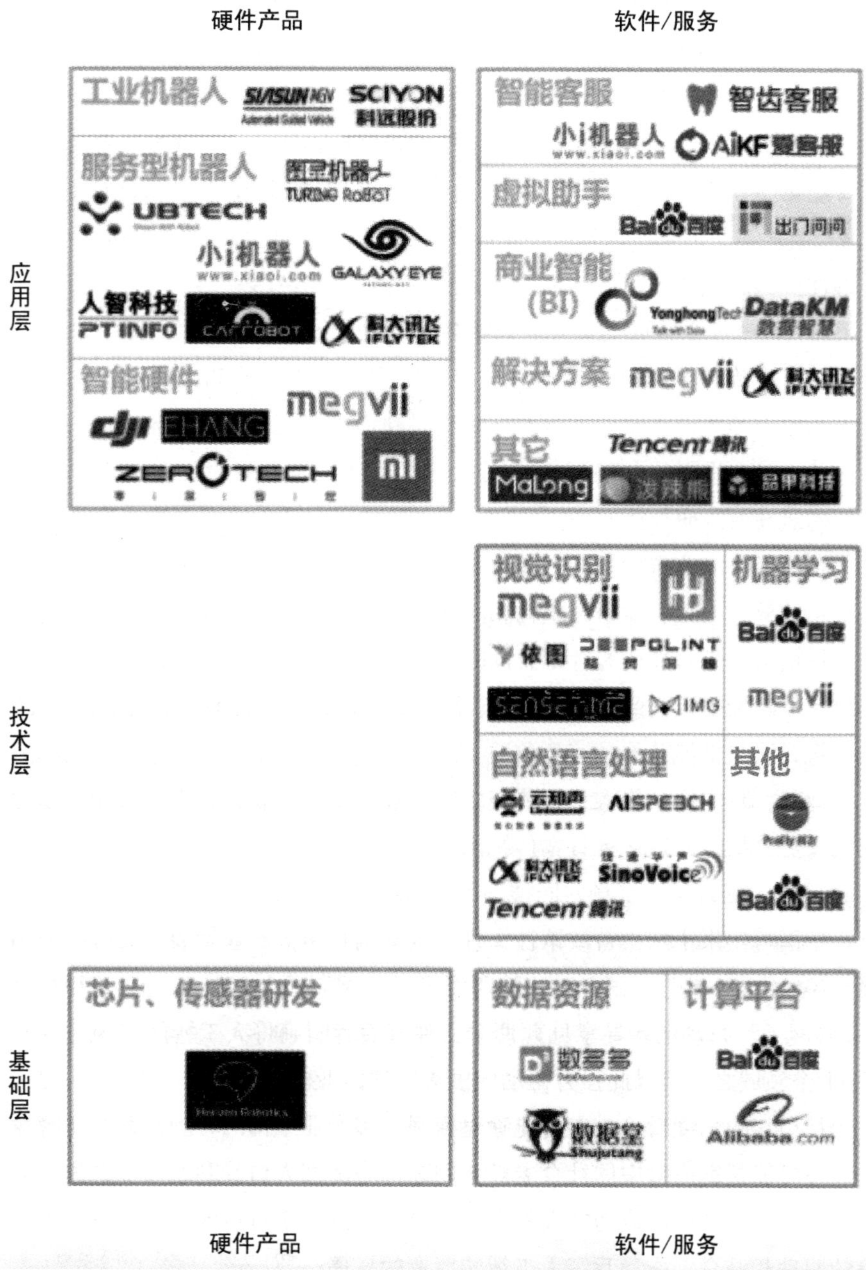

图 4　中国人工智能公司分布

资料来源：艾瑞咨询，《2015 年中国人工智能应用市场研究报告》，2016 年 1 月 19 日。

国的人工智能公司拥有42亿美元风险投资，是列第二位的瑞士（2.34亿美元）的17.9倍之多。从专利申请情况看，在主要国家的人工智能专利申请中，美国接近整体的50%。①

从各个指标看，美国在全球人工智能领域中均处于绝对领先位置，可谓人工智能第一大国。在美国国内，除作为人工智能领域的全球领先者谷歌、IBM、微软等美国公司以外，美国国防部高级研究计划署（DARPA）也是一个关键性机构。此外美国还部署了大脑研究计划（BRAIN）。

（2）“全日本推进人工智能开发”。

在日本政府提出的“日本再兴战略”中，人工智能和大数据被列为提高国家竞争力的关键驱动力。然而日本受各种资源有限的束缚，无法像美国那样对人工智能业进行大规模投入，因此日本发展人工智能的关键在于“全国推进、构筑高效的研究体制”。

日本经济产业省旗下的产业技术综合研究所新增设了人工智能研究中心，是日本的核心人工智能研究机构，其研究重点是自然语言处理。日本文部科学省也提出了人工智能研究计划，同时两省之间还有意开展合作研究。庆应大学山口高平教授等人呼吁，“包括民营企业在内，若不能全日本推进人工智能开发，将无法与世界其他国家竞争”。

此外，日本注重将人工智能与传统行业相结合发展，将人工智能技术运用到汽车业、机械制造业等日本传统的强势领域。

（3）中国政策与市场共同推动人工智能。

中国近年来不断出台政策性文件以推动信息传播产业发展。在国家战略层面，2015年5～6月，国务院连续印发了《中国制造2025》和《关于积极推进“互联网+”行动的指导意见》两个文件，后者明确将人工智能作为重点部署的11个领域之一，以此强力驱动中国人工智能业的发展。

从市场的角度看，人工智能除对我国诸多产业结构的转型升级有所裨益之外，还可能帮助应对中国社会老龄化问题——随着人口红利的逐步消失，人工智能产品与服务逐渐成为社会所需乃至必需。这种来自市场的需求将与来自政策的驱动相结合，推动我国人工智能行业的发展。

---

① 〔日〕村山惠一：《人工智能研究首先考验人的智慧》，日经中文网，2015年9月23日。

三　对未来人工智能的“反思”

人工智能经历了半个多世纪的发展，尤其是近3年来进步飞速，其在某些局部智能领域的能力已经超过了人类智能，但从多种智能乃至整体智能程度看，仍然完全无法与人类相比。这主要是因为，目前的人工智能只可以借助人类已有的知识数据来行事而无法像人类那样学习并生成新的知识。

1. 人工智能未来的发展趋势

第一，趋向更深度学习。如前文所述，深度学习业已成为一半以上人工智能公司研发的重点，未来则将可能走向更为深度的发展。当前的人工智能已经可以纯熟应对封闭式问题和单纯的实验室环境，然而要帮助真正身处社会生活中的人类解决问题，人工智能必须有能力理解并回答开放性问题以及应对无比复杂、变化多端的社会生活环境。这些无法通过对机器进行预先编程的方式实现，而是必须赋予机器如人类般的学习能力。这是一个瓶颈，一旦突破则空间无限。

第二，重点研发生物识别并部署商用。信息传播技术发展至今，业已实现了人与人的连接并已开发出诸多相关产品（如Facebook、Twitter、微博、微信等），也已实现人与商品（如eBay、阿里巴巴等）、人与信息（如谷歌、百度等）的连接等，但信息传播技术中对人本身的认识还十分不足。当前的可穿戴设备是对人体生物识别的一种初探，人作为生物体的复杂程度之高给生物识别留有广阔的发展空间。

第三，趋向产业链与产业集群发展。人工智能的技术逻辑决定了它无法作为一个单独的产业存在，而是串联起一整个产业链的重要环节。人工智能首先需要大数据的支撑。以机器深度学习为例，机器首先需要存储并处理关于人类行为的超大量数据，对这些数据加以学习，其练习的过程又产生新一轮大数据，由此周而复始。因此，人工智能又与云存储和云计算产业密切相关，对诸如海上数据中心等大型项目的需求比以往任何时候都要迫切。在硬件方面则需要生产出计算能力更高、体积更小、耗电更少的芯片来支持人工智能用户端和开发端的各种相关设备。

2. 人工智能的根本逻辑将永远是“人”

越是在科学技术高速发展的时代，我们越不应忘记，一切技术发展的根本逻辑在于人，在于为人类服务并扩大人的能力范围。输入3000万种人类职业围棋选手下法、在不断积累胜负经验的过程中掌握取胜方式的人工智能围棋程序AlphaGo的技术意义是显而易见的，然而实现这项技术意义仅仅是为了挑战乃至战胜人类么？

必须同时看到，其真正的社会意义在于：将在游戏中开发并测试的深度学习等人工智能技术用于为人类解决现实生活中的问题并提供乐趣。在科幻作家阿西莫夫的笔下，机器人不再是“欺师灭祖”“犯上作乱”的反面角色，而是人类忠实的奴仆和朋友。诸如谷歌之类的大型公司已经开始在内部设置负责伦理问题的部门，技术开发者必须首先认识到，人工智能与人类不再是“对决”而是“合作”关系——人工智能向人类学习智能并帮助人类解决问题扩展能力，在此过程中不断提升自身智能，这应该是一个良性循环的过程。

人工智能业发展的另一层意义还可能在于，它将作为一种外力促进人对自身智能的认识和开发，包括对迄今理解非常有限的人的意识、自我、思维等的开发。阿西莫夫笔下的高度智能化的机器人是人类的一面镜子，它们会产生各种心理问题，需要人类协助解决，正是在这一过程中人类加深了对自己的认识。

回到人工智能的定义，它是一门开发模拟、延伸和扩展人的智能的理论、方法、技术及应用系统的科学。这门科学站在技术科学、自然科学和社会科学的交叉之处，涉及计算机科学、生物学、心理学、社会学、哲学等多门学科。作为产品，人工智能又是多个产业的聚合，它将成为整个信息传播产业的中枢环节。然而，人类的生命体验和情感终究是独一无二的，人工智能所能做的是永远丰富它、优化它。

B.25

“互联网+”下的媒介融合与产业转型

张　锐*

摘　要：　本文以“互联网+”为背景，分析了中国传媒产业的产业转型、网络融合和产业嬗变，最后分析了中国传媒产业集团化的路径。

关键词：　“互联网+”　赋能技术产业　互联网 C2B

一　“互联网+”的新阶段

2015年3月，李克强总理在《2015年国务院政府工作报告》中首次提出“互联网+”行动计划。互联网已经成为中国经济新常态下大众创业、万众创新的新工具。

“互联网+”是人类工业革命和信息社会发展的新阶段。在这个阶段，移动互联网、大数据、云计算、人工智能（AI）、物联网、机器人、虚拟现实（VR）等信息技术从简单的信息工具和传播渠道上升为整个社会的基础设施。

“互联网+”已全面渗透包括传媒业在内的众多行业，如消费领域的电商、餐饮、代驾等O2O应用，以及生产领域的工业4.0等。对于传媒行业来说，“互联网+”改变了观念和理念，重新定义了媒介融合、主流媒体，并从根本上改变了行业边界、行业生态组织架构、商业模式，带来了新的技术经济范式。

---

* 张锐，北京电影学院中国电影产业研究院副教授、高级工程师，大数据研究所所长。

二　转型的赋能：BAT 成为中国传媒转型的赋能集团

互联网在中国发展 20 年来，经历了从自由发展、三大门户（新浪、搜狐和网易）、BAT（腾讯、百度和阿里巴巴）三大寡头垄断的三个阶段。截至 2015 年 12 月，全国网民人数已达 6.88 亿人，互联网普及率达 50.3%。上网终端逐渐多样化，全国手机用户数超过 13 亿户，手机移动端上网比例高达 90%。华为、小米等低价位智能手机的普及，使得中老年人和中低收入阶层也开始使用移动互联网。2015 年，中国互联网产业已经从人口红利和大规模用户积累阶段进入纵深发展阶段。

加拿大的罗伯特·洛根在《理解新媒介——延伸麦克卢汉》中提出了赋能技术（enabling technologies），赋能技术使得新媒介成为可能。BAT 所代表的移动互联网技术成为整个中国传媒产业转型的赋能技术，BAT 所代表的互联网寡头机构也成为中国传媒产业转型的赋能集团。

2015 年，互联网巨头全线进入中国传媒业的序幕正式拉开。BAT 分别在自己擅长的社交媒体、搜索和电商领域，裹挟游戏、竞价广告和电商平台所带来的超额利润和现金流，进行多元化的扩张。

表 1　BAT 在中国传媒产业的投资布局

投资领域 / 企业名称	在线视频	电子票务	影视内容	院线	互联网电视	文学、出版	自有
百度	爱奇艺 PPS	糯米网	华策影视、星美影业、爱奇艺影业	星美影业		百度文学	百度文学、百发有戏、百度影视、百度音乐
阿里	优酷土豆	美团网（猫眼电影）、淘宝电影	阿里影业（含娱乐宝、粤科软件）、华谊兄弟、博纳影业、光线传媒、合一影业	华谊兄弟、博纳影业、大地院线	微鲸科技	阿里文学、21 世纪传媒、第一财经传媒、南华早报	天天动听、虾米音乐、阿里音乐、阿里文学、天猫影院
腾讯	腾讯视频	大众点评、58 同城	腾讯影业、企鹅影业、柠萌影业、华谊兄弟、英皇娱乐、文化中国、原力动画	华谊兄弟	微鲸科技	盛大文学（阅文集团）	腾讯视频、腾讯影业、企鹅影业

从表 1 可以明显看出，阿里在传媒领域的投资更加激进，腾讯较为稳健，百度则相对保守，投资布局脚步落后于阿里与腾讯。三家互联网企业在布局之初，无一不是选择以互联网为依托，而非直接介入传媒领域进行内容生产。大致途径为投资在线视频平台、电子票务平台、影视龙头企业、院线企业，进而打造自有影视企业，整合文学、出版、音乐业务，进行互联网电视的开发。

其中尤为引人注目的是电影产业。2015 年是 BAT 进入电影产业的元年，随着腾讯影业、企鹅影业的成立，加上已经成立的阿里影业、爱奇艺影业，BAT 均已走进"电影大门"。除此之外，乐视、小米等互联网公司也早已布局电影产业。可以说中国真正完成了"互联网 + 电影"的升级。

从整体来看，BAT 在传媒领域的投资均致力于形成完善的产业闭环，以影视、游戏、出版为核心，以在线视频平台为依托，实现线上和线下的渠道整合，进行多元市场的开发。BAT 作为平台公司，目标是在更大的市场里寻找更多的赢利空间。

三　融合的升级：从消费互联网到产业互联网

关于网络融合（network convergence），麻省理工学院（MIT）媒体实验室的尼葛洛庞帝（Nicholas Negroponte）用三个重叠的圆圈来描述计算、印刷和广播三者的技术边界，认为三个圆圈的交叉处将成为成长最快、创新最多的领域。1983 年，麻省理工学院政治学家伊契尔·索勒·普尔最早提出了媒介融合（Media Convergence）的概念，在《自由的科技》一书中，将"媒介融合"界定为一个"使得媒介界限模糊的过程"，各种媒介呈现出多功能一体化的趋势。

目前，BAT 寡头集团主要把控消费互联网领域。中国消费互联网在全球互联网格局表现卓越，2016 年在全球互联网企业市值前 10 强中中国占 4 席，前 30 强中中国占 10 席。

在消费互联网的格局下，中国传媒业的媒介融合探索成果不多。究其原因，中国的传媒业都是通过"+ 互联网"来变现受众存量优势、公信力优势和政策支持优势。在这个阶段，"+ 互联网"还只是一个锦上添花的事情，远远没有达到传媒机构的战略高度。我们以 2016 年刚刚落幕的中国移动多媒体广播（CMMB）业务为例，作为一项投入巨资的新媒体业务，无论从内容、渠道、用户战略，还是管理机制，都还是传统广电的运营思路，这也是其失败的根本原因。

随着“互联网+”成为国家战略，消费互联网继续保持引领优势，产业互联网（Industrial Internet）开始兴起。线上线下融合进程加快，智能制造、工业互联网等蓬勃发展。中国产业互联网的发展路径不同于欧美，欧美的工业4.0和工业互联网是从CPS顺延至产供销各环节，而中国的产业互联网从销供产反方向发展。

产业互联网下，传统媒体以数据为驱动，通过与互联网的真正融合寻求全新的管理变革和商业模式，为用户和受众提供更好的服务体验，创造出更高价值的媒体产业形态。在产业互联网阶段，媒介融合要更好地融合BAT所代表的技术优势、管理机制优势，实现整个传媒和互联网的升级。

四　产业的嬗变：从创新到窘境

1. 内容为王，IP和泛娱乐火热

2015年，中国电影票房突破400亿元、网络剧和网络大电影大爆发，现象级电视综艺火爆，内容产业正以前所未有的加速度发展。

整个传媒产业的发展经历过内容为王、渠道为王、关系为王的讨论，这个讨论一直在螺旋式上升，内容为王和渠道为王交替出现。进入“互联网+”时代，内容为王占据主导。BAT和视频网站开启了OTT时代，取代传统电视占据主导的地位，传播渠道开始泛在化。2015年开始火热的虚拟现实（VR）使得泛在化更加明显，场景更加广泛，渠道更加多元。

与内容产业相关的两个热词是由BAT原创的“IP”和“泛娱乐”。IP由腾讯公司最先使用，然后成为国内娱乐行业的热词。IP具体指知识产权。2015年，IP成为整个泛娱乐行业的源动力，成为串联电影、电视剧、综艺、游戏、演艺等多个传媒业态的火车头。网络文学、影视剧、综艺、游戏等多种内容形态互为IP，多层共振，相互变现。泛娱乐是BAT创造的另外一个概念。美国的影视行业统称娱乐业，在中国，BAT等互联网公司进入上游内容产业后，加了一个泛的概念。

2016年两会期间，腾讯公司的马化腾提交了五个提案，其中两项分别是“互联网+”落地和数字内容产业。数字内容产业也称内容产业、信息内容产业、创意产业。我国“十一五”规划纲要明确提出，鼓励数字内容产业发展，积极发展信息服务业。数字内容产业其实是2015年大热的IP和泛娱乐概念的规范说法，这种说法也是与国际娱乐工业和学界的接轨。

2. 渠道多元化，场景“身临其境”

1991年，美国马克·威瑟（Mark Weiser）在其论文《21世纪的计算》中首次提出“泛在计算”（Ubiquitous Computing）的概念，用于指传播的无所不在。2009年，国际电信联盟（ITU）界定了泛在网的特征“5C”和“5Any”。美国传媒行业在2009年提出电视泛在（TVE）计划。普适计算使得未来的媒介是移动化、普适化和无处不在的。

2015年，VR和视频网站成为新一代的内容分发渠道。视频网站付费用户快速增长，网络剧和大电影制作越发精良，视频网站成为优质娱乐内容的新出口。

另外一个被资本青睐的渠道就是虚拟现实（VR），VR延展了泛在化。VR以“身临其境”的内容体验为核心，将成为继移动互联网之后，下一代最重要的计算和通信平台。人机界面将由鼠标、键盘的主动输入向用户眼神、动作、脑电波等信息的捕捉发展。游戏、影视、体育等泛娱乐内容都将在VR上进行输出，最终向用户提供更佳体验，实现深度交互。VR必将深刻改变上游内容产业生产方式，引领下一代“身临其境”内容的大爆发。

VR成为下一个泛在渠道之后，整个传媒业的渠道将包括院线发行、IPTV、互联网电视OTT TV、网络视频、手机电视及VR。

3. 受众年轻化，二次元用户主流化

中国的传媒业在产业化过程中，开始更多地面向年轻人群。以电影产业为例，19~30岁的人群成为观影主力。

2015年，二次元成为主流，二次元社区进入资本的视野。早期的动漫、游戏作品（ACGN作品）都是以二维图像构成的，其画面是一个平面，所以被称为“二次元世界”。2015年，以6000万动漫人群为基础的二次元人群已达2亿人，从亚文化群体逐渐成长的二次元人群成为泛娱乐消费的核心主流人群。以A站和B站为代表的二次元社区成为“90后”新兴人类自我认同的内容出口。二次元作为一个社群，其背后是强大的“90后”粉丝力量。

4. IP再造商业模式

好莱坞的商业模式是以电影为火车头进行利润获取。这个模式也奠定了美国好莱坞百年来的地位，且这个模式很难被打破。中国也对该商业模式进行了模仿，但是没有完全实现模式的复制。中国电影至今还是处在第一个阶段的票房赢利模式，后面几个阶段尚未实现。

BAT助推的IP模式，有可能再造新的商业模式。2015年，爱奇艺公司力推的网络大电影和VIP包月，越过传统院线，实现了网络IP的商业模式。

5. 组织创新和管理变革

在“互联网+”时代，反科层制的阿米巴组织、扁平化组织和各种跨地域、垮行业的网络组织将逐渐成为未来传媒组织的常态，众包和众筹等新的组织方式将不断涌现。

分享经济模式也开始进入传媒行业。分享经济是信息革命发展到一定阶段后出现的新型经济形态，是连接供需的最优化资源配置方式，是适应信息社会发展的新理念。

内容的生产方式也发生了深刻的变化，C2B（Customer to Business）模式将成为主流，即从以消费者为核心的“小C”时代逐步过渡到以生产者为主要用户的“大B”时代；未来的创作重心前移，观众和粉丝要参与剧本创作，内容生产进入全民时代；无人机和机器人等智能技术使得未来内容生产更加智能化。

6. 传统媒体机构面临创新者的窘境

“互联网+”所带来的移动互联网、大数据、云计算、人工智能（AI）、物联网、机器人、虚拟现实（VR）等信息技术，既是传媒产业转型的赋能技术，也是创新技术。《创新者的窘境》一书中提到创新技术分两种：一是连续性技术，二是非连续性。其中的非连续性技术有可能带来“创新者的窘境”。

以虚拟现实技术VR为例。VR是一个非连续性的颠覆技术，其对整个大视频行业构成了危机也带来了机会，会让一些边缘媒体机构崛起。中国几大电影机构若能抓住机会，对这些颠覆技术进行消化或许将有更大的发展空间。但对传统媒体机构来说，VR等非连续技术更有可能让一些具有互联网基因的中小机构崛起。

以整个中国传媒产业和美国娱乐工业对比，美国好莱坞是工业化企业，中国则好比是小作坊。但在 VR 应用领域，中美差距不大。在“互联网 +”的背景下，我们或许能利用 VR 等非连续技术进行弯道超车，从而探索中国传媒业工业化的新路径。

五　中国传媒机构集团化的路径

美国六大传媒集团已经完成了跨地域、跨业态的发展阶段，也形成了稳定的产业格局。美国的谷歌、亚马逊、脸书、苹果、微软等 IT 和电商企业也涉足了传媒行业，但很难进入六大核心领域，如大电影、电视等。

中国则呈现了完全不同的产业格局。中国的传媒集团至今仍是地域和行业分立的状态，至今没有产生如美国六大集团那样的传媒集团。电视行业的市场化不足，使得“走出去”和“走进来”都十分不易。在电视的黄金时代，电视行业的现金牛难以输出到行业之外进行集团化扩张，行业之外的资本也无法进入。

与电视行业相反，中国的电影呈现出了完全市场化的高速成长。博纳、光线传媒、华谊兄弟等民营影视企业迅速崛起，新的进入者也在不断增加。这些外来进入者，一是传统行业转型而来，如大连万达、中南重工；二是其他形态的媒体，如由出版、电视等扩张而来的企业；三是以 BAT 为代表的巨头。而这些都使电影业形成了低门槛、资本充裕、充分竞争的产业环境。

综上，欧美大型传媒集团，是通过电视的现金牛来维持整个传媒集团的发展，而中国传媒电影板块缺乏电视的资金支持。这样的局面使得电视提前进入夕阳化的窘境，而电影因为资金的渴求，开始寻求 BAT 和行业之外的力量。

“互联网 +”背景下，以 BAT 为代表的中国互联网力量，更有可能成为综合性传媒集团的推手，从而走出一条具有中国特色的传媒集团建构路径。

B.26 中国互联网IP地理信息研究报告

洪 倍 卢振飞*

摘 要： IP (Internet Protocol) 为互联网通信连接而设定的协议，规定了链接到因特网上的所有计算机相互通信的一套规则，因此IP地理信息对于整个互联网的发展至关重要。而随着互联网的发展，资源矛盾不断突出，IPv4已经趋于饱和，而IP的质量参差不齐，导致内部运营分析、广告投放结算、第三方监测等多个行业参与方之间的数据在地域细分上产生巨大的差异，严重地影响并阻碍了行业的发展。这种情况下IP未来的走向以及IP信息库标准化对于互联网商业的未来发展极为重要。

关键词： IP地理信息 IP库标准化 IP库清洗

一 发展概况

（一）中国互联网基础设施发展现状

自1994年我国正式接入互联网以来，国家和政府一直不断加大互联网基础设施的建设。截至2015年底，短短20年间，我国网民数量已突破6.88亿人，网页数量首次破2000亿个，网站总数达到423万个。而且网站的类型和内容也成井喷式发展，从互联网诞生之初国家级的军事、科研网站到现在涵盖

* 洪倍，精硕科技联合创始人，首席技术官；卢振飞，秒针系统产品负责人。

门户、教育、电子商务、社交论坛、娱乐生活等个人生活方面的网站应有尽有。互联网的发展一直在不断地改变着世界。

在 IP 地址方面，也同样发展迅速。截至 2015 年 12 月，我国 IPv4 地址数量为 3.37 亿个。2009 年以前，我国增长的主要类型是 IPv4 类型的网络地址。但是 IPv4 的资源是有限的，随着网络的不断发展，在 2011 年 2 月，全球 IPv4 地址就已分配完毕。地址不足将会严重制约中国及其他国家互联网的应用和发展，在 IP 资源枯竭的情况下，IPv6 应运而生。截至 2015 年 12 月，我国已拥有 IPv6 地址 20594 块/32。

同样作为互联网基础资源的域名，也是国家基础信息网络的组成部分。1990 年 11 月 28 日，中国顶级域名“.cn”完成注册，从此国际互联网上有了自己身份的标识。2003 年，中国顶级域名下开放二级域名注册，这是我国自有域名体系以来第一次重大变化。2015 年我国域名总数已增至 3012 万个，较上年增长 50.6%，中国国家顶级域名“.cn”总数达 1636 万，数量已超过德国国家顶级域名，成为全球注册保有量第一的国家和地区顶级域名。

基础资源是互联网持续快速健康发展的基础条件，要保证中国互联网的基础资源不会制约整体互联网的发展，需要保持域名资源和网站资源的稳步增长。

（二）IP 地理信息的概念与应用领域

根据网民所在的城市等地理信息推送不同的内容，一直以来是互联网信息传播所依赖的基础技术。确定网民地理位置的方法很多，可以由网民通过下拉菜单自行选择所在地，或者根据 DNS 的就近解析原理确定大致城市，也可以通过网民上网所使用的 IP 地址推算出网民所在的城市。到了移动互联网时代，还可以通过移动设备的 GPS 信息确定用户的精确位置。

近年来基于地理位置的应用层出不穷，IP 地理信息被应用于用户位置定位、广告投放、网络安全、社交网络等领域。基于位置的服务（Location Based Service，LBS）使用各种定位手段，获得用户位置信息，通过移动通信网络提供相应的地理信息服务。但随着社会的发展，人类的活动范围越来越大，而且越来越不确定，这种移动性和不确定性给移动通信带来市场和挑战的同时，也为位置服务的开展和扩大带来了无限商机。

二　中国 IP 地理信息标准化

（一）IP 地理信息标准化的背景

随着视频媒体的出现和普及，地理定向（主要是城市级定向）的互联网广告成为大多数广告主必选的广告形式；搜索、社交、门户和垂直类媒体也开始按照受众的地理信息推送不同的信息内容。2011 年前，互联网行业各家企业和机构获取 IP 库的方式主要包括：自行积累、从运营商获取、利用 CNNIC Whois 数据、从第三方采购等方式。由于库源多样、格式不统一，数据差异非常大。同一家媒体的不同部门（如内容管理和社区类型）都会使用不同的 IP 库。这些 IP 库质量参差不齐，覆盖和精度也不尽相同，导致内部运营分析、广告投放结算、第三方监测等多个行业参与方之间的数据在地域细分上产生巨大的差异，严重地影响了网络媒体的广告售卖与各方之间的沟通效率，阻碍了行业的发展。因此整个中国互联网急需一个准确、普适、群策群力的 IP 库。

中国广告协会互动网络分会在和各大媒体网站、广告网络和广告投放平台、第三方广告监测公司、广告代理公司的密切沟通后，有十多家企业在中国广告协会的深入指导和大力协调下，于 2011 年底成立了中国第一个 IP 地理信息标准委员会。首批发起的企业包括（按字母排序）：AdChina（易传媒），AdMaster（精硕科技），AdSame（传漾），Autohome（汽车之家），Baidu（百度），Iqiyi（爱奇艺），MediaV（聚胜万合），Miaozhen（秒针），SNDA（盛大），Sohu（搜狐），Sina（新浪），Taobao（淘宝），Tencent（腾讯），Tudou（土豆），Youku（优酷），Yoyi（悠易互通）。

（二）IP 库地理信息标准库的系统构建

自 IP 标准委员会成立之后，聚胜万合和精硕科技先后担任前两轮的 IP 库清洗和整合工作。它们与各委员会成员一起，先后统一了地理信息编码表、IP 库字段格式，基于成员投票保留高票结果的合并机制。2013 年 5 月后，由秒针系统承担 2013～2016 年的 4 次清洗和整合工作，也在历次清洗和整合工作中和各委员会成员一起形成了标准流程和规范，包括：“IP 库地理信息标准库格式”、“IP 库收集使用管理办法”、“中国互联网 IP 地理信息数据库清洗标准”。

清洗阶段具体包括：收集 IP 地理信息标准委员会（简称 IPB）成员的 IP 地理信息库，整理并清洗得到统一的具备高度公信力的互联网 IP 地理信息标准库，发布清洗后的 IP 地理信息标准库。2015 年，IPB 成员还讨论制定了“互联网广告地域误差测量标准”，并进一步给出优化方案。IP 库的发展永远遵循一条目标：规范和统一整个互联网行业 IP 信息体系，对 IP 地理信息库统一进行整理与清洗，最终得出具有公信力的互联网 IP 地理信息库。

（三）IP 库清洗过程

表 1　2011～2015 年六次 IP 库清洗

<table>
<tr><th>次数</th><th>时间</th><th>负责单位</th><th>数据源</th><th>清洗方法和流程</th><th>备注</th></tr>
<tr><td>第一次</td><td>2011 年底</td><td>聚胜万合</td><td>精硕科技、优酷、汽车之家、聚胜万合、搜狐、腾讯、淘宝、新浪</td><td>主要以中国省、市两级 IP 地理信息为最主要的清洗对象。由于各家提供的数据源格式与字段内容都不相同，因此增加了一个手工的数据标准化清洗的过程（文件格式标准化、IP 段的唯一化、地理名称标准化）</td><td rowspan="2">完成了我国第一版的 IP 地理信息行业数据库（试行版）校准工作，形成了相对统一的、具有行业公信力的互联网 IP 地理信息标准库</td></tr>
<tr><td>第二次</td><td>2012 年 2 月</td><td>精硕科技</td><td>汽车之家、精硕科技、土豆、优酷、百度、盛人、淘宝、聚胜万合、易传媒、传漾、奇艺、搜狐、秒针、腾讯、新浪、悠易互通、品友互动</td><td>综合 17 家 IP 库，并统一转为 Geo－ID 编码，按照 17 家最小 IP 段拆分。按照每一行（IP 段）17 家成员的地理信息的解析结果分布情况，进行投票，并对每一行（IP 段）的第一结果、第二结果、第三结果的一级和二级行政区划上的得票率进行统计</td></tr>
</table>

续表

次数	时间	负责单位	数据源	清洗方法和流程	备注
第三次	2012年12月	秒针	网易、易传媒、精硕科技、传漾、华扬、聚胜万合、秒针、爱奇艺、腾讯、优酷、互动通、凤凰网、品友互动、好耶、悠易互通、搜狐、新浪、汽车之家、百度、艾瑞	基本清洗方案:采用了标准的投票机制;基于海量数据的优化清洗。在此基础上,利用互联网监测系统AdMonitor中的海量监测日志对清洗IP库进行了进一步优化。通过IP段之间的地域信息传播,整个IP库的地域信息互相修正,从而提高标记IP的覆盖率和正确率	在国家级别的信息标注上,各IP库存在一定的分歧;在标记了中国大陆的IP之后,绝大部分IP库在省份级别的一致率非常高,即各IP库在省份级别的划分上的分歧较小;相对省份而言,各IP库在城市级别划分上的分歧较大
第四次	2013年	秒针	—	由于使用了最新的数据,采用大数据进行IP校正。与2012年公开的IP库相比,本次清洗库在一致率和缺失率上都取得了一定的提升	本次清洗结果也提供了教育网IP段的分布,包括2489个学校的4088个IP段,总覆盖IP数为13610912个
第五次	2014年	秒针	秒针、精硕科技、聚胜万合、优酷、传漾、凤凰网、华扬、品友互动、好耶、搜狐、易传媒、爱奇艺、百度、盛大网络、网易、腾讯、新浪、汽车之家	继续使用之前提出的基于海量数据优化的清洗方案,IP库验证过程中也会给出直接采用简单投票机制的结果作为参照	新版本的清洗库在城市级别的一致率提升较为明显。
第六次	2015年9月	秒针	优酷土豆、传漾、凤凰网、华扬、搜狐、互动通、精硕科技、聚胜万合、品友互动、尼尔森、秒针、网易、腾讯、汽车之家、新浪、百度、IPIP	将高校IP库从标准库中分离开来,降低标准库碎片化;引入IPIP的专业商业库和百度IP库,提高IP库的全面性和准确性;更新IP标准库、高校IP库、类网吧IP库;提出并测试推出风险IP库;对IP库地域编码进行更新	12月31日,发布新版IP地域信息标准库、高校IP库和类网吧IP库

（四）智能路由

由于中国的 IP 地址动态共享的比例较高，中小宽带运营商的带宽成本压力较大，因此中国很多宽带接入运营商采用智能分配的动态路由（简称：智能路由）以降低成本，网民同时发起的不同请求（如网页加载、广告加载、广告监测是几乎同时发起的三个不同请求）使用不同的接入 IP，导致局部城市和时段的地域误差波动。一部分智能路由并不引发地域误差，但是另一部分严重影响了地域的识别。虽然针对大型独立媒体，第三方监测公司可以通过就近部署的同源机房降低这种因为路由导致的误差，但是在局部的时段和地区存有较大的偏移误差。而广告网络和 DSP 因为库存资源结构的问题，也几乎无法部署同源机房。

为能合理地统计由此因素带来的误差范围，需要统一定义检验误差的方法论，制定一个用于测量误差的标准。同时，为减少误差损耗，需要提出可以有效减少媒体和第三方地域误差的优化方案。为此，在 2015 年 5～9 月，经过 IPB 组成员多轮讨论，最终制定了“互联网广告地域误差测量标准和优化方案”，用于标准化测量智能路由给互联网广告媒体和第三方之间带来的地域误差，同时通过优化方案来减少地域误差，此方案同时适用于 PC 端广告和移动端广告。

三　中国 IP 信息未来发展趋势

随着 IP 的发展及移动端流量的大幅增长，统一规范 IP 地理信息库越来越重要。2015 年中国互联网广告市场规模达 2000 多亿元，20% 的广告具有地域定向性，IP 库背后产生的价值和未来增长空间也是潜力无限。所以各 IPB 成员不断地规范流程，更新和发布文档，并进一步探讨可落地的优化方案，例如 IES 方案、风险 IP 库方案、同源机房方案，不断地追求准确性的提高、算法的升级。

未来，IP 地理信息标准委员会的工作将从外延扩大、内容细化、影响力提升三个角度开展。

IP 地理信息标准组的目标是希望建立并推广一套有权威的技术方法、有稳定的更新维护策略、有广泛的行业认可度、满足各类场景需求的高质量的IP 标准库。

外延扩大	基于GPS等信息的IP-商圈库、IP-地理网格信息库；海外主要国家的IP-省州-城市信息库；国内的运营商骨干节点、机房、基站等基础设施的IP库；IP-高校库；更多的第三方数据和技术供应商
内容细化	利用路由寻径和GPS等信息校验IP城市库；利用运营商信息，完善智能路由风险IP库；利用调研，抽检各类IP库的质量
影响力提升	通过媒体、中广协、会员单位的渠道，加强IP库宣传工作；升级IPB网站，搭建IP查询平台；开展市场教育工作，普及IP库相关知识

海外及港台地区传媒产业发展报告

Media Industries Development Reports of Overseas, Hong Kong and Taiwan

B.27 2015年全球传媒及娱乐产业发展报告

杭 敏 陈玮玥*

摘 要： 2015年，全球娱乐及传媒产业在数字化变革中持续萌发生机，实现稳步增长的态势。据普华永道预测：全球传媒及娱乐产业的总收益将在2015～2019年间以4.0%的复合年均增长率增长，到2019年达到1.74万亿美元。由于数字媒体的不断发展，媒介消费者的力量也日趋强大，在市场上的主导地位更加明显。数字化技术和渠道促进了内容生产的发展，受众消费决策时的需求导向也越发强化，这些变化在未来会对娱乐及传媒产业的格局带来极大改变。

关键词： 全球 传媒产业 娱乐产业 数字化

* 杭敏，清华大学新闻与传播学院副教授；陈玮玥，清华大学新闻与传播学院硕士研究生。

一　2014年全球娱乐及传媒产业发展综述

1. 全球娱乐及传媒产业的格局总体不变

根据麦肯锡《2015年全球媒介报告》的预测，到2019年，亚太地区依旧是全球媒体及娱乐产业最大的市场，2019年总花费预计达到7028.64亿美元，复合年均增长率为4.0%；而北美市场居次，预计将达到5837.83亿美元。① 到2017年，电视依旧是最主要的广告媒介，而预计在2018~2019年，数字广告收入将与电视广告分庭抗礼，甚至有望实现超越。②

然而，由于数字媒体的不断发展，媒介消费者的力量也日趋强大，在市场上的主导地位更加明显，消费决策时的需求导向也越发强化，预计在未来将会对娱乐及传媒产业的格局带来一定改变。

2. 娱乐及传媒产业总收入持续增长

据普华永道数据，2014年全球娱乐及传媒产业总收入为1.74万亿美元③。根据国际货币基金组织（IMF）统计，2014年全球GDP（以当时价格水平为基准）约为77.30万亿美元④，娱乐及传媒产业总收入占全球GDP总量的比例约为2.25%。与2012年相比，当年全球各国的GDP总量约为73.98万亿美元⑤，全球传媒及娱乐产业的总收入约为1.69万亿美元⑥，约占当年GDP总量的2.28%。因此，全球传媒与娱乐产业收入占GDP比例同比下降约0.03个百分点。

3. 消费者主导力量增强，多元媒介形态共存的产业生态

在2015年，数字化媒体和传统媒体呈现出此消彼长的媒介更替态势，多元媒介形态共存的产业生态特点愈发显著。数字化媒体的涌现和传统媒体的技术变革为媒介市场上的内容生产注射了强心剂，也为受众的媒介接触提供了多

---

① 数据来源：Mckinsey & Company，*Global Media Report*，2015 Industry Overview，p.9.

② 数据来源：Mckinsey & Company，*Global Media Report*，2015 Industry Overview，p.16。

③ 数据来源：http://www.pwc.com/gx/en/global-entertainment-media-outlook/data-insights.jhtml。

④ 数据来源：http://www.imf.org/external/pubs/ft/weo/2015/02/weodata/download.aspx。

⑤ 数据来源：http://www.imf.org/external/pubs/ft/weo/2014/02/weodata/download.aspx。

⑥ 数据来源：http://www.pwc.com。

种渠道，更为消费者的媒体消费决策赋予了更多自由和灵活的诉求。

这些诉求促进了数字化媒体形态的迅速发展，使得媒介消费者更多青睐同时融合“相关性”和“便捷性”的媒体，媒体也将在内容吸引力、受众获得容易度和社群构建等用户体验方面展开竞争。预计到 2019 年，数字化媒体的收入占据全球媒体消费收入的比例将超过 80%。①

而多元的媒介形态也意味着之前唱衰的一些“传统媒体”通过关注受众体验实现回弹与复苏。音乐现场和影院的全球总计票务收入在 2015～2019 年间的年复合增长率达到 4.7%，远高于传媒及娱乐产业整体 2.9% 的年复合增长率。在中国，音乐和影视票务收入的年复合增长率更会达到 15.5%。②

面对消费者主导，多元形态共存的媒介产业生态，消费者的选择偏好也更加广泛多样。对于受众来说，“数字化或者非数字化”并非消费决策的关键，媒介消费的选择本质最终会回归到媒介内容的需求。未来几年内，如何提高受众内容体验，将成为媒介公司的主要转型关键与挑战。

4. 受众媒体消费行为的转变

最明显的受众媒体消费行为转变发生在媒介产业的电视与视频部门。随着 OTT 视频业务（Over-the-Top，基于开放互联网的各种视频及数据服务）的快速发展，消费者更加青睐这种高质量、重原创、多平台和需求导向的视频业务，以满足他们随时随地、一次多量的“刷片”（binge viewing）需求。由于受到 OTT 视频业务的冲击，2016 年北美订阅电视的预计市场份额将降至 78.1%，相比 2012 年的 79.8% 下降 1.7 个百分点。③

另一个较为突出的转变在游戏产业。据普华永道报告，在以印度、南非为首的九个市场中，受众在社交网络休闲游戏上投入的花费将超过传统游戏。虽然在整体的游戏产业市场上，传统的电视/单机游戏和电脑游戏的收益仍然占据主导地位，但预计在 2019 年，社交网络休闲游戏将实现 2.25 万亿美元的市场收入。④

报业消费模式的转变也一直是学界和民众关注的焦点。随着越来越多的受

① 数据来源：http：//www. pwc. com。

② 数据来源：http：//www. pwc. com。

③ 数据来源：http：//www. pwc. com。

④ 数据来源：http：//www. pwc. com。

众持续为优质内容付费，网络支付墙带来的收入逐渐弥补了印刷版报纸发行量下滑导致的损失，全球范围内报业整体的发行量也有所增长。

二　传媒及娱乐产业的行业发展特征

1. 图书杂志出版业

（1）全球图书杂志出版行业的总收入持续增长。

受到数字化技术的冲击，全球图书消费收入持续数年下降后于 2013 年开始回升。这主要归功于一些出版商成功的数字化转型战略举措，使得电子版图书的收入增长得以弥补印刷业衰落导致的损失。全球图书出版的总收入预计在 2019 年以 1.3% 的复合年均增长率达到 1283.4 亿美元，相对于 2014 年全球图书出版的总收入增长近 83 亿美元。① 在全球图书出版市场中，现在居于第十位的印度将成为 2014 年后图书部门收入增长最快的国家。这主要受益于其国内中产阶级人数的快速扩张。

图书出版业中，消费类图书收入的涨势将较前几年有所放缓，2015 ~ 2019 年预计复合年均增长率只有 0.8% 。但是，随着数字化图书市场规模的不断扩大，消费类图书收入仍有一定的提升空间。

（2）在平板设备高度普及的国家，电子版消费类图书的收入增长更加强劲。

由于设备本身的便携性使得读者能够随时随地获取海量的图书资源，平板设备将会成为全球消费类、教育类与专业类图书收入增长的关键。而在美国、英国、韩国和新加坡这些平板设备高度普及的国家，电子版消费类图书收入占图书部门总收入的份额有望率先超过 40% 。②

（3）教育类图书收入增速将逐渐超越专业类读物。

过去几年中，由于专业类图书的普及率较高，其数字化转型最为迅速，因此专业类电子图书增长速度在数字图书部门中位居翘楚，也使专业类图书收入

---

① 数据来源：http：//www. pwc. com。

② 数据来源：http：//www. pwc. com/gx/en/industries/entertainment-media/outlook/segment-insights/book-publishing. html。

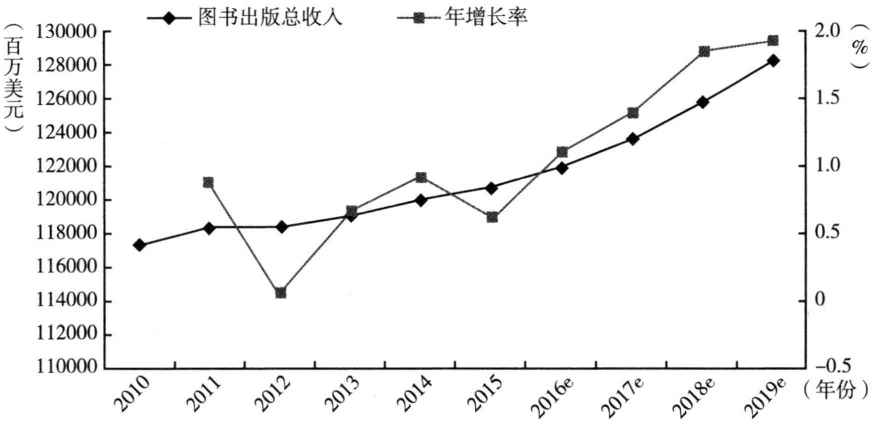

图1 2010～2019年全球图书出版的总收入

数据来源：http：//www.pwc。

的增长率居高不下。但普华永道最新的预测数据显示，从图书部门的整体收入来看，在2014～2019年，全球教育类图书的收入将以2.0%的复合年均增长率持续增长，而消费类和专业类图书收入的复合年均增长率则分别为0.8%和1.6%。① 这一方面受益于教育类出版商，尤其是高等教育出版商对于电子图书业务的持续投资；另一方面则由于印刷版教育图书在课堂使用上依旧占据主流，使得印刷版教育图书的市场仅有小幅衰退。

2. 广播业

（1）广告将带动广播业总收入平缓增长，美国仍是市场巨头。

受到全球经济形势影响，广告主信心逐渐恢复，广播业的广告收入占部门整体收入的份额将有所提升。普华永道数据显示，2015～2019年，广播业广告收入占整体收入的比例将从75.3%上涨至75.8%。② 由于广播执照费收入逐年下滑，广告收入将成为全球广播业收入增长的主要驱动力。

而在全球市场上，2015年美国依旧是广播业的巨头，占据了44.6%的市

① 数据来源：http：//www.pwc.com/gx/en/industries/entertainment-media/outlook/segment-insights/book-publishing.html。

② 数据来源：http：//www.pwc.com/gx/en/industries/entertainment-media/outlook/segment-insights/radio.html。

场份额。未来五年内其他国家的广播业市场增速将会超越美国，但仍无法撼动其领先地位。[①]

（2）网络连接设备涌现促进广播业增长

智能手机网络连接的增长将使广播听众的收听场所大大拓宽，但这也为其他竞争服务创造了机会。

车载广播消费则是一个业界担忧的例证。虽然传统广播业务形态仍然占据着车载广播消费市场的主导地位，车载交互式仪表盘则逐渐分流了部分受众。目前，约有8%的美国消费者在汽车内配备了交互式仪表盘，[②] 广播业在这种消费设备风靡前仍有充分的时间做好应对策略。当然，广播业的收入也会随着其他媒介平台在受众中的普及而有所增长。

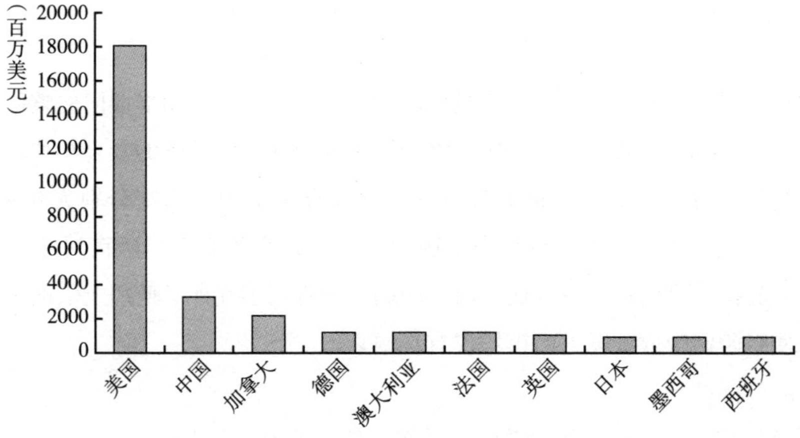

图2　全球广播市场前10位

数据来源：http：//www. pwc. com。

3. 报纸出版业

（1）整体收入下滑速度放缓，行业趋于稳定。

报业的整体收入将继续呈现下滑趋势，但是速度相对缓和。报业总收入在

① 数据来源：http：//www. pwc. com/gx/en/industries/entertainment-media/outlook/segment-insights/radio. html。

② 数据来源：http：//www. pwc. com/gx/en/industries/entertainment-media/outlook/segment-insights/radio. html。

2014年下滑了0.9%，预计在2019年将从目前的2000亿美元跌落至1468.5亿美元。① 预计在2017年后，报业的下滑态势将微乎其微，这个久经动荡的部门终将趋于稳定。

然而，印刷报纸的收入并不会随着发行量的小幅上升而复苏。根据普华永道数据预测，在2015~2019年，每日报纸平均发行量将实现1.0%的复合年均增长率，从2014年的约5.53亿美元增长至5.81亿美元。但是由于新兴市场中优质付费产品和低端免费产品的涌现与替代，印刷报纸的发行收入将持续以-0.7%的复合年均增长率下滑。②

（2）移动终端读物的收费和货币化收益成为报业新挑战。

到2017年，世界上超过一半的人口成为移动互联网信息订阅者。仅以智能手机为例，其普及率在2019年将达到56%。③ 土耳其和印度尼西亚将成为为数不多的印刷主导报业的市场，而在英、美等发达国家和地区，报业如何在纷杂繁多的移动终端读物市场中获得竞争优势和经济价值则成为新的议题和挑战。特别是数字化广告对报业广告收入的冲击，更使报业整体收入呈下滑趋势。

随着全球报业数字发行量的增长和广告收入的不断下降，在未来几年内，发行收入将逐渐与广告收入分庭抗礼。至2019年，广告收入将减少到报业整体收入的50.7%。④

4. 音乐产业

（1）数字音乐收入超过实体唱片。

虽然速率有所放缓，2015~2019年全球唱片产业的总收入将持续下降。与之相反的是，全球现场音乐的收入持续提高，得以弥补唱片行业的损失。受益于此，音乐行业的整体收入也有微幅提高，复合年均增长率达到0.8%。⑤

---

① 数据来源：http://www.pwc.com/gx/en/industries/entertainment-media/outlook/segment-insights/newspaper-publishing.html。

② 数据来源：http://www.pwc.com/gx/en/industries/entertainment-media/outlook/segment-insights/newspaper-publishing.html。

③ 数据来源：http://www.pwc.com/gx/en/global-entertainment-media-outlook/assets/2015/newspaper-publishing-key-insights-6-mobile-monetisation.pdf。

④ 数据来源：http://www.pwc.com。

⑤ 数据来源：http://www.pwc.com。

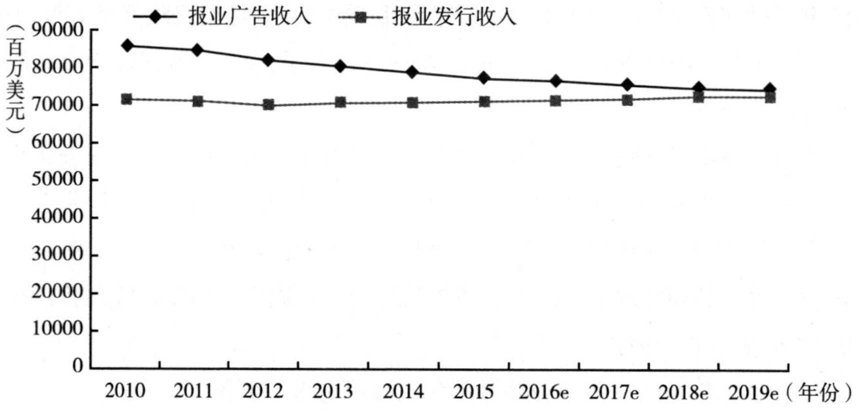

图3　报业发行收入逐渐接近广告收入

数据来源：http：//www. pwc. com。

数字音乐的发展给受众提供了更多选择，也为音乐形式带来更多样的变化。全球数字音乐总收入在2014年与实体唱片的收入接近持平，并将在2015年实现超越。而预计在2017年，流媒体音乐收入将超过网络下载的音乐收入。

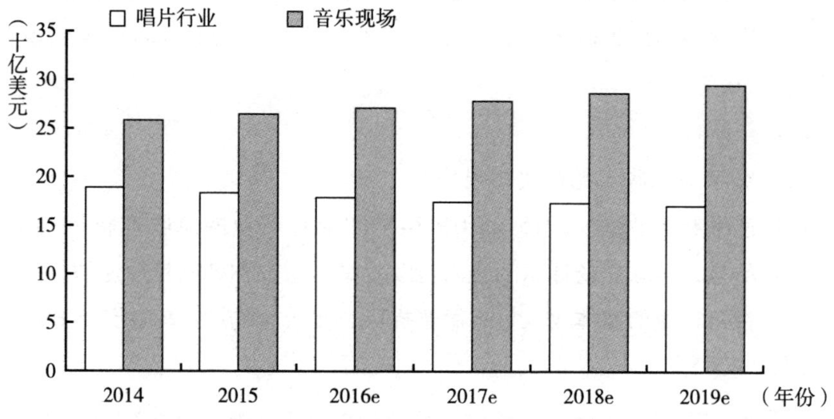

图4　唱片行业与音乐现场的收入发展情况呈两级态势

数据来源：http：//www. pwc. com。

（2）定价策略将成为促进数字音乐收入的关键。

虽然数字音乐的付费用户数量持续增长，但提供给消费者的不同层级的付费选择十分有限。尤其在北欧国家，多数消费者更倾向于选择价格低、范围广的流媒体音乐付费，而不是针对某一歌手或唱片公司的订阅/购买付费。如果音乐行业能够有效应用价格歧视原理，推行多层次收费原则的定价策略，不仅能吸引更多的潜在消费者，现有用户的支付意愿也会有可观的提升。

5. 电影娱乐产业

（1）全球范围内的增长将提振电影行业的总体收入。

至2019年，全球电影娱乐产业的总收入将以4.1%的复合年均增长率增长，达到1046.2亿美元。在统计到的全球54个国家和地区中，中国的电影娱乐产业发展势头最猛，4年内复合年均增长率将达到14.5%。阿根廷是另一个复合年均增长率达到两位数的国家，预计2015～2019年的复合年均增长率可达到11.5%。巴西则以6.1%的复合年均增长率位居产业发展速率榜的第三位，而作为全球电影产业领军者、市场份额占据全球1/3的美国，4年内的复合年均增长率将达到4.6%，略高于全球平均值。

（2）数字化家庭影院收入将实现翻番。

全球OTT/流媒体服务总收入将从2014年的152.8亿美元达到2019年的302.9亿美元，体量增长近一倍。而随着使用数字化家庭影院服务在全球市场上的普及，世界OTT/流媒体服务的增长率也居高不下，复合年均增长率将达到19.0%。①

6. 视频游戏

（1）全球游戏部门总收入将在2015～2019年间稳健增长。

在2014～2018年底的统计周期中，全球单机游戏收入部门的增长率有逐渐下滑的趋势。受此影响，全球游戏部门的总收入增长率也将略有放缓，但整体增长率仍保持稳定与强劲。预计到2019年，全球游戏产业的总收入将达到931.8亿美元，复合年均增长率为5.7%。②

（2）社交休闲游戏超过传统游戏业务受消费者青睐。

整体来看，传统的单机游戏和电脑PC端游戏仍是全球游戏产业收入来源的主要贡献者，但是到2019年，社交休闲游戏开辟出的新兴细分市场将实现

---

① 数据来源：http：//www.pwc.com。

② 数据来源：http：//www.pwc.com。

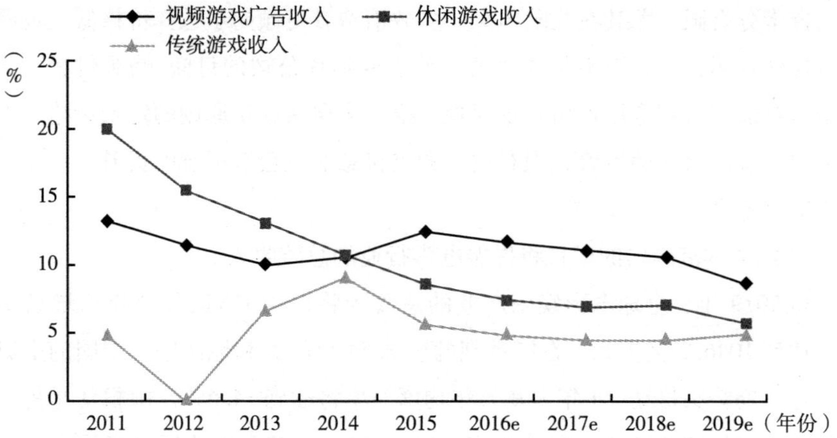

图 5　视频游戏广告、休闲游戏和传统游戏业务收入增长率

数据来源：http：//www. pwc. com。

225. 2 亿美元的营业额。而在南非、印度、阿根廷、尼日利亚和以新加坡为首的东南亚各国，在 2019 年，社交休闲游戏将颠覆传统游戏的地位，成为其国内游戏部门的主要营收来源。①

7. 互联网接入

国际电信联盟的数据显示，在 2015 年，全球已经有 32 亿的人口成为互联网用户，其中发展中国家的互联网用户接近 20 亿人，占比约 2/3。② 而随着互联网的普及和发展，源于互联网接入的收入在娱乐及传媒产业总收入中的比重不断提升，全球互联网接入的发展呈现以下特点。

（1）消费者在互联网接入和其他媒体上的支出差距不断扩大。

因为越来越多的消费者迁徙至互联网上获取免费与低价的媒体服务，与其他媒体渠道接入相比，互联网接入的收入大幅领先。在未来几年，消费者由互联网接入产生的支出将超过其他媒介产品或服务。据预测，互联网接入的总收入将从 2014 年的 4494. 5 亿美元达到 2019 年的 6862. 6 亿美元，年均复合增长率将为 8. 8%。③

① 数据来源：http：//www. pwc. com。

② 数据来源：http：//www. itu. int/en/ITU-D/Statistics/Documents/facts/ICTFactsFigures2015。

③ 数据来源：http：//www. pwc. com。

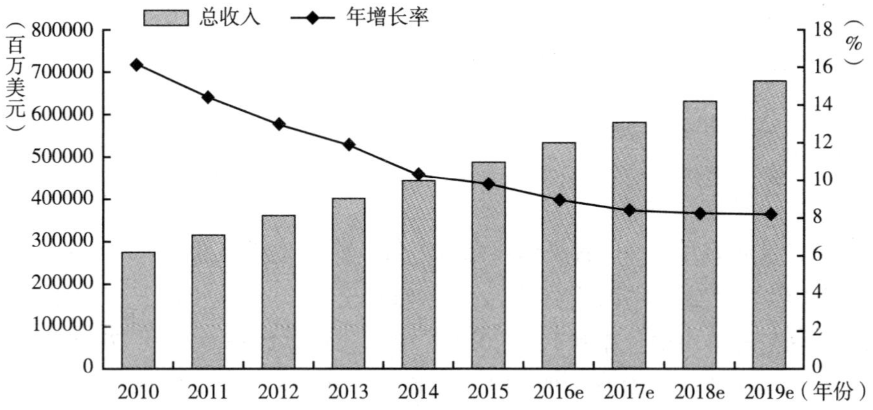

图 6　2010～2019 年互联网接入收入发展情况

数据来源：http：//www. pwc. com。

（2）平板设备将普及至世界 1/4 的人口，移动设备宽带订阅率提高。

至 2019 年，全球四个人中就会有一位拥有平板设备。全球受众持有平板设备的数量将以 28. 2% 的复合年均增长率增加到 14. 6 亿台，是原来平板设备持有量 4. 2 亿台的 3 倍还多。[①] 由于大屏智能手机的增加发行以及笔记本电脑销量的小幅回升，平板设备的颠覆性影响有所减弱，但其在互联网接入部门的地位不容小觑。

除此之外，国际电信联盟的数据也显示，在发达国家移动设备的宽带订阅率高达 86. 1% 。尤其是在美国和欧洲，每 100 个互联网用户中，就有 78 人是移动设备的活跃使用者。[②]

8. 广告业

（1）电视广告。

全球网络电视的广告收入增长率势如破竹，预计在 2019 年年复增长率将接近 20% 。即便如此，全球电视广告部门整体收入的增长率明显放缓。据预测，全球电视广告收入在 2019 年将以 4. 1% 的年均复合增长率达到 2040. 7 亿美元。具体来看，全球多通道电视广告收入的年均复合增长率将达到 5. 1% ，

---

① 数据来源：http：//www. pwc. com。

② 数据来源：http：//www. itu. int/en/ITU-D/Statistics/Documents/facts/ICTFactsFigures2015。

略高于2.8%的地面电视广告年均复合增长率，而网络电视广告收入的增长率可达到19.8%。从广告行业整体占比来看，电视广告的份额也略有下降。在2014年，电视广告收入占广告部门总收入的31.5%，而这个数字在2019年将下降至30.6%。①

（2）互联网广告。

蓬勃发展的互联网广告将取代电视广告，成为市场份额最大的广告部门。在2014年，全球互联网广告收入约合1352.2亿美元，并在五年内以预计12.1%的复合年均增长率达到2398.7亿美元，整体数额约增长77%。同时，在业内广告预算的估算中，互联网广告业也遥遥领先。预计在2019年，互联网广告将成为收入最多的广告部门。而在互联网广告业务中，移动终端渠道的广告收入将在2018年超越网页展示广告。②

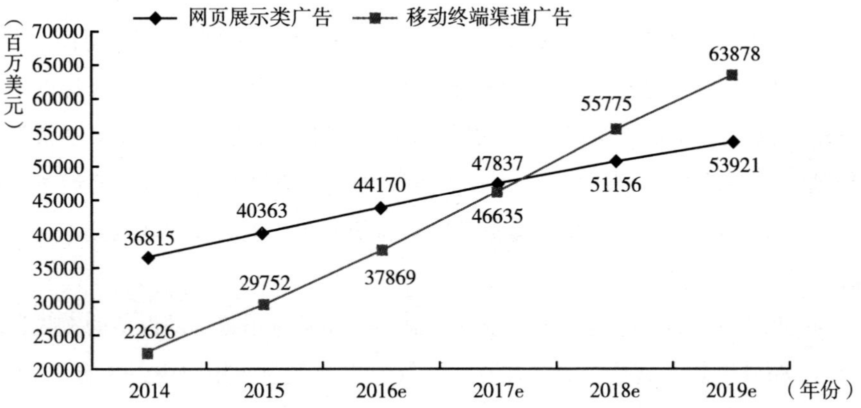

图7　2014～2019年网页展示类广告与移动终端渠道广告增长情况

数据来源：http：//www.pwc.com。

（3）户外广告。

未来几年内，公共建设基础设施的投资将驱动户外广告收入的增长。在2014年，全球户外广告收入达到363.2亿美元，这主要归功于增强投资力度的基础设施建设将为户外广告提供更多的广告位空间。因此，近几年对基础设

① 数据来源：http：//www.pwc.com。

② 数据来源：http：//www.pwc.com。

施建设投入最多的国家也将成为户外广告收入涨势最猛的国家。例如土耳其，2015～2019年户外广告收入的年复增长率将达到12.8%，而中国与巴西将分别以9.8%和9.1%紧随其后。[①]

9. 付费电视

随着付费电视关键市场的饱和，其收入增长率在2015～2019年的预测周期内将逐渐平稳。[②] 然而，付费电视收入增长的主要潜力还在于北美和欧洲之外的国家和地区。在美国、加拿大和法国等付费电视的主要市场，付费电视收入的增长率微乎其微。

此外，为了应对OTT视频业务带来的冲击，整个付费电视部门内也开始了对商业模式创新的探索。主要的改革探索将集中在定价策略、配合价格歧视的收费结构，以及对内容的再度优化整合。受益于“电视无处不在”服务的发展，前几年受众流失时的“掐线”（cord-cutting）现象或许会有所缓和，但一些受众的流失将会是不可避免的。

三　娱乐及传媒产业发展的区域性特征

1. 亚太、北美与西欧市场是传媒产业的领军地区

根据麦肯锡咨询公司公布的《2015全球媒介报告》，2015年全球媒介产业花费居首位的是亚太地区，以5583.59亿美元占据了全球传媒总花费的33.15%，北美与西欧分别以4970.51亿美元与4075.98亿美元的支出列于第二位与第三位。[③] 与之相同，在消费者支出方面，亚太地区以4194.44亿美元占据了全球媒介消费者支出的34.72%，而美国则占据了全球消费者支出的26%，西欧占据了25%。[④]

而从全球传媒的广告收入层面来看，北美依旧是业内领袖。在2015年，北美地区的广告收入达到了1801.60亿美元，超过亚太地区的1389.15亿美元与西欧的1043.22亿美元居于首位。据预测数据显示，这一排位还将延续至

① 数据来源：http：//www.pwc.com。

② 数据来源：http：//www.pwc.com。

③ 数据来源：Mckinsey&Company，*Global Media Report*，2015 Industry Overview，p.9。

④ 数据来源：Mckinsey&Company，*Global Media Report*，2015 Industry Overview，p.12。

2019 年。[①]

2. 新兴市场的传媒部门收入增长率最高

虽然北美、亚太与西欧地区占据了传媒产业的大半江山，在传媒部门收入增长率方面，发展中国家的新兴市场，特别是拉丁美洲和中东市场表现出了巨大的潜力。据《2015 全球媒介报告》，在 2015 ~ 2019 年，拉丁美洲的传媒产业总花费和广告收入的复合年均增长率都以超过 10% 的成绩远高于其他国家和地区。[②] 而中东地区则是未来几年内消费者支出增长速率最快的地区，复合年均增长率可达到 12.8% 。[③]

普华永道的统计数据也显示，传媒与娱乐产业各细分部门在新兴市场上发展更为迅猛，特别是传统媒体在发展中国家依旧有很大的上升空间。例如，尼日利亚和秘鲁将成为 2015 ~ 2019 年间教育类图书增长率最高的国家，年复增长率分别为 7.1% 和 8.0% 。[④] 同一时间段，秘鲁和中国杂志部门的收入也将以 8.5% 和 8.3% 的年均复合增长率在世界范围内领先。[⑤] 而随着国家内部的经济增长与文盲率降低，中国和印度将成为全球报业发展的驱动引擎。

3. 全球数字鸿沟持续扩大

虽然新兴市场和发展中国家的娱乐与传媒产业普遍呈现出迅速发展的趋势，然而，从全球范围看，数字鸿沟依旧明显存在，并呈现出不断扩大的趋势。

根据世界经济论坛发布的《2015 年全球信息技术报告》[⑥]，新兴市场在数字化技术方面与成熟市场相比还是存在较大的差距。报告通过“网络就绪指数”（Network Readiness Index）对“全球 143 个经济体在利用信息技术推动经济增长和改善民生方面的成就”进行评估，结果显示，许多大型的新兴经济体在数字化方面的发展仍然与发达国家有一定的差距。以发展中国家的代表

① 数据来源：Mckinsey&Company，Global Media Report，2015 Industry Overview，p14。

② 数据来源：Mckinsey&Company，Global Media Report，2015 Industry Overview，p9 和 p14。

③ 数据来源：Mckinsey&Company，Global Media Report，2015 Industry Overview，p12。

④ 数据来源：http：//www. pwc. com/gx/en/industries/entertainment-media/outlook/segment-insights/book-publishing. html。

⑤ 数据来源：http：//www. pwc. com/gx/en/industries/entertainment-media/outlook/segment-insights/magazine-publishing. html。

⑥ 数据来源：http：//reports. weforum. org/global-information-technology-report-2015。

“金砖四国”为例，俄罗斯与中国的“网络就绪指数”勉强算作“较好”级别，分别名列41位和62位，略高于中游水平；而巴西和印度的“网络就绪指数”则分别以84位和89位居于中下游。①

四 总结及趋势预测

1. 数字化转移、消费者力量崛起与商业模式创新

在多元媒介共存的环境下，虽然消费者对于传统媒体与数字媒体的使用并没有非常明确的区分，传媒产业支出仍将迅速从传统媒体向数字媒体转移：预计到2019年，数字支出将占超过传媒产业整体消费的50%；数字广告，包括互联网和移动终端广告，将成为广告业收入的最主要来源；特别是移动终端广告，其在广告市场上的份额将在2019年前翻两番。

移动电话的发展与移动宽带应用的提升将越来越多的消费者连接起来，受益于此，全球传媒产业数字化转型的进程也越来越迅速。一方面，随着这种数字化转型的持续，数字化媒体带来的收入将日益增多，在媒介市场所占的比例也会也来越大，媒介产业生态也逐渐发生变化；另一方面，数字化媒体的涌现和传统媒体的技术变革也使媒介市场上的内容生产“百花齐放”、传播渠道“百家争鸣”。这些更为消费者的媒体消费决策赋予了更多和更强的力量。

同时，数字化转移和消费者力量的增强也对传媒及娱乐行业的各细分部门有着结构化的影响，这也意味着传媒产业商业模式的变革势在必行。例如，视频产业中，OTT等赋予消费者更多自主选择，这正是传媒产业商业模式变革的一个鲜明体现。在未来，更多注重消费者体验、数字化技术与内容质量融合的商业模式与媒体服务将在传媒及娱乐产业中涌现。

另一个重要的变化是全球媒体内容中介和聚合平台的兴起，即社会化媒体平台作为“中介者”，将视频、音乐以及新闻内容直接提供给受众。这种媒体聚合形式将有效地提高媒介消费者的互动率和黏性，也有望改变固有的媒介消费模式，为长期处在收益货币化挣扎的媒体机构带来希望与改变。

此外，随着数字化媒体的普及和大数据分析的广泛使用，广告商也越来越

① 数据来源：http：//reports. weforum. org/global-information-technology-report-2015/report-highlights/。

青睐于更具效率和说服力的数字媒体，将逐渐从高成本的传统媒体流失。这也加速了数字化媒体在传媒产业中地位的提升。

2. 带动全球传媒产业增长的新兴市场

首先，传统媒体在这些地区的位势依然强劲。在一些发达国家，传统媒体已经在数字化媒体的冲击下尽显颓势，在一些新兴市场，传统媒体所占的份额依旧不可小觑。尤其是发展中国家的报业和图书出版业，依旧保持着稳健的增长率。

其次，这些新兴市场（特别是中国、印度、马来西亚、墨西哥以及亚太、中东欧地区的国家和地区），总体经济产量不断扩张、家庭收入实现增长，本身经济形势较好。良好的经济形势也将刺激地区内的广告支出和媒介内容消费。实际上，根据麦肯锡咨询公司的预测数据，亚太地区将成为未来五年内全球传媒产业净增长的最主要的收入来源。同时，移动互联网宽带的普及和对基础设施的大力度投资也加速了新兴市场传媒及娱乐产业的发展。

B.28

2015年美国新闻传媒产业发展报告

陈玮玥*

摘　要：　虽然美国经济渐有复苏态势，但在数字化转型的进程中，新闻媒体机构面临的挑战与考验也越来越大。数字化技术冲击、受众细分与流失都为传媒娱乐业带来了更大的竞争压力。本文从数字媒体、报业、有线电视业、杂志等几个部门出发，对美国新闻媒体机构的发展状况进行概述。

关键词：　美国　新闻媒体　数字化

一　美国新闻媒体发展概览

数字媒体和移动终端的发展已然势不可挡。美国网络数据统计网站comScore的数据显示，在50家处于领先地位的新闻媒体网站中，有39家从移动终端和相应APP带来的用户浏览量超过从电脑桌面带来的受众流。然而，同一组数据调查也显示，人们在移动终端上阅读的时间要少于在电脑上阅读的时间。这50家媒体中，只有10家新闻机构的用户在移动客户端上花费的时间略高于电脑屏阅读，还有另外15家新闻媒体的读者在移动端和PC端新闻页面上停留的时间大致相当。

与移动终端的蓬勃发展同步，社交媒体亦在崛起的进程中加快了步伐。在其中，信息流和新闻的传播具有一个与其他媒体形式不尽相同的动态。皮尤研究中心的数据显示，在2014年，有将近50%的成年网络用户通过社交媒体获

* 陈玮玥，清华大学新闻与传播学院硕士研究生。

取最近一周的政治要点新闻和政府官方新闻，这一数字在2015年更高。成年网络用户的主要信息来源之一是脸书网（Facebook）。①

国际上，特别是西方社会迅速变化的读者习惯对媒介在信息社会中所发挥的功能和扮演的角色也有着巨大的影响，这一点对新闻机构的挑战与机遇也越发鲜明。即便移动终端和社交媒体来势汹涌，传统媒体并没有被受众抛在脑后——一些细分行业也出现了增长趋势。

地方性电视广播的受众数量继2014年以来出现了持续性增长，分别是晚间新闻的3%和晨间新闻的2%。网络电视广播公司的受众也呈现了两年来的持续增加，晨间新闻受众增长了2%，而晚间新闻的受众更是增加了5%，平均每家电视台的晚间新闻受众大约能达到2400万人。②

相对而言，有线电视新闻机构的2015年则稍显艰难。举例来说，福克斯新闻频道、MSNBC新闻以及CNN新闻三家电视台在黄金时段的中位数收视人数下降了约8%。三家机构相比，福克斯新闻的处境较好，然而也面临着连续几年接近1%的受众流失率。③

2015年报业依旧持续低迷——新闻报纸的周发行量自2004年以来已经下跌了19%。除此之外，继2013年不同寻常的微增长之后，无论是日报还是周刊的发行量在2014年、2015年两年连续下降3%。数据也显示，受众流失在报业是全线发生的，与不同出版周期和版面规模的区别并不明显。④

移动终端和数字化浪潮也带来了以声频为主要传播形态的新闻机构的繁荣。播客（Podcast）的听众人数不断增加，为声频新闻（Audio Journalism）的发展开辟了新的局面。美国国家公共电台（National Public Radio，NPR）的内部数据报告显示，2015年NPR的播客下载量同比增长41%，其中通过移动客户端下载的数量显著增加，而通过源自电脑网页的下载量则呈持续下降趋势。这意味着，收听广播将会在任何地点都有可能发生——特别是在汽车里，传统AM/FM广播本就占据了一席之地。⑤

① 数据来源：www. pewresearch. org。

② 参见 Nielsen Media Research and Alliance for Audited Media。

③ 参见 Nielsen Media Research and Alliance for Audited Media。

④ 参见 Nielsen Media Research and Alliance for Audited Media。

⑤ 参见 Pew Research Center，Final State of News Media，2015 Report。

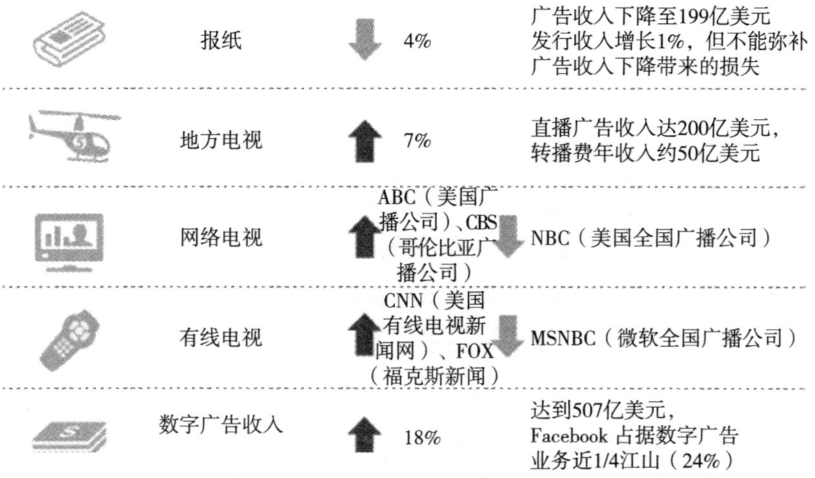

图 1　关键经济效益趋势

数据来源：BIA/Kelsey，Kantar Media，eMarketer，Pew Research Center。

二　细分行业新闻媒体发展

1. 数字新闻媒体

美国报业联合会公布的数据显示，只通过智能手机获取新闻的数字化报纸读者占到了 80%，只使用平板设备获得新闻的读者占 11%，同时使用手机和平板设备阅读报纸的用户只有 9%。[①] 但是只有少数的移动端读者会比 PC 端读者花费更多阅读时间。图 2 显示了数字订阅用户前十名的新闻媒体及其移动、PC 端读者数量，移动端读者量占据了明显的优势地位。

数字广告支出的主要受益者是以 Facebook（脸书）和谷歌为代表的社交媒体和科技公司。谷歌在数字广告收入份额中占比超过 38%，移动端广告收入也占到 37% 的比例。Facebook 势头更猛，作为新闻媒体在展览性广告方面的最大竞争者，占据了整体数字展览性广告收入和移动端展览性广告收入的第一位（见图 3）。

① 参见 Newspaper Association of America。

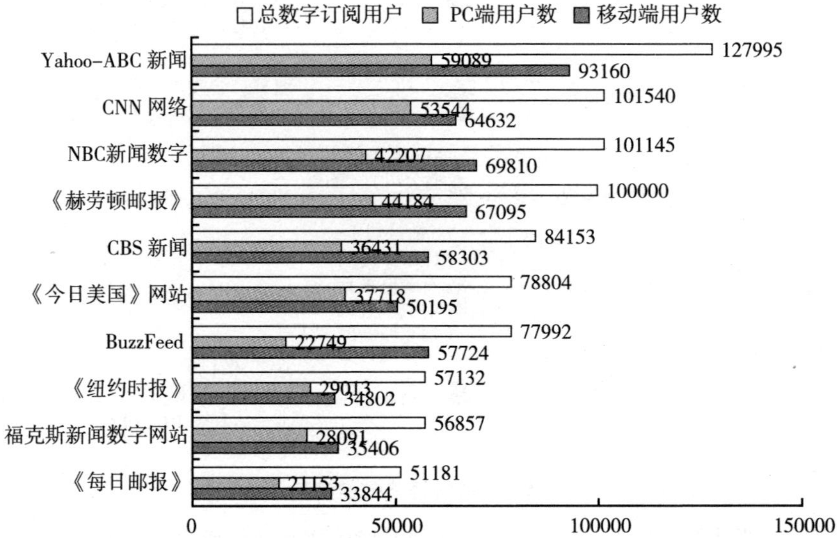

图 2　用户数量前十名的新闻媒体

数据来源：comScore Media Metrix，2015。

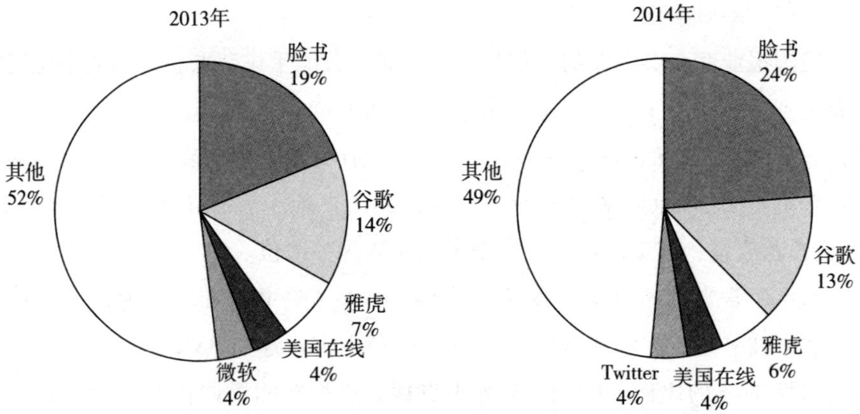

图 3　数字展览性广告收入的前五名公司及其所占百分比

数据来源：eMarketer，http://www.emarketer.com/Article/Facebook-Twitter-Will-Take-33-Share-of-US-Digital-Display-Market-by-2017/1012274/1。

而从数字广告展示形态上来看，展览性的“横幅广告”（Banner Ads）具有压倒性优势，视频广告在份额上虽然还具有一定差距，近两年的发展势头也不容小觑。

2. 报业新闻媒体

在2013年的发行量微增长之后，报业发行量再次出现了下滑。虽然由发行、订阅费带来的收入有所增长，但广告收入下滑的颓势一直持续，没有逆转的迹象，总体上报业形势依旧低迷。同时，虽然数字化转型已经成为人人热议的话题，大多数报纸的读者还是来自于印刷版。皮尤研究中心的数据显示，多数报纸数字化版本的读者来自移动客户端而非电脑网页浏览，每个用户平均在新闻页面上停留的时间只有3分钟。一些大型的媒介集团（如纽约时报集团）逐渐将报纸业务和广播、电视及其他业务分离，以确保股东整体利益不受影响。

尼尔森的数据显示，56%的报纸读者只阅读印刷版，11%在印刷版之外也阅读电脑网页版，5%在印刷版之外也会下载移动客户端，这样约合八成的读者还是印刷报纸的忠实拥趸。而只用移动终端的读者只有5%。①

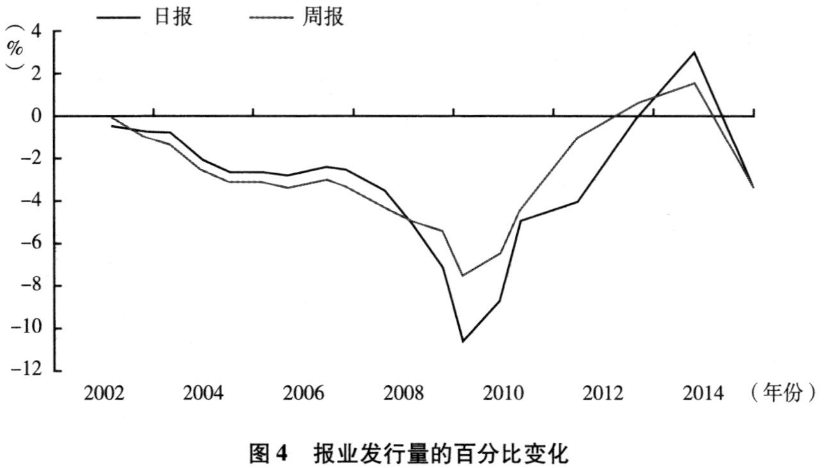

图4　报业发行量的百分比变化

数据来源：Alliance for Audited Media。

① Nielsen Scarborough Newspaper Penetration Report，2015.

然而，根据美国报业协会公布的数据显示，数字化报纸的用户数量正在不断增长。从2014年8月到2015年8月，数字化报纸的成年用户增长率达到10%，是网络报纸成年用户增长率的2倍之多。这其中，35~44岁年龄层的数字化报纸用户增长了18%，而18~24岁的用户群体以16%的增长率紧随其后。

过去五年，报业的广告收入一直萎靡不振。在2014年，虽然数字广告收入增长了3%，但印刷版广告收入又下降了4%，只有164亿美元。

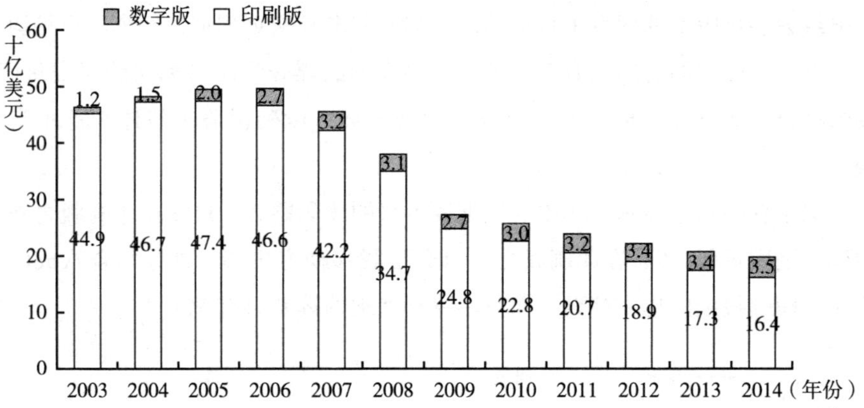

图5　2003~2014年报业广告收入趋势

数据来源：Newspaper Association of America，BIA/Kelsey。

同时，报业编辑室的员工数量也在不断地下降。在2008年和2012年分别下降11%和6%之后，在可以获得数据中最近的2013年，新闻编辑室的员工数量又下降了3%。

3. 有线电视新闻媒体

有线电视新闻媒体的收视受众也呈现逐年下滑的趋势，但他们的收入则有大幅提升，毛利率甚至能达到两位数。整体上讲，有线电视受到付费模式的影响比起受众下滑的影响要更直接。

在福克斯新闻、CNN和MSNBC三家有线电视新闻媒体巨头中，福克斯依旧在黄金时段的收视保持领先地位（见图6）。

同样，福克斯新闻的预期经济效益在有线电视新闻媒体中也是最高位，预

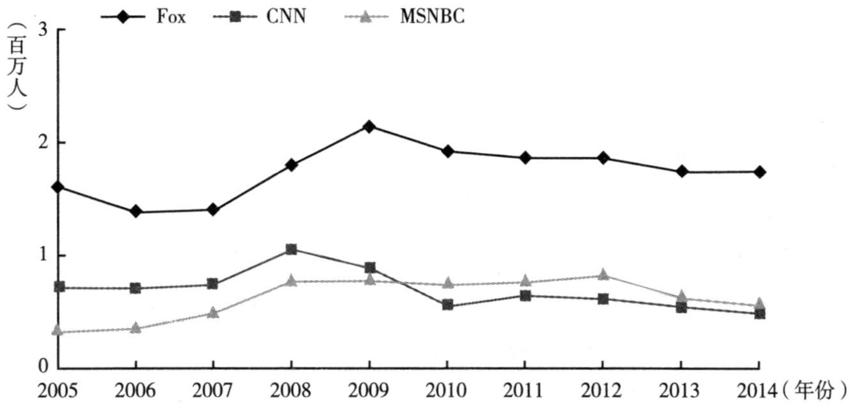

图6　三大有线电视新闻电视台黄金时段收视

数据来源：Nielsen Mdia Research。

计增长6%达到20.4亿美元。CNN增长3%，达到11.3亿美元，而MSNBC收入预计1%，约为5亿美元（见图7）。①

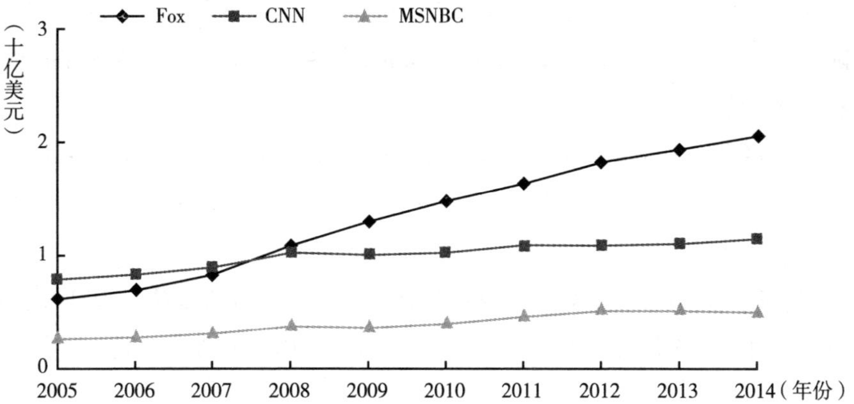

图7　三大有线电视新闻台年收入

数据来源：SNL Kagan。

福克斯新闻也是三家有线电视台数字化转型进程的领先者，无论是整体受众数量，还是移动终端受众数量，福克斯都领先于CNN，而MSNBC则与另两

① SNL Kagan.

家相差较远。在全球范围内的扩张层面，CNN 则更胜一筹——除了美国国内的 11 家机构外，还有另外 33 家分支遍布在世界各地，远多于 MSNBC 的 11 家和福克斯的 4 家。[①]

4. 网络电视新闻媒体

以美国网络电视新闻媒体三巨头 NBC、CBS、ABC 为代表，网络电视新闻媒体的受众数量呈现乐观局面。晚间新闻收视连续两年出现增长，晨间新闻在近两年也分别以 7% 和 2% 的速率增加。从经济效益的角度来看，NBC 出现了下滑，而 CBS 和 ABC 都有所增长。从网络上的整体影响力来看，三家网络电视媒体依旧具备强大的话语权。

根据 Kantar Media 的预测数据，NBC 的晚间新闻收入下滑了 4% 至 1.48 亿美元，而 ABC 晚间新闻收入增长 11% 至 1.44 亿美元，接近并将赶超 NBC。CBS 晚间新闻相比上一年增加了 1%，约合 1.17 亿美元。[②]

5. 地方电视新闻媒体

地方电视媒体在过去的一年中实现了收入增长和受众规模的微增长。广告收入的主要增加受益于地方政治选举活动和参选人在电视广告上的投入，受众也随之增加。其中，晨间新闻和晚间新闻的观众略有增长，而午夜新闻的收视则有略微下降。

在 2014 年，地方电视新闻媒体的直播广告收入增长了 7%，达到 200 亿美元之多；而网络广告增长了 4%，约合 8 亿美元。预计在未来几年，网络收入的比例还会出现强劲增长。

在所有权方面，地方新闻电视台的收购交易热度有所放缓。2013 年有超过 300 家地方电视新闻媒体被媒介集团收购，在 2014 年则只有 171 家电视台易主。[③]

6. 新闻期刊

期刊行业总体上处境较其他行业相对艰难。杂志整体销量（包括单本销量和订阅销量）连续七年下滑，在 2014 ~ 2015 年又下降了 2%。特别是报刊

---

① CNN. com，NBC News，Fox News.

② Pew Research Center，Final State of News Media，2015 Report.

③ BIA/Kelsey.

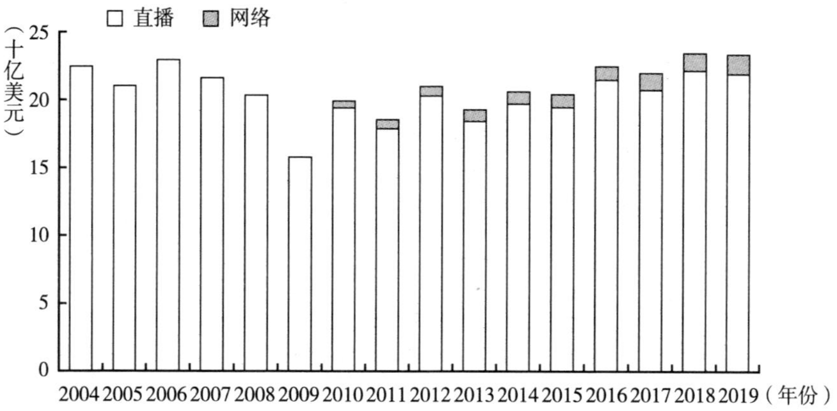

图8　地方电视新闻台广告收入增长趋势预测

数据来源：BIA/Kelsey。

亭的单本销量的下滑率达到了14%，与此相比，1%的订阅量下滑显得微不足道。

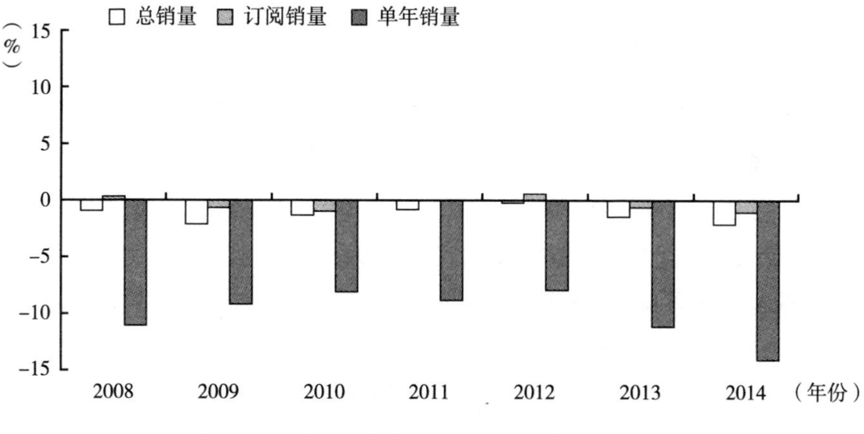

图9　杂志行业发行量剧减

数据来源：Alliance for Audited Media。

虽然印刷版的销量低迷，新闻杂志的数字版订阅量却整体呈上升趋势。其中，《连线》取得了最高年增长率，达到了7%。数字版杂志销量最好的是《滚石》（*Rolling Stone*）和《纽约杂志》（*New York Magazine*）——《滚石》杂志的数字销量占到了总销量的30%，而《纽约杂志》数字版单本发行量在

2014 年翻了 4 番，占据全部单本发行量的七成。《滚石》和《纽约杂志》都参与了一个名为“下一期媒体”（Next Issue Media）的项目。参与这个项目的受众每月可以支付固定费用阅读参与项目的多本杂志。

7. 播客、音频与公共广播新闻媒体

皮尤研究中心提供的数据显示，2015 年已经有 17% 的 12 岁以上的居民是播客的稳定听众，这一数字是 2008 年（9%）的近 2 倍。而截至 2015 年，已有 33% 的居民表示至少听过一次播客广播。①

以 12 岁以上的美国居民为样本，2015 年网络广播听众的比例增长到了 53%，比起 2010 年的 27% 增长了近一倍。通过智能手机收听广播的受众占到了 73%，而有 61% 的听众是通过电脑页面收听的。在汽车内听广播也似乎成为大众的生活习惯之一。截至 2015 年 6 月，35% 的智能手机用户在汽车里收听过在线广播。这个数字相比 2013 年增长了 21%，更是 2010 年 6% 的近 6 倍之多。

从收入的层面来看，AM/FM 广播的整体广告收入下滑了 1%。其主要广告收入来源——节目现场插播广告的收入减少了 3%，网络电台广告收入下降 4%，而数字端广告和非直播广告收入分别增长了 9% 和 16%。②

而在公共广播领域，听众人数也在不断增加。NPR 的内部数据报告显示，2015 年 NPR 的播客下载量同比增长 41%，其中通过移动客户端下载的数量显著增加，而通过源自电脑网页的下载量则呈持续下降趋势。播客的包销（underwriting）也为 NPR 带来了新的收入来源，并且呈现迅猛的增长态势。在 2015 年前五个月之内，NPR 播客包销的收入已经超过 2014 全年的包销收入。③

三　未来国际新闻媒体发展趋势

第一，移动终端将成为人们获取新闻最主要的方式。在多数细分的新闻媒体行业中，通过移动终端带来的受众流量多于网页版的受众流量，这使得各新

① Edison Research.

② Radio Advertising Bureau.

③ Pew Research Center，Final State of News Media，2015 Report.

闻媒体必须将移动端的读者体验作为首要的竞争优势来源。这一点的实现或借助已成型的媒体平台增强内容优势，或加强对于移动终端开发团队的技术、人员、资金投入，在设计和用户体验方面超越竞争者。此外，新闻媒体面临的另一个挑战是用户在移动端的阅读时间较短，也有逐渐减少的趋势，这使媒体相对于广告商的吸引力和议价能力都会有不利影响。

第二，新闻媒体必须探索吸引广告商合作的新方式。如前文所述，虽然数字版发行量有所上升，订阅收入也相对增长，但并不能弥补广告商流失带来的损失。更何况，社交媒体在今天越来越受到网络用户和广告商的青睐，新闻媒体不再是广告投放的第一选择。新闻机构应当将广告部门的重点更多的转向外部，认识到在价值链上开展多方协作的重要性。通过社交网络的运用实现与消费者的协作，通过新兴模式实现与广告商的协作，通过数字传媒平台实现与其他媒体机构的协作。

第三，新的订阅收费模式探索。改变单一收费模式将会为美国市场上的纸媒带来更多发展空间。一些平台集结合作式的收费模式，例如《滚石》和《纽约杂志》参与的“下一期媒体”项目，能够有效地增加受众规模，在未来或许能成为许多纸媒所采取的收费方式，也能够激发更多新的模式探索。

第四，美国市场上音频为载体的新闻广播将实现进一步繁荣。音频、播客、广播正逐渐成为广大受众新的新闻消费方式。数字媒体和纸媒用户在移动终端上花费时间极短的情况，并不容易在音频形态播客——特别是车载广播的使用中出现。不仅仅是广播媒体机构，纸媒、电视行业也都可以通过播客的形式接触到更多的受众，从而提高新闻机构整体的品牌影响力。

第五，“内容为王”原则依旧。无论是提高受众对数字化内容的支付意愿，还是与社交媒体及其他网络平台争夺受众注意力和广告商投资，新闻媒体本身必须要保证其自身的独特性。提高更有价值、更具深度、更易为受众所理解的新闻资讯，满足受众需求，对新闻媒体机构的生存与发展至关重要。

B.29
2015年英国传媒产业发展报告

何丹嵋*

摘 要： 英国经济复苏带动广告市场发展，但电视、广播、报刊等传统媒体仍难挽颓势。而新媒体发展格局也在不断变化，移动终端成为英国人上网的主要设备，移动数字广告也成为广告市场增长的主要动力。

关键词： 英国 传媒产业 数字广告

2015年，全球经济跌宕起伏，欧美和日本等发达国家通过量化宽松政策使经济形势略有好转。英国在经历了2014年的增长小高峰后整体经济增长有所放缓。根据英国国家经济社会研究院（NIESR）的预测，2015年英国GDP增长率或由2014年的2.9%下降为2.2%。而英国广告市场却保持稳定增长，英国广告协会Advertising Association（AA）预测2015年英国广告市场收入为197亿英镑，年增长率为6.1%。然而2016年，英国将进行脱欧公投，不确定因素增多，英国或面临经济下行的压力，从而对传媒产业产生影响。

一 电视业①

英国电视业一直发展稳定，以订阅收入为主的产业结构也保证了英国电视

* 何丹嵋，清华－日经传媒研究所研究员、所长助理。

① 如无特别标注，本节中数据均引自英国信息通信管理局（Ofcom）2015年6月发布的 *The Communications Market Report* 2015。

节目较高的品质。《神探夏洛克》《唐顿庄园》等具有浓郁英伦风格的电视剧获得了全球知名度和影响力。然而，互联网等新兴媒体也在侵蚀英国的传统媒体。2015 年，英国人每天观看电视的时间连续第五年下降至 220 分钟（2014 年为 234 分钟）。即使是英国广播公司（BBC）这样的全球电视广播业龙头，也必须开始转型。特别是近年来，BBC 的牌照费制度受到多方质疑。2015 年 7 月，在英国政府要求下，BBC 将从 2018 年其逐步免除 75 岁以上老年观众的电视牌照费，这一政策或将使 BBC 减少至少 6.5 亿英镑的收入。面对重重挑战，BBC 正在加快数字化转型步伐，2016 年 2 月，BBC 第三频道将停播，全面转向网络平台，并有消息称 BBC 正在考虑将新闻频道完全搬上网络平台。2016 年底，BBC 的《皇家宪章》将到期，这不但会加剧 BBC 面临的财务困境，可能也会带来英国电视产业的结构变化，商业广播电视或将迎来更多发展机会。

英国电视广告市场则连续6 年上涨。英国电视广告研究机构 Thinkbox 的调查显示，2015 年英国电视广告收入达 52.7 亿英镑，较上年增长 7.4%，超过了英国广告市场的整体增长（6.1%），电视广告占英国广告市场整体收入的 26.9%。然而，英国电视广告价格却在下降。尽管一方面由于通货膨胀广告客户投放需求增长，另一方面电视观看时间下降，2015 年英国电视广告价格比 10 年前实际便宜了 30%（见图 1）。

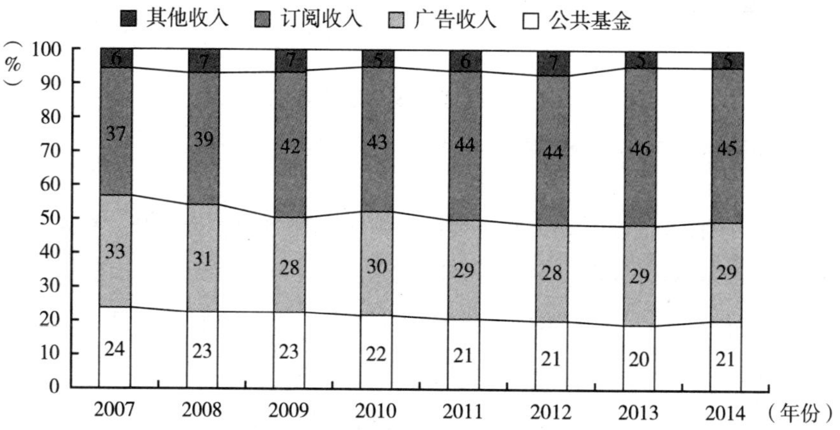

图 1　2007～2014 年英国电视产业收入构成

数据来源：英国信息通信管理局（Ofcom），2015 年 6 月。

英国电视广告市场的增长主要依赖于互联网企业，根据尼尔森数据，2015年互联网企业的电视广告拖入超过5亿英镑，较上年增长14%，仅次于消费品类。谷歌、脸书和Netflix三家公司在电视上投放的广告预算都占到60%以上。

二 广播业①

英国广播产业在2014年增长显著，产业总体收入增长了3.6%，其中商业电台和BBC的收入的增长幅度相当（见图2）。商业电台的广播广告收入增长更为突出，年增长率达17.3%。

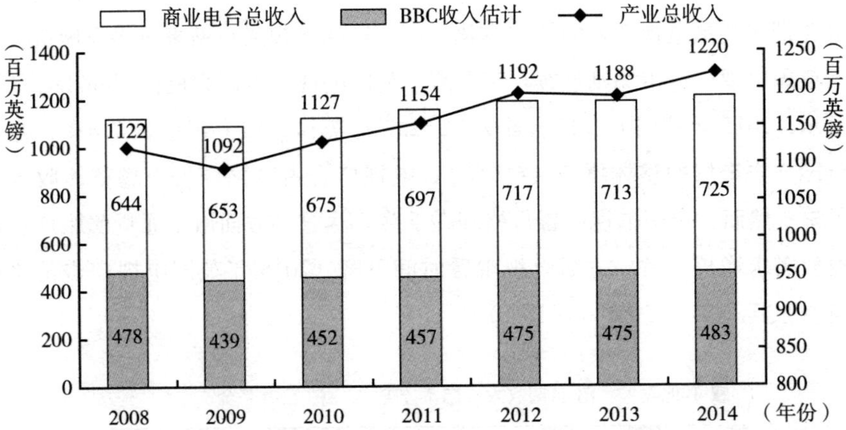

图2 2008～2014年英国广播产业收入构成

数据来源：英国信息通信管理局（Ofcom），2015年6月。

BBC广播收入的增长动力则主要源自数字广播电台，如BBC 1Xtra和BBC Radio 5 Live Sports Extra的增长率分别达到13.3%和9.6%。特别值得一提的是，大约39%的16～24岁英国广播听众选择音乐流媒体服务，已迫近与同年龄段的广播听众比例。

BBC广播业务不断受到商业电台的挑战，2015年这种趋势更为明显。根

① 如无特别标注，本节中数据均引自英国信息通信管理局（Ofcom）2015年6月发布的 *The Communications Market Report* 2015。

据英国广播听众调研机构 RAJAR 最新的 2015 年第四季度报告，英国广播听众人数达 4820 万人，而商业电台听众人数首次超过 BBC。

三 出版业

1. 图书出版

英国图书市场整体销售规模继续下降。根据英国出版协会 2015 年 5 月的最新统计数据，2014 年英国实体图书销售额为 27 亿英镑，较 2013 年下降 5%。尽管数字图书销售额较上年增长了 11%，达到 5.63 亿英镑，但数字图书市场的整体规模较小，其增长无法弥补实体图书市场的萎缩，图书市场整体销售额为 33 亿英镑，较上年下降了 2%。值得一提的是，由英国五大图书出版商企鹅书屋（Penguin Random House）、桦榭（Hachette）、哈珀柯林斯（Harper Collins）、西蒙与舒斯特（Simon & Schuster）和麦克米伦（Pan Mac Millan）统计的电子书销售额比英国出版协会统计数字略高（15.3%）。

从图书类别看，现实小说和参考书的市场都出现明显的萎缩，销售额下降了 9%，其中电子图书也下降了 2%，而之前该类图书的电子书销售额已经连续四年上涨。儿童图书市场仍然发展强劲，根据英国图书协会统计，2014 年英国儿童图书销售额整体上涨了 11%。

图书出口是英国出版商缓解国内市场萎缩的重要途径，但 2014 年英国图书出口略有下降（-1%），主要原因是占据英国图书出口额 37% 的重要市场——欧洲出现了较大的滑坡，较上年下降 6 个百分点。这使英国出版商开始将更多精力放在东南亚。

2. 报纸杂志

英国是世界报业大国，不仅报纸种类繁多，而且发行量也很大。英国报纸的一大特点是英国政府并不直接办报，而是由私人或大型企业集团办报。但是，诸如《卫报》《泰晤士报》和《独立报》这样的全国性报纸一般都有政治背景，特别是在大选期间，各大报的政治倾向就变得格外重要。譬如根据 BBC 报道，2015 年已经明确表态的报纸有：支持保守党的《经济学人》和《太阳报》，支持工党的《镜报》（*Daily Mirror*），支持苏格兰民族党的《苏格兰太阳报》以及支持保守党和自民党联合政府的《金融时报》等。

随着互联网对全球报业的不断蚕食，英国报业市场出现了两级分化的现象：一方面，传统大报掀起数字化转型大潮，如全面停止发行纸质版的老牌报纸《独立报》；另一方面，镜报集团发行了一份英国30年来首次发行的全国性付费报纸《新的一天》（*The New Day*），并且该报宣称将不设任何网站。尽管如此，从这份新创报业的运营模式看，仍可发现数字媒体的痕迹，譬如在脸书和推特上设主页、精简的采编队伍、灵活的专栏板块等。无论这份报纸能否成功存活下去，都将是传统报业的一次重要尝试。

2015年，英国报业的另一个重要事件是日经新闻社以1600亿日元（约合近10亿英镑）收购了英国《金融时报》。《金融时报》创立于1888年，是全球知名财经媒体，日发行量为72万份。日经新闻是日本最大的媒体集团之一，主要发行《日本经济新闻》等报刊。这次收购案涉及金额庞大，且属于跨国并购，吸引了全球关注。从《金融时报》的前东家培生集团角度看，应该是“长期看空”报业市场。同时，也让业界看到，全球报业市场的萎缩或将引发更多跨国、跨界和跨行业的并购。

四　电影产业①

2015年，全球电影市场保持快速增长的态势，根据票房监测公司Rentrak统计，全年全球总票房超过380亿美元②，创造历史新纪录。英国2015年电影票房总收入也创造了新纪录，达19.1亿美元（约13.1亿英镑）（见图3），较上年增长15%。而之前的票房纪录为2012年的17.2亿美元。全年票房超过6000万美元的电影高达5部，其中《星球大战：原力觉醒》票房累积超过1.7亿美元，《007：幽灵党》票房也超过1.3亿美元。然而，高票房电影占票房收入比例过大，且多为好莱坞大片，2016年的英国电影市场或因缺少《星球大战》和《007》这样极具话题性的大卖电影而难以保持2015年的亮眼成绩。

同时，英国本土电影企业发展缓慢。20世纪20年代以来，英国电影产业

① 如无特别注明，本章节数据来源于英国电影协会2015年年报（BFI：Statistical Yearbook 2014）。

② 参见http：//www.hollywoodreporter.com/news/global-2015-box-office-revenue-851749。

一直被美国的大型跨国影业集团垄断，大部分本土电影公司只能从电影的制片和后期制作环节中抢一杯羹。而英国电影发行行业更是被好莱坞电影集团在英国的子公司控制，中低成本电影的独立发行商处境困难。目前英国境内最大的电影院线为欧点、影院世界、视图、全国娱乐、帝国影业，这5家企业拥有荧幕数量占全国75%，票房收入占全国的81%。

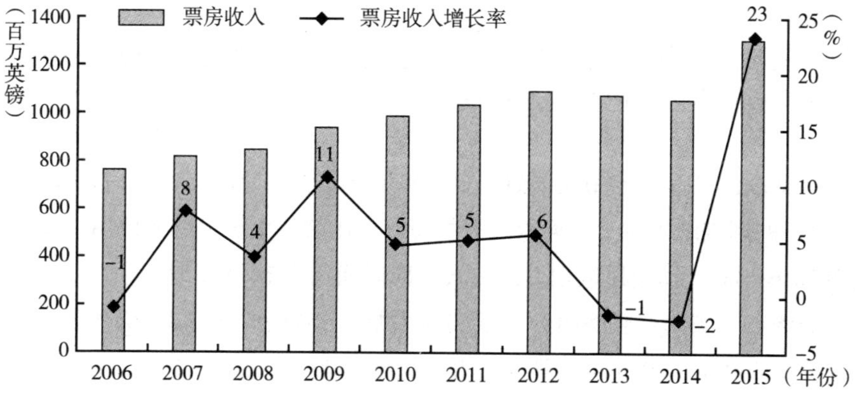

图3　2003～2014年英国电影票房总收入

数据来源：英国电影协会（BFI）。

五　互联网与移动媒体①

英国互联网发展迅速，截至2015年一季度，英国互联网普及率达到85%（见表1）。据英国国家统计局（ONS）公布的最新数据，86%的英国成年人在2015年第一季度使用过互联网，比2014年同期上升1个百分点。②

从互联网设备使用情况看，移动终端已经全面领先。2015年一季度拥有智能手机的用户占比（66%）首次超过笔记本电脑（65%），智能手机成为英国人最广泛使用的网络终端设备。而平板电脑是所有上网设备中使用人数增长

① 如无特别标注，本节中数据均引自英国信息通信管理局（Ofcom）2015年6月发布的 *The Communications Market Report* 2015。

② 参见 http：//www.199it.com/archives/349358.html。

表 1　英国互联网发展数据

项目 \ 年份	2010	2011	2012	2013	2014	2015
互联网普及率(%)	75	77	79	80	82	85
移动互联网普及率(%)	21	32	39	49	57	61
每月通过笔记本/台式机浏览网页时间(小时)	30.9	31.5	34.7	34.2	29.8	N/A
数字广告支出(亿英镑)	41	48	54	63	72	N/A
移动广告收入(百万英镑)	83	203	529	1021	1625	N/A

数据来源：英国信息通信管理局（Ofcom），2015 年 6 月。

最快的设备，2015 年使用人群数量较上年增长了 10 个百分点。而一项 2015 年 3 月进行的调查结果显示，英国人平均每月使用智能手机上网或使用 APP 的时间为 58.6 小时，而使用笔记本或台式机的时间仅为 31.3 小时。

2015 年，英国互联网内容产业稳步发展。谷歌和 YouTube 仍然是英国人最常浏览的网站，2015 年 3 月浏览人数达到 4600 万。脸书和 BBC 分列第二和第三位。Ofcom 的调查显示，超过 1/4 的英国网民选择通过传统报纸、电视或广播电台的手机应用或网站获取本地新闻和信息。然而与笔记本和台式机相比，更多英国人选择通过手机和平板终端设备浏览视频网站。

人们获取信息习惯的改变直接影响了媒体广告市场的变化。2014 年英国数字广告收入达 72 亿英镑，较上年增长 15%，占英国全年广告支出的 39%。同时，英国数字广告市场的增长主要源自与移动广告、广播点播广告以及地区性数字印刷广告的增长。以移动端展示广告为例，仅 2013 年和 2014 两年间的广告收入就翻了一番。

B.30
法国文化与传媒产业发展报告

张　伟*

摘　要：　本文对2013～2015年法国文化、传媒产业发展概况进行介绍，对电视、电影、报刊、互联网等行业具体发展进行剖析。

关键词：　法国　文化产业　传媒产业　发展

法国的传媒产业的统计数据与其文化产业密不可分，根据2015年由法国文化与传媒部发布的年度报告①，结合法国本土的文化与传媒产业特点，其深厚的历史文化积淀已深刻地融合在当代传媒产业之中形成了“文化经济”的概念。针对“文化经济”范畴进行定义，文化经济是指所有与文化有关的经济行为，所有包含报纸、电视以及电影等均在文化经济的范畴之内。

2014年，法国国内生产总值约为2.134万亿欧元，被英国赶超经济实力而降至全球第六位。据法国媒体《回声报》2015年6月24日报道，法国国家统计与经济研究所②对2014年法国经济数据做出预计：2014年，法国国内生产总值（GDP）增长幅度约为0.7%（2013年法国GDP增幅为0.4%），低于法国政府之前所预期的1%；与此同时，失业率仍会有小幅上升。法国经济恢复速度缓慢。2013年在文化经济方面，文化产业的经济总量占法国经济总量的2.3%，创造了约880亿欧元的文化产品，包含商业和非商业两个部分。除此之外，创造的文化产品的附加值为434亿欧元，较2012年有所上升（见表1）。

---

* 张伟，北京工商大学艺术与传媒学院教师，法国巴黎第八大学博士研究生。

① 《2015年文化传媒关键数据统计报告》，法国文化与传媒部（Ministeère de la Culture et de la Communication），www. culturecommunication. gouv. fr/Etudes-et-statistiques。

② 法国统计及经济研究所（Insee）相关报告，2015年6月。

表1　2013年法国文化产业产值分布

单位：十亿欧元，%

项目	文化产品						增加价值	
文化类别	商业		非商业		总和		总和	
	价值	占比	价值	占比	价值	占比	价值	占比
音像业（广播、电影、电视、视频、光盘）	28.4	39.4	—	—	28.4	32.4	12.5	28.1
演出	5.3	7.3	6.8	42.6	12.0	13.6	7.1	16.1
书籍、报纸	18.5	25.6	—	—	18.5	21.0	8.3	18.7
文化遗产（博物馆等）	0.3	0.4	6.5	41.2	6.8	7.7	4.0	9.1
广告业（广告公司）	9.2	12.8	—	—	9.2	10.5	4.0	9.1
建筑	5.5	7.6	—	—	5.5	6.2	3.1	6.9
视觉艺术（造型艺术、设计、摄影）	4.6	6.3	0.6	4.1	5.2	5.9	2.6	5.8
文化教育	0.3	0.5	1.9	12.1	2.2	2.5	1.8	4.1

数据来源：Insee，法国国家统计局、法国文化与传媒部，2014。

总的来说，法国虽然2013～2014年经济呈现颓势，文化经济板块却较为稳定。2014年度，至少有650部电影选择在法国首映；2013年间共有6300万游客参观了法国博物馆，其中仅10个短期展览就吸引了超过400万参观者，97个国家级景点和纪念馆共接待了超过900万人次的游客。①

一　电影业

在基础设施方面，截至2013年底，法国已有1921家影院进行了数字化改造，占法国影院总数的94.9%，较上年增加277家。数字屏幕已有5472块，占法国屏幕总数的97.9%，较上年增加455块。1187家影院安装了2954块3D屏幕，分别较上年增长了6.6%和4.7%（见表2）。

① Ministeère de la Culture et de la Communication, Chiffres Clés Statistique de la Culture et de la Communication, DEPS, Paris, 2015, p. 7.

表2　2008~2013年法国电影基础设施现状

基础设施＼年份	2008	2009	2010	2011	2012	2013
电影院(家)	2069	2066	2049	2033	2035	2025
电影屏幕(块)	5390	5470	5467	5467	5508	5587
影院座位(万个)	106.7	107.7	107.4	106.6	107.1	107.9

说明：具体数据根据不同来源会稍有出入。

数据来源：Bilan 2013 du CNC，Centre National du Cinéma et de l'Image Animée，http：//www.cnc.fr。

在电影市场方面，法国是欧洲本土片表现最好的大市场，本土片占据全年票房15亿美元的45.5%，与好莱坞影片的差距并不悬殊。法国2015年度观影人次高达2.06亿人次，是欧洲观影人次最多的国家，虽然比2014年小幅下滑1.4%，但是仍高于过去10年的平均线。全年有9部影片观影人次超过400万，其中8部都是外国电影。《星球大战7》以680万人次夺得年度冠军；《小黄人》观影人数达640万，屈居亚军；《侏罗纪世界》也吸引了超过500万名观众，排在年度第三；《速度与激情》和《头脑特工队》分列四五名，观影人次分别达456万人和446万人。法国电影2014年总观影人次为2.84亿人次。在观影人次、电影数量和出口方面超过其他欧洲国家，为47年来的第二次高峰。①

在2015年，法国电影业将继续紧缩成本策略，鉴于电影投资下降23%到5.38亿欧元，明星的片酬也达至最高。法国电影制作的能力依旧不容小觑，2015年初，《超体》和《飓风营救3》的成功已经证明了法国完全有能力制作大片。同时，小成本电影也有惊喜，如《贝利叶一家》。全球性动画电影也同样能取得成功，如《小王子》，该片由迪米特里·拉萨姆（Dimitri Rassam）和阿顿·扫马切（Aton Soumache）在巴黎的Onyx影业、多米尼克·法鲁贾（Dominique Farrugia）的BIS影业制作（见表3）。

值得注意的是，《小黄人》虽然正式被列为了美国影片，该片的联合导演是法国的皮埃尔·科分（Pierre Coffin），并且这部动画影片有很大一部分由巴黎的Illumination Mac Guff影业制作，这是一家由环球公司支持的Illumination娱乐公司的子公司。

① 1967年和2011年观影人次分别为2.12亿人次和2.72亿人次。

表3　2015年法国电影市场票房TOP 10（1月1日至11月3日）

排名	影片	国家	上映时间	观影人数(人次)	总票房(美元)
1	《贝利叶一家》	法国、比利时	2014/11/17	7452080	51046748
2	《小黄人》	美国	2015/7/8	6402024	43853864
3	《侏罗纪世界》	美国	2015/6/10	5123474	35095797
4	《速度与激情7》	美国	2015/4/1	4556135	31209525
5	《头脑特工队》	美国	2015/6/17	4338646	29719725
6	《复仇者联盟:奥创纪元》	美国	2015/4/22	4320963	29598597
7	《格雷的五十道闪电》	美国	2015/2/11	4066377	27854682
8	《新阿拉丁冒险》	法国	2015/10/14	3827161	26216053
9	《老师们》	法国	2015/7/1	3460448	23704069
10	《美国间谍》	美国	2015/2/18	3129899	21439808

数据来源：Rentrak。

二　电视业

截至2013年，有97%的法国家庭安装了电视系统，其中约4700万法国人每天都会看电视。据统计，2013年，法国家庭每日观看电视的时长约为3小时46分钟，比2012年度减少了4分钟。截至2014年底，法国共有33个国家频道和46个地方频道（相比2013年减少了3个）通过有线数字传输的方式（TNT）在法国大区播放。在其他传播网络中，共有208个国家频道（比2013年加了3个）以及87个地方频道（比2013年减少了19个）。2013年度，TF1依旧占据收视第一的宝座达到22.8%的市场份额，紧随其后的是France 2（占14%）和M6（占10.6%）（见图1）。

2013年电视频道全年收入约为92亿欧元，比2012年度减少约2%。其中付费电视和广告收入各占35%，公共收入（电视税和国家支持）占据约30%。近几年电视广告收入略有下降，但总体结构趋于平稳，收视群体也没有被互联网的发展而过度影响（见图2）。

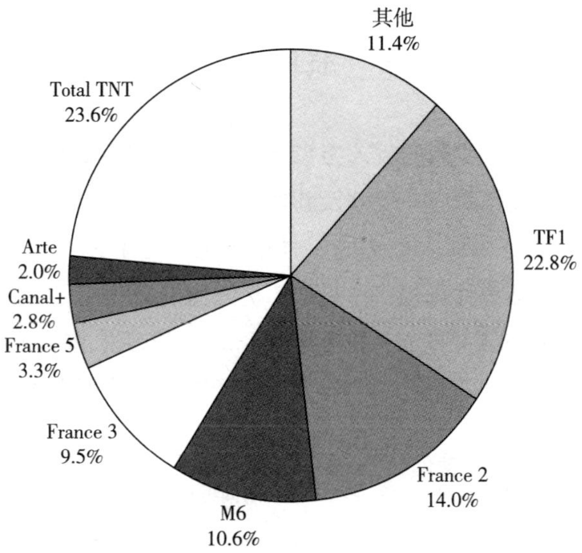

图 1　2013 年法国电视频道收视份额

说明：Ministeère de la Culture et de la Communication，Chiffres Clés Statistique de la Culture et de la Communication，DEPS，Paris，2015，p. 198。

Total TNT 包含其他数据频道如 Direct 8/D8，W9，TMC，NT1，NRJ12，France 4，BFMTV 等。

数据来源：Audience de la television。

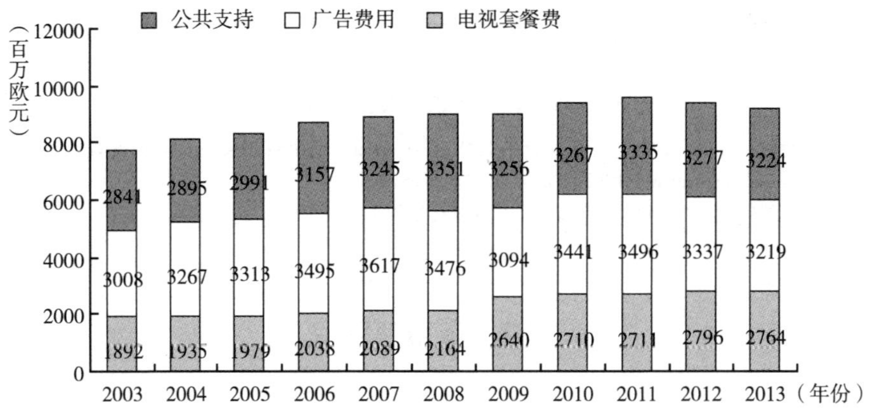

图 2　2003～2013 年法国电视频道收入状况

说明：Ministeère de la Culture et de la Communication，Chiffres Clés Statistique de la Culture et de la Communication，DEPS，Paris，2015，p. 198。

数据来源：2015 年文化传媒关键数据统计报告。

三　报刊出版业

2013 年，法国报刊出版的收入为 82.6 亿欧元，相比 2012 年减少 5.3%。报刊出版的衰落如同连锁效应一般涉及新闻出版的所有类别。2008 年以来，新闻出版的营业额下降了 21%。免费的广告报纸也失去了近 6.1 亿欧元的营业额（-88%），一些专业媒体则损失了近 7.7 亿欧元的营业额（-20%）。2013 年，法国付费报刊收入 78.4 亿欧元，比上年减少 3.8 亿欧元，降幅为 4.6%，所占份额 96.1%，较上年增加 1.9%。其中，数字报刊的收入占所有收入的 5%。①

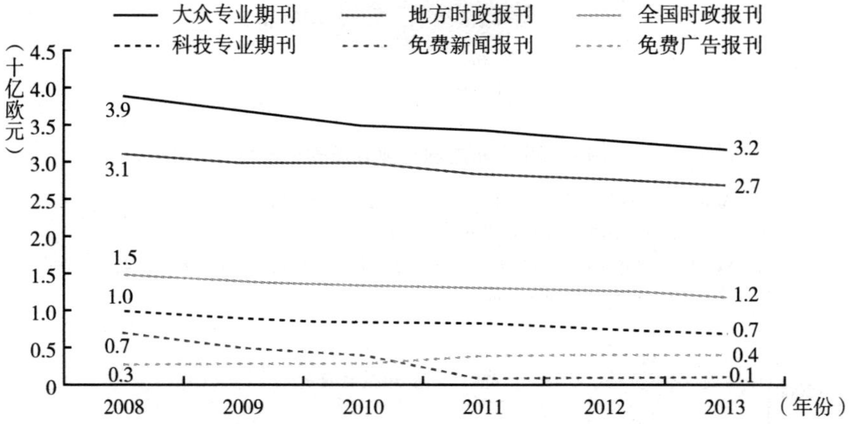

图 3　2008~2013 年法国各类报刊收入情况

说明：Ministeère de la Culture et de la Communication, Chiffres Clés Statistique de la Culture et de la Communication, DEPS, Paris, 2015, p. 188。

数据来源：2015 年文化传媒关键数据统计报告。

四　互联网业

2013 年，法国互联网订户数在上年基础上增加 85.9 万户，至 2506.7 万

① Ministeère de la Culture et de la Communication, Chiffres Clés Statistique de la Culture et de la Communication, DEPS, Paris, 2015, p. 187.

户，增幅3.5%，较上年增幅减少了1.5个百分点。（见图4）[1] 截至2014年，有超过82%的法国人拥有计算机，约有46%的人使用智能手机，29%的法国人拥有平板电脑。随着移动通信的迅速发展，使用移动设备的人也越来越多，约有43%的法国人长期使用移动网络。在2014年，约有30%的新闻信息通过互联网的方式传播（其中9%通过移动互联传播）。

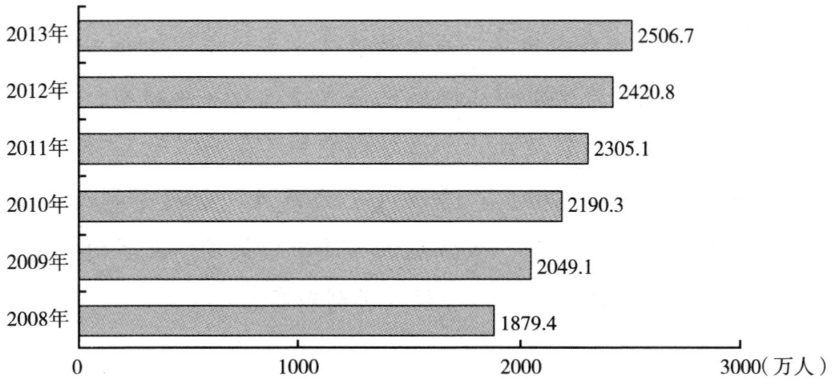

图4　2008～2013年法国互联网订阅用户

数据来源：综合法国电信管理局（ARCEP）2008～2013年年报。

2014年9月，有6500万访问者访问法国《世界报》网站2.53亿次页面；6300万访问者访问《费加罗》网站3.04亿次页面。互联网与传统媒体也呈现融合趋势，2013年12月的有2300万次广播节目被下载，比2012年同比增长了400万次。2014年，56%的电视栏目免费在电视的数字平台上进行播放（90%的栏目可以在其各自的数据库中找到）。2014年第一个季度的视频观看模式中，将近一半在计算机屏幕上观看，35%通过电视机观看，还有18%通过手机或平板电脑。媒体内容通过互联网的方式整合已经成为了互联网趋势之一，数字平台也会在文化、艺术的影响力方面持续发挥作用。

① Ministeère de la Culture et de la Communication, Chiffres Clés Statistique de la Culture et de la Communication, DEPS, Paris, 2015, p. 188.

B.31

2015年日本传媒产业发展报告

林　杨*

摘　要： 2014年的日本传媒产业发展喜忧参半，以报纸和书刊为首的传统纸媒迫于媒介环境变化全力推进数字化转型，却尚未找到成功的赢利模式。广播电视受到冬奥会、世界杯、亚运会等重大赛事影响，广告收入全面攀升。电影观影人次增加，屏幕数稳步回升，动画片依然是市场最爱。互联网方面智能终端普及率上升，广告收入再创新高。

关键词： 日本传媒　产业数字化　转型广告市场

2014年的日本经济受到政策影响明显，尽管短期内安倍经济学的宽松货币政策与积极的财政政策对经济增长仍然有一定的效果，但经济复苏仍然较为缓慢。受到4月消费税增税影响，第一季度国民迎来了抢先消费热潮，推动了个人消费类产品广告主的投放热情，也导致了第二季度私人消费的大量萎缩。从传媒产业整体来看，数字化转型进一步加快，互联网发展势头良好，广告收入增长明显，但目前大部分传统媒体企业数字化业务带来的收入还不足以弥补传统业务因数字化而产生的损失，调整收入结构的问题迫在眉睫。

一　报纸与出版

日本报业协会数据显示，2014年日本全国报纸的总销售额为18266亿日

* 林杨，清华-日经传媒研究所助理研究员。

元，同比减少3.8%。其中报纸销售收入10765亿日元，同比减少4.8%；广告收入4188亿日元，同比减少5.2%；其他收入3313亿日元，同比增加1.3%（见图1）。

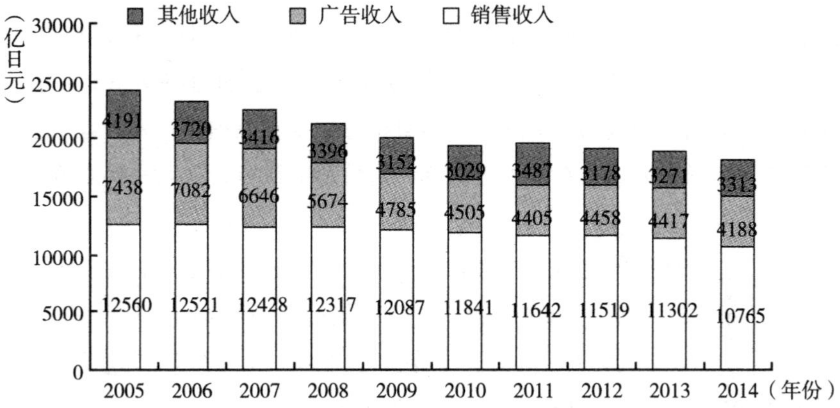

图1　报纸总销售额细目

资料来源：日本报业协会。

2014年日本报纸的总发行量为4536万份，同比减少2.7%，是发行量下降较大的一年。每户订阅报纸份数0.83份，不再订阅报纸的家庭持续增加（见图2）。

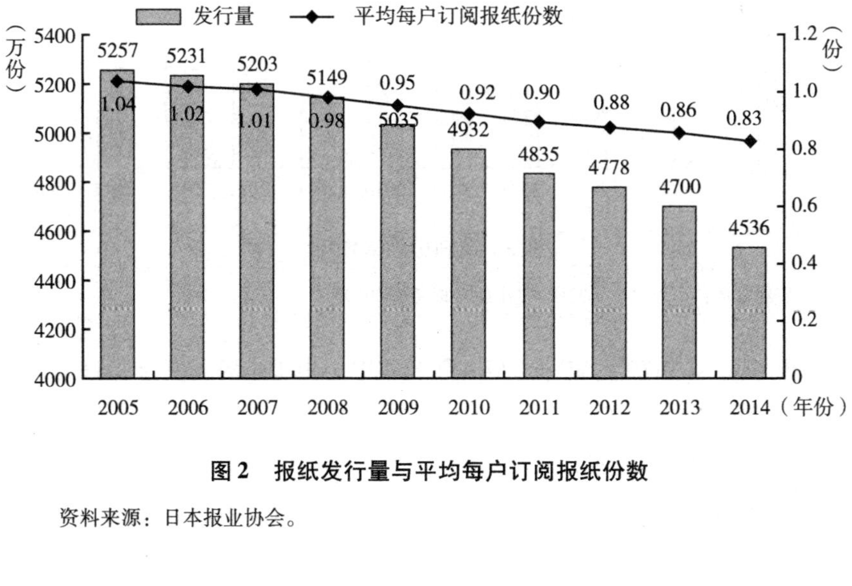

图2　报纸发行量与平均每户订阅报纸份数

资料来源：日本报业协会。

导致2014年度发行量下降较大的原因主要可以从以下几方面考虑。首先，一部分报纸用户从纸质报纸转为电子版用户，目前这部分用户并没有被计算在发行量统计当中；其次，2014年主流报纸发生的几起误报事件，使得部分读者对报纸的公信力产生怀疑，不再订阅；此外，智能终端的普及使得受众的媒介接触习惯发生变化，他们将更多的时间和精力花费在智能手机、平板电脑、电子书等“碎片化”终端上，而且这种变化还可能会加速持续下去。多方面的原因使得报纸发行量加速下降，不但直接影响了报纸销售收入，也影响到报纸的覆盖面和影响力，左右广告主对其广告价值的认可，从而直接影响广告收入。

据出版科学研究所的统计，2014年日本书刊杂志出版行业的市场规模为16064亿日元，同比减少4.5%，其中书刊市场规模为7544亿日元，同比减少3.9%；杂志市场规模8520亿日元，同比减少5.0%（见图3）。这是出版科学研究所自1950年开始该项统计以来跌幅最大的一年。

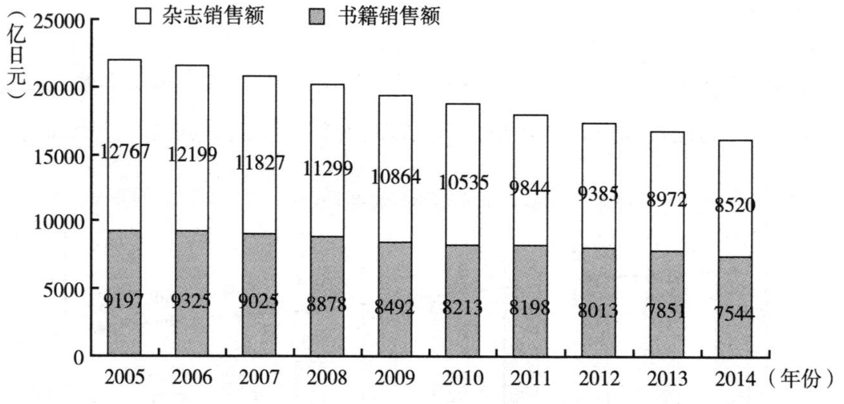

图3　书刊出版销售额

资料来源：出版科学研究所，《出版指标年报2013》。

根据Impress R&D的统计，2014年日本电子出版市场规模为1411亿日元，其中电子书市场1266亿日元，同比增长35.3%，电子杂志市场规模145亿日元，同比增长88.3%（见图4）。

随着智能终端的普及，面向传统手机的电子出版市场越来越小，很多电子

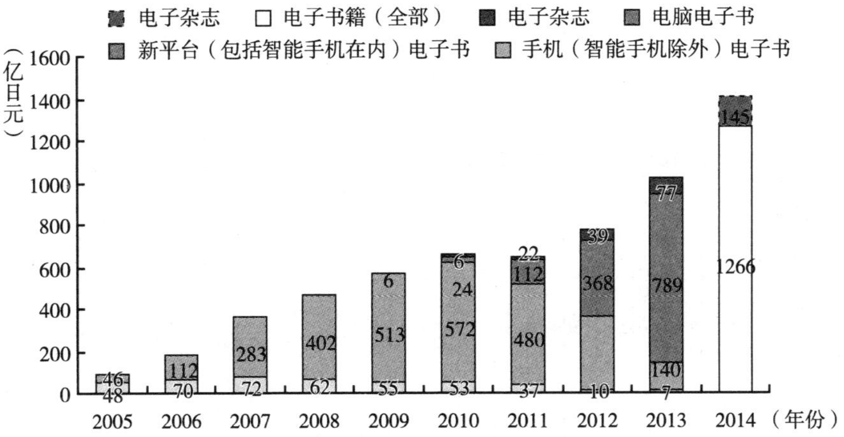

图4　电子出版市场规模

说明：自2014年起，对电子书籍的统计不再区分终端类型。

资料来源：Impress R&D。

出版商不再对阅读终端做额外限制，从2014年起，Impress R&D对电子出版市场统计数据亦不再区分电子出版的平台和终端。本年度电子书籍和电子杂志市场均出现了较大幅度的增长，除与智能终端的普及有关外，越来越多的传统出版社、杂志社开始提供电子书、电子杂志业务也是推动其增长的主要原因之一。尤其电子杂志业务，相对电子书籍单价较低，用户更容易产生购买行为。同时，包括多家主流漫画杂志在内的杂志社均推出了包月阅读服务，只需要支付固定的费用即可享受更丰富的内容，大大提高了用户消费的积极性。

为了顺应时代发展，日本大部分出版方采取了积极应对的态度。2014年10月，出版巨头角川书店宣布与代表性IT公司DWANGO（日本知名动画网站NICONICO的母公司，拥有包括图书、音乐、视频等在内的成熟的电子内容出版渠道）合并为KADOKAWA DWANGO，成为2014年度震撼日本出版界的一件大事，角川书店今后的数字化发展也更为让人期待。

二　广播电视

日本民间放送联盟《日本民间放送年鉴》及NHK业务报告书显示，2014

年日本民营地面电视台及NHK的总营业额为28329亿日元，同比增长1.6%。其中NHK的营业额为6748亿日元，同比增加2.7%；民营电视台的总营业额为21581亿日元，同比增加1.3%（见图5）。

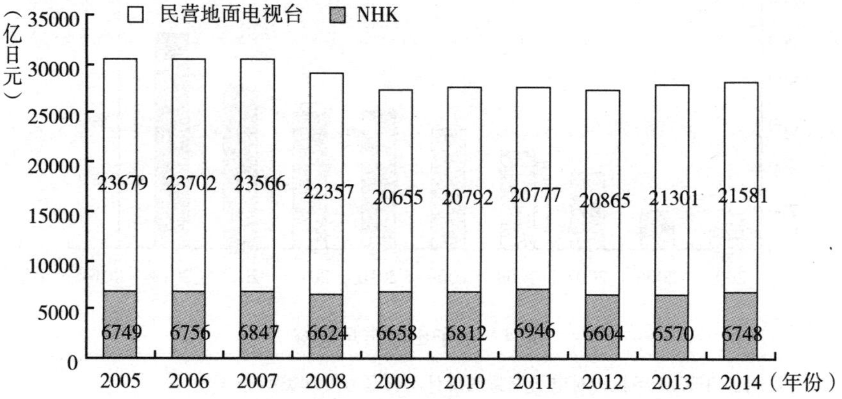

图5 地面电视单位市场规模

资料来源：日本民间放送联盟，《日本民间放送年鉴》2005～2014各年度版；NHK业务报告书。

以收视费为主要收入来源的NHK每年收入波动不大，以广告收入为主的民营电视台在2014年受多项国际体育赛事影响，广告收入增加，带动了全年收入的增长。2014年度受惠于体育赛事的还有卫星电视，高关注度的赛事节目给电视台带来了新的广告客户，观众对其认知度也有所增加。

在广播方面，根据日本民间放送联盟的统计，2014年地面广播业务收入1472亿日元，其中中短波广播收入853亿日元，FM收入618亿日元。自2010年4月开始提供服务的radiko互联网广播服务单独用户数达到1300万，2014年4月开始提供的付费服务用户（每月支付350日元可享受没有区域限制的收听服务）在2014年底达到15万人。

三 电影

根据日本电影制作者联盟的统计，2014年日本电影的观影人次达到16111万人次，同比增长3.3%。票房收入2070.3亿日元，同比增长6.6%。其中国产片票房1207亿日元，同比增长2.5%；进口片票房863亿日元，同比增长12.7%（见图6）。在上映作品中，国产电影615部，进口电影569部，与上一年度相比均有所增加。

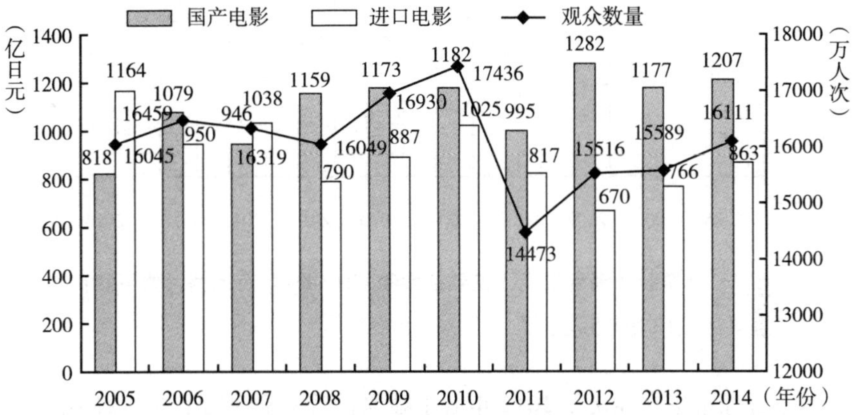

图6　电影票房收入及观影人次

资料来源：日本电影制作者联盟。

2014年，动画片电影依然是日本观众的最爱。在国产片票房排名前十的作品中，除国产片票房冠军《永远的0》（87.6亿日元）外，其余9部中有6部动画电影和3部动漫作品的真人版。在进口片方面，更是出现了现象级动画电影作品《冰雪奇缘》（254.8亿日元），这部迪士尼作品在日本票仓的票房仅次于美国本土，在日本的受欢迎程度远远超出其他海外国家，仅此一部作品的票房收入就占到2014年全年日本电影总票房的12.3%。该作品也成为日本电影票房史上继《千与千寻》（2001年，票房304亿日元）和《泰坦尼克号》（1997年，票房262亿日元）之后最卖座的影片。

四　音像

根据日本唱片协会的统计，2014年日本音像市场规模约为2978亿日元，同比下降4.6%。其中非数字音像制品市场规模为2541亿日元，同比减少6%，网络付费下载及增值服务市场规模为437亿日元，同比增加4.8%（见图7）。

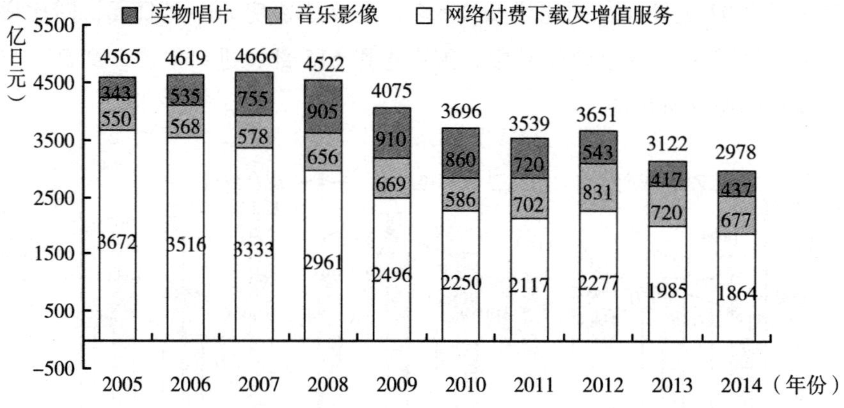

图7　音像制品销售规模（仅包括实物CD、DVD及网络付费下载）

资料来源：日本唱片协会。

日本音像市场在经历了2012年的小幅增长后又呈现出了连续缩小的局势，在非数字音像制品市场方面，受到付费下载的影响，2014年实物唱片无论销量还是销售额均出现了不同程度的下滑，然而付费下载市场规模的扩大并无法弥补实物唱片市场的缩小。同样的现象也出现在DVD与蓝光光碟市场上，2014年全年日本蓝光光碟的生产量与销售额增长率均超过10%，市场接受度逐渐提高，然而DVD因此失去的市场却大于蓝光光碟的增长，上述两点成为2014年度非数字音像制品市场大幅缩水的主要原因。

五　互联网

根据总务省的统计，2014年日本网民数量10018万人，同比减少0.3%，人口普及率82.8%（见图8）。自2005年日本互联网普及率超过70%后，增长率逐渐放缓，从其少子高龄化的人口结构考虑，目前基本达到饱和。

从上网方式来看，使用“家中电脑”“智能手机”“家庭外电脑”上网的网民占比最多，分别为53.5%、47.1%和21.8%。与2013年度相比，使用电脑上网的网民开始减少，使用智能手机上网的网民明显增加，在继“远离报纸”和“远离电视”之后出现了以年轻人为中心的“远离电脑”现象。

在社交媒体的使用需求上，社交媒体用户占网民整体的47.4%，同比增

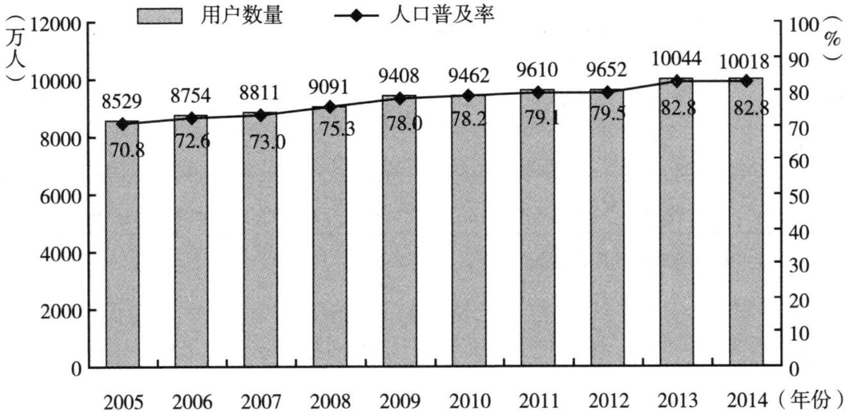

图8　互联网用户数量及人口普及率

资料来源：日本总务省《通信利用动向调查》各年度版。

长5%。社交媒体需求主要来自“为了联系认识的人”（85.4%）、“为了获取信息”（40.6%）和“消磨时间”（29.9%）。

六　广告

根据日本电通广告公司的统计，2014年日本广告市场规模为61522亿日元，同比增长2.9%，连续三年实现了增长。这是日本广告市场6年来首次超过6万亿日元，同时也是互联网广告费首次超过1万亿日元（见表1）。虽然消费税的增加对日本广告费的增长有一定的负面影响，但索契冬奥会和巴西世界杯两大广受关注的体育赛事为日本2014年的广告费带来了缓慢的增长。在21个行业中，有14个行业实现了广告费的增长。

表1　2007～2014年各媒体广告费

单位：亿日元

类型＼年份	2007	2008	2009	2010	2011	2012	2013	2014
报纸	9462	8276	6739	6396	5990	6242	6170	6057
杂志	4585	4078	3034	2733	2542	2551	2499	2500
广播	1671	1549	1370	1299	1247	1246	1243	1272

续表

类型＼年份	2007	2008	2009	2010	2011	2012	2013	2014
电视	19981	19092	17139	17321	17237	17757	17913	18347
卫星媒体	603	676	709	784	891	1013	1110	1217
互联网	6003	6983	7069	7747	8062	8680	9381	10519
其他推销广告	27886	26272	23162	22147	21127	21424	21446	21610

资料来源：电通《日本的广告费》。

2014 年度报业广告市场规模 6057 亿日元，同比减少 1.83%。冬奥会及众议院选举为报纸带来了一定的广告增长，但是由于 4 月消费税增税后国内经济没有出现明显复苏，报纸广告市场全年亦未能实现增长。在广告投放行业方面，“精密仪器”“能源、机械”“药品、医疗用品”等行业的广告费有所增加。

2014 年度杂志广告市场规模 2500 亿日元，与 2013 年度基本持平，其中部分行业有所增长，“服饰、首饰”“化妆品”行业依然占有较大份额，“汽车及相关产品”“交通、娱乐休闲”行业也较为活跃。

2014 年度广播广告市场规模 1272 亿日元，同比增长 2.3%。“精密仪器”“房地产”及“汽车”行业的广告投放较为活跃。

2014 年度电视广告市场规模 18347 亿日元，同比增长 2.4%。1 ~3 月广告主为了迎合消费税增税前消费者的购物热情，广告投放需求持续增长。同时，冬奥会、世界杯、亚运会等体育赛事也为体育节目带来了大量的广告投放。

2014 年度卫星媒体广告市场规模 1217 亿日元，同比增长 9.6%。从活跃行业来看，电视购物、健康食品、金融保险、美容用品等行业的广告投放较为活跃。增税前“汽车及相关产品”和“家用电器”行业的广告投放也有所增加。

2014 年度互联网广告市场规模 10519 亿日元，同比增长 12.1%。从市场整体来看，智能手机市场扩大，视频广告及基于新技术的广告类型稳步增长。基于大数据的精准定位广告在 PC 端增长率放缓，移动端则出现了大幅增长。同时，随着需求方平台（DSP）和供给方平台（SSP）的普及，以及数据管理平台（DMP）分析结果的实时竞价广告交易模式也开始被越来越多的广告主接受。

B.32

2015年韩国传媒产业发展报告

申惠善*

摘　要： 2015年韩国传媒产业与中国传媒产业合作更加广泛，此为年度显著特点之一。韩国出版、电影、音乐、漫画等大多数领域当中网络内容的比重也逐步攀升。本文结合相关数据，对各产业领域发展情况、热点以及主要问题等进行分析。

关键词： 韩国　传媒产业　发展

每年12月，韩国政府都会举办"大韩民国内容大赏"奖励本年度优秀内容及创作人。2015年得奖作品及个人为"The God of High School"①（漫画部门大统领赏）、《出动吧，超级羽翼》②（动画部门大统领赏）、《未生》③ 制片人金元锡（电视剧部门大统领表彰）、《超级中国》④ 制作人黄应九（非电视剧部门大统领表彰）等。获奖作品以及获奖个人所涉及的作品，除《未生》以外，都是与中国有关的内容。由此可见，2015年是韩国传媒产业与中国传媒产业共同发展的一年，此为年度显著特点之一。2015年中韩两国合作制作

* 申惠善，首尔大学亚洲研究所研究员。

① 授奖理由：前生是孙悟空的主人公参加了高中生大力士选拔比赛，然后发生了一系列的故事。促进了网页漫画方面韩流的扩散。

② 授奖理由：韩中共同制作的动画成功事例。韩国、中国、美国收视率第一。中国市场机器人玩具部门销售第一。

③ 授奖理由：选用了新人演员，围绕严肃的社会问题为观众带来了新鲜的乐趣及感动。

④ 授奖理由：21世纪发展成为大国的中国现在的面貌区分为人口、军事、大陆、文化等，在此视角下分析中国未来的前景。

的综艺节目数量约达20个①。

2015年，在世界娱乐和传媒产业（Entertainment & Media，E&M）领域内，网络内容比重不断上升。紧随其脚步，韩国E&M产业在出版、电影、音乐、漫画等大多数领域当中网络内容的比重也逐步攀升。尤其作为网络内容龙头产业的网络漫画在扩展“一源多用”（One Source Multi-Use）方面发挥了重要作用。因此灵活使用了网络漫画的IP（Intellectual Property）产业今后的发展前景也十分美好。然而，网络漫画普遍存在创作过程、契约制定不严格等问题，由此引发过度劳动、不平等契约等社会问题。事实上，电影界很早便存在且认知到此类问题，为了改善电影工作者和创作者的待遇，韩国于2015年颁布了《关于振兴电影及影像作品的法律》。

一　出版业

2012年，韩国出版业销售额曾突破210千亿韩元，但好景不长，2013年开始下滑，2015年销售额跌落至203千亿韩元。出版产业的输出规模2013年达到2.9亿美元，2014年下跌至2.47亿美元，2015年为2.55亿美元。

2014年11月21日，韩国开始实行“图书定价制”，实行以前因大幅度的打折销售导致2015年上半年图书购买量停滞不前。进入下半年，通过多元文化营销等消费引导措施形成以排行靠前的畅销书为中心的销售回暖趋势。

线上书店销售额在过去的10年间保持了持续上升的态势，然而2012年开始下降。相反，移动购物增加20%以上。2015年韩国因中东呼吸综合征的扩散、南北韩关系、恐怖事件等造成的人们心理层面上的不安环境以及长期的经济不振、家庭收入恶化等原因连带导致图书市场的萎缩。长久以来，主要图书购买群体（20~30岁女性）购书比例下降，然而40~50岁女性成为新的消费群体，此为特征之一。

预计未来一段时间，纸质图书市场的销售额将持续下降，与之相反，电子

① 如《我是歌手》《爸爸去哪儿》《奔跑吧兄弟》《了不起的挑战》《行动亚洲》等。

书的市场将稳步扩大。2015 年通过电子书方式销售最多的图书题材多为浪漫爱情、科幻、武侠，这几类约占总体的 54.2%。[①]

二　漫画、网络漫画

2015 年，韩国漫画销售额达到 9000 亿韩元，小幅上升。2015 年漫画输出额为 3000 万美元，基本与 2014 年持平。漫画产业主要有以下几个特点。

第一，成人漫画网站为主的网络漫画付费市场逐步平稳。LEZHIN（http://www.lezhin.com）2013 年 6 月推出移动应用程序，2015 年 9 月开始提供网站服务，提高了以成人消费群体为对象的内容表现自由度，通过作家自由连载以及付费结算方式改善收益分配，依靠一系列“亲作家中心政策”取得了成功。TopToon（http://toptoon.com）于 2014 年 3 月开放网站，与 LEZHIN 并肩成为网页漫画的两大山脉。LEZHIN 与 TopToon 2015 年销售额各约 200 亿韩元。

第二，网络漫画不断扩展以 IP 为中心的内容商品化战略。以网络漫画为原著的电影（《内部者们》）、动画（“Timing”）、电视剧（《锥子》）、游戏（“The God of High School”）等作品均取得了巨大反响。

第三，随着网络漫画产业的活性化，不仅网络漫画平台服务得到了改善，生态圈也逐步实现了多元化。NAVER 提供网络漫画预览服务，扩大了网络漫画平台的付费范围，而 DAUM 开始运行方便连载者提供履历、联系方式的代理程序，强化了支援作家的政策。

网页漫画产业的快速发展将带来漫画创作教育市场的繁荣。韩国内容振兴院的“内容学术”及以地域划分的“内容韩国实验室”，韩国漫画影像振兴院的“K 漫画学术”及以地域划分的“网页漫画创作体验馆”等均针对上班族、作家志愿生、学生等群体举行有关网络漫画的教育项目。全国主要高等院校里有关漫画科系的入学竞争率正呈现上升趋势。

① 《2015 年国内电子书籍市场趋势》，《电子出版》2015 年 12 月。

三 电影

电影产业销售额自2011年起持续增长，到2014年出现了短暂停滞，然而2015年打破了历史上最高的销售额纪录。2015年度放映电影总数为2082部（韩国电影549部，海外电影1533部），观影人数约为21729万名，销售额达17155亿韩元，较上年增长3.1%。①。以2015年票房成绩为基准，高居前十位的电影中有6部是韩国电影，包括《老手》《暗杀》《国际市场》《内部者们》《思悼》《延坪海战》等。与韩国电影的蓬勃发展相比，好莱坞电影在韩国呈现萎靡之势。其中，动画电影（《头脑特工队》《超能陆战队》《小黄人》）维持了相对稳定的观影群体，并在IPTV、网络VOD、组合贩卖市场里有较好的表现。

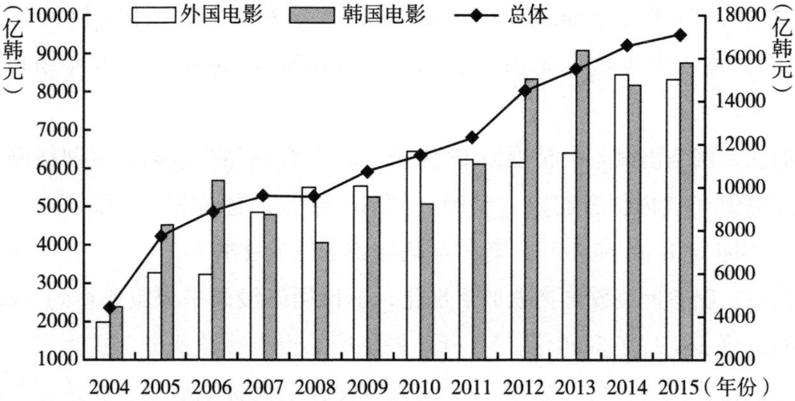

图1 2015年韩国的电影销售额

数据来源：电影振兴委员会主题统计，http：//www.kobis.or.kr/kobis/business/stat/them/findYearlyTotalList.do。

2015年韩国电影产业的特点之一是韩国电影公司与中国主流公司开设合作公司。秀宝（Showbox）与中国华谊兄弟于2015年3月缔结为独家伙伴关系，预期今后将设立合资公司秀宝中国，3年间制作6部以上的韩中合作电影，并计划在中国市场放映。韩国投资发行公司NEW与中国华策影视于2015年10月合作

① 电影振兴委员会官方网页，http：//www.kobis.or.kr/kobis/business/stat/them/find YearlyTotalList.do。

建立合资公司，计划将 Kang Pul 的原著《魔女》制作成为中文版电影与韩文版电影，并将韩国电影“Beauty Inside”“The Phone”改编成中文版电影。①

随着电影事业的发展，韩国电影的法律、制度也逐渐完善。文化体育观光部为了改善工作条件推出电影院入场券附加税金制度，为支援国内电影拍摄（外景拍摄）推出《振兴电影与影像产品的相关法律》，并于 2015 年 11 月 19 日开始施行。另外，文化体育观光部与电影界协力创建了“电影劳使政协议会”②，主要为制定有关电影工作者标准报酬的方针、计划，推动相关的实态调查、意见收集等。

四　电视

韩国电视产业的销售额呈现持续增长趋势，2015 年度同比增长 5.3%，创造了 176000 亿韩元的纪录。地面电视、有线电视市场占有率下降，相反 IPTV、放送频道（PP）的市场占有率提高。电视产业的总销售额中，地面电视台的比重从 2010 年的 35% 跌落至 2014 年的 27%。有线电视亦不尽如人意，同期从 18% 跌落至 16%。2010 年 IPTV 销售比重仅为 4%，2014 年增长到 10%。与之类似，同期 PP 的销售额比重亦从 38% 增长到 43%，且 SK 收购 CJ Hello Vision 后，2016 年 IPTV 销售额比重激增。

电视节目输出也保持持续上升趋势，2014 年出口额较 2013 年增长了 9.1%，高达 3.1381 亿美元。2010～2014 年，单从年均输出增长率来看，地面电视约为 6.4%，PP 约为 66.1%。通过扩大与中国的共同制作份额，面向中国的节目版权输出不断增加。

2015 年电视内容市场的标志性关键词为“新西游记”。《新西游记》并非是在地面电视、收费电视里播放，而是首个仅通过网络放映的娱乐节目。该节目播放时间灵活化，播放体裁也与以往作品相比更活泼，特定的品牌名也毫不忌讳地在剧内登场。《新西游记》仅在 NAVER TV 客服端独家播放，包括正

① 《영화수출 ‘청신호’,합작영화 성과도 ‘쏠쏠’》,《헤럴드경제》2016 年 2 月 17 日。

② 由电影工作者组合、电影业者团体、电影振兴委员会构成，协议准备标准薪酬方针的事项、普及以及活性化标准契约书的使用、电影安全等内容的非常设机构。

片、预告片在内的37个影像的点击数累计突破了5000万人次。中国方面是在门户网站腾讯视频上播放，点击数突破了6000万人次。①

放送通信委员会与未来创造科学部计划在2017年2月前实现首都圈范围内地面电视UHD（Ultra High Definition）播放的目标，推动引进地面电视UHD的方案。预计在2016年制定地面电视UHD许可基本计划，准备许可审查及选定、UHD节目认证标准及详细编排标准等相关的政策法案。以引进地面电视UHD发送为契机，UHD内容制作将现火热之势。

五　音乐

音乐产业近3年销售规模保持稳定增长态势，并在输出领域大幅度增长。2012年销售额首次突破40000亿韩元后，2015年达到48000亿韩元。2011年的输出额为2亿美元，之后持续上升，2014年首次突破3亿美元大关，2015年增长到3.6亿美元。

2009年7月，面向大众的生存竞争类选拔节目“Super Star K”在Mnet首次亮相。此后不管是有线电视还是地面电视，生存竞争类节目泛滥成灾。在此类节目发展并不乐观的背景下，以“歌Show”为模版的节目又吸引了大批观众的眼球。JTBC的《隐藏的歌手》、MBC的《蒙面歌王》、Mnet的《听到你的声音》等均是在2015年收获人气的大制作“歌Show”。此类节目的特点是主要集中在“经典老歌曲”上。

2015年歌曲界因“抢购音源”事件风波四起。抢购音源争议的最大问题便是无法找出解决的对策。根据《出版文化产业振兴法》，有抢购行为者经发现处以2000万韩元以下的罚款或2年以下的有期徒刑。现歌曲界有要求参考出版界法律的声音。实际上，文化体育观光部于2013年发布了杜绝抢购音源的对策。根据此对策，为了防止歪曲、捏造歌曲排行榜的行为，鼓励使用“即时排行榜指向”。然而截至2015年底，现存的各种音源网页所公开的即时排行榜在分单位、瞬间占有率等方面相较之前向着更细分化的方式进化，导致

① 2015 방송영상콘텐츠 결산, 지표로 보는 2015년 방송영상조감도《방송트렌트&인사이트》。2015年12月~2016年1月，Vol.4。

了有名无实的结果。

歌曲《江南 Style》传遍海内外取得傲人成绩后，数年间有关“K-pop”的危机论不绝于耳。事实上，通过各种资料可了解到被视为是韩流震源地的东南亚各国韩流声势大减。在此情况下，令人鼓舞的消息是虽然在一线韩流国家，如日本、越南等国的韩流呈现下滑趋势，然而在南美、中东等二线韩流地区中，韩流逐步上升，支撑了韩流的发展。

韩国音乐市场的问题是虽然已经具备受到全世界瞩目的内容，然而却没有收集、提供可信度高的数据的研究机构。全球化在计划与制作、流通与消费等近乎所有领域都在发生，在此情况下，要求收集韩国 Bill Board 排行榜、Oricon 排行榜相关数据的诉求破在眉睫。

六　游戏

韩国游戏在 2015 年实现了 100000 亿韩元以上的销售额，其输出额达到 30 亿美元。

2015 年持续推出高人气游戏的移动游戏市场发展弥补了相对萎靡的 PC 线上游戏空位。“Hit”“Raven with Naver”“Idea”等大型移动游戏连续出市，市场与使用者认知均向移动游戏靠拢。“Hit”“Idea”等作品在开发时，3 年间的投资额便高达 100 亿韩元，投入了 50 名以上的人力。大制作的移动游戏偏重于动作 RPG，原因是借用了大制作线上游戏开发人员。

截至 2015 年第三季度，移动游戏的 TV 广告费用超过 2000 亿韩元，同比 2014 年最少增长了 4 倍。移动游戏出市早期，其产品认知度极为重要。因此，对于游戏宣传而言，著名艺人登场的明星营销更为有效，而此举也导致韩国游戏开发商在营销费用上投资巨大。有人指出业界存在大众媒体明星营销过度、竞争白热化的局面。

近年来游戏产业仅施行了管制方面的法案，游戏业界不满情绪高涨。业界普遍有要求出台游戏产业的相关法律、制度。青年希望基金会为了增加青年人的就业机会，计划培养人文、社会、艺术、体育等领域的大学生成为从事移动游戏的人员，从而也保证良好的人才储备，此举措将对今后的游戏产业产生积极的影响。

七　无线网络

2015 年韩国国内无线网络产业的销售额达 1193731 亿韩元（见图 2）。以部门为基准划分的产业销售额现状如下。

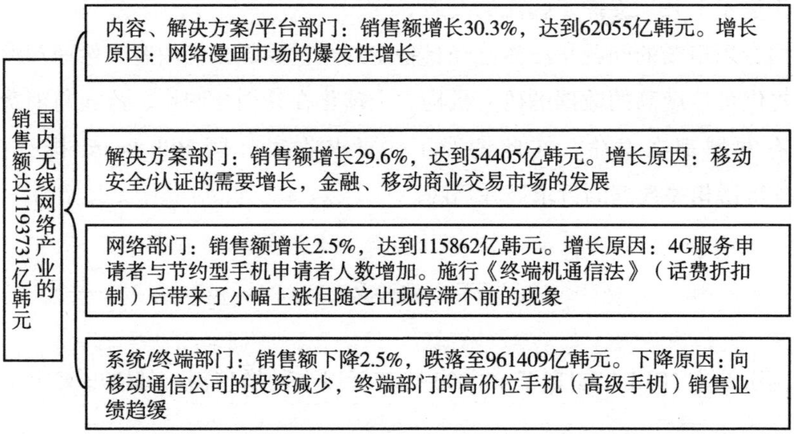

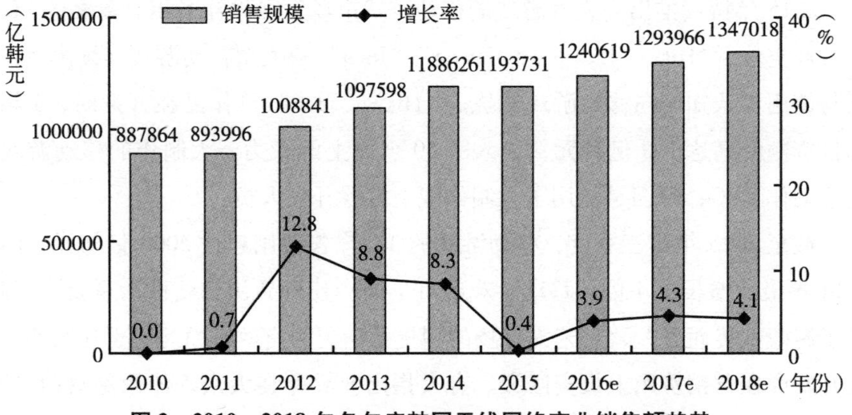

图 2　2010～2018 年各年度韩国无线网络产业销售额趋势

数据来源：《2015 大韩民国无线网络产业现状》，第 10 页。

2015 年韩国无线网络企业数为 9275 家（增长 126. 1%）。各分领域企业数量增减如表 1 所示。

无线网络企业中产生海外贸易的企业占 72. 1%。这些产生海外销售额的

表1　无线网络产业以部门划分的企业数现状

单位：家，%

分领域	2014 年	2015 年	增减
网络	41	48	17.1
系统/终端机	151	325	115.2
解决方案/平台	590	2746	365.4
内容	3320	6156	85.4
总　计	4102	9275	126.1

企业为了开拓新的市场，对海外市场表现出浓厚兴趣。韩国网络企业进军海外时偏爱同时进军多国，中国、日本、美国为最受欢迎的国家。

B.33
2015年东南亚主要国家传媒产业发展报告

石惠敏*

摘　要：2015年东南亚六国媒体生产总值达145.35亿万美元，虽仅占世界传媒产值的2.7%，但却以9.7%的增长幅度，成为全球传媒产值增长最快的区域之一，与拉丁美洲地区并列为全球增长速度最快的地区①。其中，传媒产值位居东南亚国家前三位的依次是：泰国（33.4亿美元）、菲律宾（31.4亿美元）、印度尼西亚（26.6亿美元）。以传媒产值增长速度而言，印度尼西亚和越南分别以13.5%与16.8%的增幅，成为本区域媒体产业增长最快的国家。

关键词：东南亚　传媒产业　产值　发展

一　东南亚传媒产业综述

2015年，东南亚传媒产业产值增长9.7%。2015年亚洲新兴国家经济下行，但传媒产业却保持稳健增长：东南亚②和拉丁美洲③两地区都以9.7%

* 石惠敏，博士，新加坡国立大学东亚研究所研究员。

① 本报告数据来源于群邑媒介集团（GroupM）2014年12月出版的 *Worldwide Media and Marketing Forecast*。

② 本报告中的东南亚国家仅包括印度尼西亚、马来西亚、菲律宾、新加坡、泰国、越南6国。

③ 拉丁美洲国家指阿根廷、巴西、智利、哥伦比亚、多米尼加、厄瓜多尔、墨西哥、秘鲁、波多黎各、乌拉圭、委内瑞拉11国。

的增长率并列增长速度最快的地区。北亚[①]与中东非洲增长率为8%，居于次位。北美[②]国家增长率为3.8%，也是自2007年来的最高增长点。与此同时，欧洲诸国媒体产业增长率介于0.1%～2.4%，也印证了欧洲经济的疲弱不振。

1. 传媒产值：泰国高居东南亚之首，印度尼西亚、越南的增长速度最快

泰国堪称东南亚传媒大国，2015年传媒产值为33.49亿美元。自2007年至今，泰国连续8年稳坐该区域第一，菲律宾居第二。在增长方面，印度尼西亚和越南传媒产值持续高速增长，除了直追泰国与菲律宾，也早已超过传媒产业较传统保守的新加坡和马来西亚（见图1）。

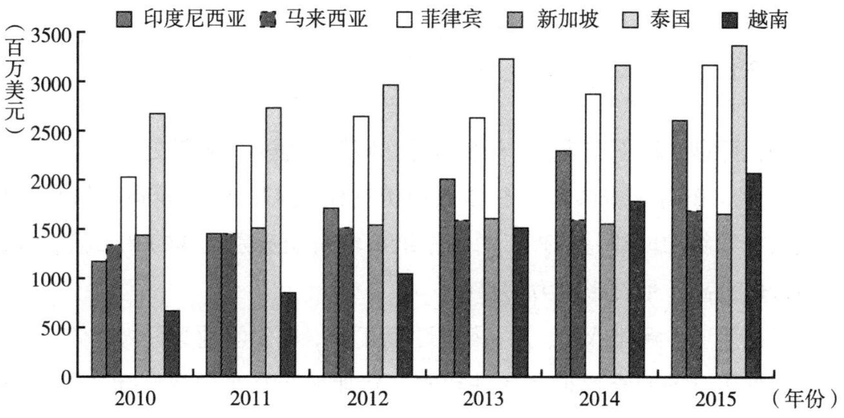

图1　东南亚各国传媒产值

资料来源：GroupM，December，2014。

2. 电视产业：越南、菲律宾电视市场占有率分别高达90%、84.4%

电视产业在东南亚国家一枝独秀，2015年平均市场份额达63.5%（见图2），仅次于拉丁美洲国家，全球排名第二。网络视频（online video）和手机电视成为当地人们的新宠。通过多个屏幕更自主的、更随兴的、更互动式的收看视频，是东南亚受众越来越普遍的趋向。

① 北亚指中国、中国香港、中国台湾与韩国等经济体。

② 北美国家指加拿大与美国。

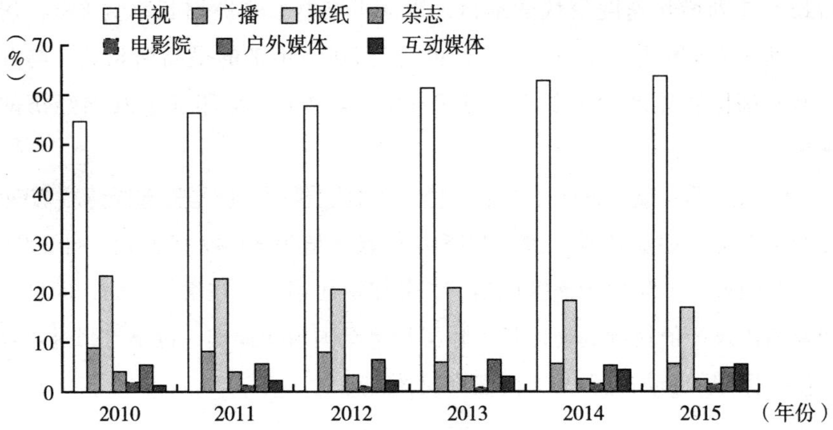

图 2　东南亚各主流媒体市场占有率

资料来源：GroupM，2014 年 12 月。

3. 报纸产业：趋于边缘化，马来西亚、新加坡报业发展较好

2015 年，东南亚多国报业总体市场份额仅达 17.2%，面临边缘化危机。但马来西亚和新加坡却是例外，两国报纸市场份额分别是 48% 和 38%，依然是当地产值最高、最具影响力的媒体。

4. 广播产业：陪伴依旧，为菲律宾、新加坡、马来西亚第三大媒体

根据尼尔森的调查，2015 年菲律宾、新加坡与马来西亚广播产值的市场份额均高居本国市场 8.7% 以上。以收听率而言，马来西亚 10 岁以上广播受众高达 93%。新加坡收听率排名前三的电台依然是中文电台。

网络时代的广播，除了延伸至播客和网络广播（podcast and internet radio）之外，广播和其他媒体兼容并存以及提供手耳并用的陪伴特性，将使得广播的生命延续。

5. 互联网、社交媒体：普及程度高，后发优势明显

2015 年东南亚各国电子媒体、手机和社交媒体同比增长 15%①，东南亚地区活跃网民达 2.52 亿，占本地区人口的 40%，活跃的社交媒体使用者达 2.33 亿，手机持有人数达 7.76 亿，渗透率达 124%。其中互联网普及度平

① 资料来源：“We are Social”，《2015 年社会化媒体、数字和移动业务数据趋势报告》，2015 年 1 月。

均达56%①，超过全球平均（44%），而社交媒体使用率平均为50%，也高于全球平均（31%）②。Facebook虽然是本区域最普遍的社交媒体，但是Line在泰国的使用人数已接近Facebook，同时Viber在菲律宾也正成为更受欢迎的社交媒体。

二　东南亚六国传媒产业发展

1. 印度尼西亚的传媒产业

根据2015年新加坡李光耀政策学院亚洲竞争力分析报告，印度尼西亚占东盟十国国内生产总值的35.86%，是东盟最大的经济体（见图3）。

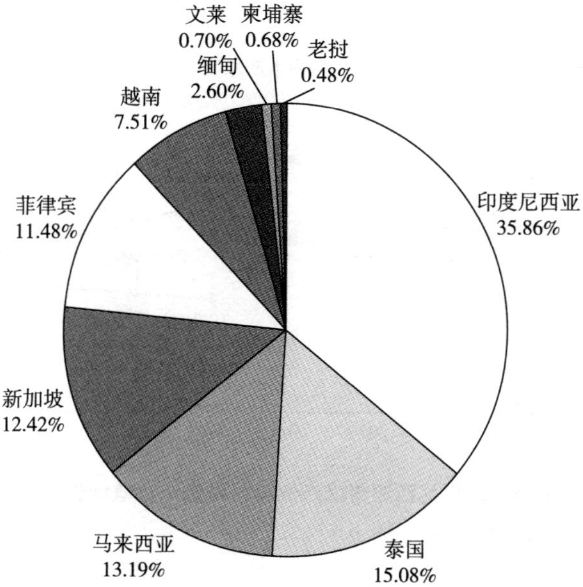

图3　东盟十国GDP比重

资料来源：世界银行，《亚洲竞争力报告》。

① 以东南亚六国（新加坡84%，马来西亚67%，泰国54%，越南50%，菲律宾46%，印度尼西亚34%）平均值计算。

② 以东南亚六国（新加坡67%，马来西亚59%，泰国58%，越南40%，菲律宾47%，印度尼西亚31%）平均值计算。

2015 年是中国与印度尼西亚建交 65 周年，也是亚非万隆会议召开 60 周年。印度尼西亚与中国最高领导层互动频繁并且展开多项重大合作。2015 年 6 月，中国国务院副总理刘延东出席在雅加达举行的印度尼西亚中国节目频道 Hi-Indo 开播仪式。Hi-Indo 是中国国际电视总公司与印度尼西亚艾奈特媒体公司（PT. Elnet Media Bersama）合作的电视频道，也是印度尼西亚首个全天 24 小时以中文播出的免付费电视频道。Hi-Indo 的成立堪称中国“一带一路”的文化铺设与传播范例，对印度尼西亚媒体生态也起着一定的带动与提升作用。

印度尼西亚人口 2.7 亿，半数在 30 岁以下。庞大的年轻劳动人口是吸引外资的最大原因。从 2009 年至今，印度尼西亚传媒产值每年以双位数字增长并且连续 6 年高于印度尼西亚国内生产总值的增降幅度（见图 4）。印度尼西亚传媒产值在 2015 年增长 13.5%，与越南并列成为本区域增长最快的两个国家。

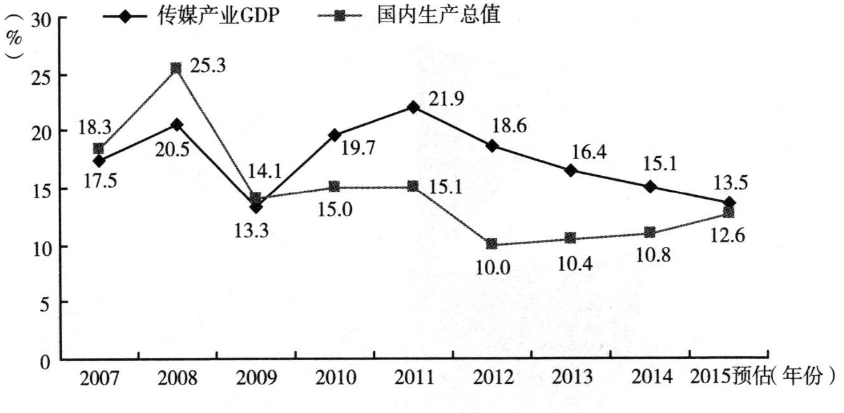

图 4　印度尼西亚传媒产值与国内生产总值增长比较

资料来源：GroupM，2014 年 12 月。

印度尼西亚电视产业一枝独秀，电视市场份额达 65%，印度尼西亚语和英语是当地主流媒体语言。印度尼西亚媒体相对自由开放，有多家外资民营广播电视公司。报纸、杂志的经营门槛更为宽松，但宽泛的氛围并没有为纸媒带来更有利的生存空间，多年来堪称第二大媒体的报纸始终只维持低于 20% 的市场份额（见图 5）。

根据澳洲市场调查公司 Roy Morgan 2015 年 6 月公布的资料，印度尼西亚人民是全亚洲看电视时间最长，每周平均看电视 29.5 小时（见图 6）。

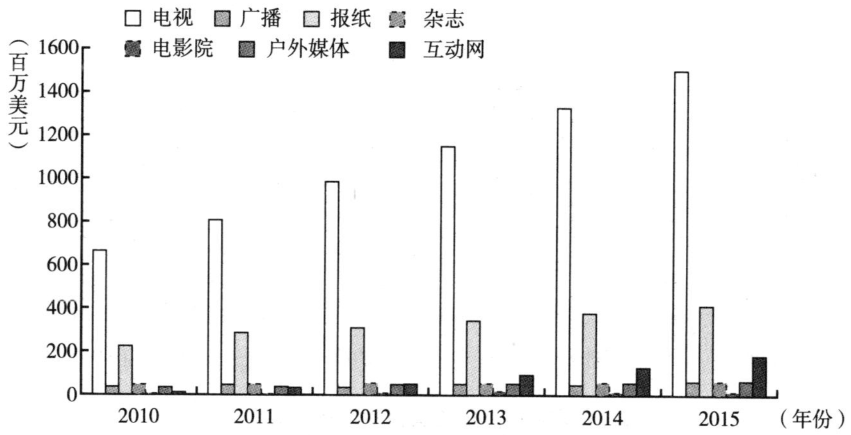

图5　印度尼西亚传媒各领域产值

资料来源：GroupM，2014 年 12 月。

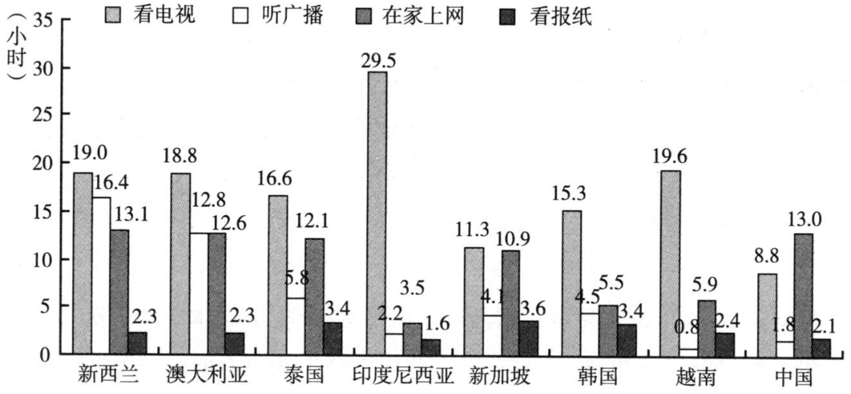

图6　重点国家受众媒体接触时长

资料来源：澳洲市场调查公司 Roy Morgan. 。

2. 泰国的传媒产业

从图 7 可以看出泰国传媒产业基本上与国内生产总值增长平行发展，但波动幅度较大。2007 年，美国次信贷危机首先波及紧盯美元的泰铢，导致泰国经济重创，而传媒产业更为敏感，2008 年呈负增长。从 2014 年开始，泰国国内外投资信心回弹，泰国经济回升，传媒产值也从负增长猛力回弹（见图 7）。

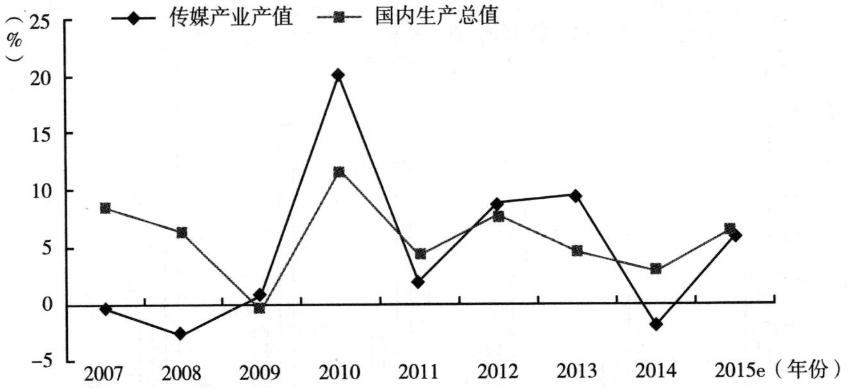

图 7　泰国传媒产值与国内生产总值增长比较

资料来源：GroupM，2014 年 12 月。

电视产业产值占泰国传媒市场份额 60%，电视是泰国最主要的媒体。尽管相对其他东南亚国家，泰国媒体环境被视为“较为自由”，但绝大多数广播、电视仍受皇室、政府或军人政权控制。与印度尼西亚相似，当地纸媒多数开放民营，言论较自由，执政当局对时政评论与贪腐议题的容忍度颇大。而媒体工作者对军人政权、皇室、司法和其他敏感话题，则多行自我约束和自我审查制。泰国媒体基本上按市场规则运作，泰文是主流媒体语言，英文、华文媒体居辅助地位，境内多个有线和卫星电视波道。仅曼谷一个城市就有 69 家之多的广播电台，竞争虽然激烈，但广播整体市场份额仍很小（见图 8）。

尼尔森 2014 年调查显示，东南亚国家每 10 个电子媒体受众，就有 6 个通过在线平台看电影或电视（见图 9）。泰国网络电视（Internet TV）或随选电视（Video On Demand，VOD）的受众更是居东南亚各国之冠。

3. 马来西亚传媒产业

马来西亚是世界上媒体审查最严格的国家之一，主管机构可以国家安全为由，对媒体进行大量的监控。审查内容除了国家安全元素外，还包括对伊斯兰教义的维护，凡是违反教义的节目、音乐、语言、画面（例如接吻）都必须删除。与此同时，马来西亚有多家民营广播、电视和报纸与政府和政党关系密切，电视广播行业虽与国营电视进行商业竞争，但与马来西亚执政的“国民阵线联盟”保持友好关系，而华文报纸则与马华等政党保持长期密切关系。

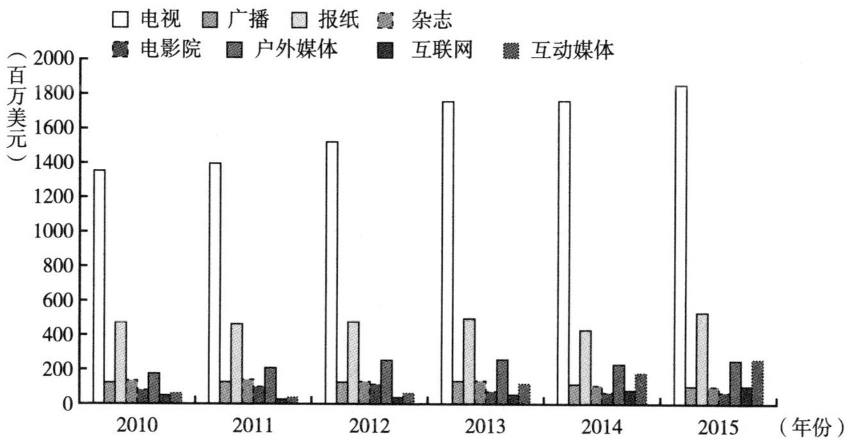

图 8　泰国主要传媒领域产值（2010～2015 年）

资料来源：GroupM，2014 年 12 月。

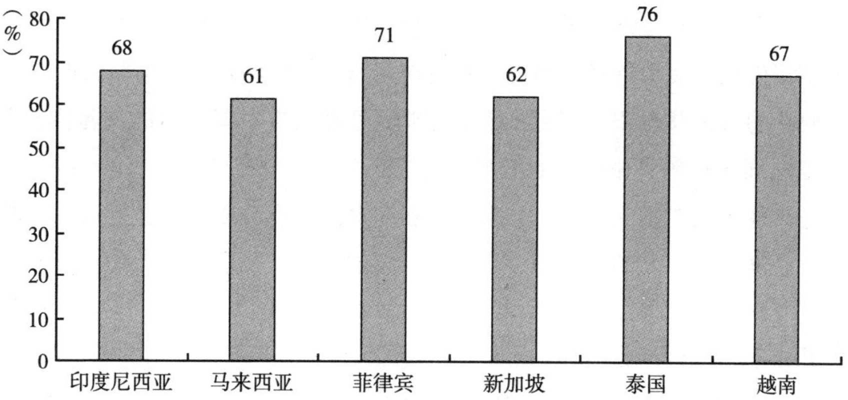

图 9　2014 年东南亚各国网络电视渗透率

资料来源：尼尔森和 Videology 跨媒体平台调查报告《泰国新媒体受众媒体消费形态转变》，2014。

由于广播、电视受到国家安全法以及回教教义的限制和较严格的审查，电视节目无法进行较大的突破创新，多年来仅能维持稳定增长。

马来西亚传媒产值在 2011 年达 16%，但其后增长速度一路下滑。2014 年传媒产值只增长了 0.3%，这与 2014 年马航空难不无关系。2015 年传媒产值回弹，显示广告主已重拾信心（见图 10）。

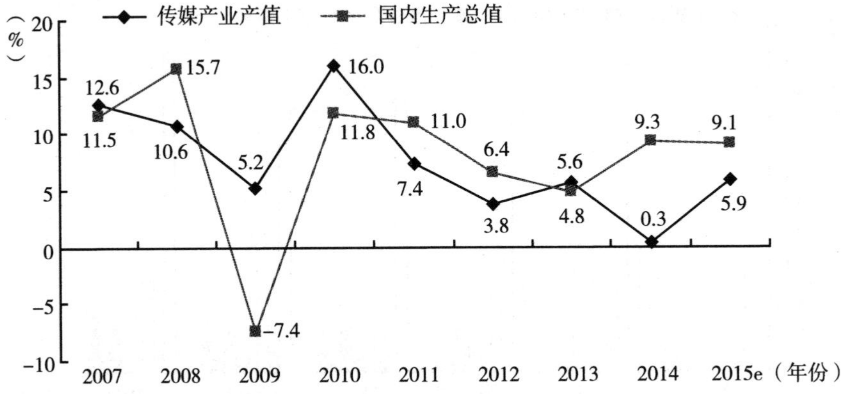

图 10　马来西亚传媒产值与国内生产总值增长比较

资料来源：GroupM，2014 年 12 月。

马来西亚依然是纸质媒体大国，特别是华文报纸多年来独占鳌头，保有最大的市场份额。多个纸媒集团也不断地在亚洲纸媒市场发展，例如最近被阿里巴巴收购的《南华早报》、版图延伸至印度尼西亚与中国香港的《星洲日报》和《亚洲周刊》等具影响力的纸媒。

与其他东南亚国家类似，马来西亚互动媒体发展迅速，通过手机、平板电脑和互联网平台，互动媒体的市场份额已超越广播、杂志成为马来西亚第三大媒体（见图 11）。

4. 新加坡传媒产业概况

2015 年多起重要事件的新闻报道促使新加坡媒体异常忙碌。首先是新加坡建国 50 年的系列精彩庆祝活动报道。也因为里程碑式兼设计精细的系列庆祝活动，使得新加坡获选为《孤独星球杂志》所评出的“2015 年最佳旅游城市”①。2015 年 3 月，新加坡建国总理李光耀先生去世，举国哀悼缅怀。电视、广播、报纸大量报道和讲述新加坡建国 50 年来的发展路径与成就以及追思缅怀李光耀先生对新加坡的贡献等，再次凸显了传统媒体的影响力。9 月 11 日，新加坡全国大选，各政党在传统媒体上进行角力和政令宣传，传统媒体也充分结

① 注：《孤独星球》是世界著名的私人旅行指南期刊，总部设在澳洲。

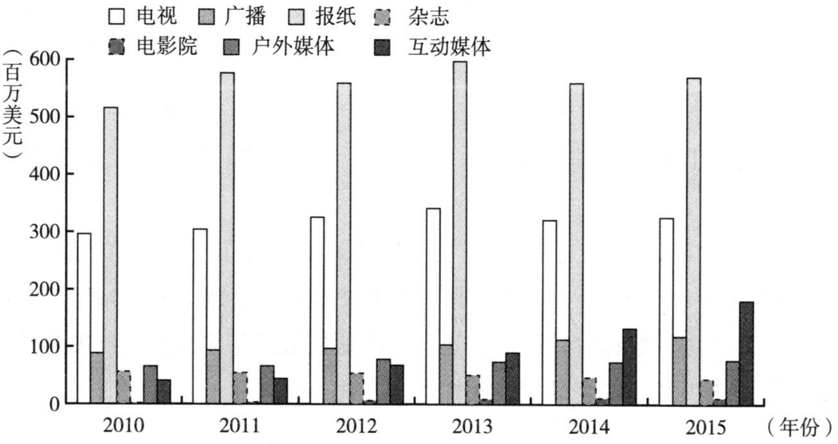

图 11　马来西亚主要传媒领域产值增长趋势比较

资料来源：GroupM，2014 年 12 月。

合了社交媒体的功能与力量，巧妙地融合互用新旧媒体。11 月 7 日中国国家主席习近平与与台湾地区领导人马英九在新加坡进行 66 年来的历史性会面，吸引了全球数百名媒体工作者报道。传统电视和报纸再次高度吸引了受众的眼球，成为人们最信赖和最重要的新闻来源。2015 年，尽管受全球经济影响，新加坡国内生产总值下降，但丰富的新闻题材带动新加坡传媒产值跃升 7.5%（见图 12）。

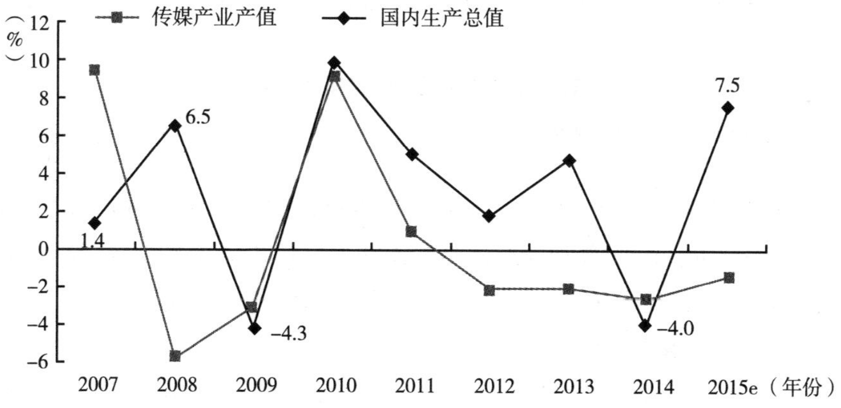

图 12　新加坡传媒产值与国民生产总值增长比较

资料来源：GroupM，2014 年 12 月。

新加坡报纸产业仍占最大市场份额，电视紧随其后，户外媒体市场份额排名第三。新加坡报纸产业发展迄今已超过百年，长期以来是社会精英和官方最重视的传播平台，报纸广告收入居当地媒体首位。电视产业的崛起，虽威胁报纸的广告收入，但报纸在国内的权威性和在国际的影响力仍远远大于电视。

根据2015年商业杂志《市场》（*Marketing*）公布的“年度数码媒体”（Digital Media of the Year）调查数据，新加坡报业控股旗下的网站是广告商与营销商在计划进行媒体宣传时的首选。而报业控股近年来大力发展的户外媒体已成为仅次于报纸、电视的第三大媒体（见图13）。

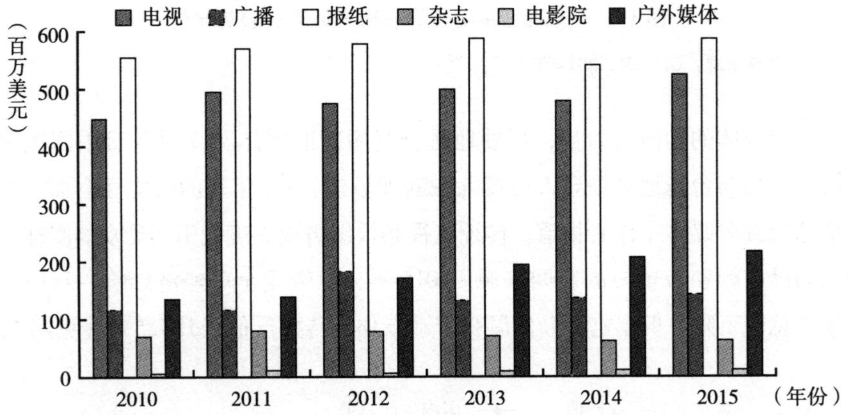

图13　新加坡主要传媒产值增长趋势

资料来源：GroupM，2014年12月。

根据尼尔森2015年《东南亚跨平台调查报告》（*The Nielsen South Asia Cross-Platform Report*），新加坡虽然是东南亚互联网渗透率最高的国家，但每周收看在线视频受众占比却是东南亚最少的（见图14）。

5. 菲律宾传媒产业概况

菲律宾传媒产业产值多年来在东南亚保持排名第二，仅次于泰国。2009～2012年的传媒产业产值增长速度也一直高于国内生产总值的增长。从2013年开始，传媒产业产值增长持续下降，主要原因是互联网的高渗透率以及社交媒

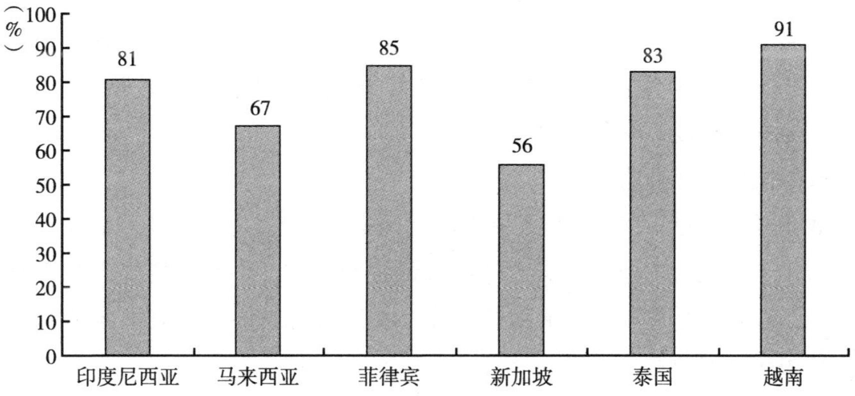

图 14　东南亚各国每周收看在线视频受众占比

资料来源：The Nielsen South Asia Cross-Platform Report。

体 Facebook 的普及，商家将广告投放从传统媒体转向数字和在线媒体①。由于 2016 年 5 月的总统竞选活动已于 2014 年 9 月展开，主流媒体的广告收入以及到达率预期将显著提升（见图 15）。

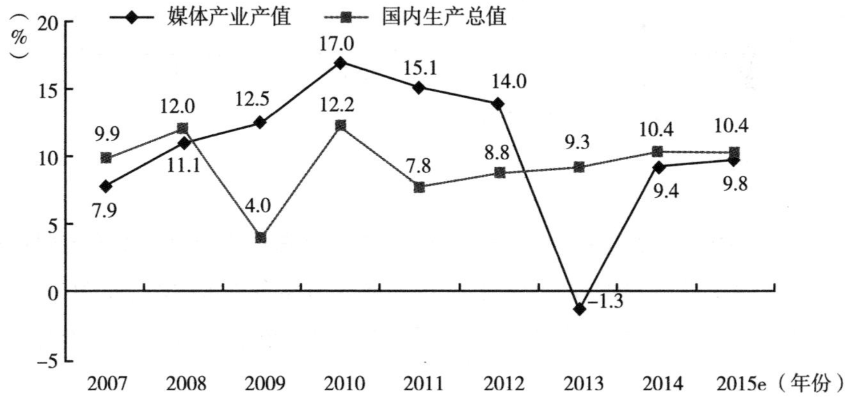

图 15　菲律宾媒体产业总值与国内生产总值比较

资料来源：GroupM，2014 年 12 月。

① 本次菲律宾传媒产值调查只集中在电视、广播和纸媒，未包括互动媒体。

菲律宾电视产值市场份额达84.4%，而电视的每日收视率则高达49%①。在菲律宾，特别是大马尼拉地区，电视居绝对主导地位。广播的产值市场份额达9.5%，是菲律宾第二大媒体，对广播的每周收听率甚至高达98%②，是东南亚国家中广播收听率最高的国家。

6. 越南传媒产业概况

越南是东南亚新兴国家中发展较晚的国家（见图16），传媒产值在经济增长的带动下，成为东南亚传媒产值增长最快的国家，2015年传媒产业产值达20.85亿美元，超越马来西亚和新加坡，成为东南亚传媒产值排名第四的国家，紧追印度尼西亚。

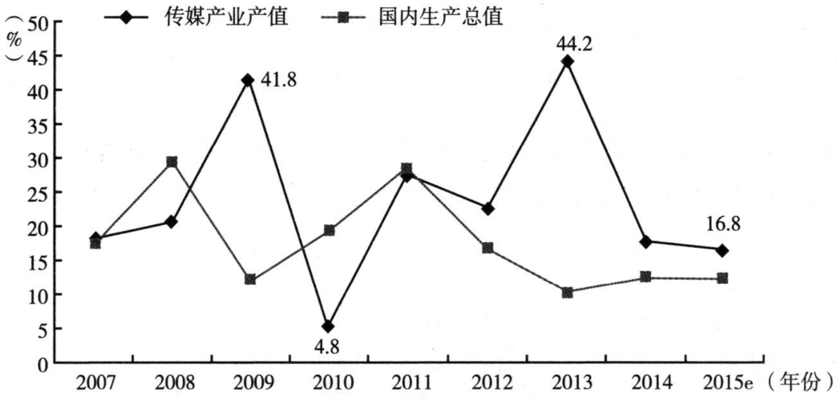

图16　越南媒体产业产值与国内生产总值增长比较

资料来源：GroupM，2014年12月。

越南的传媒产业特指电视产业。2015年越南电视产业产值占该国传媒市场份额的90.3%，产业居绝对主导地位。越南电视份额多年来始终维持在72%~90%的高占有率，这种“媒体就是电视”的现象，东南亚国家中以越南最显著，其次是菲律宾（见图17）。

---

① 以2015年Kantar Media的电视网络节目调查为根据，该调查采集2609户城市与乡村住户样本。

② http：//www.asiaradiotoday.com/news/se-asia-radio-still-achieves-90-reach. Nielsen研究公司于2014年11月在新加坡与马来西亚进行全国性的广播收听率调查，但只在菲律宾大马尼拉（metro manila）进行收听率调查。

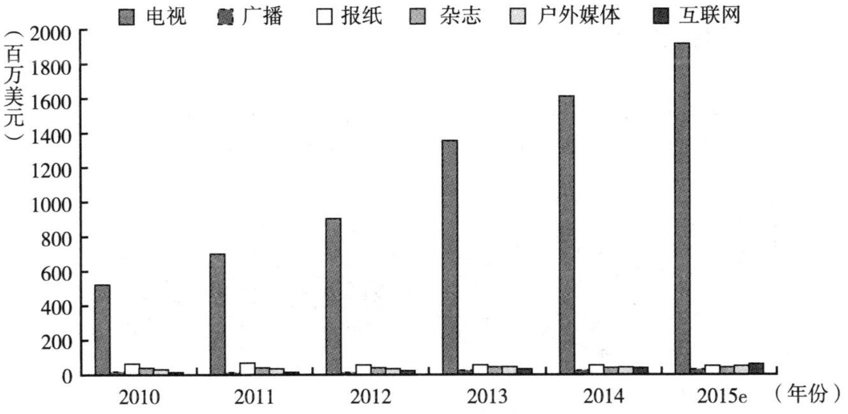

图 17　越南主要传媒市场份额消长趋势

资料来源：GroupM，2014 年 12 月。

三　总结

2015 年 11 月 22 日，东盟十国在吉隆坡签署成立东盟共同体，宣布将在经济、政治与安全、社会与人文等三个领域促进区域进一步团结与合作。依托于 6.25 亿的东盟人口，货品、服务、人员和资金流动将更为自由，其经济总量能从目前的全球排名第七跃升为全球排名第四。尽管东盟共同体在宗教、种族、语言、经济环境等方面存在巨大差异，但东盟共同体的和谐富裕与中国发展“一带一路”相辅相成。

GroupM 市场调查公司结合国际货币基金组织（IMF）所核算的各国国内购买力平价（PPP）占全球地区生产总值（GDP）份额，对未来 5 年全球媒体产业做出预估。报告指出，东盟地区在 2019 年的传媒产值将以 10.6% 的增长幅度达到 206.25 亿美元产值①。与发达地区比（例如北亚地区 2019 年估计将达 1512 亿美元，而北美地区将达 2350 亿美元）虽然差距甚远，但以增长幅度而言，却是全球最快。根据 GroupM 统计预测，全球传媒产值在 5 年后达到双

① 数据来源：GroupM：*Worldwide Media and Marketing Forecast*，2014 年 12 月。

位数字增长的地区只有以中国为主的北亚和东南亚两个地区，反映了全球对亚洲新兴国家传媒发展的信心（见图 18）。

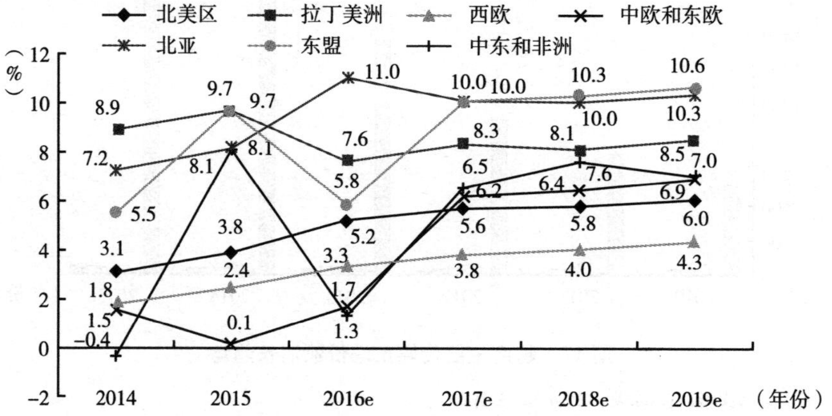

图 18　全球各区传媒产业增长预测（2014 ~ 2019 年）

资料来源：GroupM，2014 年 12 月。

B.34 2015年中国香港地区传媒产业发展报告

张舒媛　陈昌凤*

摘　要：2015 年香港地区的传媒业在大陆、香港及其周边地区的政治、经济、文化等因素的影响下，产业结构有了新的变化。在数字化浪潮中，传统媒体的发展仍处困境，但传统媒体也在积极借力互联网寻求出路，大陆商业资本的注入给香港的传媒业带来新的活力与挑战。本文总结了 2015 年香港传媒业的发展现状，对热点事件、重点领域发展进行了回顾和分析。

关键词：香港　传媒业　发展

一　发展概况

香港大学民意调查网站发布的调查结果显示，2015 年香港新闻传媒整体公信力评分为 5.79 分，跌至 2007 年以来传媒公信力调查数据的最低点。报刊数量及语种构成见图 1。

根据香港通讯事务管理局 2015 年 12 月的统计数据，可供香港接收的电视服务如图 2 所示。电台方面，可供香港接收的电台广播服务机构 3 家（香港商业广播有限公司、新城广播有限公司、香港数码广播有限公司），较上年减少 1 家，共 16 个频道（较上年减少 1 个）。①

* 张舒媛，清华大学新闻与传播学院硕士研究生；陈昌凤，清华大学教授、博导，新闻与传播学院副院长。

① 参见香港通讯事务管理局网站，http：//www. coms-auth. hk/tc/licensing/broadcasting/matters/index. html。

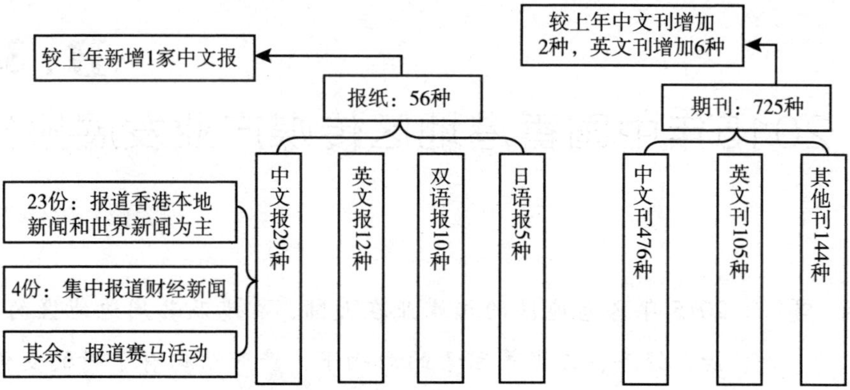

图1　香港报刊数量及主要语种构成

数据来源：香港年报各分项资料，http：//www. yearbook. gov. hk/2014/sc/index. html；http：//www. statistics. gov. hk/pub/B10100032015AN15B0100. pd。

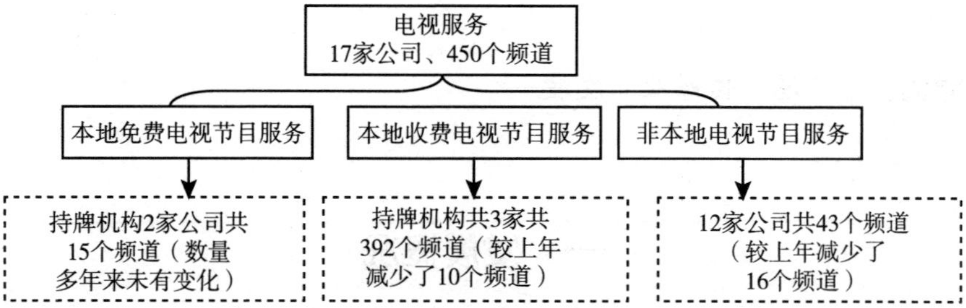

图2　香港电视服务主要构成

《国际纽约时报》《金融时报》《亚洲华尔街日报》《日本经济新闻》和《今日美国》国际版等多家国际报刊都在香港刊印，法新社、彭博通讯社、杜琼斯和汤森路透在香港亦开展业务，而在香港设有录像室的国际广播机构则有亚洲新闻台、CNBC（消费者新闻与商业频道）、有线电视新闻网络和凤凰卫视。[①] 2015 年 8 月，前电视记者吴晓东宣布成立全新的调查报道通讯社 FactWire。该社主打调查报道，希望通过网络平台众筹 300 万元作为一年的开支。

① 参见香港年报各分项资料，http：//www. yearbook. gov. hk/2014/sc/index. html。

二　传统媒体市场：竞争激烈，困境依旧

2015 年，香港市民对香港新闻传媒整体表现的满意程度为 47%。从各分项来看，民众对广播的满意度最高，占到 53. 1%，对杂志的满意度最低，占 12. 1%。排在第二至四位的分别是电视（50. 8%）、互联网（36. 2%）和报纸（35. 5%）。民众对传统媒体的满意程度要高于网媒（见图 3）。

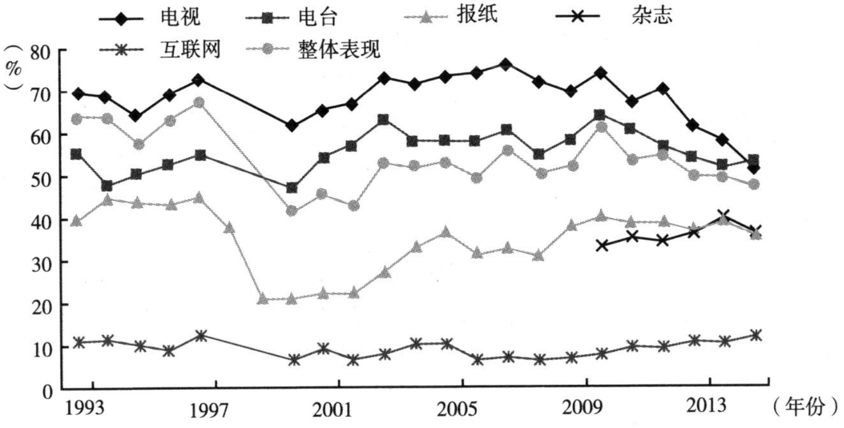

图 3　香港民众对新闻传媒的满意程度（1993 ~ 2015）

数据来源：香港大学民意研究网站 HKU PUP SITE，https：//www. hkupop. hku. hk/chinese/popexpress/press/main/year/datatables. html。

1. 报刊

2015 年底，香港人口超过 730 万，却拥有超过 50 家报纸。目前，香港仍然是全球报纸密度最大的地区之一。在全世界范围内传统媒体都受到互联网挤压的情况下，香港的报纸发行数量连续几年不降反升，发行数量甚至超过了十年前。香港报纸还有一个很有趣的现象是很多报纸即使是赔钱也不会关门，报纸经营者并没有把报纸当成是完全的赢利工具，他们希望通过报纸参与到议程设置当中，掌握话语权，利用纸媒的品牌影响力和权威性来产生舆论影响力。

但香港纸媒的经营仍处困境。2014 年香港和台湾《苹果日报》的销量分别下降 12. 9% 和 14. 4%，广告收益分别下跌 26. 7% 和 9. 9%，而两地数码业

务（手机与网络）收益却大幅上升160.9%。壹传媒同样如此，2015财政年度股东的综合赢利比2014财政年度大幅下跌，公司印刷业务于香港和台湾的整体广告收入下跌约23%，并在2015年3月再度裁员，其中《壹周刊》科技组全组被裁。而壹传媒的数码业务则表现强劲，收入达6.47亿港元，激增78%，首次赢利额达3743万港元。①

2015年7月12日，有56年历史的《新报》停刊。免费报纸的出现加上互联网冲击下读者阅读习惯的改变，使得《新报》和大多数传统报刊一样，销量大幅减少，历经多番改革仍然无法改变长期亏损的局面。同样在7月宣布停刊的还有已创刊20年的香港壹传媒集团旗下娱乐杂志《忽然1周》，其印刷版、网络和相关手机程序“Sudden +”一同停止运作。还有1931年创刊的《成报》，曾经风光无限，读者满意度和公信力都名列前茅，是香港最畅销的综合性日报之一，2015年7月因为母公司成报传媒集团被法庭下令清盘而导致报纸短暂停刊。

不过也有一些资深媒体人想继续在纸媒上有所作为，《明报》前主席于品海正在积极招揽人才创办一些全新的杂志《香港01》。他们也不排除发展收费报纸。

2. 广播电视

香港电视频道之多堪称世界之最，但其免费电视一直被无线电视与亚视垄断，缺乏市场竞争。因亚视屡陷财政困难、节目质量低等原因，无线电视一台独大。

持续多年的香港本地免费电视节目服务持牌机构的垄断格局在2015年被打破，亚洲电视免费电视续牌申请被否决，这是香港广播电视史上首次有免费电视被行会否决续牌，亚视在2016年4月3日终止广播。亚洲电视在2014年爆发欠薪事件，香港劳工处先后向其发出76张传票，2015年初也未得到改善，其新闻部多名员工被自动遣散，部分新闻节目被取消或缩短。亚视不但拖欠员工薪金，还在年初拖欠政府约1000万元牌照费。而后为了发放员工薪金变卖地产、版权及亚洲小姐冠名赞助权来筹钱。不过亚视在2015年9月宣布引入山东富豪股东，也会重新申请免费牌照，青岛中金集

① 梁丽娟：《五月传媒记事簿》，《传媒透视》2015年6月。

团董事长司荣彬成为亚视新董事。

相比于亚视，电视广播有限公司续牌成功，有效期为2015年12月1日至2027年11月30日，但成功续牌的一项条件是必须每星期在其数码频道为观众提供额外4小时的“正面”节目，包括时事、艺术文化、纪录片等。虽然续牌成功，但电视广播有限公司在2015年初以11.5亿港元出售了台湾TV BS 3/5的股权。[①] 香港电视2013年申请免费电视牌照未果，2015年4月，香港电视网络就未获免费电视牌照提出司法复核获得胜诉，香港政府征询法律意见后决定提出上诉。

香港电视在商业上的赢利也遭遇挫折。2015年4月，电视广播公布其2014年营业额达14.1亿港元，比上一年下降18.9%，广告净收入增长为2008年以来最低。2015年3月，香港电视公布了截至2014年12月底共16个月的成绩，共亏损2.37亿港元，仅2014年底的四个月就亏损了7386万港元。[②] 收费电视市场竞争也十分激烈，有线宽带已连续八年亏损。

广播方面，凤凰卫视旗下的数码电台凤凰优悦因经营困难在2015年9月下旬向政府申请退还数码声音广播牌照，9月底起停播新节目。

与传统媒体相反，新媒体在香港大受欢迎，英国公民记者Tom Grundy与专栏作家Evan Fowler计划创办英文网媒Hong Kong Free Press，他们在数天内就成功筹集到20多万港元。

三　互联网时代，传统媒体借力网络寻找出路

互联网的快速发展使得香港的媒体环境更加复杂。香港政府为市民提供了多种公众资讯科技设施，启动“Wi-Fi无线上网计划”，在人流量大的场地设置无线上网设施。2015年全港有80.4%的住户家中有个人电脑，79%的住户的个人电脑链接互联网。10岁以上人士，有84.9%使用互联网服务。[③] 在互联网技术的带动下，智能手机、平板电脑等移动终端迅速普及，抢夺了传统媒

① 梁丽娟:《一月传媒记事簿》,《传媒透视》2015年2月。

② 梁丽娟:《四月传媒记事簿》,《传媒透视》2015年5月。

③ 香港特别行政区政府统计处，http://www.censtatd.gov.hk/hkstat/hkif/index_tc.jsp。

体的受众群体和广告收入。2015年，香港大学民意网站对香港市民的主要新闻来源进行了调查，电视、互联网和报纸位列前三，分别占到74.5%、53.4%和46.7%（见表1）。

表1 香港市民的主要新闻来源

单位：%

调查年份	电视	电台	报纸	杂志	朋友	家人	互联网	其他	不知/难讲
2015	74.5	23.6	46.7	4.9	11.5	8.3	53.4	1.1	0.1
2010	84.4	29.9	69.3	11.1	12.9	10.2	39.3	0.3	0.2
2005	82.1	2.5	75.9	0.6	9.8	7.9	22.4	0.0	1.0
2000	81.1	26.2	70.9	7.4	7.3	5.8	12.3	0.4	2.6

数据来源：香港大学民意研究网站HKU PUP SITE，https：//www.hkupop.hku.hk/chinese/popexpress/press/main/year/datatables.html。

1. 网购平台探索媒体发展新道路

香港电视此前一心开展电视广播业务，但无奈未获香港政府发牌，于是把目光转向网络电视业务。香港电视的网购平台“HKTV Mall”于2015年2月初正式推出，此前从2014年12月开始试营业，目前已有333家商店提供超过2.5万件货品，注册会员约为140万人，占到香港总人口的1/5，旗下约200人负责派送及物流工作。① 香港电视在网购平台业务上煞费苦心，花费3000万港元为平台打广告，广告遍布香港地铁所有车站，同时刊印了一本300多页的货品目录在街上派发。香港电视网购希望建立一个以香港为中心的最大购物网，下一步还计划进军东南亚和其他华语市场。

港视的网购平台是香港传统媒体基于互联网的一种创新尝试。媒体利用自身影响力和传播力发展商业购物平台，再凭借香港“物流中心”和“购物天堂”的天然优势，如果辅以好的管理模式和机制，相信会是传统媒体发展的新道路。

2. OTT技术将继续驱动传媒业变革

香港在不到10年的时间里完成了OTT技术的采用周期，传统电视、电影

① 梁丽娟：《二月传媒记事簿》，《传媒透视》2015年3月。

业甚至报纸都开始采用 OTT 技术。

香港无线广播电视公司将于 2016 年初推出收费的 OTT 广播电视服务平台，通过机顶盒或手机、平板电脑的 APP 让香港人随时随地可以收看电视节目，其模式与现在香港电视的模式相同。除了提供已有的 5 个免费频道，还将增加 13 个收费频道共计将有 9 万个小时的外购节目和自制节目。与此同时，美国 OTT 电视龙头 Netflix 也于 2016 年第一个季度登陆香港，该公司在香港的收费标准尚未出炉，但强调会合理定价。Netflix 目前正与本地电讯商电讯盈科、香港电讯及香港宽带洽谈合作。

四　大陆商业资本大举进军香港传媒市场

2015 年底，阿里巴巴收购南华早报集团旗下报纸《南华早报》及其他媒体资产。创办于 1903 年的《南华早报》是香港最具公信力的英文报纸，也是目前香港销量最大的英文报纸。2015 年上半年，南华早报集团净利润为 2.09 亿港元，除投资物业及出售股权等收益，集团上半年一般营运的净收益为 2830 万港元。在收购协议中，阿里巴巴除收购《南华早报》之外，还收购包括杂志、招聘、户外媒体、活动与会议业务以及教育和数字媒体业务，如《星期日南华早报》、电子平台 SCMP. com、Nanzao. com 及 Nanzaozhinan. com，期刊 HKMagazine、Esquire、ELLE、Cosmopolitan、The PEAK 及 Harper's Bazaar，交易总价高达 20. 6 亿港元。①

除了阿里巴巴对《南华早报》的收购，2015 年也有大陆商业资本进军香港电视领域。电视广播有限公司（TVB）在 2015 年 4 月下旬引入新股东，有“上海传媒大亨”“中国默多克”之称的黎瑞刚持 26% 的股权，成为电视广播公司的第一个中资大股东。TVB 也要与阿里巴巴合作拍剧，以便进军内地市场。乐视网 2014 年 8 月在香港成立乐视亚太区总部，进军香港 OTT 互联网电视平台，在香港以超低价格推广 4K 电视，并推出“Letv 香港版 UI”网上内容平台向会员提供日、韩、欧美的电影、电视剧、综艺节目及演唱会，拍摄大量自制电视剧，迅速打入香港市场。乐视看中香港成熟的电视市场，在 2014 年

① 梁丽娟：《十二月传媒记事簿》，《传媒透视》2016 年 1 月。

投资了3亿元人民币采购影视内容，并同期推出了3000小时的电视剧和节目，目标是两年内从香港地区吸引20万~40万用户。[①] 2015年6月1日，乐视宣布未来3年投资60亿港元，争当香港第二大收费电视台。另外，乐视还于12月宣布在港推出数款超级手机，同时会提供捆绑英超赛事的销售优惠计划。另一家大陆视频网站爱奇艺也已和香港最大的数码广告公司pixels建立了合作关系。

对于香港传媒业而言，大陆商业资本的注入一方面使得传统纸媒和电视在整个行业的式微之下能拥有充足的资金支持并探索新的发展之路，另一方面资本力量的介入也会改变其运营方式。只要尊重新闻规律，新闻媒体是可以发挥推动社会进步的巨大作用的。

① 陈昌凤：《互联网驱动下的香港传媒创新与实践》，《新闻与写作》2015年第5期。

B.35
2015年中国台湾地区传媒产业发展报告

郑维雄*

摘 要： 台湾地区传媒环境在这一年静极思变，但是却仍等待改变因素。媒体产业消费趋势悄悄改变，移动与互联网逐渐发展，而传统的报纸、杂志与电视都呈衰退现象。虽然台湾经济有小幅增长，但是新技术需要在市场的驱动下发展，整体媒体产业增幅不大，仍需要努力图谋发展。

关键词： 台湾地区　传媒产业　广告额　传媒转型

一　传媒环境变化

台湾传媒环境中首先值得关注的是《汇流五法草案》。该草案于2015年底完成制定，包括《电子通讯传播法》《电信基础设施与资源管理法》《电信事业法》《有线多频道平台服务管理条例》及《无线广播电视事业与频道事业管理条例》。

台湾因为“打房”政策，使得过去广告量第一的建筑业广告异常冷淡，手机游戏广告量反而超过了建筑业广告量；各种社交媒体发展快速，促使台湾变成人人直播的传媒环境，对台湾的媒体产业与传播行为有相当大的影响。

二　广告额发展平稳，网络广告持续增长

依“行政院”主计处2015年底统计数据，台湾地区2015年底总人口数

* 郑维雄，清华大学新闻与传播学院博士研究生。

23492074 人，总家庭数 8468978 户，平均家庭人口数 2.77 人，2015 年底人均所得 620546 新台币元（以下若无特别标示，均以新台币元为单位）。

1. 广告

台北市媒体服务代理商协会（Media Agency Association，MAA）发布的数据显示，2014 年台湾地区整体广告量为 609.25 亿（见表 1、表 2），较 2013 年 597.52 亿新台币增长 5.76%。

财团法人信息工业策进会创研所（FIND）与 Mobile First 发布调查报告显示，2015 年五百大广告主最有意愿投入的广告项目是 Facebook（以下称“脸书”）广告，占 66.0%。估计 2015 年广告投入约为 359.8 亿元，整体成长约 1.9%，而五百大广告主在电视及纸本媒体广告投资有衰退现象，在移动广告、户外广告、社群媒体等领域广告投资增加，尤以移动广告成长率最高，有八成的广告主在 2015 年投入移动广告。

台湾地区的媒体涵盖率调查（见表 3）显示媒体的涵盖率仍以电视与户外媒体为前两位，而网络仍然呈增长之势。就整体广告投放而言，报纸与杂志均大幅衰退，而电视也在衰减中。另一点值得注意的是，电脑网络广告拦截软件装载率也越来越高，对内容网站的经营有直接的影响。

表 1　台湾地区 GDP 与广告量

年度	2007	2008	2009	2010	2011	2012	2013	2014
* GDP（单位：百万新台币）	12910511	12620150	12481093	13552099	13709074	14077099	14564242	16081798
增长率(%)	5.45	-2.25	-1.10	8.58	0.90	2.68	3.46	5.65
GDP/per Captia（单位：元）	577869	562439	558751	604199	607818	624455	641696	687343
消费者物价年增长率(%)	1.80	3.52	-0.86	0.96	1.42	1.93	0.79	1.20
广告额（不含网络）（单位：百万）	45377	42365	41853	50200	50247	46069	46072	44748
广告额增长率(%)	-5.03	-6.64	-1.21	19.94	0.09	-8.32	0.01	-2.87

续表

年度	2007	2008	2009	2010	2011	2012	2013	2014
广告额(含网络)(单位:百万新台币)	50327	48341	48842	58751	60462	57670	59752	60925
广告额增长率(%)	-2.23	-3.95	1.04	20.29	2.91	-4.62	3.61	1.96
广告额占GDP(%)	0.39	0.38	0.38	0.42	0.42	0.39	0.39	0.38

数据来源：《2015 台湾地区媒体白皮书》，台北市媒体服务代理协会（MAA）。

表 2　整体广告量

单位：千元

	无线电视	有线电视	报纸	杂志	广播	户外	网络
2009	4343651	15819154	10008866	5058703	3761484	2861572	6989000
增长率%	-2.3	16.5	-9.7	-16.4	-2.0	-15.1	17.0
2010	5060629	19861782	11955662	5549827	4482972	3288964	8551000
增长率%	16.5	25.6	19.5	9.7	19.2	14.9	22.3
2011	4899729	21175082	10674408	5677641	4139539	3680282	10215000
增长率%	-3.2	6.6	-10.7	2.3	-7.7	11.9	19.5
2012	3999707	20059287	9522068	5340950	3555348	3591644	11601000
增长率%	-18.4	-5.3	-10.8	-5.9	-14.1	-2.4	13.6
2013	3817132	20992491	8679067	5297617	3120847	4168427	13680000
增长率%	-4.6	4.7	-8.9	-0.9	-12.2	16.1	17.8
2014	3681093	20906497	7906026	4844362	3122120	4287798	16177000
增长率%	-3.6	-0.4	-8.9	-8.5	0.0	2.9	18.3

数据来源：《2015 台湾地区媒体白皮书》，Nielsen 广告监播服务。

表 3　媒体涵盖率

单位：%

	2004	2006	2008	2010	2012	2014
电视	95.5	94.5	95.5	93.4	91.1	88.3
报纸	49.0	45.8	43.9	43.0	39.6	33.1
* 杂志	36.7	31.8	31.7	30.1	30.5	26.1
广播	29.3	26.6	23.8	23.1	19.4	22.1
网络	33.0	39.1	48.1	51.8	57.1	68.5
* 户外	83.9	79.9	79.4	79.7	83.2	80.6

数据来源：《2015 台湾地区媒体白皮书》，Nielsen 媒体大调查。

三　电影、电视、广播产业发展

1. 电影

2015 年，台湾电影市场在艺术与商业两个方向都有发展，艺术电影继续保持发展态势，商业电影也开始成熟，共同建构台湾电影多元互补的面貌；剧情片是商业主流类型，纪录片在票房上也不弱；除了注重台湾本土市场，台湾电影界人士逐渐北上，在两岸新政策下积极开拓内地市场，让台湾电影在产业上更加具有深度和广度。

侯孝贤的《刺客聂隐娘》和张作骥的《醉生梦死》都获得了金马奖评委的肯定，是艺术类型的代表。商业电影中台湾票房第一名《我的少女时代》在大陆地区票房为 3.6 亿元人民币，打破台片票房纪录，成为 2010 年两岸签订《海峡两岸经济合作框架协议》（ECFA）、2013 年颁布《关于加强海峡两岸电影合作管理的现行办法》以来，内地上映最为卖座的台湾电影。其他包括张艾嘉的《念念》与林书宇在沉寂四年后的作品《百日告别》均有佳绩。2015 年台湾纪录片依然保持较高产量，该年度有超过 10 部以上的作品在影院上映，其中不乏像《湾生回家》《行者》《他们在岛屿写作 2》《阿雾罩风云 2》《老鹰想飞》《来得及说再见》等佳作。台湾电影的总量在下降，但是还是有不少票房成功的作品，比如《角头》《追婚记》《大喜临门》等。台湾地区电影仍持续以各种方式改变，题材内容与技术都在革新，台湾与大陆市场是否有逐渐融合迹象，值得持续观察。

2. 电视

2015 年台湾地区的电视产业除有线电视数字订户数快速增长外，其他无太大变化。2015 年底，共有 5 家无线电视与 171 家无线广播，卫星广播电视 123 家 299 频道，其中包含境外卫星广播电视 30 家（118 频道），境内卫星广播电视 93 家（181 频道），直播卫星业者 6 家，小区共同天线 8 家。有线电视经营者 61 家，有线电视播送系统 3 家，至 2015 年底订户数 5078876 户，家户普及率 59.97%；有线电视数字订户数达到 4563243 户，普及率 89.85%，两年之中增长快速，其中一个原因是中华电信 MOD 及相关从业者的增加。值得一提的是电视产业中有线电视的机顶盒装机已超九成，数字化即将完成。另外

表 4　电影产业重要观察指标

指标	专案	2008 年	2009 年	2010 年	2011 年	2012 年	2013 年
营业企业（家）	电影制作业	218	235	262	326	392	489
	电影后制业	59	73	79	75	79	82
	电影发行业	260	270	220	203	214	194
	电影映演业	115	111	99	97	95	98
产值(亿元)	电影制作业	14. 58	14. 3	16. 25	24. 91	26. 34	25. 93
	电影后制业	4. 13	4. 66	5. 40	5. 72	6. 18	6. 43
	电影发行业	33. 41	33. 28	37. 82	42. 12	53. 35	60. 61
	电影映演业	52. 46	55. 66	64. 83	84. 45	101. 05	108. 77
国片平均制作成本(万元)		—	1462	1377	2064	3204	4070
电影平均票价(元)		—	250	280	—	—	—
出口值（亿元）	电影制作业	0. 53	0. 52	0. 176	0. 338	1. 168	1. 354
	电影后制业	0. 06	0. 5	0. 031	0. 038	0. 035	0. 044
	电影发行业	0. 09	0. 07	0. 694	0. 528	0. 077	0. 167
	电影映演业	0	0	0. 010	0. 000	0. 000	0. 000
影片核定准演数(部)	国产影片核定准演数	—	48	50	65	76	101
	港陆在台进口核演数	—	35	39	37	42	50
	其他外片在台进口核演数	—	348	391	391	391	473
票房(千元)	台北市国产影片票房	—	58009	225583	712507	430442	529863
	台北市港陆影片票房	—	61524	164648	100550	152531	131789
	台北市其他外国影片票房	—	2602164	2696736	3006442	3035001	3134963

数据来源：“文化部”“台湾经济研究院” 整理。

在 OTT 服务上趋近白热化，国际服务商 Netflix 即将进入台湾，而电信业的中华电信、远传与台湾大哥大也各自布局，未来一年 OTT 发展将更为火热。

这几年台湾地区戏剧产量和收视都呈现明显下滑的趋势。在金钟奖上获得好评的则有《16 个夏天》《麻醉风暴》等，但是未能在本地南部形成较大效应。而乡土剧在台湾南部拥有大量观众，却因为语言、文化差异问题，未能在台湾之外地区产生影响力。引进大陆的《武媚娘传奇》在台湾也获得不错的收视率，大陆电视剧频频在台湾引起收视热门，几年来《步步惊心》《甄嬛传》《琅琊榜》等作品精彩内容逐渐吸引了台湾观众。

综艺栏目《康熙来了》2004 年开始播出，在 2016 年 1 月 7 日播出最后一集。《康熙来了》的停播显露了台湾电视业的内忧外患，业界人反省综艺节目成本低、制作简单的谈话节目在台湾十多年过去几乎没有任何变化，同质化、创新力匮乏、电视人才大量流失，在台湾已早有警讯，却未受重视。

随着日韩节目与大陆节目在台湾崛起，例如《Running Man》（奔跑吧兄弟）《我们结婚了》《爸爸去哪儿》《蒙面歌王》《人气歌谣》《无限挑战》《中国好声音》《我是歌手》等节目，而台湾艺人出现在大陆综艺节目的情况也越来越多，台湾观众也逐渐接受这些节目。整体而言，台湾电视产业还在力挽狂澜，但是台湾电视产业似乎必须要找出一条新路。

电视产业重要观察指针则持续更新数据至 2013 年。

表 5　电视产业重要观察指标

指标	专案	2008 年	2009 年	2010 年	2011 年	2012 年	2013 年
出口值（亿元）	电视节目制作	2.79	2.22	2.99	2.87	3.24	4.01
	电视节目发行	0.38	0.27	0.13	0.11	0.07	0.09
	电视频道(＊)	8.19	7.48	8.72	12.72	10.91	13.55
	电视平台业(＊)	0.25	0.59	0.24	0.38	0.33	0.40
基本数据	卫星频道数	193	233	268	263	269	280
	有线电视订户数	4885309	4980251	5084491	5061737	4989155	4985222
	有线电视家户普及率(%)	63.81	63.80	64.06	62.82	60.94	60.16
	有线电视数字机顶盒订户数	—	256727	391462	570727	1049321	2275194
	有线电视数字机顶盒订户比例	4.06%	5.20%	7.70%	11.28	21.03	45.64
	有线电视数字付费频道订户数	—	146586	276894	428448	585655	972262
	平均有线电视订户收视费(元)	548	541	535	532.6	532.3	522.7
	Cable modem 宽带网络接取帐户数	648910	810034	927637	1013796	1081623	1153898

续表

指标	专案	2008 年	2009 年	2010 年	2011 年	2012 年	2013 年
基本数据	多媒体内容传输平台家数	—	2	2	2	2	2
	多媒体内容传输平台频道数	—	120	158	181	209	208
	多媒体内容传输平台订户数	—	668541	815579	1064138	1205760	1265111
	MOD ARPU(Average Revenue per User)(元/月)	—	—	110	135	163	179
	无线电视频道广告金额(亿元)	44.5	43.4	50.6	49.0	40.0	38.2
	卫星电视频道广告金额(亿元)	135.8	158.2	194.1	211.75	200.59	209.2

说明：本年度根据“NCC”发照名单之统一编号重新抓取税务的外销比例资料，并追溯调整过去年度统计。

数据来源：“文化部”“台湾经济研究院”整理。

3. 广播

2015 年广播产业的广告额下滑约 15.8%。过去广告客户将约 60% 的广告预算投入传统媒体，如电视、广播、报纸、户外等，40% 分配给其他媒体。不过现在，多数的客户选择将 80% 交给新型载体。广播算是比报纸与杂志要平稳的产业，广播的用户依赖程度大致持平没有减少。

广播 APP 的出现，让广播可以打破功率和覆盖面限制，24 小时提供实时新鲜的节目内容。线上、线下实时互动，让听众可以更直接地与主持人沟通、交流，这使得广播成为听众黏着度最高的媒体。另外一些广播，例如“央广”将广播内容纸本化、平面刊物声音化，寻求结合彼此的数字平台，全方位开拓阅听版图。

四 流行音乐，面临更多困境与挑战

台湾流行音乐产业产值变化与前瞻分析尚无更新数据，据推估 2015 年的产值约在 220 亿新台币元左右，收入虽有增加，但产业环境严峻，面临更多困境与挑战。十余年间台湾艺人未产生大明星，细推原因，台湾不缺创作人才，但缺技术、后制人才，在产业上没有协调与解决产业困境。而另一个现象，台湾的文化产业人才过去在大陆可能是投资者身份，但近年逐渐失去主导地位。流行音乐人不少人北上，难以滋养台湾流行音乐产业。

表6　台湾流行音乐产业产值变化与前瞻分析

	2011年		2012年		2013年		前瞻分析
产业范畴	产值	占比	产值	占比	产值	占比	未来三年景气展望
流行音乐有声出版业者	30.15	29.29	48.12	38.84	53.47	40.48	变化不大至微幅增长
数字音乐经营业者	16.1	15.64	17.76	14.33	23.40	17.72	微幅增长至明显增长
音乐展演业者	36.4	35.38	40.82	32.94	36.59	27.70	变化不大至微幅增长
著作权经纪公司与集管团体	3.83	3.72	5.64	4.55	11.70	8.86	微幅增长至明显增长
KTV（含伴唱带）业者	16.44	15.97	11.58	9.34	6.92	5.24	变化不大至微幅衰退
流行音乐产业产值（未含视听娱乐间接收入）	102.92	100	123.92	100	132.08	100	—
流行音乐产业产值（含视听娱乐间接收入）	189.74	—	191.04	—	196.51		（含视听娱乐间接价值，如餐饮及包厢收入）

数据来源：《文化部影视及流行音乐产业局》，“TAIWAN POP MUSIC INDUSTRY SURVEY”（2012、2013）。

五　报业与图书苦撑与转型、数字出版也受影响

1. 报业

台湾报业在新媒体浪潮下遭遇严峻挑战，面临衰退与转型的命运，有些媒体人选择转往新媒体。台湾地区仍然是《中国时报》《联合报》《自由时报》《苹果日报》四大报争雄的状态，报纸业整体广告营收已连续10年衰退。

近年来，报业市场发生许多变化：大量使用移动软件传播引发大众共鸣；大数据分析证明比传统民调更能准确掌握舆情；弹出、横幅、闪屏等移动广告商品价格达到合理水平，甚至比平面更贵。因此民众越来越习惯通过手机浏览报纸杂志、通讯社等新闻内容型网站，业内估计已有超过五成流量是从移动设备流入。台湾订阅网络付费内容的人数已然超越平面媒体订户数，而移动用户数的激增，更让新闻内容网站的获利模式得以确立。“越印越少”已成为所有印刷媒体经营者最痛的觉悟。2014 年，中时报系与《自由时报》大举投入经营社群平台与移动平台。2015 年“壹传媒”的《苹果日报》走向以移动化为主的内容转型，甚至把纸媒当作竞争对手，《联合报》也很早就喊出数字汇流目标，陆续推出以《联合报》出品的戏剧、电商、展览、教育业务，在业界引起很大反响；其他也有网络原生报如《风传媒》《关键评论》等后起之秀，均是投入新媒体的代表。2015 年已成为台湾报纸全面变形的“元年”，走向 LINE、微信、脸书等更个人化的实时通信平台。脸书挑战数字经营模式推出的“文章快手”可使出版商在脸书上发布内容，这将是来年媒体抢粉丝的兵家必争之地。

2. 图书

2015 年共出版 39717 种新书，较 2014 年大幅减少将近 1800 种；出版单位也减少约 57 家。台湾新书出版总数持续下滑，2015 年度首度跌破 4 万种，创 10 年来新低。而根据全台出版业年度发票营收统计，书籍出版的总营收约 190 亿元，下降约 36 亿元，下降率高达 16%，出版寒冬持续。距离 2010 年最高峰的 267 亿元，台湾出版业几乎跌掉了近 1/3 的产值。

3. 数字出版

2014 年台湾地区数字内容产业整体的产值约为 8582 亿元，较 2013 年增长了约 17.5%（见表 7）。台湾地区数字内容产业涵盖的次领域产业包含数字游戏、计算机动画、数字影音、数字出版与典藏、数字学习五大主要产业，以及移动应用服务、内容软件、网络服务三大关联产业。2015 年台湾纸媒衰退、数字出版量增加，已知的电子书的消长也体现出这样的趋势。2015 年全台有 2147 种电子书申请出版，占全年新书总数的 5.41%。相关分析认为是“滑时代”来临，“网络 +3C”取代了传统纸本阅读量。图书市场的衰退也可能因总体经济表现不佳，影响民众购书意愿。

表 7　台湾地区数字内容产业分项产值

年份	游戏	动画	出版/典藏	影音	学习	移动应用	内容软件	网络服务
2010	422	43	493	451	266	522	1673	1355
2011	436	45	716	594	322	731	1741	1408
2012	407	53	515	668	465	845	1942	1443
2013	453	58	528	861	573	1025	2025	1781
2014	506	67	1410	492	719	1353	2100	1935

数据来源：2011 年、2013 年、2014 年台湾地区数字内容产业年鉴“经济部工业局”“经济部数字内容产业推动办公室”。

六　网络4G、新媒体、移动皆持续增长

根据财团法人信息工业策进会 FIND 于 2015 年上半年的调查推估，台湾 12 岁以上的智能型移动设备持有人口达到 1604 万人，包括智能型手机或平板电脑。短短半年内，移动族群激增 170 万人，值得注意的是，其中 50 岁（含）以上之人群拥有移动设备比率跃升为各族群最高，达 26.6%。NCC 发布数据显示，截至 2015 年 12 月底，台湾 4G 用户已经达到 11574394 户，普及率为 49.27%。2015 年上半年使用 4G 移动上网服务用户约有 454 万人，且 4G 使用者也将从现在主力 20～34 岁族群扩及至 12～44 岁的青少年及青壮年民众。

截至 2015 年 12 月底，将各种商用因特网联机方式用户数经过加权运算，并加上学术网络（TANet）用户数，扣除低用度用户、一人多账号与多人一账号等重复值后，台湾经常上网人口已超过 1110 万人。整体宽带上网账号总数达 2670 万户。

皮书起源

“皮书”起源于十七、十八世纪的英国，主要指官方或社会组织正式发表的重要文件或报告，多以“白皮书”命名。在中国，“皮书”这一概念被社会广泛接受，并被成功运作、发展成为一种全新的出版形态，则源于中国社会科学院社会科学文献出版社。

皮书定义

皮书是对中国与世界发展状况和热点问题进行年度监测，以专业的角度、专家的视野和实证研究方法，针对某一领域或区域现状与发展态势展开分析和预测，具备原创性、实证性、专业性、连续性、前沿性、时效性等特点的公开出版物，由一系列权威研究报告组成。

皮书作者

皮书系列的作者以中国社会科学院、著名高校、地方社会科学院的研究人员为主，多为国内一流研究机构的权威专家学者，他们的看法和观点代表了学界对中国与世界的现实和未来最高水平的解读与分析。

皮书荣誉

皮书系列已成为社会科学文献出版社的著名图书品牌和中国社会科学院的知名学术品牌。2011 年，皮书系列正式列入“十二五”国家重点出版规划项目；2012~2015 年，重点皮书列入中国社会科学院承担的国家哲学社会科学创新工程项目；2016 年，46 种院外皮书使用“中国社会科学院创新工程学术出版项目”标识。

S 子库介绍
Sub-Database Introduction

中国经济发展数据库

涵盖宏观经济、农业经济、工业经济、产业经济、财政金融、交通旅游、商业贸易、劳动经济、企业经济、房地产经济、城市经济、区域经济等领域，为用户实时了解经济运行态势、把握经济发展规律、洞察经济形势、做出经济决策提供参考和依据。

中国社会发展数据库

全面整合国内外有关中国社会发展的统计数据、深度分析报告、专家解读和热点资讯构建而成的专业学术数据库。涉及宗教、社会、人口、政治、外交、法律、文化、教育、体育、文学艺术、医药卫生、资源环境等多个领域。

中国行业发展数据库

以中国国民经济行业分类为依据，跟踪分析国民经济各行业市场运行状况和政策导向，提供行业发展最前沿的资讯，为用户投资、从业及各种经济决策提供理论基础和实践指导。内容涵盖农业，能源与矿产业，交通运输业，制造业，金融业，房地产业，租赁和商务服务业，科学研究，环境和公共设施管理，居民服务业，教育，卫生和社会保障，文化、体育和娱乐业等 100 余个行业。

中国区域发展数据库

以特定区域内的经济、社会、文化、法治、资源环境等领域的现状与发展情况进行分析和预测。涵盖中部、西部、东北、西北等地区，长三角、珠三角、黄三角、京津冀、环渤海、合肥经济圈、长株潭城市群、关中—天水经济区、海峡经济区等区域经济体和城市圈，北京、上海、浙江、河南、陕西等 34 个省份。

中国文化传媒数据库

包括文化事业、文化产业、宗教、群众文化、图书馆事业、博物馆事业、档案事业、语言文字、文学、历史地理、新闻传播、广播电视、出版事业、艺术、电影、娱乐等多个子库。

世界经济与国际政治数据库

以皮书系列中涉及世界经济与国际政治的研究成果为基础，全面整合国内外有关世界经济与国际政治的统计数据、深度分析报告、专家解读和热点资讯构建而成的专业学术数据库。包括世界经济、世界政治、世界文化、国际社会、国际关系、国际组织、区域发展、国别发展等多个子库。

权威·前沿·原创

社会科学文献出版社

皮书系列

2016年

盘点年度资讯　预测时代前程

社会科学文献出版社 学术传播中心 编制

社长致辞

我们是图书出版者，更是人文社会科学内容资源供应商；

我们背靠中国社会科学院，面向中国与世界人文社会科学界，坚持为人文社会科学的繁荣与发展服务；

我们精心打造权威信息资源整合平台，坚持为中国经济与社会的繁荣与发展提供决策咨询服务；

我们以读者定位自身，立志让爱书人读到好书，让求知者获得知识；

我们精心编辑、设计每一本好书以形成品牌张力，以优秀的品牌形象服务读者，开拓市场；

我们始终坚持“创社科经典，出传世文献”的经营理念，坚持“权威、前沿、原创”的产品特色；

我们“以人为本”，提倡阳光下创业，员工与企业共享发展之成果；

我们立足于现实，认真对待我们的优势、劣势，我们更着眼于未来，以不断的学习与创新适应不断变化的世界，以不断的努力提升自己的实力；

我们愿与社会各界友好合作，共享人文社会科学发展之成果，共同推动中国学术出版乃至内容产业的繁荣与发展。

社会科学文献出版社社长

中国社会学会秘书长

2016 年 1 月

社会科学文献出版社成立于1985年，是直属于中国社会科学院的人文社会科学专业学术出版机构。

成立以来，特别是1998年实施第二次创业以来，依托于中国社会科学院丰厚的学术出版和专家学者两大资源，坚持“创社科经典，出传世文献”的出版理念和“权威、前沿、原创”的产品定位，社科文献立足内涵式发展道路，从战略层面推动学术出版五大能力建设，逐步走上了智库产品与专业学术成果系列化、规模化、数字化、国际化、市场化发展的经营道路。

先后策划出版了著名的图书品牌和学术品牌“皮书”系列、“列国志”、“社科文献精品译库”、“全球化译丛”、“全面深化改革研究书系”、“近世中国”、“甲骨文”、“中国史话”等一大批既有学术影响又有市场价值的系列图书，形成了较强的学术出版能力和资源整合能力。2015年社科文献出版社发稿5.5亿字，出版图书约2000种，承印发行中国社科院院属期刊74种，在多项指标上都实现了较大幅度的增长。

凭借着雄厚的出版资源整合能力，社科文献出版社长期以来一直致力于从内容资源和数字平台两个方面实现传统出版的再造，并先后推出了皮书数据库、列国志数据库、“一带一路”数据库、中国田野调查数据库、台湾大陆同乡会数据库等一系列数字产品。数字出版已经初步形成了产品设计、内容开发、编辑标引、产品运营、技术支持、营销推广等全流程体系。

在国内原创著作、国外名家经典著作大量出版，数字出版突飞猛进的同时，社科文献出版社从构建国际话语体系的角度推动学术出版国际化。先后与斯普林格、博睿、牛津、剑桥等十余家国际出版机构合作面向海外推出了“皮书系列”“改革开放30年研究书系”“中国梦与中国发展道路研究丛书”“全面深化改革研究书系”等一系列在世界范围内引起强烈反响的作品；并持续致力于中国学术出版走出去，组织学者和编辑参加国际书展，筹办国际性学术研讨会，向世界展示中国学者的学术水平和研究成果。

此外，社科文献出版社充分利用网络媒体平台，积极与中央和地方各类媒体合作，并联合大型书店、学术书店、机场书店、网络书店、图书馆，逐步构建起了强大的学术图书内容传播平台。学术图书的媒体曝光率居全国之首，图书馆藏率居于全国出版机构前十位。

上述诸多成绩的取得，有赖于一支以年轻的博士、硕士为主体，一批从中国社科院刚退出科研一线的各学科专家为支撑的300多位高素质的编辑、出版和营销队伍，为我们实现学术立社，以学术品位、学术价值来实现经济效益和社会效益这样一个目标的共同努力。

作为已经开启第三次创业梦想的人文社会科学学术出版机构，我们将以改革发展为动力，以学术资源建设为中心，以构建智慧型出版社为主线，以“整合、专业、分类、协同、持续”为各项工作指导原则，全力推进出版社数字化转型，坚定不移地走专业化、数字化、国际化发展道路，全面提升出版社核心竞争力，为实现“社科文献梦”奠定坚实基础。

经 济 类

经济类皮书涵盖宏观经济、城市经济、大区域经济，
提供权威、前沿的分析与预测

经济蓝皮书

2016 年中国经济形势分析与预测

李 扬 / 主编　　2015 年 12 月出版　　定价 :79.00 元

◆ 本书为总理基金项目，由著名经济学家李扬领衔，联合中国社会科学院等数十家科研机构、国家部委和高等院校的专家共同撰写，系统分析了 2015 年的中国经济形势并预测 2016 年我国经济运行情况。

世界经济黄皮书

2016 年世界经济形势分析与预测

王洛林　张宇燕 / 主编　　2015 年 12 月出版　　定价 :79.00 元

◆ 本书由中国社会科学院世界经济与政治研究所的研究团队撰写，2015 年世界经济增长继续放缓，增长格局也继续分化，发达经济体与新兴经济体之间的增长差距进一步收窄。2016 年世界经济增长形势不容乐观。

产业蓝皮书

中国产业竞争力报告（2016）NO.6

张其仔 / 主编　　2016 年 12 月出版　　定价 :98.00 元

◆ 本书由中国社会科学院工业经济研究所研究团队在深入实际、调查研究的基础上完成。通过运用丰富的数据资料和最新的测评指标，从学术性、系统性、预测性上分析了 2015 年中国产业竞争力，并对未来发展趋势进行了预测。

G20 国家创新竞争力黄皮书

二十国集团（G20）国家创新竞争力发展报告（2016）

李建平　李闽榕　赵新力 / 主编　　2016 年 11 月出版　估价 :138.00 元

◆　本报告在充分借鉴国内外研究者的相关研究成果的基础上，紧密跟踪技术经济学、竞争力经济学、计量经济学等学科的最新研究动态，深入分析 G20 国家创新竞争力的发展水平、变化特征、内在动因及未来趋势，同时构建了 G20 国家创新竞争力指标体系及数学模型。

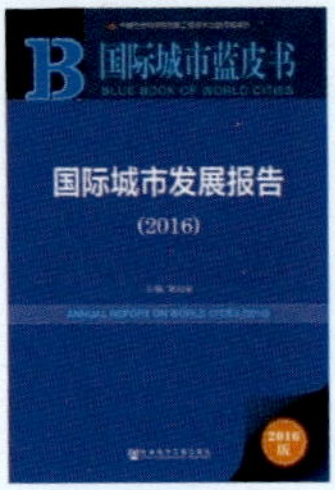

国际城市蓝皮书

国际城市发展报告（2016）

屠启宇 / 主编　　2016 年 2 月出版　　定价 :79.00 元

◆　本书作者以上海社会科学院从事国际城市研究的学者团队为核心，汇集同济大学、华东师范大学、复旦大学、上海交通大学、南京大学、浙江大学相关城市研究专业学者。立足动态跟踪介绍国际城市发展实践中，最新出现的重大战略、重大理念、重大项目、重大报告和最佳案例。

金融蓝皮书

中国金融发展报告（2016）

李　扬　王国刚 / 主编　2015 年 12 月出版　定价 :79.00 元

◆　本书由中国社会科学院金融研究所组织编写，概括和分析了 2015 年中国金融发展和运行中的各方面情况，研讨和评论了 2015 年发生的主要金融事件。本书由业内专家和青年精英联合编著，有利于读者了解掌握 2015 年中国的金融状况，把握 2016 年中国金融的走势。

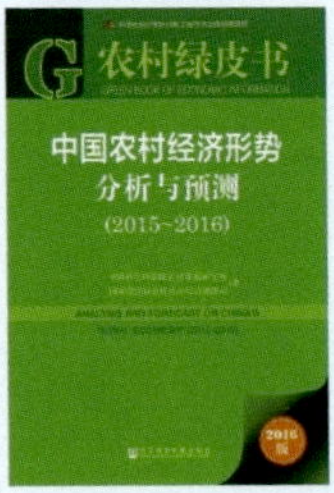

农村绿皮书

中国农村经济形势分析与预测（2015 ~ 2016）

中国社会科学院农村发展研究所　国家统计局农村社会经济调查司 / 著
2016 年 4 月出版　估价 :69.00 元

◆　本书描述了 2015 年中国农业农村经济发展的一些主要指标和变化，以及对 2016 年中国农业农村经济形势的一些展望和预测。

西部蓝皮书

中国西部发展报告（2016）

姚慧琴　徐璋勇 / 主编　　2016 年 7 月出版　　估价 :89.00 元

◆　本书由西北大学中国西部经济发展研究中心主编，汇集了源自西部本土以及国内研究西部问题的权威专家的第一手资料，对国家实施西部大开发战略进行年度动态跟踪，并对 2016 年西部经济、社会发展态势进行预测和展望。

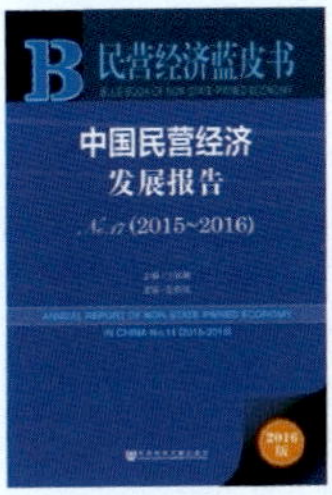

民营经济蓝皮书

中国民营经济发展报告 NO.12（2015 ~ 2016）

王钦敏 / 主编　2016 年 4 月出版　估价 :75.00 元

◆　改革开放以来，民营经济从无到有、从小到大，是最具活力的增长极。本书是中国工商联课题组的研究成果，对 2015 年度中国民营经济的发展现状、趋势进行了详细的论述，并提出了合理的建议。是广大民营企业进行政策咨询、科学决策和理论创新的重要参考资料，也是理论工作者进行理论研究的重要参考资料。

经济蓝皮书夏季号

中国经济增长报告（2015 ~ 2016）

李　扬 / 主编　2016 年 8 月出版　估价 :69.00 元

◆　中国经济增长报告主要探讨 2015~2016 年中国经济增长问题，以专业视角解读中国经济增长，力求将其打造成一个研究中国经济增长、服务宏微观各级决策的周期性、权威性读物。

中三角蓝皮书

长江中游城市群发展报告（2016）

秦尊文 / 主编　2016 年 10 月出版　估价 :69.00 元

◆　本书是湘鄂赣皖四省专家学者共同研究的成果，从不同角度、不同方位记录和研究长江中游城市群一体化，提出对策措施，以期为将“中三角”打造成为继珠三角、长三角、京津冀之后中国经济增长第四极奉献学术界的聪明才智。

社会政法类

社会政法类皮书聚焦社会发展领域的热点、难点问题，
提供权威、原创的资讯与视点

社会蓝皮书

2016 年中国社会形势分析与预测

李培林　陈光金　张　翼 / 主编　2015 年 12 月出版　定价 :79.00 元

◆　本书由中国社会科学院社会学研究所组织研究机构专家、高校学者和政府研究人员撰写，聚焦当下社会热点，对 2015 年中国社会发展的各个方面内容进行了权威解读，同时对 2016 年社会形势发展趋势进行了预测。

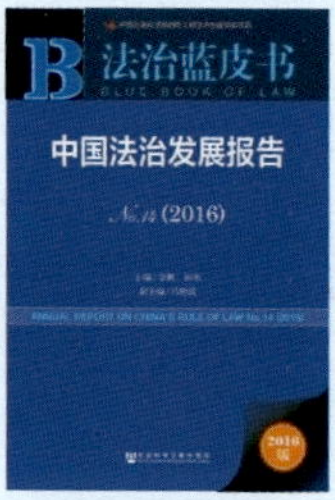

法治蓝皮书

中国法治发展报告 NO.14（2016）

李　林　田　禾 / 主编　　2016 年 3 月出版　　定价 :118.00 元

◆　本年度法治蓝皮书回顾总结了 2015 年度中国法治发展取得的成就和存在的不足，并对 2016 年中国法治发展形势进行了预测和展望。

反腐倡廉蓝皮书

中国反腐倡廉建设报告 NO.6

李秋芳　张英伟 / 主编　2017 年 1 月出版　　估价 :79.00 元

◆　本书抓住了若干社会热点和焦点问题，全面反映了新时期新阶段中国反腐倡廉面对的严峻局面，以及中国共产党反腐倡廉建设的新实践新成果。根据实地调研、问卷调查和舆情分析，梳理了当下社会普遍关注的与反腐败密切相关的热点问题。

生态城市绿皮书

中国生态城市建设发展报告（2016）

刘举科　孙伟平　胡文臻 / 主编　2016 年 6 月出版　估价 :98.00 元

◆　报告以绿色发展、循环经济、低碳生活、民生宜居为理念，以更新民众观念、提供决策咨询、指导工程实践、引领绿色发展为宗旨，试图探索一条具有中国特色的城市生态文明建设新路。

公共服务蓝皮书

中国城市基本公共服务力评价（2016）

钟　君　吴正杲 / 主编　2016 年 12 月出版　估价 :79.00 元

◆　中国社会科学院经济与社会建设研究室与华图政信调查组成联合课题组，从 2010 年开始对基本公共服务力进行研究，研创了基本公共服务力评价指标体系，为政府考核公共服务与社会管理工作提供了理论工具。

教育蓝皮书

中国教育发展报告（2016）

杨东平 / 主编　2016 年 4 月出版　定价 :79.00 元

◆　本书由国内的中青年教育专家合作研究撰写。深度剖析 2015 年中国教育的热点话题，并对当下中国教育中出现的问题提出对策建议。

生态文明绿皮书

中国省域生态文明建设评价报告（ECI 2016）

严耕 / 主编　2016 年 12 月出版　估价 :85.00 元

◆　本书基于国家最新发布的权威数据，对我国的生态文明建设状况进行科学评价，并开展相应的深度分析，结合中央的政策方针和各省的具体情况，为生态文明建设推进，提出针对性的政策建议。

行业报告类

行业报告类皮书立足重点行业、新兴行业领域，
提供及时、前瞻的数据与信息

房地产蓝皮书

中国房地产发展报告 NO.13（2016）

魏后凯　李景国 / 主编　　2016 年 5 月出版　　估价 :79.00 元

◆　蓝皮书秉承客观公正、科学中立的宗旨和原则，追踪 2015 年我国房地产市场最新资讯，深度分析，剖析因果，谋划对策，并对 2016 年房地产发展趋势进行了展望。

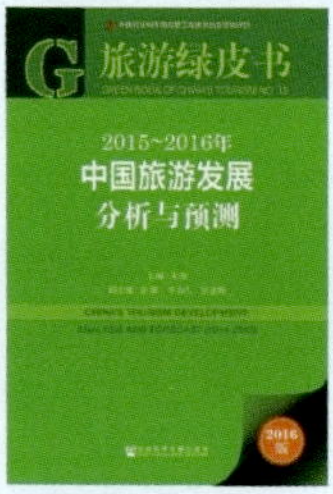

旅游绿皮书

2015 ~ 2016 年中国旅游发展分析与预测

宋　瑞 / 主编　　2016 年 4 出版　　定价 :89.00 元

◆　本书中国社会科学院旅游研究中心组织相关专家编写的年度研究报告，对 2015 年旅游行业的热点问题进行了全面的综述并提出专业性建议，并对 2016 年中国旅游的发展趋势进行展望。

互联网金融蓝皮书

中国互联网金融发展报告（2016）

李东荣 / 主编　　2016 年 8 月出版　　估价 :79.00 元

◆　近年来，许多基于互联网的金融服务模式应运而生并对传统金融业产生了深刻的影响和巨大的冲击，“互联网金融”成为社会各界关注的焦点。本书探析了 2015 年互联网金融的特点和 2016 年互联网金融的发展方向和亮点。

资产管理蓝皮书

中国资产管理行业发展报告（2016）

智信资产管理研究院 / 编著　　2016 年 6 月出版　　估价 :89.00 元

◆　中国资产管理行业刚刚兴起，未来将中国金融市场最有看点的行业，也会成为快速发展壮大的行业。本书主要分析了 2015 年度资产管理行业的发展情况，同时对资产管理行业的未来发展做出科学的预测。

老龄蓝皮书

中国老龄产业发展报告（2016）

吴玉韶　党俊武 / 编著
2016 年　9 月出版　估价 :79.00 元

◆　本书着眼于对中国老龄产业的发展给予系统介绍，深入解析，并对未来发展趋势进行预测和展望，力求从不同视角、不同层面全面剖析中国老龄产业发展的现状、取得的成绩、存在的问题以及重点、难点等。

金融蓝皮书

中国金融中心发展报告（2016）

王　力　黄育华 / 编著　　2017 年 11 月出版　　估价 :75.00 元

◆　本报告将提升中国金融中心城市的金融竞争力作为研究主线，全面、系统、连续地反映和研究中国金融中心城市发展和改革的最新进展，展示金融中心理论研究的最新成果。

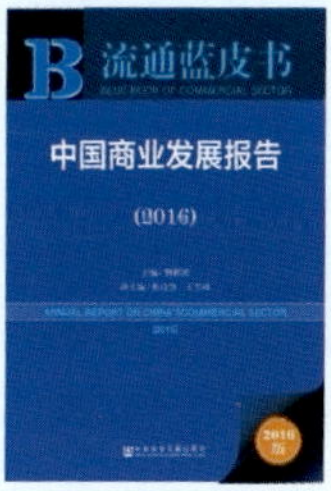

流通蓝皮书

中国商业发展报告（2016）

荆林波 / 编著　2016 年 5 月出版　　估价 :89.00 元

◆　本书是中国社会科学院财经院与利丰研究中心合作的成果，从关注中国宏观经济出发，突出了中国流通业的宏观背景，详细分析了批发业、零售业、物流业、餐饮产业与电子商务等产业发展状况。

国别与地区类

国别与地区类皮书关注全球重点国家与地区，
提供全面、独特的解读与研究

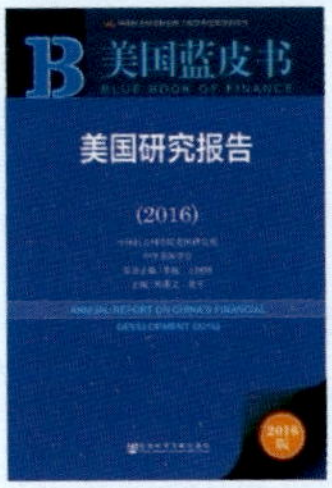

美国蓝皮书

美国研究报告（2016）

黄　平　郑秉文 / 主编　2016 年 7 月出版　估价 :89.00 元

◆　本书是由中国社会科学院美国所主持完成的研究成果，它回顾了美国 2015 年的经济、政治形势与外交战略，对 2016 年以来美国内政外交发生的重大事件以及重要政策进行了较为全面的回顾和梳理。

拉美黄皮书

拉丁美洲和加勒比发展报告（2015~2016）

吴白乙 / 主编　2016 年 5 月出版　估价 :89.00 元

◆　本书对 2015 年拉丁美洲和加勒比地区诸国的政治、经济、社会、外交等方面的发展情况做了系统介绍，对该地区相关国家的热点及焦点问题进行了总结和分析，并在此基础上对该地区各国 2016 年的发展前景做出预测。

日本经济蓝皮书

日本经济与中日经贸关系研究报告（2016）

王洛林　张季风 / 编著　2016 年 5 月出版　估价 :79.00 元

◆　本书系统、详细地介绍了 2015 年日本经济以及中日经贸关系发展情况，在进行了大量数据分析的基础上，对 2016 年日本经济以及中日经贸关系的大致发展趋势进行了分析与预测。

俄罗斯黄皮书

俄罗斯发展报告（2016）

李永全 / 编著　2016 年 7 月出版　估价 :79.00 元

◆　本书系统介绍了 2015 年俄罗斯经济政治情况，并对 2015 年该地区发生的焦点、热点问题进行了分析与回顾；在此基础上，对该地区 2016 年的发展前景进行了预测。

国际形势黄皮书

全球政治与安全报告（2016）

李慎明　张宇燕 / 主编　2015 年 12 月出版　定价 :69.00 元

◆　本书旨在对本年度全球政治及安全形势的总体情况、热点问题及变化趋势进行回顾与分析，并提出一定的预测及对策建议。作者通过事实梳理、数据分析、政策分析等途径，阐释了本年度国际关系及全球安全形势的基本特点，并在此基础上提出了具有启示意义的前瞻性结论。

德国蓝皮书

德国发展报告（2016）

郑春荣　伍慧萍 / 主编　2016 年 6 月出版　估价 :69.00 元

◆　本报告由同济大学德国研究所组织编撰，由该领域的专家学者对德国的政治、经济、社会文化、外交等方面的形势发展情况，进行全面的阐述与分析。

中东黄皮书

中东发展报告 NO.18（2015 ~ 2016）

杨光 / 主编　2016 年 10 月出版　估价 :89.00 元

◆　报告回顾和分析了一年来多以来中东地区政治经济局势的新发展，为跟踪中东地区的市场变化和中东研究学科的研究前沿，提供了全面扎实的信息。

地方发展类

地方发展类皮书关注中国各省份、经济区域，
提供科学、多元的预判与资政信息

北京蓝皮书

北京公共服务发展报告（2015~2016）

施昌奎 / 主编　　2016 年 2 月出版　定价 :79.00 元

◆　本书是由北京市政府职能部门的领导、首都著名高校的教授、知名研究机构的专家共同完成的关于北京市公共服务发展与创新的研究成果。

河南蓝皮书

河南经济发展报告（2016）

河南省社会科学院 / 编著　2016 年 3 月出版　定价 :79.00 元

◆　本书以国内外经济发展环境和走向为背景，主要分析当前河南经济形势，预测未来发展趋势，全面反映河南经济发展的最新动态、热点和问题，为地方经济发展和领导决策提供参考。

京津冀蓝皮书

京津冀发展报告（2016）

文　魁　祝尔娟 / 编著　2016 年 4 月出版　估价 :89.00 元

◆　京津冀协同发展作为重大的国家战略，已进入顶层设计、制度创新和全面推进的新阶段。本书以问题为导向，围绕京津冀发展中的重要领域和重大问题，研究如何推进京津冀协同发展。

文化传媒类

文化传媒类皮书透视文化领域、文化产业，
探索文化大繁荣、大发展的路径

新媒体蓝皮书

中国新媒体发展报告 NO.7（2016）

唐绪军 / 主编　　2016 年 6 月出版　　估价 :79.00 元

◆　本书是由中国社会科学院新闻与传播研究所组织编写的关于新媒体发展的最新年度报告，旨在全面分析中国新媒体的发展现状，解读新媒体的发展趋势，探析新媒体的深刻影响。

移动互联网蓝皮书

中国移动互联网发展报告（2016）

官建文 / 编著　　2016 年 6 月出版　　估价 :79.00 元

◆　本书着眼于对中国移动互联网 2015 年度的发展情况做深入解析，对未来发展趋势进行预测，力求从不同视角、不同层面全面剖析中国移动互联网发展的现状、年度突破以及热点趋势等。

文化蓝皮书

中国文化产业发展报告（2015~2016）

张晓明　王家新　章建刚 / 主编　　2016 年 2 月出版　　定价 :79.00 元

◆　本书由中国社会科学院文化研究中心编写。从 2012 年开始，中国社会科学院文化研究中心设立了国内首个文化产业的研究类专项资金——“文化产业重大课题研究计划”，开始在全国范围内组织多学科专家学者对我国文化产业发展重大战略问题进行联合攻关研究。本书集中反映了该计划的研究成果。

经济类

G20国家创新竞争力黄皮书
二十国集团（G20）国家创新竞争力发展报告（2016）
著(编)者:李建平 李闽榕 赵新力
2016年11月出版 / 估价:138.00元

产业蓝皮书
中国产业竞争力报告（2016）NO.6
著(编)者:张其仔 2016年12月出版 / 估价:98.00元

城市创新蓝皮书
中国城市创新报告（2016）
著(编)者:周天勇 旷建伟 2016年8月出版 / 估价:69.00元

城市竞争力蓝皮书
中国城市竞争力报告（1973~2015）
著(编)者:李小林 2016年1月出版 / 定价:128.00元

城市蓝皮书
中国城市发展报告 NO.9
著(编)者:潘家华 魏后凯 2016年9月出版 / 估价:69.00元

城市群蓝皮书
中国城市群发展指数报告（2016）
著(编)者:刘士林 刘新静 2016年10月出版 / 估价:69.00元

城乡一体化蓝皮书
中国城乡一体化发展报告（2015～2016）
著(编)者:汝信 付崇兰 2016年7月出版 / 估价:85.00元

城镇化蓝皮书
中国新型城镇化健康发展报告（2016）
著(编)者:张占斌 2016年5月出版 / 估价:79.00元

创新蓝皮书
创新型国家建设报告（2015～2016）
著(编)者:詹正茂 2016年11月出版 / 估价:69.00元

低碳发展蓝皮书
中国低碳发展报告（2015~2016）
著(编)者:齐晔 2016年3月出版 / 定价:98.00元

低碳经济蓝皮书
中国低碳经济发展报告（2016）
著(编)者:薛进军 赵忠秀 2016年6月出版 / 估价:85.00元

东北蓝皮书
中国东北地区发展报告（2016）
著(编)者:马克 黄文艺 2016年8月出版 / 估价:79.00元

发展与改革蓝皮书
中国经济发展和体制改革报告NO.7
著(编)者:邹东涛 王再文
2016年1月出版 / 估价:98.00元

工业化蓝皮书
中国工业化进程报告（2016）
著(编)者:黄群慧 吕铁 李晓华 等
2016年11月出版 / 估价:89.00元

管理蓝皮书
中国管理发展报告（2016）
著(编)者:张晓东 2016年9月出版 / 估价:98.00元

国际城市蓝皮书
国际城市发展报告（2016）
著(编)者:屠启宇 2016年2月出版 / 定价:79.00元

国家创新蓝皮书
中国创新发展报告（2016）
著(编)者:陈劲 2016年9月出版 / 估价:69.00元

金融蓝皮书
中国金融发展报告（2016）
著(编)者:李扬 王国刚 2015年12月出版 / 定价:79.00元

京津冀产业蓝皮书
京津冀产业协同发展报告（2016）
著(编)者:中智科博（北京）产业经济发展研究院
2016年6月出版 / 估价:69.00元

京津冀蓝皮书
京津冀发展报告（2016）
著(编)者:文魁 祝尔娟 2016年4月出版 / 估价:89.00元

经济蓝皮书
2016年中国经济形势分析与预测
著(编)者:李扬 2015年12月出版 / 定价:79.00元

经济蓝皮书·春季号
2016年中国经济前景分析
著(编)者:李扬 2016年5月出版 / 估价:79.00元

经济蓝皮书·夏季号
中国经济增长报告（2015～2016）
著(编)者:李扬 2016年8月出版 / 估价:99.00元

经济信息绿皮书
中国与世界经济发展报告（2016）
著(编)者:杜平 2015年12月出版 / 定价:89.00元

就业蓝皮书
2016年中国本科生就业报告
著(编)者:麦可思研究院 2016年6月出版 / 估价:98.00元

就业蓝皮书
2016年中国高职高专生就业报告
著(编)者:麦可思研究院 2016年6月出版 / 估价:98.00元

临空经济蓝皮书
中国临空经济发展报告（2016）
著(编)者:连玉明 2016年11月出版 / 估价:79.00元

民营经济蓝皮书
中国民营经济发展报告 NO.12（2015～2016）
著(编)者:王钦敏 2016年5月出版 / 估价:75.00元

农村绿皮书
中国农村经济形势分析与预测（2015～2016）
著(编)者:中国社会科学院农村发展研究所
国家统计局农村社会经济调查司
2016年4月出版 / 估价:69.00元

农业应对气候变化蓝皮书
气候变化对中国农业影响评估报告 NO.2
著(编)者:矫梅燕 2016年8月出版 / 估价:98.00元

企业公民蓝皮书
中国企业公民报告 NO.4
著(编)者:邹东涛　2016年5月出版 / 估价:79.00元

气候变化绿皮书
应对气候变化报告（2016）
著(编)者:王伟光 郑国光　2016年11月出版 / 估价:98.00元

区域蓝皮书
中国区域经济发展报告（2015～2016）
著(编)者:梁昊光　2016年5月出版 / 估价:79.00元

全球环境竞争力绿皮书
全球环境竞争力报告（2016）
著(编)者:李建平 李闽榕 王金南
2016年12月出版 / 估价:198.00元

人口与劳动绿皮书
中国人口与劳动问题报告 NO.17
著(编)者:蔡昉 张车伟　2016年11月出版 / 估价:69.00元

商务中心区蓝皮书
中国商务中心区发展报告 NO.2（2015）
著(编)者:魏后凯 单菁菁　2016年1月出版 / 定价:79.00元

世界经济黄皮书
2016年世界经济形势分析与预测
著(编)者:王洛林 张宇燕　2015年12月出版 / 定价:79.00元

世界旅游城市绿皮书
世界旅游城市发展报告（2015）
著(编)者:宋宇　2016年1月出版 / 定价:128.00元

西北蓝皮书
中国西北发展报告（2016）
著(编)者:孙发平 苏海红 鲁顺元
2016年3月出版 / 定价:79.00元

西部蓝皮书
中国西部发展报告（2016）
著(编)者:姚慧琴 徐璋勇　2016年7月出版 / 估价:89.00元

县域发展蓝皮书
中国县域经济增长能力评估报告（2016）
著(编)者:王力　2016年10月出版 / 估价:69.00元

新型城镇化蓝皮书
新型城镇化发展报告（2016）
著(编)者:李伟 宋敏 沈体雁　2016年11月出版 / 估价:98.00元

新兴经济体蓝皮书
金砖国家发展报告（2016）
著(编)者:林跃勤 周文　2016年7月出版 / 估价:79.00元

长三角蓝皮书
2016年全面深化改革中的长三角
著(编)者:张伟斌　2016年10月出版 / 估价:69.00元

中部竞争力蓝皮书
中国中部经济社会竞争力报告（2016）
著(编)者:教育部人文社会科学重点研究基地
南昌大学中国中部经济社会发展研究中心
2016年10月出版 / 估价:79.00元

中部蓝皮书
中国中部地区发展报告（2016）
著(编)者:宋亚平　2016年12月出版 / 估价:78.00元

中国省域竞争力蓝皮书
中国省域经济综合竞争力发展报告（2014～2015）
著(编)者:李建平 李闽榕 高燕京
2016年2月出版 / 定价:198.00元

中三角蓝皮书
长江中游城市群发展报告（2016）
著(编)者:秦尊文　2016年10月出版 / 估价:69.00元

中小城市绿皮书
中国中小城市发展报告（2016）
著(编)者:中国城市经济学会中小城市经济发展委员会
中国城镇化促进会中小城市发展委员会
《中国中小城市发展报告》编纂委员会
中小城市发展战略研究院
2016年10月出版 / 估价:98.00元

中原蓝皮书
中原经济区发展报告（2016）
著(编)者:李英杰　2016年6月出版 / 估价:88.00元

自贸区蓝皮书
中国自贸区发展报告（2016）
著(编)者:王力 王吉培　2016年10月出版 / 估价:69.00元

社会政法类

北京蓝皮书
中国社区发展报告（2016）
著(编)者:于燕燕　2017年2月出版 / 估价:79.00元

殡葬绿皮书
中国殡葬事业发展报告（2016）
著(编)者:李伯森　2016年5月出版 / 估价:158.00元

城市管理蓝皮书
中国城市管理报告（2016）
著(编)者:谭维克 刘林　2017年2月出版 / 估价:118.00元

城市生活质量蓝皮书
中国城市生活质量报告（2016）
著(编)者:张连城 张平 杨春学 郎丽华
2016年7月出版 / 估价:89.00元

城市政府能力蓝皮书
中国城市政府公共服务能力评估报告（2016）
著(编)者:何艳玲　2016年7月出版 / 估价:69.00元

创新蓝皮书
中国创业环境发展报告（2016）
著(编)者:姚凯 曹祎遐　2016年5月出版 / 估价:69.00元

慈善蓝皮书
中国慈善发展报告（2016）
著(编)者:杨团　2016年6月出版 / 估价:79.00元

地方法治蓝皮书
中国地方法治发展报告 NO.2（2016）
著(编)者:李林　田禾　2016年3出版 / 定价:108.00元

党建蓝皮书
党的建设研究报告 NO.1（2016）
著(编)者:崔建民　陈东平　2016年1月出版 / 定价:89.00元

法治蓝皮书
中国法治发展报告 NO.14（2016）
著(编)者:李林 田禾　2016年3月出版 / 定价:118.00元

反腐倡廉蓝皮书
中国反腐倡廉建设报告 NO.6
著(编)者:李秋芳　张英伟　2017年1月出版 / 估价:79.00元

非传统安全蓝皮书
中国非传统安全研究报告（2015～2016）
著(编)者:余潇枫 魏志江　2016年5月出版 / 估价:79.00元

妇女发展蓝皮书
中国妇女发展报告 NO.6
著(编)者:王金玲　2016年9月出版 / 估价:148.00元

妇女教育蓝皮书
中国妇女教育发展报告 NO.3
著(编)者:张李玺　2016年10月出版 / 估价:78.00元

妇女绿皮书
中国性别平等与妇女发展报告（2016）
著(编)者:谭琳　2016年12月出版 / 估价:99.00元

公共服务蓝皮书
中国城市基本公共服务力评价（2016）
著(编)者:钟君 吴正杲　2016年12月出版 / 估价:79.00元

公共管理蓝皮书
中国公共管理发展报告（2016）
著(编)者:贡森 李国强 杨维富
2016年4月出版 / 估价:69.00元

公共外交蓝皮书
中国公共外交发展报告（2016）
著(编)者:赵启正 雷蔚真　2016年5月出版 / 估价:89.00元

公民科学素质蓝皮书
中国公民科学素质报告（2015~2016）
著(编)者:李群 陈雄 马宗文　2016年1月出版 / 定价:89.00元

公益蓝皮书
中国公益发展报告（2016）
著(编)者:朱健刚　2016年5月出版 / 估价:78.00元

国际人才蓝皮书
海外华侨华人专业人士报告（2016）
著(编)者:王辉耀 苗绿　2016年8月出版 / 估价:69.00元

国际人才蓝皮书
中国国际移民报告（2016）
著(编)者:王辉耀　2016年5月出版 / 估价:79.00元

国际人才蓝皮书
中国海归发展报告（2016）NO.3
著(编)者:王辉耀 苗绿　2016年10月出版 / 估价:69.00元

国际人才蓝皮书
中国留学发展报告（2016）NO.5
著(编)者:王辉耀 苗绿　2016年10月出版 / 估价:79.00元

国家公园蓝皮书
中国国家公园体制建设报告（2016）
著(编)者:苏杨 张玉钧 石金莲 刘锋 等
2016年10月出版 / 估价:69.00元

海洋社会蓝皮书
中国海洋社会发展报告（2016）
著(编)者:崔凤 宋宁而　2016年7月出版 / 估价:89.00元

行政改革蓝皮书
中国行政体制改革报告（2016）NO.5
著(编)者:魏礼群　2016年4月出版 / 估价:98.00元

华侨华人蓝皮书
华侨华人研究报告（2016）
著(编)者:贾益民　2016年12月出版 / 估价:98.00元

环境竞争力绿皮书
中国省域环境竞争力发展报告（2016）
著(编)者:李建平 李闽榕 王金南
2016年11月出版 / 估价:198.00元

环境绿皮书
中国环境发展报告（2016）
著(编)者:刘鉴强　2016年5月出版 / 估价:79.00元

基金会蓝皮书
中国基金会发展报告（2015~2016）
著(编)者:中国基金会发展报告课题组　2016年4月出版 / 定价:7

基金会绿皮书
中国基金会发展独立研究报告（2016）
著(编)者:基金会中心网 中央民族大学基金会研究中心
2016年6月出版 / 估价:88.00元

基金会透明度蓝皮书
中国基金会透明度发展研究报告（2016）
著(编)者:基金会中心网 清华大学廉政与治理研究中心
2016年9月出版 / 估价:85.00元

教师蓝皮书
中国中小学教师发展报告（2016）
著(编)者:曾晓东 鱼霞　2016年6月出版 / 估价:69.00元

教育蓝皮书
中国教育发展报告（2016）
著(编)者:杨东平　2016年4月出版 / 定价:79.00元

科普蓝皮书
中国科普基础设施发展报告（2015）
著(编)者:郑念　任嵘嵘　2016年4月出版 / 定价:98.00元

科学教育蓝皮书
中国科学教育发展报告（2016）
著(编)者:罗晖 王康友 2016年10月出版 / 估价:79.00元

劳动保障蓝皮书
中国劳动保障发展报告（2016）
著(编)者:刘燕斌 2016年8月出版 / 估价:158.00元

老龄蓝皮书
中国老年宜居环境发展报告（2015）
著(编)者:党俊武 周燕珉 2016年1月出版 / 定价:79.00元

连片特困区蓝皮书
中国连片特困区发展报告（2016）
著(编)者:游俊 冷志明 丁建军
2016年5月出版 / 估价:98.00元

民间组织蓝皮书
中国民间组织报告（2016）
著(编)者:黄晓勇 2016年12月出版 / 估价:79.00元

民调蓝皮书
中国民生调查报告（2016）
著(编)者:谢耘耕 2016年5月出版 / 估价:128.00元

民族发展蓝皮书
中国民族发展报告（2016）
著(编)者:郝时远 王延中 王希恩
2016年4月出版 / 估价:98.00元

女性生活蓝皮书
中国女性生活状况报告 NO.10（2016）
著(编)者:韩湘景 2016年4月出版 / 估价:79.00元

汽车社会蓝皮书
中国汽车社会发展报告（2016）
著(编)者:王俊秀 2016年5月出版 / 估价:69.00元

青年蓝皮书
中国青年发展报告（2016）NO.4
著(编)者:廉思 等 2016年4月出版 / 估价:69.00元

青少年蓝皮书
中国未成年人互联网运用报告（2016）
著(编)者:李文革 沈杰 季为民
2016年11月出版 / 估价:89.00元

青少年体育蓝皮书
中国青少年体育发展报告（2016）
著(编)者:郭建军 杨桦 2016年9月出版 / 估价:69.00元

区域人才蓝皮书
中国区域人才竞争力报告 NO.2
著(编)者:桂昭明 王辉耀
2016年6月出版 / 估价:69.00元

群众体育蓝皮书
中国群众体育发展报告（2016）
著(编)者:刘国永 杨桦 2016年10月出版 / 估价:69.00元

群众体育蓝皮书
中国社会体育指导员发展报告（1994~2014）
著(编)者:刘国永 王欢 2016年4月出版 / 定价:78.00元

人才蓝皮书
中国人才发展报告（2016）
著(编)者:潘晨光 2016年9月出版 / 估价:85.00元

人权蓝皮书
中国人权事业发展报告 NO.6（2016）
著(编)者:李君如 2016年9月出版 / 估价:128.00元

社会保障绿皮书
中国社会保障发展报告（2016）NO.8
著(编)者:王延中 2016年4月出版 / 估价:99.00元

社会工作蓝皮书
中国社会工作发展报告（2016）
著(编)者:民政部社会工作研究中心
2016年8月出版 / 估价:79.00元

社会管理蓝皮书
中国社会管理创新报告 NO.4
著(编)者:连玉明 2016年11月出版 / 估价:89.00元

社会蓝皮书
2016年中国社会形势分析与预测
著(编)者:李培林 陈光金 张翼
2015年12月出版 / 定价:79.00元

社会体制蓝皮书
中国社会体制改革报告（2016）NO.4
著(编)者:龚维斌 2016年4月出版 / 估价:79.00元

社会心态蓝皮书
中国社会心态研究报告（2016）
著(编)者:王俊秀 杨宜音 2016年10月出版 / 估价:69.00元

社会责任管理蓝皮书
中国企业公众透明度报告（2015~2016）NO.2
著(编)者:黄速建 熊梦 肖红军 2016年1月出版 / 定价:98.00元

社会组织蓝皮书
中国社会组织评估发展报告（2016）
著(编)者:徐家良 廖鸿 2016年12月出版 / 估价:69.00元

生态城市绿皮书
中国生态城市建设发展报告（2016）
著(编)者:刘举科 孙伟平 胡文臻
2016年9月出版 / 估价:148.00元

生态文明绿皮书
中国省域生态文明建设评价报告（ECI 2016）
著(编)者:严耕 2016年12月出版 / 估价:85.00元

世界社会主义黄皮书
世界社会主义跟踪研究报告（2015～2016）
著(编)者:李慎明 2016年3月出版 / 定价:248.00元

水与发展蓝皮书
中国水风险评估报告（2016）
著(编)者:王浩 2016年9月出版 / 估价:69.00元

体育蓝皮书
长三角地区体育产业发展报告（2016）
著(编)者:张林 2016年4月出版 / 估价:79.00元

体育蓝皮书
中国公共体育服务发展报告（2016）
著(编)者:戴健　2016年12月出版 / 估价:79.00元

土地整治蓝皮书
中国土地整治发展研究报告 NO.3
著(编)者:国土资源部土地整治中心
2016年5月出版 / 估价:89.00元

土地政策蓝皮书
中国土地政策发展报告（2016）
著(编)者:高延利 李宪文　2015年12月出版 / 定价:89.00元

危机管理蓝皮书
中国危机管理报告（2016）
著(编)者:文学国 范正青　2016年8月出版 / 估价:89.00元

形象危机应对蓝皮书
形象危机应对研究报告（2016）
著(编)者:唐钧　2016年6月出版 / 估价:149.00元

医改蓝皮书
中国医药卫生体制改革报告（2016）
著(编)者:文学国 房志武　2016年11月出版 / 估价:98.00元

医疗卫生绿皮书
中国医疗卫生发展报告 NO.7（2016）
著(编)者:申宝忠 韩玉珍　2016年4月出版 / 估价:75.00元

政治参与蓝皮书
中国政治参与报告（2016）
著(编)者:房宁　2016年7月出版 / 估价:108.00元

政治发展蓝皮书
中国政治发展报告（2016）
著(编)者:房宁 杨海蛟　2016年5月出版 / 估价:88.00元

智慧社区蓝皮书
中国智慧社区发展报告（2016）
著(编)者:罗昌智 张辉德　2016年7月出版 / 估价:69.00元

中国农村妇女发展蓝皮书
农村流动女性城市生活发展报告（2016）
著(编)者:谢丽华　2016年12月出版 / 估价:79.00元

宗教蓝皮书
中国宗教报告（2016）
著(编)者:邱永辉　2016年5月出版 / 估价:79.00元

行业报告类

保健蓝皮书
中国保健服务产业发展报告 NO.2
著(编)者:中国保健协会 中共中央党校
2016年7月出版 / 估价:198.00元

保健蓝皮书
中国保健食品产业发展报告 NO.2
著(编)者:中国保健协会
中国社会科学院食品药品产业发展与监管研究中心
2016年7月出版 / 估价:198.00元

保健蓝皮书
中国保健用品产业发展报告 NO.2
著(编)者:中国保健协会
国务院国有资产监督管理委员会研究中心
2016年5月出版 / 估价:198.00元

保险蓝皮书
中国保险业创新发展报告（2016）
著(编)者:项俊波　2016年12月出版 / 估价:69.00元

保险蓝皮书
中国保险业竞争力报告（2016）
著(编)者:项俊波　2016年12月出版 / 估价:99.00元

采供血蓝皮书
中国采供血管理报告（2016）
著(编)者:朱永明 耿鸿武　2016年8月出版 / 估价:69.00元

彩票蓝皮书
中国彩票发展报告（2016）
著(编)者:益彩基金　2016年4月出版 / 估价:98.00元

餐饮产业蓝皮书
中国餐饮产业发展报告（2016）
著(编)者:邢颖　2016年4月出版 / 估价:69.00元

测绘地理信息蓝皮书
测绘地理信息转型升级研究报告（2016）
著(编)者:库热西·买合苏提　2016年12月出版 / 估价:98.0

茶业蓝皮书
中国茶产业发展报告（2016）
著(编)者:杨江帆 李闽榕　2016年10月出版 / 估价:78.00元

产权市场蓝皮书
中国产权市场发展报告（2015～2016）
著(编)者:曹和平　2016年5月出版 / 估价:89.00元

产业安全蓝皮书
中国出版传媒产业安全报告（2015~2016）
著(编)者:北京印刷学院文化产业安全研究院
2016年3月出版 / 定价:79.00元

产业安全蓝皮书
中国文化产业安全报告（2016）
著(编)者:北京印刷学院文化产业安全研究院
2016年4月出版 / 估价:89.00元

产业安全蓝皮书
中国新媒体产业安全报告（2016）
著(编)者:北京印刷学院文化产业安全研究院
2016年5月出版 / 估价:69.00元

大数据蓝皮书
网络空间和大数据发展报告（2016）
著(编)者:杜平　2016年5月出版 / 估价:69.00元

电子商务蓝皮书
中国电子商务服务业发展报告 NO.3
著(编)者:荆林波 梁春晓　2016年5月出版 / 估价:69.00元

电子政务蓝皮书
中国电子政务发展报告（2016）
著(编)者:洪毅 杜平　2016年11月出版 / 估价:79.00元

杜仲产业绿皮书
中国杜仲橡胶资源与产业发展报告（2016）
著(编)者:杜红岩 胡文臻 俞锐
2016年5月出版 / 估价:85.00元

房地产蓝皮书
中国房地产发展报告 NO.13（2016）
著(编)者:魏后凯 李景国　2016年5月出版 / 估价:79.00元

服务外包蓝皮书
中国服务外包产业发展报告（2016）
著(编)者:王晓红 刘德军
2016年6月出版 / 估价:89.00元

服务外包蓝皮书
中国服务外包竞争力报告（2016）
著(编)者:王力 刘春生 黄育华
2016年11月出版 / 估价:85.00元

工业和信息化蓝皮书
世界网络安全发展报告（2016）
著(编)者:洪京一　2016年4月出版 / 估价:69.00元

工业和信息化蓝皮书
世界信息化发展报告（2016）
著(编)者:洪京一　2016年4月出版 / 估价:69.00元

工业和信息化蓝皮书
世界信息技术产业发展报告（2016）
著(编)者:洪京一　2016年4月出版 / 估价:79.00元

工业和信息化蓝皮书
世界制造业发展报告（2016）
著(编)者:洪京　2016年4月出版 / 估价:69.00元

工业和信息化蓝皮书
移动互联网产业发展报告（2016）
著(编)者:洪京一　2016年4月出版 / 估价:79.00元

工业设计蓝皮书
中国工业设计发展报告（2016）
著(编)者:王晓红 于炜 张立群
2016年9月出版 / 估价:138.00元

黄金市场蓝皮书
中国商业银行黄金业务发展报告（2015~2016）
著(编)者:平安银行　2016年3月出版 / 定价:98.00元

互联网金融蓝皮书
中国互联网金融发展报告（2016）
著(编)者: 李东荣　2016年8月出版 / 估价:79.00元

会展蓝皮书
中外会展业动态评估年度报告（2016）
著(编)者:张敏　2016年5月出版 / 估价:78.00元

节能汽车蓝皮书
中国节能汽车产业发展报告（2016）
著(编)者:中国汽车工程研究院股份有限公司
2016年12月出版 / 估价:69.00元

金融监管蓝皮书
中国金融监管报告（2016）
著(编)者:胡滨　2016年4月出版 / 估价:89.00元

金融蓝皮书
中国金融中心发展报告（2016）
著(编)者:王力 黄育华　2017年11月出版 / 估价:75.00元

金融蓝皮书
中国商业银行竞争力报告（2016）
著(编)者:王松奇　2016年5月出版 / 估价:69.00元

经济林产业绿皮书
中国经济林产业发展报告（2016）
著(编)者:李芳东 胡文臻 乌云塔娜 杜红岩
2016年12月出版 / 估价:69.00元

客车蓝皮书
中国客车产业发展报告（2016）
著(编)者:姚蔚　2016年5月出版 / 估价:85.00元

老龄蓝皮书
中国老龄产业发展报告（2016）
著(编)者:吴玉韶 党俊武　2016年9月出版 / 估价:79.00元

流通蓝皮书
中国商业发展报告（2016）
著(编)者:荆林波　2016年5月出版 / 估价:89.00元

旅游安全蓝皮书
中国旅游安全报告（2016）
著(编)者:郑向敏 谢朝武　2016年5月出版 / 估价:128.00元

旅游绿皮书
2015～2016年中国旅游发展分析与预测
著(编)者:宋瑞　2016年4月出版 / 定价:89.00元

煤炭蓝皮书
中国煤炭工业发展报告（2016）
著(编)者:岳福斌　2016年12月出版 / 估价:79.00元

民营企业社会责任蓝皮书
中国民营企业社会责任年度报告（2016）
著(编)者:中华全国工商业联合会
2016年7月出版 / 估价:69.00元

民营医院蓝皮书
中国民营医院发展报告（2016）
著(编)者:庄一强　2016年10月出版 / 估价:75.00元

能源蓝皮书
中国能源发展报告（2016）
著(编)者:崔民选 王军生 陈义和
2016年8月出版 / 估价:79.00元

农产品流通蓝皮书
中国农产品流通产业发展报告（2016）
著(编)者:贾敬敦 张东科 张玉玺 张鹏毅 周伟
2016年5月出版 / 估价:89.00元

期货蓝皮书
中国期货市场发展报告(2016)
著(编)者:李群 王在荣　2016年11月出版 / 估价:69.00元

企业公益蓝皮书
中国企业公益研究报告（2016）
著(编)者:钟宏武 汪杰 顾一 黄晓娟 等
2016年12月出版 / 估价:69.00元

企业公众透明度蓝皮书
中国企业公众透明度报告 (2016) NO.2
著(编)者:黄速建 王晓光 肖红军
2016年5月出版 / 估价:98.00元

企业国际化蓝皮书
中国企业国际化报告（2016）
著(编)者:王辉耀　2016年11月出版 / 估价:98.00元

企业蓝皮书
中国企业绿色发展报告 NO.2（2016）
著(编)者:李红玉 朱光辉　2016年8月出版 / 估价:79.00元

企业社会责任蓝皮书
中国企业社会责任研究报告（2016）
著(编)者:黄群慧 钟宏武 张蒽 等
2016年11月出版 / 估价:79.00元

企业社会责任能力蓝皮书
中国上市公司社会责任能力成熟度报告（2016）
著(编)者:肖红军 王晓光 李伟阳
2016年11月出版 / 估价:69.00元

汽车安全蓝皮书
中国汽车安全发展报告（2016）
著(编)者:中国汽车技术研究中心
2016年7月出版 / 估价:89.00元

汽车电子商务蓝皮书
中国汽车电子商务发展报告（2016）
著(编)者:中华全国工商业联合会汽车经销商商会
北京易观智库网络科技有限公司
2016年5月出版 / 估价:128.00元

汽车工业蓝皮书
中国汽车工业发展年度报告（2016）
著(编)者:中国汽车工业协会 中国汽车技术研究中心
丰田汽车（中国）投资有限公司
2016年4月出版 / 估价:128.00元

汽车蓝皮书
中国汽车产业发展报告（2016）
著(编)者:国务院发展研究中心产业经济研究部
中国汽车工程学会 大众汽车集团（中国）
2016年8月出版 / 估价:158.00元

清洁能源蓝皮书
国际清洁能源发展报告（2016）
著(编)者:苏树辉 袁国林 李玉崙
2016年11月出版 / 估价:99.00元

人力资源蓝皮书
中国人力资源发展报告（2016）
著(编)者:余兴安　2016年12月出版 / 估价:79.00元

融资租赁蓝皮书
中国融资租赁业发展报告（2015～2016）
著(编)者:李光荣 王力　2016年5月出版 / 估价:89.00元

软件和信息服务业蓝皮书
中国软件和信息服务业发展报告（2016）
著(编)者:洪京一　2016年12月出版 / 估价:198.00元

商会蓝皮书
中国商会发展报告NO.5（2016）
著(编)者:王钦敏　2016年7月出版 / 估价:89.00元

上市公司蓝皮书
中国上市公司社会责任信息披露报告（2016）
著(编)者:张旺 张杨　2016年11月出版 / 估价:69.00元

上市公司蓝皮书
中国上市公司质量评价报告（2015～2016）
著(编)者:张跃文 王力　2016年11月出版 / 估价:118.00元

设计产业蓝皮书
中国设计产业发展报告（2016）
著(编)者:陈冬亮 梁昊光　2016年5月出版 / 估价:89.00元

食品药品蓝皮书
食品药品安全与监管政策研究报告（2016）
著(编)者:唐民皓　2016年7月出版 / 估价:69.00元

世界能源蓝皮书
世界能源发展报告（2016）
著(编)者:黄晓勇　2016年6月出版 / 估价:99.00元

水利风景区蓝皮书
中国水利风景区发展报告（2016）
著(编)者:兰思仁　2016年8月出版 / 估价:69.00元

私募市场蓝皮书
中国私募股权市场发展报告（2016）
著(编)者:曹和平　2016年12月出版 / 估价:79.00元

碳市场蓝皮书
中国碳市场报告（2016）
著(编)者:宁金彪　2016年11月出版 / 估价:69.00元

体育蓝皮书
中国体育产业发展报告（2016）
著(编)者:阮伟 钟秉枢　2016年7月出版 / 估价:69.00元

土地市场蓝皮书
中国农村土地市场发展报告（2015~2016）
著(编)者:李光荣　2016年3月出版 / 定价:79.00元

网络空间安全蓝皮书
中国网络空间安全发展报告（2016）
著(编)者:惠志斌 唐涛　2016年4月出版 / 估价:79.00元

物联网蓝皮书
中国物联网发展报告（2016）
著(编)者:黄桂田 龚六堂 张全升
2016年5月出版 / 估价:69.00元

西部工业蓝皮书
中国西部工业发展报告（2016）
著(编)者:方行明 甘犁 刘方健 姜凌 等
2016年9月出版 / 估价:79.00元

西部金融蓝皮书
中国西部金融发展报告（2016）
著(编)者:李忠民　2016年8月出版 / 估价:75.00元

协会商会蓝皮书
中国行业协会商会发展报告（2016）
著(编)者:景朝阳 李勇　2016年4月出版 / 估价:99.00元

新能源汽车蓝皮书
中国新能源汽车产业发展报告（2016）
著(编)者:中国汽车技术研究中心
日产（中国）投资有限公司 东风汽车有限公司
2016年8月出版 / 估价:89.00元

新三板蓝皮书
中国新三板市场发展报告（2016）
著(编)者:王力　2016年6月出版 / 估价:69.00元

信托市场蓝皮书
中国信托业市场报告（2015～2016）
著(编)者:用益信托工作室
2016年1月出版 / 定价:198.00元

信息安全蓝皮书
中国信息安全发展报告（2016）
著(编)者:张晓东　2016年5月出版 / 估价:69.00元

信息化蓝皮书
中国信息化形势分析与预测（2016）
著(编)者:周宏仁　2016年8月出版 / 估价:98.00元

信用蓝皮书
中国信用发展报告（2016）
著(编)者:章政 田侃　2016年4月出版 / 估价:99.00元

休闲绿皮书
2016年中国休闲发展报告
著(编)者:宋瑞
2016年10月出版 / 估价:79.00元

药品流通蓝皮书
中国药品流通行业发展报告（2016）
著(编)者:佘鲁林 温再兴
2016年8月出版 / 估价:158.00元

医院蓝皮书
中国医院竞争力报告（2016）
著(编)者:庄一强　曾益新　2016年3月出版 / 定价:128.00元

医药蓝皮书
中国中医药产业园战略发展报告（2016）
著(编)者:裴长洪 房书亭 吴滌心
2016年5月出版 / 估价:89.00元

邮轮绿皮书
中国邮轮产业发展报告（2016）
著(编)者:汪泓　2016年10月出版 / 估价:79.00元

智能养老蓝皮书
中国智能养老产业发展报告（2016）
著(编)者:朱勇　2016年10月出版 / 估价:89.00元

中国SUV蓝皮书
中国SUV产业发展报告（2016）
著(编)者:靳军　2016年12月出版 / 估价:69.00元

中国金融行业蓝皮书
中国债券市场发展报告（2016）
著(编)者:谢多　2016年7月出版 / 估价:69.00元

中国上市公司蓝皮书
中国上市公司发展报告（2016）
著(编)者:中国社会科学院上市公司研究中心
2016年9月出版 / 估价:98.00元

中国游戏蓝皮书
中国游戏产业发展报告（2016）
著(编)者:孙立军 刘跃军 牛兴侦
2016年5月出版 / 估价:69.00元

中国总部经济蓝皮书
中国总部经济发展报告（2015～2016）
著(编)者:赵弘　2016年9月出版 / 估价:79.00元

资本市场蓝皮书
中国场外交易市场发展报告（2014~2015）
著(编)者:高峦　2016年3月出版 / 定价:79.00元

资产管理蓝皮书
中国资产管理行业发展报告（2016）
著(编)者:智信资产管理研究院
2016年6月出版 / 估价:89.00元

文化传媒类

传媒竞争力蓝皮书
中国传媒国际竞争力研究报告（2016）
著(编)者:李本乾 刘强
2016年11月出版 / 估价:148.00元

传媒蓝皮书
中国传媒产业发展报告（2016）
著(编)者:崔保国 2016年5月出版 / 估价:98.00元

传媒投资蓝皮书
中国传媒投资发展报告（2016）
著(编)者:张向东 谭云明
2016年6月出版 / 估价:128.00元

动漫蓝皮书
中国动漫产业发展报告（2016）
著(编)者:卢斌 郑玉明 牛兴侦
2016年7月出版 / 估价:79.00元

非物质文化遗产蓝皮书
中国非物质文化遗产发展报告（2016）
著(编)者:陈平 2016年5月出版 / 估价:98.00元

广电蓝皮书
中国广播电影电视发展报告（2016）
著(编)者:国家新闻出版广电总局发展研究中心
2016年7月出版 / 估价:98.00元

广告主蓝皮书
中国广告主营销传播趋势报告 NO.9
著(编)者:黄升民 杜国清 邵华冬 等
2016年10月出版 / 估价:148.00元

国际传播蓝皮书
中国国际传播发展报告（2016）
著(编)者:胡正荣 李继东 姬德强
2016年11月出版 / 估价:89.00元

纪录片蓝皮书
中国纪录片发展报告（2016）
著(编)者:何苏六 2016年10月出版 / 估价:79.00元

科学传播蓝皮书
中国科学传播报告（2016）
著(编)者:詹正茂 2016年7月出版 / 估价:69.00元

两岸创意经济蓝皮书
两岸创意经济研究报告（2016）
著(编)者:罗昌智 董泽平 2016年12月出版 / 估价:98.00元

两岸文化蓝皮书
两岸文化产业合作发展报告（2016）
著(编)者:胡惠林 李保宗 2016年7月出版 / 估价:79.00元

媒介与女性蓝皮书
中国媒介与女性发展报告(2015~2016)
著(编)者:刘利群 2016年8月出版 / 估价:118.00元

媒体融合蓝皮书
中国媒体融合发展报告（2016）
著(编)者:梅宁华 宋建武 2016年7月出版 / 估价:79.00元

全球传媒蓝皮书
全球传媒发展报告（2016）
著(编)者:胡正荣 李继东 唐晓芬
2016年12月出版 / 估价:79.00元

少数民族非遗蓝皮书
中国少数民族非物质文化遗产发展报告（2016）
著(编)者:肖远平（彝） 柴立（满）
2016年6月出版 / 估价:128.00元

视听新媒体蓝皮书
中国视听新媒体发展报告（2016）
著(编)者:国家新闻出版广电总局发展研究中心
2016年7月出版 / 估价:98.00元

文化创新蓝皮书
中国文化创新报告（2016）NO.7
著(编)者:于平 傅才武 2016年7月出版 / 估价:98.00元

文化建设蓝皮书
中国文化发展报告（2016）
著(编)者:江畅 孙伟平 戴茂堂
2016年4月出版 / 估价:108.00元

文化科技蓝皮书
文化科技创新发展报告（2016）
著(编)者:于平 李凤亮 2016年10月出版 / 估价:89.00元

文化蓝皮书
中国公共文化服务发展报告（2016）
著(编)者:刘新成 张永新 张旭 2016年10月出版 / 估价:98

文化蓝皮书
中国公共文化投入增长测评报告（2016）
著(编)者:王亚南 2016年4月出版 / 定价:79.00元

文化蓝皮书
中国少数民族文化发展报告（2016）
著(编)者:武翠英 张晓明 任乌晶
2016年9月出版 / 估价:69.00元

文化蓝皮书
中国文化产业发展报告（2015~2016）
著(编)者:张晓明 王家新 章建刚
2016年2月出版 / 定价:79.00元

文化蓝皮书
中国文化产业供需协调检测报告（2016）
著(编)者:王亚南 2016年5月出版 / 估价:79.00元

文化蓝皮书
中国文化消费需求景气评价报告（2016）
著(编)者:王亚南 2016年5月出版 / 估价:79.00元

文化品牌蓝皮书
中国文化品牌发展报告（2016）
著(编)者:欧阳友权 2016年4月出版 / 估价:89.00元

文化遗产蓝皮书
中国文化遗产事业发展报告（2016）
著(编)者:刘世锦 2016年5月出版 / 估价:89.00元

文学蓝皮书
中国文情报告（2015～2016）
著(编)者:白烨 2016年5月出版 / 估价:69.00元

新媒体蓝皮书
中国新媒体发展报告NO.7（2016）
著(编)者:唐绪军 2016年7月出版 / 估价:79.00元

新媒体社会责任蓝皮书
中国新媒体社会责任研究报告（2016）
著(编)者:钟瑛 2016年10月出版 / 估价:79.00元

移动互联网蓝皮书
中国移动互联网发展报告（2016）
著(编)者:官建文 2016年6月出版 / 估价:79.00元

舆情蓝皮书
中国社会舆情与危机管理报告（2016）
著(编)者:谢耘耕 2016年8月出版 / 估价:98.00元

地方发展类

安徽经济蓝皮书
芜湖创新型城市发展报告（2016）
著(编)者:张志宏 2016年4月出版 / 估价:69.00元

安徽蓝皮书
安徽社会发展报告（2016）
著(编)者:程桦 2016年4月出版 / 估价:89.00元

安徽社会建设蓝皮书
安徽社会建设分析报告（2015～2016）
著(编)者:黄家海 王开玉 蔡宪
2016年4月出版 / 估价:89.00元

澳门蓝皮书
澳门经济社会发展报告（2015～2016）
著(编)者:吴志良 郝雨凡 2016年5月出版 / 估价:79.00元

北京蓝皮书
北京公共服务发展报告（2015～2016）
著(编)者:施昌奎 2016年2月出版 / 定价:79.00元

北京蓝皮书
北京经济发展报告（2015～2016）
著(编)者:杨松 2016年6月出版 / 估价:79.00元

北京蓝皮书
北京社会发展报告（2015～2016）
著(编)者:李伟东 2016年7月出版 / 估价:79.00元

北京蓝皮书
北京社会治理发展报告（2015～2016）
著(编)者:殷星辰 2016年6月出版 / 估价:79.00元

北京蓝皮书
北京文化发展报告（2015～2016）
著(编)者:李建盛 2016年4月出版 / 定价:79.00元

北京旅游绿皮书
北京旅游发展报告（2016）
著(编)者:北京旅游学会 2016年7月出版 / 估价:88.00元

北京人才蓝皮书
北京人才发展报告（2016）
著(编)者:于淼 2016年12月出版 / 估价:128.00元

北京社会心态蓝皮书
北京社会心态分析报告（2015～2016）
著(编)者:北京社会心理研究所
2016年8月出版 / 估价:79.00元

北京社会组织管理蓝皮书
北京社会组织发展与管理（2015～2016）
著(编)者:黄江松 2016年4月出版 / 估价:78.00元

北京体育蓝皮书
北京体育产业发展报告（2016）
著(编)者:钟秉枢 陈杰 杨铁黎
2016年10月出版 / 估价:79.00元

北京养老产业蓝皮书
北京养老产业发展报告（2016）
著(编)者:周明明 冯喜良 2016年4月出版 / 估价:69.00元

滨海金融蓝皮书
滨海新区金融发展报告（2016）
著(编)者:王爱俭 张锐钢 2016年9月出版 / 估价:79.00元

城乡一体化蓝皮书
中国城乡一体化发展报告•北京卷（2015～2016）
著(编)者:张宝秀 黄序 2016年5月出版 / 估价:79.00元

创意城市蓝皮书
北京文化创意产业发展报告（2016）
著(编)者:张京成 王国华 2016年12月出版 / 估价:69.00元

创意城市蓝皮书
青岛文化创意产业发展报告（2016）
著(编)者:马达 张丹妮 2016年6月出版 / 估价:79.00元

创意城市蓝皮书
青岛文化创意产业发展报告（2016）
著(编)者:马达 张丹妮 2016年6月出版 / 估价:79.00元

深圳蓝皮书
深圳文化发展报告(2016)
著(编)者:张骁儒 2016年5月出版 / 估价:69.00元

四川法治蓝皮书
四川依法治省年度报告 NO.2（2016）
著(编)者:李林 杨天宗 田禾
2016年3月出版 / 定价:108.00元

四川蓝皮书
2016年四川经济形势分析与预测
著(编)者:杨钢 2016年1月出版 / 定价:98.00元

四川蓝皮书
四川城镇化发展报告（2016）
著(编)者:侯水平 陈炜 2016年4月出版 / 定价:75.00元

四川蓝皮书
四川法治发展报告（2016）
著(编)者:郑泰安 2016年5月出版 / 估价:69.00元

四川蓝皮书
四川企业社会责任研究报告（2015～2016）
著(编)者:侯水平 盛毅 2016年4月出版 / 估价:79.00元

四川蓝皮书
四川社会发展报告（2016）
著(编)者:郭晓鸣 2016年4月出版 / 估价:79.00元

四川蓝皮书
四川生态建设报告（2016）
著(编)者:李晟之 2016年4月出版 / 估价:79.00元

四川蓝皮书
四川文化产业发展报告（2016）
著(编)者:向宝云 张立伟 2016年4月出版 / 定价:79.00元

体育蓝皮书
上海体育产业发展报告（2015～2016）
著(编)者:张林 黄海燕 2016年10月出版 / 估价:79.00元

体育蓝皮书
长三角地区体育产业发展报告（2015～2016）
著(编)者:张林 2016年4月出版 / 估价:79.00元

天津金融蓝皮书
天津金融发展报告（2016）
著(编)者:王爱俭 孔德昌 2016年9月出版 / 估价:89.00元

图们江区域合作蓝皮书
图们江区域合作发展报告（2016）
著(编)者:李铁 2016年4月出版 / 估价:98.00元

温州蓝皮书
2016年温州经济社会形势分析与预测
著(编)者:潘忠强 王春光 金浩 2016年4月出版 / 估价:69

扬州蓝皮书
扬州经济社会发展报告（2016）
著(编)者:丁纯 2016年12月出版 / 估价:89.00元

长株潭城市群蓝皮书
长株潭城市群发展报告（2016）
著(编)者:张萍 2016年10月出版 / 估价:69.00元

郑州蓝皮书
2016年郑州文化发展报告
著(编)者:王哲 2016年9月出版 / 估价:65.00元

中医文化蓝皮书
北京中医药文化传播发展报告（2016）
著(编)者:毛嘉陵 2016年5月出版 / 估价:79.00元

珠三角流通蓝皮书
珠三角商圈发展研究报告（2016）
著(编)者:王先庆 林至颖 2016年7月出版 / 估价:98.00元

遵义蓝皮书
遵义发展报告（2016）
著(编)者:曾征 龚永育 2016年12月出版 / 估价:69.00元

国别与地区类

阿拉伯黄皮书
阿拉伯发展报告（2015～2016）
著(编)者:罗林 2016年11月出版 / 估价:79.00元

北部湾蓝皮书
泛北部湾合作发展报告（2016）
著(编)者:吕余生 2016年10月出版 / 估价:69.00元

大湄公河次区域蓝皮书
大湄公河次区域合作发展报告（2016）
著(编)者:刘稚 2016年9月出版 / 估价:79.00元

大洋洲蓝皮书
大洋洲发展报告（2015～2016）
著(编)者:喻常森 2016年10月出版 / 估价:89.00元

德国蓝皮书
德国发展报告（2016）
著(编)者:郑春荣 伍慧萍
2016年5月出版 / 估价:69.00元

东北亚黄皮书
东北亚地区政治与安全（2016）
著(编)者:黄凤志 刘清才 张慧智 等
2016年5月出版 / 估价:69.00元

东盟黄皮书
东盟发展报告（2016）
著(编)者:杨晓强 庄国土 2016年3月出版 / 定价:89.00元

东南亚蓝皮书
东南亚地区发展报告（2015～2016）
著(编)者:厦门大学东南亚研究中心　王勤
2016年4月出版 / 估价:79.00元

俄罗斯黄皮书
俄罗斯发展报告（2016）
著(编)者:李永全　2016年7月出版 / 估价:79.00元

非洲黄皮书
非洲发展报告 NO.18（2015～2016）
著(编)者:张宏明　2016年9月出版 / 估价:79.00元

国际形势黄皮书
全球政治与安全报告（2016）
著(编)者:李慎明　张宇燕
2015年12月出版 / 定价:69.00元

韩国蓝皮书
韩国发展报告（2016）
著(编)者:牛林杰 刘宝全
2016年12月出版 / 估价:89.00元

加拿大蓝皮书
加拿大发展报告（2016）
著(编)者:仲伟合　2016年4月出版 / 估价:89.00元

拉美黄皮书
拉丁美洲和加勒比发展报告（2015～2016）
著(编)者:吴白乙　2016年5月出版 / 估价:89.00元

美国蓝皮书
美国研究报告（2016）
著(编)者:郑秉文 黄平
2016年6月出版 / 估价:89.00元

缅甸蓝皮书
缅甸国情报告（2016）
著(编)者:李晨阳　2016年8月出版 / 估价:79.00元

欧洲蓝皮书
欧洲发展报告（2015～2016）
著(编)者:周弘 黄平 江时学
2016年7月出版 / 估价:89.00元

日本经济蓝皮书
日本经济与中日经贸关系研究报告（2016）
著(编)者:王洛林 张季风
2016年5月出版 / 估价:79.00元

日本蓝皮书
日本研究报告（2016）
著(编)者:李薇　2016年5月出版 / 估价:69.00元

上海合作组织黄皮书
上海合作组织发展报告（2016）
著(编)者:李进峰 吴宏伟 李伟
2016年7月出版 / 估价:98.00元

世界创新竞争力黄皮书
世界创新竞争力发展报告（2016）
著(编)者:李闽榕 李建平 赵新力
2016年5月出版 / 估价:148.00元

土耳其蓝皮书
土耳其发展报告（2016）
著(编)者:郭长刚 刘义　2016年7月出版 / 估价:69.00元

亚太蓝皮书
亚太地区发展报告（2016）
著(编)者:李向阳　2016年5月出版 / 估价:69.00元

印度蓝皮书
印度国情报告（2016）
著(编)者:吕昭义　2016年5月出版 / 估价:89.00元

印度洋地区蓝皮书
印度洋地区发展报告（2016）
著(编)者:汪戎　2016年5月出版 / 估价:89.00元

英国蓝皮书
英国发展报告（2015～2016）
著(编)者:王展鹏　2016年10月出版 / 估价:89.00元

越南蓝皮书
越南国情报告（2016）
著(编)者:广西社会科学院 罗梅 李碧华
2016年8月出版 / 估价:69.00元

越南蓝皮书
越南经济发展报告（2016）
著(编)者:黄志勇　2016年10月出版 / 估价:69.00元

以色列蓝皮书
以色列发展报告（2016）
著(编)者:张倩红　2016年9月出版 / 估价:89.00元

中东黄皮书
中东发展报告 NO.18（2015～2016）
著(编)者:杨光　2016年10月出版 / 估价:89.00元

中亚黄皮书
中亚国家发展报告（2016）
著(编)者:孙力 吴宏伟　2016年8月出版 / 估价:89.00元

皮书起源

“皮书”起源于十七、十八世纪的英国，主要指官方或社会组织正式发表的重要文件或报告，多以“白皮书”命名。在中国，“皮书”这一概念被社会广泛接受，并被成功运作、发展成为一种全新的出版形态，则源于中国社会科学院社会科学文献出版社。

皮书定义

皮书是对中国与世界发展状况和热点问题进行年度监测，以专业的角度、专家的视野和实证研究方法，针对某一领域或区域现状与发展态势展开分析和预测，具备原创性、实证性、专业性、连续性、前沿性、时效性等特点的公开出版物，由一系列权威研究报告组成。

皮书作者

皮书系列的作者以中国社会科学院、著名高校、地方社会科学院的研究人员为主，多为国内一流研究机构的权威专家学者，他们的看法和观点代表了学界对中国与世界的现实和未来最高水平的解读与分析。

皮书荣誉

皮书系列已成为社会科学文献出版社的著名图书品牌和中国社会科学院的知名学术品牌。2011 年，皮书系列正式列入“十二五”国家重点出版规划项目；2012~2015 年，重点皮书列入中国社会科学院承担的国家哲学社会科学创新工程项目；2016 年，46 种院外皮书使用“中国社会科学院创新工程学术出版项目”标识。

中国皮书网

www.pishu.cn

发布皮书研创资讯，传播皮书精彩内容

引领皮书出版潮流，打造皮书服务平台

栏目设置：

- □ 资讯：皮书动态、皮书观点、皮书数据、皮书报道、皮书发布、电子期刊
- □ 标准：皮书评价、皮书研究、皮书规范
- □ 服务：最新皮书、皮书书目、重点推荐、在线购书
- □ 链接：皮书数据库、皮书博客、皮书微博、在线书城
- □ 搜索：资讯、图书、研究动态、皮书专家、研创团队

中国皮书网依托皮书系列“权威、前沿、原创”的优质内容资源，通过文字、图片、音频、视频等多种元素，在皮书研创者、使用者之间搭建了一个成果展示、资源共享的互动平台。

自 2005 年 12 月正式上线以来，中国皮书网的 IP 访问量、PV 浏览量与日俱增，受到海内外研究者、公务人员、商务人士以及专业读者的广泛关注。

2008 年、2011 年，中国皮书网均在全国新闻出版业网站荣誉评选中获得“最具商业价值网站”称号；2012 年，获得“出版业网站百强”称号。

2014 年，中国皮书网与皮书数据库实现资源共享，端口合一，将提供更丰富的内容，更全面的服务。

皮书大事记
（2015）

☆ 2015年11月9日，社会科学文献出版社2015年皮书编辑出版工作会议召开，会议就皮书装帧设计、生产营销、皮书评价以及质检工作中的常见问题等进行交流和讨论，为2016年出版社的融合发展指明了方向。

☆ 2015年11月，中国社会科学院2015年度纳入创新工程后期资助名单正式公布，《社会蓝皮书：2015年中国社会形势分析与预测》等41种皮书纳入2015年度“中国社会科学院创新工程学术出版资助项目”。

☆ 2015年8月7~8日，由中国社会科学院主办，社会科学文献出版社和湖北大学共同承办的“第十六次全国皮书年会（2015）：皮书研创与中国话语体系建设”在湖北省恩施市召开。中国社会科学院副院长李培林，国家新闻出版广电总局原副总局长、中国出版协会常务副理事长邬书林，湖北省委宣传部副部长喻立平，中国社会科学院科研局局长马援，国家新闻出版广电总局出版管理司副司长许正明，中共恩施州委书记王海涛，社会科学文献出版社社长谢寿光，湖北大学党委书记刘建凡等相关领导出席开幕式。来自中国社会科学院、地方社会科学院及高校、政府研究机构的领导及近200个皮书课题组的380多人出席了会议，会议规模又创新高。会议宣布了2016年授权使用“中国社会科学院创新工程学术出版项目”标识的院外皮书名单，并颁发了第六届优秀皮书奖。

☆ 2015年4月28日，“第三届皮书学术评审委员会第二次会议暨第六届优秀皮书奖评审会”在京召开。中国社会科学院副院长李培林、蔡昉出席会议并讲话，国家新闻出版广电总局原副局长、中国出版协会常务副理事长邬书林也出席本次会议。会议分别由中国社会科学院科研局局长马援和社会科学文献出版社社长谢寿光主持。经分学科评审和大会汇评，最终匿名投票评选出第六届“优秀皮书奖”和“优秀皮书报告奖”书目。此外，该委员会还根据《中国社会科学院皮书管理办法》，审议并投票评选出2015年纳入中国社会科学院创新工程项目的皮书和2016年使用“中国社会科学院创新工程学术出版项目”标识的院外皮书。

☆ 2015年1月30~31日，由社会科学文献出版社皮书研究院组织的2014年版皮书评价复评会议在京召开。皮书学术评审委员会部分委员、相关学科专家、学术期刊编辑、资深媒体人等近50位评委参加本次会议。中国社会科学院科研局局长马援、社会科学文献出版社社长谢寿光出席开幕式并发表讲话，中国社会科学院科研成果处处长薛增朝出席闭幕式并做发言。